ARBEITERINNEN KÄMPFEN UM IHR RECHT

ARBEITERINNEN KÄMPFEN UM IHR RECHT

Autobiographische Texte
zum Kampf rechtloser und entrechteter
»Frauenspersonen« in
Deutschland, Österreich und der Schweiz
des 19. und 20. Jahrhunderts

Herausgegeben von
Richard Klucsarits und Friedrich G. Kürbisch
im Auftrag
der Österreichischen Gesellschaft für Kulturpolitik / Wien

Peter Hammer Verlag GmbH
Wuppertal

© Peter Hammer Verlag GmbH, Wuppertal
Alle Rechte ausdrücklich vorbehalten
Druck und Verarbeitung: Ebner Ulm
Umschlaggestaltung: hammerteam

CIP-Kurztitelaufnahme der Deutschen Bibliothek

Arbeiterinnen kämpfen um ihr Recht: autobiograph. Texte
zum Kampf rechtloser u. entrechteter »Frauenspersonen«
in Deutschland, Österreich u. d. Schweiz d. 19. u. 20. Jh. /
hrsg. von Richard Klucsarits u. Friedrich G. Kürbisch.
Im Auftr. d. Österr. Ges. für Kulturpolitik Wien.
– 2. Aufl. – Wuppertal: Hammer, 1981.
    ISBN 3-87294-083-X
NE: Klucsarits, Richard [Hrsg.]

Inhalt

Vorwort

In den 40er Jahren des 19. Jahrhunderts, als in unserem Land so einiges in Bewegung geraten war, mochten auch die Frauen nicht länger schweigend zuhause sitzen. In Berlin sieht man in jener Zeit Frauen in Kneipen und Weinstuben ihre Zigarren rauchen, Bier, Wein oder auch einen Schnaps trinken. Untereinander und auch gemeinsam mit Männern debattieren sie über Freiheit, Gleichheit, Brüder- und Schwesterlichkeit.

Louise Aston, gegen ihren Willen mit einem englischen Industriellen verheiratet, ist eine von diesen Frauen. Den Mann hat sie sitzen lassen, nun muß sie sich mit der Tochter mit dem kargen Verdienst ihrer Artikelschreiberei alleine durchs Leben schlagen. Die Eltern, ehrbare Pfarrersleute, sind entsetzt, der Ehemann rasend vor Zorn. Louise Aston schreibt das, was sie denkt. Sie wettert gegen Zwangsmoral und Ehegesetze, träumt von der großen Freiheit der Frauen. Nicht lange. Sie wird zur Staatsfeindin, denn wer sich Ehemann und Vater widersetzt, beleidigt auch den Staat. So sieht es jedenfalls der preußische Innenminister, der Louise Astons Ausweisung unterzeichnet. Man wirft der Pfarrerstochter Gottlosigkeit und die Stiftung »eines Klubs emanzipierter Damen« vor. Kein Bittgang zum Minister nützt. Diese Frau muß gehen. Der Staat, die Allianz der beleidigten Väter und gehörnten Ehemänner, kennt kein Pardon. Und er hat richtig gesetzt dabei, er erreicht sein Ziel: die aufständischen Freundinnen Louise Astons einzuschüchtern.

Die Frauen verschwinden aus den Kneipen oder trinken ihr Bierchen nur noch am Arm eines männlichen Galans. Der Aufstand wird an geheimen Orten weitergeplant – aber viel zahmer als zuvor. Die Frauen setzen auf Bildung. In Hamburg wird eine Frauenhochschule gegründet. Der dortige Frauenbildungsverein hat sich dafür mit einer freien katholischen Gemeinde und evangelischen Liberalen wie Friedrich Fröbel zusammengetan. Es geht um neue Frauenberufe und um anständige Arbeitsbedingungen in den alten Berufen. Außer Haus arbeitende Mütter sollen ihre Kinder nicht länger in miesen Bewahranstalten abliefern müssen. Kindergärtnerinnen werden ausgebildet, Kindergärten gegründet.

Doch auch das ist den herrschenden Herren schon zuviel. In Hamburg wird 1851 die Frauenhochschule geschlossen. In ganz Preußen werden Kindergärten verboten, nachdem Berlinerinnen einen verdächtigen Frauenverein, einen »Verein zur Beförderung der Kindergärten«, gegründet haben.

Miese Bedingungen für eine Frauenbewegung. Louise Otto-Peters, eine der führenden »Frauenrechtlerinnen« (so werden Feministinnen in damaliger Zeit genannt), muß ihre Ansprüche noch tiefer schrauben. Für sie und ihre Freundinnen scheint alles davon abzuhängen, nicht zu den »schamlosen« unter den Frauenrechtlerinnen zu gehören. In ihrer »Frauenzeitung« setzt sie sich von Frauen wie Louise Aston ab. Die Lust am Leben, die Lust am eigenen Leib bleibt tabu, der Wein im Keller, und das Bier wird nicht angezapft. Louise Otto-Peters strebt nach Mitverantwortung der Frauen im Staat. Es soll kein autoritärer Herren-Staat mehr sein, der dann regiert. »Dem Reich der Freiheit werb ich Bürgerinnen«, verkündet sie. Den Schlüssel zur Freiheit findet sie in politischem Engagement. Frauen sollen sich in freiheitlich gesinnten Männer-Parteien engagieren. Der Schlüssel paßt nicht, das wissen wir heute. Ob Louise Otto-Peters zu Louise Aston gehalten hätte, wäre ihr das traurige Bild der Frauen auch in fortschrittlichen Parteien von heute vor Augen gewesen?

Die Geschichte der Frauenbewegung in Deutschland, Österreich und der Schweiz ist eine Geschichte der gegenseitigen Abgrenzung. Parteifrauen gegen Parteilose, Kirchenfrauen gegen Gottlose, Gewerkschaftlerinnen gegen unorganisiert Kämpfende. Zugleich zeugt diese Geschichte immer wieder von dem Versuch, die Grenzen zu überwinden.

Wo die Frauen die Mauern zwischen sich einreißen, bemühen sich Männer, noch höhere zu errichten.

In Österreich wird für das Wahlrecht gekämpft. Frauenrechtlerinnen fordern Wahlrecht für alle, Sozialdemokraten begnügen sich mit dem »ersten Schritt«, dem Männerwahlrecht. Wütende Genossinnen schwänzen Parteiversammlungen und treffen sich mit Frauenrechtlerinnen. Auf den Fahnen der Sozialdemokratie ist das Wahlrecht für alle geschrieben, doch die Männer meinen mit »alle« nur sich. Die Frauen, sonst auch in der Partei an Schweigen, Geld einsammeln und Zeitungsaustragen gewohnt, protestieren laut. Parteiboß Adler macht sie zur Schnecke. Er spricht von Verrat an der Sache des Proletariats. Wer weiterhin mit Frauenrechtlerinnen ums Wahlrecht kämpft, wird aus der Partei ausgeschlossen. So geschehen in Österreich im Jahre 1911.

Dreißig Jahre zuvor reist eine Sozialistin aus der Schweiz nach Deutschland, Gertrud Guillaume-Schack. Ihr geht es nicht um die Macht einer sozialistischen Partei. Sie will einen Sozialismus, der auch Frauen achtet. Sie kritisiert die Herrenmoral auch in sozialistischem Gewande: »Die Menschen werden heute in drei Klassen geteilt; in solche, die so unsittlich sein dürfen, wie sie wollen, die Männer; in solche, die es nach Vorschrift sein dürfen, die Frauen unter Sitte, und in solche, die es gar nicht sein dürfen ohne mit dem Strafgesetz in Konflikt zu geraten, alle übrigen Frauen und darauf sind die Maßnahmen für die öffentliche Sittlichkeit basiert«.

Gertrud Guillaume-Schack reklamiert nicht nur für sich und ihresgleichen wie dreißig Jahre zuvor Louise Aston neue moralische Werte. Ihr geht es, um es mit großen Worten auszudrücken, um die Solidarität aller Frauen. Sie protestiert gegen die staatlich geforderte Zwangsuntersuchung der Prostituierten genauso wie gegen die miserablen Lohn- und Arbeitsbedingungen der Textilarbeiterinnen in Haus und Fabrik oder etwa gegen die herrschenden Ehegesetze, die dem Hausvater Prügel gegenüber Frau und Kindern zugestehen. Die Bewegung, als deren Wortführerin Gertrud Guillaume-Schack agiert, ist erfolgreich. Ehrbare Bürgersfrauen sitzen mit Straßenmädchen und Fabrikarbeiterinnen an einem Tisch. Der Berliner »Verein zur Vertretung der Interessen der Arbeiterinnen« erkämpft Tariflöhne für Textilarbeiterinnen. Eine eigene Mantelnäherinnen-Gewerkschaft, die erste Frauengewerkschaft Deutschlands, wird gegründet. Für Arbeiterinnen gibt es zu dieser Zeit überhaupt keine Krankenversicherung. Die neue Frauenbewegung organisiert einen Pflegedienst für alleinstehende Arbeiterinnen und unentgeltliche ärztliche Versorgung.

Je erfolgreicher die Bewegung unter den Frauen wird – »Männer haben zu unseren Versammlungen für gewöhnlich keinen Zutritt« –, desto argwöhnischer wird sie von der Polizei und Justiz beäugt. Und wieder gelingt es den Mächtigen im Land, den Frauen durch die Ausweisung einer Wortführerin, Gertrud Guillaume-Schack, einen Schrecken einzujagen. Die neuen Vereine der Frauen werden von der Polizei verboten, die Nähwerkstatt der Mantelnäherinnen von bürgerlichen Auftraggebern boykottiert. In ihrer Not hoffen die Arbeiterinnen auf Unterstützung durch die damals schon mächtige Sozialdemokratie. Vergeblich.

Parteifreund Singer, ein kapitalkräftiger Mantelfabrikant, zieht seinen Auftrag zurück. Und nicht nur das. Die Sozialdemokraten sind froh darüber, daß Gertrud Guillaume-Schack durch »die Polizei das Handwerk gelegt worden ist«. Viele Frauen, die sich in der neuen Bewegung zusammengetan haben, sind Sozialistinnen. Sie haben mit Parteimännern zusammengearbeitet, ohne auf ihre Autonomie zu verzichten. Die Selbständigkeit der Frauen hat den Genossen zu schaffen gemacht. Man ist sich nicht sicher, ob die Frauen der Partei die Treue halten. Und prompt fürchten die Männer, »daß die Weiber die Tätigkeiten der Männer in der Parteiorganisation ausklatschen, wo nicht denunzieren.« Friedrich Engels ist es, der von den Sozialistinnen so wenig hält.

Bis 1908 ist es Frauen in unserem Land verboten, politische Vereine zu gründen. Und was politisch ist, bestimmen allein Polizei und Justiz. Verständlich, daß die Frauenbewegung nach den Vereinsverboten in den 80er Jahren vorsichtig geworden ist. Selbst die radikalen Frauen setzen sich irgendeinen Mann in den Vorstand, damit der Frauenverein nicht verboten wird. Die hoffnungsvolle Bewegung um Gertrud Guillaume-Schack ist zerschlagen. Aus den Scherben wird kein Ganzes mehr. Arbeiterinnen suchen den Schutz der Partei oder Gewerkschaft, Prostituierte handeln vereinzelt um Preise, gut bürgerliche Frauen treffen sich in speziellen Clubs. Ansätze einer breiteren feministischen Bewegung wie sie etwa in dem »Verband der fortschrittlichen Frauenvereine« um Minna Cauer in den 90 Jahren des letzten Jahrhunderts versucht werden, bleiben isoliert. Die meisten Frauenvereine setzen sich nur noch für beschränkte Ziele wie für das Wahlrecht und bessere Bildungschancen ein. Und die Frauen in der Sozialdemokratie und in den Gewerkschaften haben nicht viel zu melden: »Da kennen sie unsere Männer schlecht. Die wollen von uns rein jar nischt wissen. Die merschten erlooben den Frauen nich, daß se in ne Versammlung jehn oder in nen Verein. Daheem sollen se sitzen un Strümpfe stoppen,« protokolliert Genossin Lily Braun bei einer Berliner Parteifrauenversammlung.

Eine Frau, selbst aus bürgerlichem Haus stammend, eine Lehrerin, Clara Zetkin, schafft es schließlich, den Graben zwischen Parteifrauen und Frauenrechtlerinnen mit Hetzkampagnen gegen die »bürgerliche Frauenrechtlerei« zu vertiefen: »Es hieße, das Prinzip des Klassenkampfes preisgeben, wenn wir mit bürgerlichen Elementen irgend etwas gemeinsam unternehmen wollten.«

In diesem Buch kommen viele Sozialdemokratinnen zu Wort. Trotzdem geht es in dieser Sammlung authentisch geschilderter Lebensschicksale von Arbeiterinnen des 19. und 20. Jahrhunderts nicht darum, die sozialdemokratische Politik zu verteidigen. Aber die Quellenlage – trotz der Männermacht in der Partei sind immer noch mehr Parteifrauen zum Schreiben gekommen als nicht organisierte Arbeiterinnen – verlangt diesen Schwerpunkt auf sozialdemokratischer Frauengeschichte.

Die Herausgeber dieses Buches schreiben: »Es liegt an der behandelten Zeit, daß die autobiographischen Texte dieses Buches fast ausnahmslos von sozialdemokratisch organisierten Arbeiterinnen und Angehörigen der sozialdemokratischen Arbeiterintelligenz stammen. Die wenigen Beiträge jener Frauen, deren Parteibindung nicht feststellbar ist oder die als konservativ gelten, bestätigen im gleichen Umfang den sozialen Notstand und die völlige Schutz- und Rechtlosigkeit arbeitender Mädchen und Frauen im 19. und zum Teil auch noch im 20. Jahrhundert und unterstreichen so den Wahrheitsgrad und die Authentizität der Texte insgesamt.«

Ele Schöfthaler

Zeittafel

zur Geschichte der Frauenemanzipation
von ihren Anfängen bis zur Erlangung der politischen Gleich-
berechtigung in Deutschland und in Österreich

1. Textblock: Daten zur Zeit-, Sozial- und Kulturgeschichte
2. Textblock: Daten zur Arbeiterbewegung – gekennzeichnet mit * bei Erstzeile des Blocks –
3. Textblock: Daten zur bürgerlichen Frauenbewegung – gekennzeichnet mit ** bei Erstzeile des Blocks –

1789–1793
Beginn der Französischen Revolution
Verkündigung der Menschenrechte am 14. 7. 1789
Bildung demokratischer Klubs
Nationalkonvent erklärt Frankreich zur Republik
Bildung von Frauenklubs: sie fordern die vollen Bürgerrechte, die Gleichstellung von Mann und Frau und das Frauenstimmrecht
Girondisten und Jakobiner lösen die Frauenklubs auf, verfolgen und guillotinieren Frauenrechtskämpferinnen aus dem Bürger- und Arbeiterstand (Olympe de Gouges und Mmm. Roland, 1793) und lehnen das Frauenstimmrecht ab: »Die Natur gebietet es euch, zu bleiben, was ihr seid. Ihr habt keinen Anspruch auf Einmischung in unsere Kämpfe«

Olympe de Gouges: Déclaration des Droits de la Femme et de la Citoyenne, Paris 1791
Mary Wollstonecraft: A Vindication of the Rights of Women, London 1792
Theodor von Hippel: Über die bürgerliche Verbesserung der Weiber, Berlin 1792
Olympe des Gouges: Testament politique d'Olympe de Gouges, Paris 1793

1812

»Maschinenstürmer« in England: Arbeiter zerstören Maschinen in den Textilfabriken in Nottingham
Robert Owen: A new View of Society

1818

Samuel Bamford fordert in einer Wahlreformversammlung in der englischen Stadt Saddleworth die anwesenden Arbeiterinnen auf, gleich den Männern über vorgelegte Resolutionen abzustimmen

1819

Karlsbader Beschlüsse unter Metternich gegen politische und geistige Freiheit in Deutschland und Österreich (bis 1848 wirksam)

1830

Pariser Julirevolution: blutige Straßenkämpfe

1831

»The New Charter« der englischen Arbeiter: Forderung nach Gleichberechtigung von Mann und Frau, einschließlich Stimmrecht

1832

Wahlreform in England: Stimmrecht für das wohlhabende Bürgertum; Arbeitern und Arbeiterinnen bleibt Stimmrecht versagt

1833

Über Antrag Österreichs beschließt der Bundestag die Einsetzung einer Zentral-Untersuchungskommission zur Aufdeckung geheimer politischer Umtriebe und Umsturzversuche
England begrenzt die Arbeitszeit für Jugendliche und Kinder und bestellt zur Überwachung Fabrikinspektoren
Erster deutscher Arbeiterbildungsverein in Biel/Schweiz

1834

Streikbewegung in England: Arbeiterinnen, in eigenen Organisationen innerhalb der »Grand National Consolitadet Trades

Union«, beteiligen sich an Streiks und verteidigen sich gegen angreifendes Militär

1838
Gründung des Grütlivereins in der Schweiz (anfangs unpolitisch, später Teil der Gewerkschaftsbewegung und der sozialdemokratischen Arbeiterbewegung)

1839
Chartistenbewegung in England, besonders aktiv seit der unbefriedigenden Wahlreform 1832, fordert im ersten Entwurf seines Programmes »Charter of Rights and Liberties« das Frauenwahlrecht (später zurückgestellt, um das Wahlrecht für männliche Arbeiter nicht zu gefährden)
Kinderarbeit in Preußen eingeschränkt (eine Vorsorgemaßnahme, um die Militärtauglichkeit zu heben)

1840
Erste Arbeiter-Bildungsvereine in Deutschland

1842
Beginn der Konsumgenossenschaftsbewegung in Rochdale / England
Etienne Cabet: Voyage en Icarie (Utopischer Roman, in dem das Zukunftsbild der »befreiten« Frau, dem Manne in der Familie nach wie vor untertan, entworfen wird; 5. Auflage 1848)

1844
Aufstand der Weber in Langenbielau und Peterswaldau: Militäreinsatz bringt Tote, 83 Weber vom Breslauer Kriminalgericht zu je 24 Peitschenhieben und 10 Jahren Schanzarbeit verurteilt
Flora Tristan: L'union Ouvrière
Die »Vaterlandsblätter«, redigiert von Robert Blum, werfen die Frage auf: »Haben Frauen ein Recht zur Teilnahme an den Interessen des Staates?«

1845
Max Stirner: Der Einzige und sein Eigentum
Friedrich Engels: Die Lage der arbeitenden Klasse in England

1846

Flora Tristan: L'Emancipation de la Femme ou le Testament de la paria (ouvrage posthume)

1847

Allgemeine Wirtschaftskrise in den europäischen Staaten
England führt den gesetzlichen 10-Stunden-Tag ein

* Der »Bund der Gerechten« (gegründet 1836, seit 1840 Zentral-leitung in London) nennt sich »Bund der Kommunisten« und beauftragt Karl Marx und Friedrich Engels mit der Abfassung eines Parteiprogrammes

1848

Februarrevolution in Paris führt zur Ausrufung der Republik und löst revolutionäre Bewegung in Europa aus
Märzrevolution in Deutschland und Österreich: mit Waffengewalt niedergeschlagen
Junirevolution in Paris: blutig niedergeschlagen
Oktoberrevolution in Österreich: blutig niedergeschlagen
Bauernbefreiung in Österreich (Hans Kudlich)

* »Kommunistisches Manifest« von Karl Marx und Friedrich Engels: das erste Parteiprogramm, in dem offiziell die Frauen-frage aufgenommen ist
Große Arbeiterversammlung am 6. 4. in Berlin: 12stündige Arbeits-zeit gefordert
Erstes Arbeiterparlament vom 20. bis 26. 8. in Berlin: Stephan Born gründet die »Arbeiterverbrüderung« und gibt als ihr Organ »Die Verbrüderung« heraus, die zur Gründung zahlreicher Ar-beitervereine beiträgt
In dem »Sendschreiben an alle Verbrüderten« verkündet Born, daß »Arbeiterinnen unter gleichen Verpflichtungen gleiche Rechte« besitzen sollen
Karl Marx gründet »Neue Rheinische Zeitung«
Gründung des »Ersten allgemeinen Arbeitervereins« in Wien
»Vereinigung der deutschen Arbeitervereine in der Schweiz« in Bern vom 9. bis 11. 12. begründet

** »Womens Rights Convention« von Elizabeth Stanton begründet: Beginn der Frauenstimmrechtsbewegung in den USA
Luise Otto, die am 20. 3. in der »Leipziger Arbeiter-Zeitung« die
»Adresse eines deutschen Mädchens« an das sächsische Ministe-
rium richtet, stellt sich Borns Bestrebungen zur Verfügung

1849
Beginn der Reaktionszeit: Scharfe Maßnahmen gegen die Samm-
lungsbestrebungen der Arbeiter in fast allen europäischen Staaten
Mai-Aufstand in Dresden
Gemeindewahlrecht der Frauen in Österreich (nur vorübergehend)
* Verbot der Arbeitervereine in Preußen, Sachsen und Bayern
Der von der »Arbeiterverbrüderung« begründete Gesundheitspfle-
geverein, eine Art Krankenkasse, breitet sich aus (1851 etwa
10 000 Mitglieder)
** Luise Otto gründet am 21. 4. »Deutsche Frauenzeitung« mit
dem Motto »Dem Reich der Freiheit werb' ich Bürgerinnen«
(alsbald verboten)

1850
Parlamentarische Selbstregierung in Australien
Franz Hermann Schulze-Delitzsch begründet die ersten kleinge-
werblichen Kreditgenossenschaften
Erste vier Volksbüchereien in Berlin
* Rund 250 in der »Arbeiterverbrüderung« zusammengefaßte Ar-
beitervereine unterdrückt und aufgelöst. Die Zeitung »Verbrü-
derung« wird eingestellt

1854
Deutscher Bundestag beschließt über Antrag Preußens und Österreichs am 13. 7. ein allgemeines Koalitonsverbot, das sich gegen
die Arbeitervereine sozialistischer und kommunistischer Richtung richtet (Preußen, Sachsen und Bayern hatten das Koali-
tionsverbot schon 1849 ausgesprochen)
Österreich erläßt am 20. 4. das »Prügelpatent«: Einführung der
Prügelstrafe

1855

Die katholische Kirche in Österreich erhält durch das Konkordat vom 18. 8. weitgehenden Einfluß auf das öffentliche Leben: u. a. Gerichtsbarkeit in Ehesachen und Aufsicht über das Volksschulwesen (bis 1868 in Kraft)

** Gründung des »Schweizer Frauenvereines«

1858

* Die deutschen Arbeiterbildungsvereine der Schweiz schließen sich zu einem Zentralverband zusammen
Gewerkschaft »Typographie« gegründet

1861

Österreich wird durch das »Februarpatent« ein konstitutioneller Staat ohne ein allgemeines und gleiches Wahlrecht
Arbeitszeit in Preußen: 14 Stunden pro Tag. 700 000 Mädchen und Frauen sind in Preußen auf Selbsterhaltung angewiesen

1862

Erste Enquête über die Lage der Arbeiter in Österreich
In den Baumwollspinnereien des Kammerbezirkes Reichenberg/Böhmen: 18 % der Beschäftigten Kinder unter 14 Jahren

* Gründung des »Fortbildungsvereines für Buchdrucker« in Leipzig: Vorläufer der gewerkschaftlichen Organisation

1863

Unter den Industriestaaten der Welt nimmt Deutschland nach England, Frankreich und den USA den vierten Rang ein

* Ferdinand Lassalle gründet am 23. 5. in Leipzig den »Allgemeinen deutschen Arbeiterverein« mit dem Ziel des allgemeinen gleichen direkten Wahlrechtes
Lassalleanisch bestimmte Arbeitervereine gegen Frauenarbeit in Fabriken: Beginn des proletarischen Antifeminismus

1864

* Gründung der »Internationalen Arbeiter-Association« (I.A.A.)

am 28. 9. in London (Inauguraladresse und Statuten von Karl Marx, der auch Leiter bis 1872 ist)

17 Wiener Webereiarbeiter gründen Konsumverein

Ferdinand Lassalle: Kapital und Arbeit

Der »Social-Demokrat«, die erste deutsche Arbeiterzeitung, gegründet

1865

Ende des Bürgerkrieges in Amerika: Abschaffung der Negersklaverei

* Auf dem 3. Vereinstag der deutschen Arbeitervereine (1863 gegen die Lassalleanische Arbeiterbewegung gegründet) unter Bebel, Greulich und Motteler fordert Moritz Müller u. a. die Gründung von Arbeiterinnenvereinen und die freie Zulassung der Frauen zu allen Berufen

Anfänge einer breiten gewerkschaftlichen Organisation in Deutschland, vor allem unter Buchdruckern und Tabakarbeitern (Beginn der organisierten Lohnstreikbewegung)

** Erste Frauenkonferenz in Leipzig: Am Jahrestag der Schlacht bei Leipzig Gründung des ersten nichtkaritativen Frauenvereines, »Allgemeiner deutscher Frauenverein«, durch Luise Otto-Peters, Auguste Schmidt und Henriette Goldschmidt. Presseorgan »Neue Bahnen« (Luise Otto-Peters setzt damit ihrer bis 1848 zurückreichenden Pionierarbeit für Arbeiterinnen ein Ende)

Gründung des Lette-Vereines: Schaffung einer gewerblichen Ausbildungsstätte für Mädchen und Frauen

1866

Krieg zwischen Preußen und Österreich

* Kongreß der I.A.A. in Genf: Karl Marx wendet sich scharf gegen die Forderung der Gewerkschaften und des anarchistischen Flügels auf Verbot der Frauenarbeit und verlangt gesetzlichen Schutz für arbeitende Frauen, die wegen ihrer revolutionierenden Wirkung wichtig für das gesamte Proletariat seien

Tausende Arbeiter in Österreich demonstrieren wiederholt für Vereins- und Versammlungsrecht

** *Luise Otto-Peters:* Das Recht der Frau auf Erwerb

1867
Weltausstellung in Paris
Allgemeines, gleiches, geheimes und direktes Wahlrecht für Männer
in Deutschland
Das Staatsgrundgesetz tritt in Österreich am 21. 12. in Kraft; das
Vereins- und Versammlungsgesetz am 15. 11. erlassen

* Norddeutscher Reichstag: 7 sozialistische Abgeordnete
Gründung von Arbeiterfrauenvereinen in Braunschweig und Hamburg
IX. Arbeitertag in Wien: 4000 Arbeiter beschließen Anschluß an
Arbeiterbildungsverein
Statuten des 1. »Allgemeinen Wiener Arbeiter-Bildungsvereines«
behördlich genehmigt: Konstituierende Versammlung am 15. 12.
in Schwenders Kollosseum – hier wird erstmals in einer öffentlichen Versammlung das allgemeine geheime gleiche und direkte
Wahlrecht gefordert

Karl Marx: Das Kapital, Band 1

1868
Nach einer amtlichen Enquête sind in Österreich 220 000 Arbeiter
(d. h. 55 %) Mitglieder von Bruderladen und Unterstützungskassen

* Bakunin gründet die »Alliance internationale de la démocratie
sociale« mit anarchistischer Tendenz in Opposition zur I.A.A.
Allgemeiner deutscher Arbeiterkongreß in Berlin: 140 000 Arbeiter
organisiert
5. Arbeitervereinstag in Nürnberg: Deutsche Arbeiterbewegung
stellt sich auf den Boden der Internationale
Der Wiener Arbeiter-Bildungsverein gründet eine Arbeiter-, Kranken-, Invaliden- und Unterstützungskasse
Gründung eines »Sozialdemokratischen Komitees« unter Josef
Krosch und Josef Hannich in Reichenberg: Beginn der sozialdemokratischen Arbeiterbewegung in Böhmen, Mähren und
Schlesien
Auf dem Wiener Arbeitertag in Zobels Bierhalle wird am 10. 5.
das »Manifest an das arbeitende Volk in Österreich« beschlossen

1869

Aufhebung des Koalitionsverbotes im Norddeutschen Bund macht den Weg frei für weiträumige Gewerkschaftsbewegung

Österreichisches Reichsvolksschulgesetz bringt allgemeine Schulpflicht vom 6. bis 14. Lebensjahr

* Arbeiterkongreß in Eisenach: August Bebel und Wilhelm Liebknecht gründen die »Sozialdemokratische Arbeiterpartei Deutschlands« – Forderung nach Gleichberechtigung der Frau (in der Parteiorganisation bereits Sitz und Stimme) und dem Frauenstimmrecht

In Österreich sind rund 13 000 Personen namentliche Mitglieder der I.A.A.

Auf einer Volksversammlung des Reichenberger Allgemeinen Arbeitervereines unter Josef Krosch wird das allgemeine und gleiche Wahlrecht gefordert

In Wien demonstrieren am 13. 12. 20 000 Arbeiter vor dem Reichstagsgebäude für das Koalitionsrecht

Der Schweizer Arbeiterführer Herman Greulich gründet mit der »Tagwacht« die erste sozialdemokratische Arbeiterzeitung der Schweiz

August Bebel: Die Frau und der Sozialismus (50. Auflage 1910; 61. Auflage 1964)

John Stuart Mill: Subjection of Women (deutsch 1872)

** Luise Otto-Peters und Lina Morgenstern gründen »Verein zur Fortbildung und geistigen Anregung der Arbeiterfrauen«, der jede politische Tätigkeit ausdrücklich ausnimmt (alsbald aufgelöst)

»Verein deutscher Lehrerinnen und Erzieherinnen« von Auguste Schmidt und Marie Calm begründet

Generalversammlung der katholischen Vereine Deutschlands (auch Frauenvereine) beschließt Teilnahme an der sozialen Bewegung nach katholischem Standpunkt

1870

Beginn des Deutsch-Französischen Krieges

Österreich: Koalitionsrecht am 7. 4. erlassen

Streikwellen in Böhmen und Mähren: in Swarow bei Tannwald schießt Militär auf Streikende – 6 Arbeiter erschossen, darunter eine Arbeiterin, und rund 30 verwundet

* Hochverratsprozeß gegen Scheu, Oberwinder, Most und Genossen: in der Folge Einsetzen der systematischen Verfolgung von Sozialisten und Auflösung der Arbeiter-Bildungsvereine und Gewerkschaftsvereine

Schweiz: Herman Greulich gründet sozialdemokratische Partei (zerfällt alsbald)

** Auf der Generalversammlung des Wiener Erwerbsvereins am 12. 3. legt Marianne Hainisch das Programm bürgerlicher Frauenvereinsarbeit vor: Kernpunkte sind gymnasiale Bildung für Mädchen und freier Zugang der Frauen zur Universität

1871
Aufstand der »Kommune« in Paris: blutig niedergeschlagen
Gründung des Deutschen Reiches: Wilhelm I. deutscher Kaiser
Die Wachstumsraten der deutschen Industrie jährlich bei 40 Prozent

* Spaltungserscheinungen in der österreichischen Arbeiterbewegung

Aufschwung in Böhmen: Arbeitervereine, Gewerkschaftsvereine; erste »Arbeiterschule« entsteht in Reichenberg

1872
Staatliche Schulaufsicht in Preußen
Zusammenballung des Industrieproletariats in deutschen Großstädten setzt ein: 4,8 % der Bevölkerung in Städten über 100 000 Einwohner

* Kongreß der I.A.A. in Den Haag: Ausschluß Bakunins und seines anarchistischen Anhanges

Pauline Staegemann begründet den »Berliner Arbeiter-Frauen- und Mädchenverein«. Sie und ihre Mitarbeiterinnen Schackow, Cantius, Hahn, Grundemann u. a. betreiben sozialdemokratische Agitation und Gewerkschaftsarbeit (1877 aufgelöst)

In Österreich verschärft sich der Wahlrechtskampf
Beginn einer erfolgreichen Frauenagitation in Böhmen: Anna Alt-

mann agitiert in Volksversammlungen und führt in zahlreichen Orten die Frauen den Arbeiterorganisationen zu
Gründung des politischen Vereines »Volksstimme« in Wien

1873

Weltwirtschaftskrise beendet »Gründerjahre«-Hochkonjunktur in Deutschland und Österreich

Österreich: Kaiser Franz Joseph sanktioniert Wahlreform, nach der die Mitglieder des Abgeordnetenhauses durch direkte Wahlen (wahlberechtigt Steuerzahler mit mindestens 10 Gulden pro Jahr) in vier Kurien bestellt werden – nur etwa 6 % der Bevölkerung besitzen das Wahlrecht

* Österreich: Insgesamt 406 Arbeiter-, Gewerkschafts- und Unterstützungsvereine sowie Arbeiterkrankenkassenvereine mit 158 211 Mitgliedern, davon 2 Arbeiterinnen-Vereine mit etwa 500 Mitgliedern

»Schweizer Arbeiterbund« durch Zusammengehen der Gewerkschaften, der Allgemeinen Arbeitervereine und Teile des Grütlivereines

** Bürgerlicher Emanzipationskampf spitzt sich auf die Schul- und Lehrerinnenfrage zu: »Verein für das höhere Mädchenschulwesen« lehnt Verwendung von Frauen als Lehrerinnen ab und der von Helene Lang gegründete Gegenverein »Verein für die höhere Töchterschule« fordert, daß in Mädchenschulen an der Unterstufe nur Lehrerinnen, an der Mittelstufe Lehrer und Lehrerinnen und an der Oberstufe nur Lehrer unterrichten

1874

Österreich: das Abgeordnetenhaus beschäftigt sich zum erstenmal mit der Arbeiterfrage. Die in Petitionen herangetragenen Wünsche nach einer Sozialreform bleiben unberücksichtigt

* Spaltung der österreichischen Arbeiterbewegung in Radikale und Gemäßigte führt zum Niedergang ihrer Organisationen
Gründung des sozialdemokratischen Parteiorgans »Der Arbeiterfreund« in Reichenberg
Die Manufakturarbeiter Wiens fordern Beschränkung der Frauen-

und Kinderarbeit, den Normalarbeitstag und Arbeiterschutzgesetze

1875
Turnen in Berliner Mädchenschulen

* Kongreß in Gotha: Zusammengehen der Lassalleaner und Eisenacher zur »Sozialistischen Arbeiterpartei Deutschlands«
Wahlrechts-Petition des Brünner Arbeiter-Bildungsvereines am 19. 11. dem Abgeordnetenhause zugeleitet: Antrag auf Verlesung durch den deutschliberalen Abgeordneten Ernst von Plener »abgewürgt«

** »Internationale Abolitionistische Föderation« (gegen Reglementierung der Prostitution) in den USA von Josephine Butler gegründet

1876
* Österreich: Auflösung des Wiener Arbeiter-Bildungsvereines. Wiederbegründung, die dritte, am 22. 10.

** Der Vorstand des »Allgemeinen deutschen Frauenvereines« lehnt auf dem Frankfurter Frauentag den Antrag von Lina Morgenstern auf Errichtung eines deutschen Zweiges der »Internationalen Abolitionistischen Föderation« ab

1877
Fabrikgesetz in der Schweiz beschlossen: Verbot der Kinderarbeit, 11stündige Arbeitszeit, Sonn- und Feiertagsruhe

* Bei den Reichstagswahlen erreicht die Sozialistische Arbeiterpartei Deutschlands, hauptsächlich in den Großstädten, 486 843 Stimmen und 12 Abgeordnetensitze
Die Abgeordneten Auer, Bebel, Blos u. a. bringen erstmals einen Arbeiterschutzantrag im Reichstag ein, der auch Forderungen für einen speziellen Arbeiterinnenschutz enthält
»Der Gewerkschaftler« erscheint als erstes allgemeines Gewerkschaftsorgan in Österreich

1878

Papst Leo XIII. Enzyklika (gegen sozialistische Bewegung)

Nach zweimaligem Anlauf und zwei Attentaten auf den deutschen
Kaiser erreicht Bismarck das Ausnahmegesetz gegen die Sozial-
demokratie, das sogenannte »Sozialistengesetz« (bis 1890 in
Kraft)

* Die darauf vorbereitete Arbeiterbewegung, deren Organisa-
tionen aufgelöst, deren Presseerzeugnisse verboten und deren
Funktionäre ausgewiesen oder inhaftiert werden, geht in den
»Untergrund«

Parteitag der österreichischen Sozialdemokratie nahe Reichenberg
unter freiem Himmel: Petition wegen des allgemeinen Wahlrechtes

1880

Das Welteisenbahnnetz gegenüber 1850 (38 000 km) fast verzehn-
facht (371 000 km)

Durch Entstehung von Großindustrien Beginn der sozialen und
wirtschaftlichen Umschichtung in Österreich

* Kongreß des Schweizerischen Arbeiterbundes in Olten: Gründung eines Allgemeinen Gewerkschaftsbundes, der Sozialdemokratischen Partei der Schweiz und der Deutschen Sozialdemokratischen Partei in der Schweiz. Sozialdemokratische Arbeiterinnenvereine entwickeln starke Aktivitäten

** Gertrude Guillaume-Schack gründet den »Deutschen Kulturbund«, dessen Ziel die Aufhebung der Reglementierung der Prostitution ist. (Im Kulturbund werden auch Arbeiterinnenfragen
behandelt. Guillaume-Schack bekennt sich 1885 offen zur Sozialdemokratie)

1881

Kaiserliche Botschaft vom 17. 11. leitet in Deutschland die Ära der
staatlichen Sozialpolitik ein

Erhebungen der Fabrikinspektoren ergeben, daß die 1878 erlasse-
nen Bestimmungen über Kinderarbeit (Verbot der Kinderarbeit
in Fabriken und Bergwerken, Arbeitszeit für Jugendliche von
12 bis 14 Jahren 6 Stunden am Tag) überhaupt nicht eingehalten

werden, ebenso nicht die gesetzliche und bezahlte Ruhezeit für Frauen bis zu 3 Wochen nach der Entbindung

Österreich-Ungarn: von rund 26 Millionen Einwohnern sind 1 732 000 Personen stimmberechtigt

* Emma Ihrer gründet den »Frauen-Hilfsverein für Handarbeiterinnen«, der wegen politischer Betätigung alsbald behördlich aufgelöst wird

Auf dem mährisch-schlesischen Arbeitertag in Brünn das »Brünner Programm« beschlossen: Wahlrecht für alle Staatsbürger, Koalition- und Pressefreiheit sowie Arbeiter-, Arbeiterinnen- und Kinderschutz

1882

Berufsverteilung in Deutschland: Landwirtschaft 40 %, Industrie 37 %, Handel und Verkehr 9,6 %, Öffentlicher Dienst u. a. 13,5 %

Österreich: Streiks in den böhmischen Kohlenrevieren (20 000 Streikende in 150 Betrieben); dieserhalb Arbeiter wegen »sozialistischer Umtriebe« abgeurteilt

Wahlreform in Österreich: der Steuerzensus, der über das Stimmrecht entscheidet, auf 5 Gulden direkte Steuerleistung im Jahr herabgesetzt

1883

Einführung der obligaten Krankenversicherungspflicht in Deutschland

Industrielle Zusammenballung in Deutschland nimmt zu: am 1. 1. werden 10 000 Großbetriebe mit 1,6 Millionen Beschäftigten gezählt

Durchschnittliche Arbeitszeiten in Österreich: in Kleinbetrieben 12 bis 14 Stunden, in Kleingewerbebetrieben 14 bis 16 Stunden, in Bäckereien 12 bis 17 Stunden, in Ziegeleien 15 Stunden, Tramwaykutscher 18 Stunden

Statut über die Gewerbeinspektorate in Österreich erlassen

* »Verein der Mantelnäherinnen« in Berlin gegründet, die erste Frauengewerkschaft in Deutschland (1887 behördlich aufgelöst)

»Verein der Arbeiterinnen« gegründet: rasche Ausbreitung und

Vereinsgründungen in Düsseldorf, Frankfurt, Mainz, Zeitz, Gera, Halle u. a. (alle 1887 behördlich aufgelöst)

Petition des Deutschen Kulturbundes unter Gertrude Guillaume-Schack an den Reichstag, die Reglementierung der Prostitution aufzuheben

1884

Gesetzliche Unfall-Pflichtversicherung in Deutschland

Österreich: Ausnahmezustand über Wien, Wiener-Neustadt und Floridsdorf verhängt: hunderte Sozialisten ausgewiesen, Arbeitervereine aufgelöst, Arbeiterpresse verboten, Versammlungen nicht genehmigt

* Gründung der »Zentral-Kranken- und Sterbekasse für Frauen und Mädchen«, praktisch die erste Krankenkasse für Frauen, gewährt den Mitgliedern das Mitspracherecht in der Verwaltung (nach 2 Jahren bereits 116 Zweigstellen in Deutschland; sie bieten eine Tarnmöglichkeit für die sozialdemokratische Frauenagitation, die, wie die für Männer, nach wie vor unter Strafe steht)

Gertrude Guillaume-Schack, die sich nun offen zur Sozialdemokratie bekennt, übernimmt das Ehrenpräsidium bei dem von Emma Ihrer gegründeten mitgliederstarken »Verein zur Vertretung der Interessen der Arbeiterinnen« und gründet auf ihren rastlosen Agitationsreisen 16 Arbeiterinnenvereine

Aufgrund des Ausnahmezustandes sistiert der Wiener Arbeiterbildungsverein seine Tätigkeit

Friedrich Engels: Der Ursprung der Familie, des Privateigentums und des Staates (4. Auflage 1891)

1885

Industrialisierungsprozeß in Deutschland in rascher Entwicklung: nun schon 19 000 Großbetriebe mit 3 Millionen Beschäftigten

Österreich: Einführung des 11-Stunden-Tages, Verbot der Fabrikarbeit für Kinder unter 14 Jahren und der Nachtarbeit für Jugendliche und Frauen

* »Die Staatsbürgerin«, die erste Arbeiterinnenzeitung in

Deutschland, von Gertrude Guillaume-Schack gegründet, tritt in scharfer Sprache für die Arbeiterinneninteressen ein und bringt soziale Reportagen über die Lage der Arbeiterklasse (wegen »Einmischung in politische Angelegenheiten« über Ministerialerlaß am 17. 6. 1886 untersagt)

Protestversammlung der Wiener Arbeiterschaft beim Schwender gegen das von der Regierung vorbereitete Sozialistengesetz

Dr. Victor Adler schließt sich den Sozialdemokraten an

Vierte Gründung des Wiener Arbeiter-Bildungsvereins

Karl Marx: Das Kapital, 2. Band, herausgegeben von Friedrich Engels

1886

Österreich: Das »Sozialistengesetz« tritt am 3. 6. in Kraft

* In Deutschland werden alle Arbeiterinnenvereine aufgelöst; in Funktion bleibt lediglich die 1884 gegründete »Zentral-Kranken- und Sterbekasse für Frauen und Mädchen«, die auch weiterhin für die verbotene sozialdemokratische Frauenagitation verwendet wird

Victor Adler gründet in Wien den politischen Verein »Wahrheit« und bringt am 11. 12. die Zeitung »Gleichheit« heraus

1887

* Österreich: Der Plenersche Entwurf zur Errichtung von Arbeiterkammern wird in einer Arbeiterversammlung in Wien am 3. 4. als ein »schäbiges Linsengericht« abgelehnt

** Helene Lange überreicht zu einer Petition des Schraderschen Kreises (Henriette Schrader, Marie Loeper-Houselle, Minna Cauer) die Begleitschrift »Die höhere Mädchenschule und ihre Bestimmung« an das preußische Kultusministerium: Beginn der Kampfzeit der bürgerlichen Frauenbewegung, in dem es in erster Linie um die Frauenbildung geht

1888

Österreich: Krankenversicherung für Arbeiter obligatorisch

* Einigungsparteitag in Hainfeld: Beratungen vom 30. 12. bis 1. 1. 1889 erbringen die »Prinzipienerklärung«, die die Einheit

der österreichischen Arbeiterbewegung sichert und den Aufstieg der Sozialdemokratie vorbereitet, wobei die gleichberechtigte Mitarbeit der Frauen als unerläßlich betont wird

In Österreich 104 Arbeitervereine mit 15 498 Mitgliedern

Schweiz: Gründung der Sozialdemokratischen Partei durch Albert Steck

** Susan B. Anthony gründet die »International Council of Women« (I.C.W.): Beginn und durch Gründung von Zweigvereinen in aller Welt Internationalisierung des bürgerlichen Frauenstimmrechts-Kampfes (Carry Chapman Catt als Generalsekretärin bereits Europa, Asien und Amerika)

1889

Invalidenpflichtversicherung für Arbeiter in Deutschland

Ausweitung der Frauenarbeit in Österreich: in der Seidenerzeugung sind 61 %, in der Flachsverarbeitung 58 %, in den Baumwollfabriken 56 % und in der Schafwollindustrie 46 % Frauen und Mädchen versicherungspflichtig

Obligatorische Kranken- und Invalidenversicherung für Arbeiter in Österreich

* Gründungskongreß der II. Internationale in Paris: Proklamierung des 8-Stunden-Tages und des 1. Mai als Weltfeiertag der Arbeiter.
Emma Ihrer und Clara Zetkin, von Berlins Arbeiterschaft nach Paris delegiert, beantragen die Gleichberechtigung der Frau innerhalb der Arbeiterbewegung und im Arbeitsleben. Der einstimmig gefaßte Beschluß lautet: »Der Kongreß erklärt, daß es die Pflicht der Arbeiter ist, die Arbeiterinnen als gleichberechtigt in ihre Reihen aufzunehmen, und fordert prinzipiell gleiche Löhne für die gleiche Arbeit für die Arbeiter beiderlei Geschlechts und ohne Unterschied der Nationalität

Versammlung des politischen Vereines »Wahrheit« beim Schwender in Wien: erstmals eine große geschlossene Gruppe von Frauen unter den 4000 Teilnehmern

In der »Gleichheit« erscheint am 8. 3. erstmals ein Aufruf einer Arbeiterin (d. i. Viktoria Kofler) mit der Forderung nach einer engen Zusammenarbeit zwischen Arbeitern und Arbeiterinnen

Die »Arbeiter-Zeitung« erscheint am 12. 7. zum ersten Mal

Als Folge des Einigungsparteitages zahlreiche Neugründungen von Arbeitervereinen, Arbeiterfachvereinen und Leseklubs in Österreich

Der Streik der Wiener Tramwaykutscher um bessere Arbeitsbedingungen vom Militär blutig gebrochen

Luise Zietz: Die Frau und der politische Kampf
Clara Zetkin: Die Arbeiterinnen- und Frauenfrage der Gegenwart

** Minna Cauer und Julius Mayer gründen in Berlin den »Verein der weiblichen Angestellten im Handelsgewerbe«

Verein »Jugendschutz«, der auf sozialem Gebiet arbeitet, von Hanna Bieber-Böhm gegründet

Vom Kreis um J. Kettler/Weimar wird der Verein »Reform« unter dem Motto »Gleiche Bildung für Mann und Frau« gegründet (Spätere Namensänderung in »Frauenbildung – Frauenstudium«, als deren führende Funktionärinnen Marie Stritt, Ika Freudenberg und Natalie von Milde hervortreten)

Unter der Patronanz des »Allgemeinen deutschen Frauenvereines« und mit Unterstützung des »Wissenschaftlichen Zentralvereins Berlin« wird vom Schraderschen Kreis in der Charlottenschule die Institution »Realkurse für Mädchen« eröffnet, die der Vorbereitung der Mädchen auf das Universitätsstudium dienen und die Allgemeinbildung des weiblichen Geschlechts abrunden sollen

Bertha von Suttner: Die Waffen nieder!

1890

Allgemeine Wirtschaftskrise in Deutschland

Zwischen 1881 und 1890 sind wegen Arbeitslosigkeit, Armut und aus politischen Gründen 1 350 000 Personen aus Deutschland, vor allem nach den USA, ausgewandert

Obligatorische Invaliden- und Altersversicherung für Arbeiter in Deutschland

Wilhelm II. beruft Arbeiterschutzkonferenz nach Berlin ein: von 13 Staaten beschickt

Ende des »Sozialistengesetzes« in Deutschland

Österreich: Der Anteil der in den Hauptindustriegruppen beschäftigten Frauen ist auf 51 % des Gesamtbeschäftigtenstandes gestiegen

Durch Einverleibung der Vororte steigt die Einwohnerzahl Wiens von 705 000 auf 1 087 000

* Bei den Februarwahlen in Deutschland erzielen die Sozialdemokraten 1 427 298 Stimmen: Bismarck fällt darüber und mit ihm das »Sozialistengesetz«

Die Freien Gewerkschaften in Deutschland weisen 130 000 Mitglieder aus

Parteitag in Halle: Umbenennung der Sozialistischen Arbeiterpartei Deutschlands in »Sozialdemokratische Partei Deutschlands« – die Gleichberechtigung der Geschlechter auf allen Gebieten wird zur Kampfparole erhoben

Erstmals Maifeiern – in Österreich vollständiger als in allen anderen Staaten – unter der Losung: 8-Stunden-Tag und freies, allgemeines, geheimes, gleiches und direktes Wahlrecht

Die Sozialdemokratie Österreichs erreicht einen Mitgliederstand von 50 000

Konstituierende Versammlung des »Arbeiterinnen-Bildungsvereines« am 29. 6. im Gasthof »zum goldenen Luchsen« in Wien-Lerchenfeld. Hauptrednerin: Anna Altmann/Böhmen. Wichtige Funktionärinnen: Adelheid Dworschak-Popp, Anna Boschek, Marie Krasa-Novak, Viktoria Kofler, Marie Grubinger, Alice Salomon und später Amalie Ryba-Seidel, Gabriele Proft u. a.

»Zentralverband Schweizerischer Arbeiterinnenvereine« gegründet

** Gegen den Beschluß des 1873 gegründeten »Vereines für höheres Mädchenschulwesen« auf seinem Eisenacher Verbandstag, weibliche Vorgesetzte im Schuldienst nicht zu dulden, gründen Helene Lange, Marie Loeper-Houselle und Auguste Schmidt den »Allgemeinen deutschen Lehrerinnenverein« mit dem Ziel, die volle Gleichberechtigung weiblicher Lehr- und Schulamtspersonen zu erreichen (1897 bereits 10 000 Mitglieder)

1891

Papst Leo XIII. legt mit seiner Enzyklika »Rerum novarum« zur Arbeiterfrage das Sozialprogramm für das katholische Lager fest

Deutschland regelt durch Reichsgesetz: Frauenarbeit unter Tage verboten, 11-Stunden-Tag für Frauen; Ruhepausen von 4 Wochen nach Entbindung wird bezahlt; 10stündiger Arbeitstag für Jugendliche; Verbot der Fabrikarbeit für Kinder bis zum 13. Lebensjahr; Sonntagsruhe

Arbeiterausschüsse in Fabriken mit mehr als 20 Arbeitern gesetzlich anerkannt

Österreich: Abgeordneter Pernerstofer stellt am 8. 10. im Reichsrat den Antrag auf Einführung des allgemeinen Wahlrechtes

* Parteitag in Erfurt: Sozialdemokratische Partei Deutschlands beschließt Programm auf streng marxistischer Grundlage

Um die nach § 7 des preußischen Vereinsgesetzes unterbundene Tätigkeit politischer Arbeiterinnenvereine dennoch ausüben zu können, werden Agitationskommissionen gegründet

»Die Arbeiterin«, die erste Wochenschrift für sozialdemokratische Frauen in Deutschland, erscheint über Initiative und unter der Leitung von Emma Ihrer

Der 1. Kongreß der Freien Gewerkschaften beschließt die Aufnahme von Frauen

Auf dem 2. Parteitag der österreichischen Sozialdemokratie Vikria Kofler und Alice Salomon als Delegierte des »Arbeiterinnen-Bildungsvereines« mit Sitz und Stimme

In Österreich bestehen 219 Arbeitervereine mit 47 166 Mitgliedern

Bei den 1.-Mai-Feiern in Österreich treten erstmals Frauen in geschlossener Formation auf

Friedrich Engels: Die Entwicklung des Sozialismus von der Utopie zur Wissenschaft

1892

* »Die Arbeiterin« geht an den J. H. W. Dietz Verlag über, der neue Name »Die Gleichheit«, redaktionelle Leitung übernimmt Clara Zetkin (bis 1917)

Österreich: Am 1. 1. erscheint die erste Nummer der »Arbeiterinnen-Zeitung«, redigiert von Redakteuren der »Arbeiter-Zeitung«, am 15. 10. wird Adelheid Dworschak-Popp mit der Redaktionsleitung betraut (bis zur Einstellung 1934)

** Helene Lange gründet die Zeitschrift »Die Frau«, deren Hauptziel die Propagierung der Verbesserung des Mädchenschulwesens in Deutschland ist

Der »Verein für erweiterte Frauenbildung« gründet in Wien private Bildungsanstalt für Mädchen

Der »Östereichische Frauenverein« ladet den »Arbeiterinnen-Bildungsverein« ein, einen gemeinsamen Frauentag zu veranstalten; nach Ablehnung veranstaltet der »Österreichische Frauenverein« eine Frauenwahlrechtsversammlung, auf der Adelheid Dworschak-Popp den Standpunkt der sozialdemokratischen Arbeiterinnen zum Wahlrecht, zur Prostitution und zur sozialen Lage der Arbeiterinnen vehement und mit Erfolg vertritt

1893

Internationaler Kongreß in Zürich behandelt Arbeiterinnenschutz-Forderungen

Amtliche Enquête über Änderungen der Gewerbeordnung in Wiener Parlament, erstmals unter Zuziehung der Gewerkschaft der Textilarbeiter und -arbeiterinnen, als deren Delegierte Adelheid Dworschak-Popp referiert (Arbeitszeit, Arbeiterinnenschutz, Lohnfragen u. a.)

Wahlrechtsreformplan der Regierung Taaffe, für den sie im Abgeordnetenhaus keine Mehrheit findet: die darauf einsetzende Wahlrechtsagitation der österreichischen Sozialdemokratie erschüttert den Staat und beschleunigt den Sturz der Regierung

Schweiz: Einführung einer freiwilligen Arbeitslosenversicherung

* Mit 1 786 738 Stimmen geht die deutsche Sozialdemokratie als stimmenstärkste Partei aus den Reichstagswahlen hervor und verfügt über 42 Abgeordnetensitze

Auf dem 1. Österreichischen Gewerkschaftskongreß wird die Zahl der Beschäftigten mit 443 639, die Zahl der gewerkschaftlich Organisierten mit 31 205, davon nur 650 Frauen, angegeben: die weiblichen Gewerkschaftsfunktionärinnen Boschek, Krasa und Dworschak-Popp fordern mehr Bereitschaft der Kollegen zur Aufnahme von Arbeiterinnen und für diese den gleichen Schutz und die gleichen Rechte wie für Männer

Der erste größere selbständige Frauenstreik in Wien unter Führung von Amalie Ryba-Seidel wird erfolgreich durchgeführt

Die Juni-Wahlrechtsdemonstrationen am 18. Juni in Prag und Brünn fordern Tote und Verletzte

Auf der allgemein zugänglichen Wahlrechtsversammlung im Arkadenhof des Wiener Rathauses spricht auch Adelheid Dworschak-Popp

Erste sozialdemokratische Frauenwahlrechtsversammlung in der Penzinger Au: es referieren Lotte Glas-Pohl und Amalie Ryba-Seidel

Gründungsversammlung des Frauen-Lese- und Diskutierklubs »Libertas« am 24. 12. in Wien: Obmann Adelheid Dworschak-Popp, Kassiererin Anna Boschek und Schriftführerin Amalie Ryba-Seidel; als Agitatorinnen stehen zur Verfügung: Marie Schuller, Emmy Freundlich, Lotte Glas-Pohl, Julie Wichledal, Brigitte Trotzmüller, Maria Krasa, Therese Notschar u. a.

Schweiz: Grütliverein nimmt sozialdemokratisches Programm an

** Helene Lange wird in den Vorstand des »Allgemeinen deutschen Frauenvereines« gewählt

Auguste Fickert gründet in Wien den »Allgemeinen österreichischen Frauenverein«

1894

Einführung des 11-Stunden-Tages in Preußen

Arbeiter-Unfallpflichtversicherung in Preußen erbringt kaum Leistungen: laut Bericht Gewerbeamt Essen sind von 38 241 gemeldeten Arbeitsunfällen im Bergbau lediglich 4 779 entschädigt worden

Uraufführung von Gerhart Hauptmanns Schauspiel »Die Weber« (Stoff: Aufstand der schlesischen Weber 1844) – Kaiser Wilhelm II. kündigt auf das hin die Hofloge

* Parteitag in Frankfurt: Ottilie Baader wird zur Zentralvertrauensperson der sozialdemokratischen Frauen Deutschlands bestellt

Massenversammlungen der österreichischen Sozialdemokratie zur Durchsetzung des allgemeinen Wahlrechtes von Polizei und Militär zerstreut: zahlreiche Verletzte und Verhaftungen

** Gründung des »Bundes deutscher Frauenvereine« als Dachorganisation und als deutscher Zweig des »International Council of

Women« über Initiative von Hanna Bieber-Böhm, Auguste Förster und Anna Simson durch Helene Lange und Auguste Schmidt, die zur ersten Vorsitzenden gewählt wird. Dieser Dachorganisation gehören an: der »Allgemeine deutsche Frauenverein«, der »Lette-Verein« und der Verein »Reform« mit allen ihren Zweigvereinen. Als Auguste Schmidt es ablehnt, sozialdemokratische Frauenvereine in die Dachorganisation »aus formalen« Gründen aufzunehmen, kommt es zum Bruch zwischen der bürgerlichen und proletarischen Frauenbewegung (die Vorsitzerentscheidung der Auguste Schmidt findet beim radikalen Flügel, so bei Minna Cauer, keine Zustimmung, so daß die bürgerliche Frauenbewegung sich zu spalten beginnt)

Ika Freudenberg gründet in München den »Verein für Fraueninteressen«, der sich auf sozialem Gebiet betätigt

Susanne Orelli begründet den »Zürcher Frauenverein«, den sie bis 1915 leitet

1895
Die Erwerbstätigkeit der Frauen und Mädchen nimmt ständig zu: 25,2 % der Frauen in Deutschland sind berufstätig

* Die sozialdemokratische Fraktion unter August Bebel übernimmt eine Resolution sozialdemokratischer Frauen über Gleichberechtigung und bringt sie als Antrag im Deutschen Reichsrat ein

Nach § 7 des preußischen Vereinsgesetzes werden die Agitationskommissionen der sozialdemokratischen Frauen aufgelöst

»Antifeministische Tendenz« auf der Niederösterreichischen Gewerkschaftskonferenz: die Delegierten fordern die Entfernung der Frauen aus dem Arbeitsprozeß, weil sie »Lohndrückerinnen« sind und Arbeitsplätze verstellen

Karl Marx: Das Kapital, 3. Band, herausgegeben von Friedrich Engels

1896
Wahlrechtsreform in Österreich: Schaffung einer allgemeinen Wählerklasse als 5. Kurie – Abgeordnetensitze zum Vorteil der Privilegierten, denn es wählen

5 402 Großgrund-besitzer	85 Abgeordnete	
	1 Abgeordneter auf	63 Wähler
583 Handels-kammerwähler	21 Abgeordnete	
	1 Abgeordneter auf	27 Wähler
338 500 Stadtwähler	118 Abgeordnete	
	1 Abgeordneter auf	2 868 Wähler
1 387 572 Landwähler	129 Abgeordnete	
	1 Abgeordneter auf	10 756 Wähler
5 500 000 allg. Wähler-klasse	72 Abgeordnete	
	1 Abgeordneter auf	76 388 Wähler

* Internationaler Sozialistenkongreß in London: Erklärung über die Frauenfrage

Parteitag in Gotha: Forderung nach dem Frauenwahlrecht – Clara Zetkin, die in keiner Sache ein Zusammengehen mit der bürgerlichen Frauenbewegung als zulässig ansieht, siegt nach heftiger Diskussion über Henriette Fürth, die ein Zusammengehen von Fall zu Fall als notwendig ansieht

Österreich: In Allgemeinen und Bildungsvereinen sowie in der Gewerkschaftsorganisation sind 112 185 Männer und 5 761 Frauen vereinigt, d. h. 117 946 sind sozialdemokratisch organisiert

** Auf einem von Lina Morgenstern und Minna Cauer organisierten Internationalen Frauentag erklären Lily Braun und Clara Zetkin, ein Zusammengehen der sozialdemokratischen und bürgerlichen Frauenbewegung sei grundsätzlich nicht möglich

Als Elisabeth Gnauck-Kühne, eine Schülerin des Soziologen Prof. Schmoller, eine Ausdehnung der Vereinsarbeit auf Arbeiterinnen vor dem Plenum des Evangelisch-sozialen Kongresses fordert, reagieren konservative Frauenkreise mit einer massiven Austrittsbewegung

Die »Hirsch-Dunckerschen Gewerkvereine« beschließen, ab nun auch Frauen als Mitglieder aufzunehmen

1897
Der Internationale Kongreß für Arbeiterschutz erstmals von Vertretern der Arbeiterorganisationen ohne Unterschied der politischen oder religiösen Richtung beschickt

Die philosophischen Fakultäten an österreichischen Universitäten für Frauen offen

In Österreich entfallen auf die Großindustrie 48 %, auf das Kleingewerbe 18 % und auf die Hausindustrie 34 % der Arbeiterschaft

* Bei der ersten Wahl der allgemeinen Wählerklasse in die 5. Kurie erreicht die österreichische Sozialdemokratie 14 Abgeordnetensitze

Konsumgenossenschaft in Wien gegründet: Arbeiterinnenbewegung setzt sich stark ein, Amalie Seidel und Therese Schlesinger führend tätig

1898

Hildegard Wegscheider (1871–1953) erlangt als erste preußische Abiturientin in Halle philosophischen Doktorgrad

Wilhelm II. fordert in einer Rede zu Oeynhausen die Zuchthausstrafe für Anstifter von Arbeitseinstellungen

* Die Reichsratswahlen in Deutschland bringen der Sozialdemokratie 2 107 100 Stimmen und 56 Abgeordnetensitze

Erste sozialdemokratische Frauen-Reichskonferenz in Österreich

Parteitag der österreichischen Sozialdemokratie: Victor Adler erklärt auf Anfrage, die Partei werde alles unternehmen, um verheiratete und ledige Frauen aus der kapitalistischen Sklaverei zu befreien

Emma Ihrer: Die Arbeiterin im Klassenkampf

** *Minna Cauer:* Die Frau im 19. Jahrhundert

1899

Aufhebung des Verbindungsverbotes für politische Vereine in Deutschland

Deutscher Reichstag lehnt Gesetzesantrag, Streikführer mit Zuchthausstrafen zu erkennen, mehrheitlich ab

In Deutschland wurden seit 1880 3 750 Streiks mit 405 000 Beteiligten geführt

Die Auswanderungsquote Deutscher wegen Armut stark geschrumpft: 530 000 Männer und Frauen 1880–1899

Nach amtlichen statistischen Erhebungen über Kinderarbeit in
Deutschland:
214 954 Kinder in Fabriken
532 283 Kinder außerhalb der Fabriken
Österreichs Industrialisierung nimmt schlagartig zu:
gibt es 1890 erst 2 287 mechanisierte Textilfabriken
mit rund 300 000 Beschäftigten, so 1899 schon
3 058 Betriebe mit 340 000 Arbeitern;
1890 Gesamtzahl der Industriearbeiter 2 880 000,
1899 hingegen 3 140 000

* Stetiges Ansteigen von Bildungsvereinen für Arbeiterinnen in
allen Ländern Deutschlands, in denen das preußische Vereinsgesetz den Frauen politische und gewerkschaftliche Arbeit verbietet
Auf dem Parteitag der östereichischen Sozialdemokratie in Brünn
wird die Umbildung Österreich-Ungarns in einen demokratischen Bundesstaat autonomer Völker gefordert
12 000 Textilarbeiter, davon 60 % Frauen und Mädchen, treten am
12. Mai zur Durchsetzung des 10-Stunden-Tages in den Streik

Wally Zepler: Welchen Wert hat die Bildung für die Arbeiterin?

* Anita Augspurg, Minna Cauer und Käthe Schirmacher vom ra-
dikalen Flügel der bürgerlichen Frauenbewegung begründen den
»Bund fortschrittlicher Frauenvereine«, der die Gleichberechtigung von Mann und Frau anstrebt
Paula Müller/Hannover gründet den »Deutsch-Evangelischen
Frauenbund« (1920 etwa 41 000 Mitglieder)
Die Gründung eines deutschen Zweiges der »Internationalen Abolitionistischen Föderation« erreicht Anna Pappritz
Das »Zentralblatt des Bundes deutscher Frauenvereine« erscheint
ab 1. 4.
Auguste Fickert, Marie Lang und Rosa Mayreder geben als Organ
der freisinnigen bürgerlichen Frauen Österreichs die »Dokumente der Frauen« heraus

1900
»Internationale Vereinigung für gesetzlichen Arbeiterschutz« in Paris gegründet

Arbeiter-Unfallpflichtversicherung in Preußen in der Entschädigung nach wie vor schleppend: Laut Gewerbeamt Essen werden von 58 453 gemeldeten Unfällen im preußischen Bergbau nur 6 894 entschädigt

Österreich-Ungarn: Frauenarbeit steigt, Interesse an Vereinen hängt nach, denn: der Anteil der Frauen macht mit 1 590 685 Berufstätigen 30 % der gesamten Arbeiterschaft aus, von den insgesamt 907 794 Vereinsmitgliedern sind nur 148 794 Frauen (d. i. 10 %)

Streikwellen in den Gruben Österreichs bringt den Bergarbeitern den 8-Stunden-Tag

Medizinische Fakultäten an österreichischen Universitäten für Frauen offen

* Aktivierung der Arbeiterinnen in Österreich: 14 % aller Streiks werden in Betrieben mit überwiegend weiblicher Belegschaft geführt; die Auflage der »Arbeiterinnen-Zeitung« steigt von 1899 bis 1900 von 4 200 auf 5 500 Stück, wovon praktisch die Hälfte in das Sudetenland, dem Zentrum der Arbeiterinnenbewegung, geht; in Allgemeinen Arbeiter- und Arbeiterbildung-Vereinen sowie in Arbeiterfachvereinen sind 142 712 Männer und 5 761 Frauen organisiert

1901
Internationales Arbeitsamt gegründet
Norwegen: Allgemeines kommunales Frauenwahlrecht
Frauenstudium in Baden zugelassen

* Gründung der Gewerkschaftsinternationale in Kopenhagen
Österreich: 119 050 gewerkschaftlich organisiert, davon 5 368 Frauen
Lily Braun: Die Frauenfrage
Alice Salomon: Die Arbeiterin und die Frauenemanzipation

** Margarete Friedensthal gründet in Berlin den »Zentralverein für Arbeiterinneninteressen«

1902
Allgemeines Frauenwahlrecht in Australien
Bruno Wille gründet Freie Hochschule (Volkshochschule) in Berlin

* »Verein sozialdemokratischer Frauen und Mädchen« in Wien

gegründet, deren Funktionärinnen Therese Schlesinger und Amalia Pölzer unter Mißachtung des § 30 des österreichischen Vereinsgesetzes (verbietet Frauen politische Betätigung) eine energische Agitation entfalten

Generalstreik der Arbeiterschaft in Genf durch Kavallerieattacke und Bajonettangriff des Militärs blutig niedergeschlagen

Henriette Fürth: Fabrikarbeit verheirateter Frauen
Clara Zetkin: Geistiges Proletariat, Frauenfrage und Sozialismus
Therese Schlesinger-Eckstein: Die Frau im 19. Jahrhundert

** Minna Cauer gründet den Verein »Frauenwohl« und die Zeitung »Die Frauenbewegung«: damit neue Aktivität der radikalen bürgerlichen Frauenbewegung auf den Gebieten Bildung, Politik und Sozialreform

Marie Stritt gründet als deutsches Glied des »Weltbundes für Frauenstimmrecht« den »Verein für Frauenstimmrecht« in Deutschland

Marie Hainisch faßt 13 bürgerliche Frauenvereine zum »Bund österreichischer Frauenvereine« zusammen

»Verein der arbeitenden Frauen am Hof«, gegründet von Karoline Gronemann, fördert durch Werkstättenarbeit die Ausbildung der weiblichen Jugend auf dem gewerblichen Sektor

1903

Frauenstudium in Bayern zugelassen

Konrad Agahd veranlaßt durch seine soziologischen Untersuchungen Schaffung eines Kinderschutzgesetzes (Kinderarbeit) in Deutschland

* Bei den Reichsratswahlen erreicht die Sozialdemokratie über 3 Millionen Stimmen und 81 Abgeordnetensitze

Streik der Crimmitschauer Textilarbeiter zur Durchsetzung des 10-Stunden-Tages scheitert

Auf der 2. sozialdemokratischen Frauen-Reichskonferenz wird die Kampfrichtung präzisiert: Arbeiterinnen- sowie Mutterschutz und politische Gleichberechtigung

Lily Braun: Die Frauen und die Politik

** Umwandlung der vom »Verein für erweiterte Frauenbildung«

begründeten Bildungsanstalt in das erste private humanistische Mädchengymnasium

Die vom Schraderschen Kreis geleiteten »Realkurse für Mädchen« in der Berliner Charlottenschule in »Gymnasiumkurse für Frauen« umgewandelt

1904

Frauenstudium in Württemberg zugelassen

* Der »Zentralverein der Heimarbeiterinnen«, geführt von Anna Boschek, erreicht im 2. Jahr seines Bestandes 716 Mitglieder

Der »Verein sozialdemokratischer Frauen und Mädchen« weist bei seiner 2. Generalversammlung rund 600 Mitglieder aus

Paule Lafargue: La Question de la Femme

** Gründung der »International Women Suffrage Alliance«: auf ihrem in Berlin abgehaltenen Kongreß sprechen Anita Augspurg und Käthe Schirmacher in scharfer Form über die Dreiheit »Kinder–Küche–Kirche« als Verursacherin der Beschränktheit der Frauen

Bertha Pappenheim/Frankfurt gründet »Jüdischen Frauenbund« (1920: 45 000 Mitglieder)

1905

Revolution in Rußland: Zar erläßt »Manifest über die Freiheiten« und gewährt eine konstitutionelle Verfassung

Bergarbeiterstreik in Rheinland-Westfalen (200 000 Streikende) erzwingt Novellierung des preußischen Berggesetzes zugunsten der Arbeiter

* Parteitag der deutschen Sozialdemokratie in Jena: Massenstreik als Agitationsmittel anerkannt

Wahlrechtskampf in Österreich treibt Höhepunkt zu: 24stündiger Generalstreik und Marsch der 250 000 Arbeiter und Arbeiterinnen auf der Ringstraße zum Parlament

Eduard Fischers Artikel »Die Familie«, in der er die Rückkehr der Frau ins Heim fordert und Frauenemanzipation als »gar nicht schöne Utopie aus den Kindertagen der Arbeiterbewegung« bezeichnet, löst heftige Angriffe, besonders von Clara Zetkin,

Emma Ihrer, Wally Zepler und Oda Olberg, gegen den erneut ausbrechenden proletarischen Antifeminismus aus

** Der »Bund deutscher Frauenvereine« umfaßt 190 Mitgliedsvereine

»Deutscher Bund für Mutterschutz« gegründet

Hedwig Heyl gründet den »Deutschen Lyceum-Club« zur Sammlung der »künstlerisch und geistig tätigen Frauen aller Länder«

1906

Internationales Nachtarbeitsverbot für Frauen in Bern vereinbart

Studentinnen sammeln sich in Deutschland in eigenen Verbänden

Entwurf zu einem neuen allgemeinen Wahlrecht für Österreich am 1. 12. im Plenum des Abgeordnetenhauses zum Beschluß erhoben

Pensionsversicherungsgesetz für Angestellte in Österreich in Kraft

Allgemeines Frauenwahlrecht in Finnland nach Verfassungsreform, wodurch Sozialdemokraten zur stärksten Partei werden

Frauenstudium in Sachsen und Thüringen zugelassen

** Deutsche Sozialdemokratie gründet Parteischule in Berlin (1907 wird Rosa Luxemburg an ihr Lehrerin)

Helene Grünberg, die erste gewählte Arbeitersekretärin in Deutschland, gründet den »Verein der Nürnberger Dienstmädchen, Waschfrauen und Putzfrauen«

Bei den Wiener Gemeinderatswahlen steigt die Zahl der sozialdemokratischen Gemeinderäte von 3 auf 7

Käthe Duncker: Die Kinderarbeit und ihre Bekämpfung (2. Auflage 1910)

** Der von deutschen Oberlehrern gegründete »Bund zur Bekämpfung der Frauenemanzipation« prägt das Wort von der »erziehlichen Minderwertigkeit der Lehrerin« und beschließt, kein Mann dürfe an einer Schule unterrichten, die unter weiblicher Leitung stehe

In Wien gründet Dr. Emilie Mathoy die »Katholische Frauenorganisation«

Helene Lange und *Gertrud Bäumer:* Handbuch der Frauenbewegung (5 Bände)

1907

Norwegen gewährt den Frauen das allgemeine Wahlrecht

Soziale Unruhen in Frankreich

Wirtschaftskrise in Deutschland

Industrielle Zusammenballung in Deutschland nimmt zu: 32 000
Großbetriebe mit 5,4 Millionen Beschäftigten

Maria Montessori eröffnet erstes Kinderhaus und wirkt auf dem
Gebiete der Kinderpädagogik revolutionierend durch Spiel und
Beschäftigung als Mittel zu früher Selbständigkeit

Durch kaiserliche Sanktion am 26. 1. allgemeines, gleiches, geheimes und direktes Wahlrecht in Österreich: die Frauen bleiben
ausgeschlossen

* Erste Internationale sozialistische Frauenkonferenz in Stuttgart.
Hauptthema: Frauenstimmrecht. Clara Zetkin wird zur Internationalen Sekretärin bestellt, die von ihr redigierte »Gleichheit« zum Korrespondenzorgan bestimmt

Bei den ersten allgemeinen Wahlen in Österreich erzielt die Sozialdemokratie 1 028 321 Stimmen (davon 513 219 deutschsprachige Wähler) und 87 Abgeordnetensitze

5. Gewerkschaftskongreß im Zeichen der Frauenfrage

Clara Zetkin: Zur Frage des Frauenwahlrechts

Henriette Fürth: Die Prostitution, ihre Ursache und Wege zur Abhilfe

** Aus der 1906 in Österreich gegründeten »Katholischen Frauen-
organisation« ersteht unter Führung von Melanie Gräfin
Zichy-Metternich die »Katholische Reichsfrauenorganisation«
(KRFO), deren Landesverbände ebenfalls von Frauen aus dem
Hochadel (Gräfin Attems, Fürstin Fanny Starhemberg, Baronin
Morsay, Gräfin Waldstein u. a.) geführt werden

1908

Allgemeines Frauenstimmrecht in Dänemark und Schweden

Frauen zum Universitätsstudium in Preußen zugelassen

Neues Reichsvereinsgesetz in Deutschland: Zulassung der Frauen
zu politischen Vereinen und Versammlungen; Jugendliche und
Landarbeiter bleiben ausgeschlossen

* 5. Reichskonferenz der sozialdemokratischen Frauen Deutschlands: Luise Zietz als Vertreterin der Frauenorganisation im Parteivorstand

3. sozialdemokratische Frauen-Reichskommission in Wien: Aufbau einer freien Frauenorganisation erarbeitet

In Österreich sind 20 047 Frauen gewerkschaftlich und 6 412 Frauen sozialdemokratisch organisiert; die »Arbeiterinnen-Zeitung« erreicht eine Auflage von 13 400 Exemplaren

Karl Kautsky: Der Ursprung des Christentums

1909

* Errichtung des Frauen-Zentralsekretariats für die sozialdemokratische Frauenorganisation in Österreich am 10. 7., dessen erste Leiterin Gabriele Proft wird

Parteitag der österreichischen Sozialdemokratie in Reichenberg: Regulativ der Freien politischen Frauenorganisation beschlossen

Teuerungsdemonstrationen sozialdemokratischer Frauen im November in ganz Österreich

Adelheid Popp: Die Jugendgeschichte einer Arbeiterin (2. und 3. Auflage 1909/10; 4. Auflage 1922; derzeit letzte Auflage 1964)

Therese Schlesinger: Was wollen die Frauen in der Politik

** Die KRFO gründet auf Initiative der ehemaligen Hausgehilfin Johanna Weiß den »Verband der christlichen Hausgehilfinnen« unter der Patronanz von Klementine Fürstin Metternich (Aufgaben: Stellenvermittlung, Rechtsberatung und Unterstützungen)

Helene Lange: Die Frauenbewegung in ihren modernen Problemen

1910

Württemberg als erstes Land in Deutschland gewährt Frauen – über Betreiben von Anna Blos – die Entsendung in den Ortsschulrat

Österreichs Bevölkerung: 28 570 800, davon 14 538 610 weiblichen Geschlechts; berufstätig sind 6 770 613 = 46,6 %

»Krankenhaus weiblicher Ärzte« in Berlin errichtet

* Gründung der »Sozialistischen Frauen-Internationale«. Auf ihrer 2. Konferenz in Kopenhagen über Antrag von Luise Zietz

ein alljährlich durchzuführender »Frauentag« in allen Ländern zur schlagkräftigen Propagierung des Frauenstimmrechts

114 316 Mitglieder der Sozialdemokratischen Partei in Österreich, davon 12 198 Frauen; 400 565 sind gewerkschaftlich organisiert, davon 42 607 Frauen

Wiener Arbeiterinnen demonstrieren für das Frauenstimmrecht

200 000 Arbeiter, darunter mehr als 12 000 Frauen und Mütter, demonstrieren am 2. Oktober gegen Teuerung und Hunger in Wien

** Gertrud Bäumer wird Vorsitzende des »Bundes deutscher Frauenvereine«

Adele Schreiber gründet »Deutsche Gesellschaft für Mutter- und Kinderschutz«

Hanny Brentano, Generalsekretärin der KRFO, setzt auf dem Wiener Frauentag die Herausgabe eines bürgerlichen Frauenblattes »Die österreichische Frau« durch

Der »Christliche Verein zur Förderung der Frauenbildung« errichtet über Betreiben von Gerta Gräfin Walterskirchen privates Mädchenrealgymnasium (das erste) in Österreich

1911
Island gibt den Frauen das allgemeine Wahlrecht und den Zugang zu allen Ämtern frei

Angestelltenversicherung in Deutschland obligatorisch

* Erster »Frauentag« am 19. 3. in Österreich mit über 300 eindrucksvollen Frauenversammlungen und einer Festschrift: politische Gleichberechtigung gefordert

Bei der Reichsratswahl erzielt die österreichische Sozialdemokratie 1 054 450 Stimmen (davon 542 549 deutschsprachige Wähler) und 82 Mandate

Gründung des Vereines »Einigkeit«, eines Verbandes der Heimgehilfinnen aller Kategorien. Führende Funktionärinnen, wie Gisela Laferl, Antonie Alt, Anna Ertl, fordern energisch die endliche Abschaffung der Landesdienstordnungen, des Dienstbotenbuches, der polizeilichen Gerichtsbarkeit für Dienstboten und ausreichenden Lohn- und Arbeitsschutz

Arbeiterinnendemonstrationen und -unruhen wegen der Teuerungs-
welle, durch bewaffnete Macht niedergeschlagen: 3 Tote

Luise Zietz: Die Frauen und der politische Kampf (2. Auflage 1912)

1912

In Deutschland werden rund 30 000 Millionäre gezählt: Kaiser
Wilhelm II. und Frau Berta Krupp sind die reichsten
Der »Muttertag« wird in den USA anerkannter Feiertag

* Außerordentlicher Internationaler Sozialistenkongreß in Basel:
Versuche den Frieden zu retten
Die deutsche Sozialdemokratie wird mit 110 Sitzen die stärkste
Fraktion im Reichstag
In Wien gründen zur Förderung der Konsumvereinsidee Emmy
Freundlich und Amalie Seidel das »Genossenschaftliche Frauen-
komitee«

Adelheid Popp: Gedenkbuch. 20 Jahre österreichische Frauenbewegung
Emmy Freundlich: Die Frauenfrage / 10 Vortragsdispositionen

** Der »Deutsche Lyceum-Klub« organisiert unter Hedwig Heyl
und Thekla Friedländer in Berlin die Ausstellung »Die Frau in
Haus und Beruf«

1913

Europa: Verstärkte militärische Aufrüstung, Verlängerung der
Wehrpflicht in Frankreich, anhaltende »Probemobilisierung«
Rußlands, die Fortsetzung der Balkanwirren und die politische
Blockbildung als Anzeichen eines allgemeines Krieges
Wirtschaftskrise in Deutschland
Deutschland: Im Erwerbsleben stehen 18,5 Millionen Männer und
9,5 Millionen Frauen, so daß die Hälfte aller erwachsenen
Frauen ihren Lebensunterhalt selbst verdient

* Der sozialdemokratische Frauentag in Deutschland und die an-
schließende Werbekampagne bringen rund 32 000 neue Mitglieder der Arbeiterinnenbewegung
Die Sozialdemokratische Partei Österreichs weist 89 628 Mitglieder
aus, davon 10 751 Frauen; gewerkschaftlich organisiert sind

423 970, davon 50 007 Frauen; die politische Presse der Arbeiterschaft erreicht eine Auflage von 934 200 Exemplaren

** Schwere Auseinandersetzungen im »Deutschen Verband für Frauenstimmrecht« auf der Eisenacher Tagung, ob das allgemeine, gleiche, direkte und geheime Stimmrecht für Frauen in das Arbeitsprogramm aufgenommen werden soll. Dieser Verband zählt 90 Gruppen mit 8 821 Mitgliedern!)

1914

Österreich: Der Reichsrat wird wegen der andauernden slawischen Obstruktionspolitik am 13. 3. auf unbestimmte Zeit vertagt: die schwerwiegenden Ereignisse der folgenden Monate und Jahre können von den vom Volk gewählten Abgeordneten im Reichsrat nicht behandelt und beeinflußt werden

Frauenarbeit vor dem Krieg: von der weiblichen Bevölkerung sind berufstätig

in Deutschland 30,4 %

in Österreich 43,4 %

in der Schweiz 20,5 %

Mit der Kriegserklärung Österreich-Ungarns am 28. 7. an Serbien Beginn des Ersten Weltkrieges, welcher verschlingen wird: 10 Millionen Tote, 20 Millionen Verwundete und 1 340 Milliarden Goldmark an direkten und indirekten Kriegskosten

* Massendemonstration der sozialdemokratischen Arbeiterinnen Berlins am 21. 4. gegen Militarismus und für den Frieden

Nach Bewilligung der Kriegskredite im Deutschen Reichstag folgerichtig Aufruf von Luise Zietz an die sozialdemokratischen Frauen zur Beteiligung am »Nationalen Frauendienst«

Adelheid Popp organisiert am 14. 10. eine allgemein zugängliche Frauenversammlung in Wien gegen Teuerung: Auftakt der politischen Aktivität der sozialdemokratischen Frauen Österreichs im Kriege gegen den Krieg

Helene Fürth: Die Hausfrau

Adolf Braun (Herausgeber): Gleiches Recht für die Frauen. Mit Beiträgen von E. Freundlich, S. Nestriepke und A. Popp

1915

Dänemark gewährt den Frauen das aktive und passive Wahlrecht

* Internationaler Frauentag in der Schweiz: Der sozialdemokratische Schweizer Arbeiterführer Herman Greulich appelliert an die Frauen der Welt, dem Kriege ein Ende zu bereiten

1. Antikriegskonferenz der internationalen Sozialisten in Zimmerwald/Schweiz

Luise Zietz ruft 17 Frauen-Großversammlungen in Berlin zum Thema »Frauensorgen im Kriege« ein: vom Innenministerium kurzfristig verboten

Schweiz: Reorganisation der Sozialdemokratischen Partei: Grütlivereine scheiden aus

Luise Zietz: Die sozialdemokratischen Frauen und der Krieg

** Jane Addams/USA initiiert Internationale Frauenkonferenz im Haag: Gründung der »Frauenliga für Frieden und Freiheit«. Dr. Gertrude Bäumer, Vorsitzende des »Bundes deutscher Frauenvereine«, verbietet für ihren Einflußbereich eine kooperative oder Einzelteilnahme für deutsche Frauenrechtskämpferinnen, weshalb der radikale Flügel der bürgerlichen Frauenbewegung und Einzelpersonen (z. B. Marie Stritt) austreten. Für Deutschland teilgenommen und der Friedensliga beigetreten: Dr. Anita Augspurg, Lydia Gustava Heymann, Frieda Perlen u. a.

1916

Hungersnot in Deutschland (»Kohlrübenwinter«) fördert die Antikriegsstimmung und führt zu Demonstrationen

* 2. Konferenz der »Zimmerwalder« in Kienthal/Schweiz

Karl Liebknecht, aus SPD ausgeschlossen, wegen Kriegsgegnerschaft 2 Jahre Zuchthaus

Gründung der »Gewerkschaftlichen Frauenzeitung« für Deutschland unter Leitung Gertrud Hanna

Dr. Friedrich Adler erschießt am 21. 10. den österreichischen Ministerpräsidenten Grafen Stürgkh mit dem Ruf: »Nieder mit dem Absolutismus, wir wollen den Frieden!« wegen seiner Weigerung, den Reichsrat trotz Drängens der Sozialdemokratischen Partei einzuberufen

Erstmals eine Friedensversammlung am 28. 12. im Wiener Arbeiterheim

Wally Zepler: Die Frauen und der Krieg

** »Deutscher Reichsverband für Frauenstimmrecht« gegründet

1917
Holland gewährt den Frauen aktives und passives Wahlrecht
Februarrevolution in Rußland: Zar Nikolaus II. gestürzt
Oktoberrevolution in Rußland: Lenin und Trotzki übernehmen die
Macht: Frauen erhalten durch Revolution aktives und passives
Wahlrecht
Linke Mehrheit des Deutschen Reichsrates unter Führung Erzber-
gers beschließt Friedensresolution: Verständigungsfriede ohne
Annexionen und Kriegsentschädigungen
Frauenarbeit in Deutschland erreicht im Kriege das Zweihundert-
siebzigfache des Beschäftigtenstandes vor 1914
Aufstand von 5 000 Matrosen der deutschen Hochseeflotte
Österreichischer Reichsrat, seit März 1914 sistiert, wird einberufen:
Ministerpräsident Clam-Martinitz versucht vergeblich, mit Hil-
fe des Reichsrates Österreich-Ungarn in einen Bund autonomer
Völker umzuwandeln

* Internationaler Gewerkschaftsbund fordert sofortigen Friedensschluß
Internationale Sozialistenkonferenz in Stockholm fordert Massen-
streiks zur Beendigung des Völkermordens
Streikwellen der deutschen Industriearbeiterschaft zur Erzwingung
eines raschen Friedensschlusses brechen nicht mehr ab
Spaltung der deutschen Sozialdemokratie: der radikale Flügel schei-
det aus und gründet die USPD, der sich Clara Zetkin und Luise
Zietz anschließen
Marie Juchacz neue Leiterin des Sozialistischen Frauenbüros; sie
übernimmt mit Heinrich Schulz die Redaktion der »Gleichheit«
Sozialdemokratische Frauenkonferenz Deutschlands erhebt am 7. 7.
namens aller Frauen Forderung nach Frieden um jeden Preis
sowie nach aktivem und passivem Wahlrecht für Frauen
Der SPD-Parteitag in Würzburg fordert sofortigen Friedensschluß
und die volle Gleichberechtigung für Frauen

Österreich: Massen-Antikriegsdemonstrationen der Sozialdemokratie, die auf dem Wiener Parteitag (19. 10. bis 24. 10.) und auf der Reichskonferenz (2. 11.) die Forderung nach Frieden, nach Aufhebung des »Kriegswirtschaftlichen Ermächtigungsgesetzes« und nach voller politischer Gleichberechtigung der Frauen erhebt

** Marie Stritt für den »Reichsverband für Frauenstimmrecht« und Minna Cauer für den »Deutschen Frauenstimmrechtsbund« erklären, daß keine der bürgerlichen Parteien Deutschlands bisher sich auf den Boden der Frauenforderungen gestellt hätte, und unterzeichnen – erstmals in der Geschichte des Frauenemanzipationskampfes in Deutschland – gemeinsam mit der Vorsitzenden des Sozialistischen Frauenbüros, Marie Juchacz, einen Antrag an den Reichstag, den Frauen das aktive und passive Wahlrecht zu geben

1918

Präsident Woodrow Wilson verkündet am 8. 1. die »Vierzehn Punkte« zur Gestaltung des künftigen Friedens

Ende des Ersten Weltkrieges: 3. 11. Waffenstillstand Österreich-Ungarns und 11. 11. Waffenstillstand Deutschlands mit der Entente

Meuterei der Matrosen am 3. 11. in Kiel: Ausbruch der Revolution in Deutschland, Wilhelm II. dankt am 9. 11. ab, Friedrich Ebert übernimmt das Reichskanzleramt, am 10. 11. Regierung der Volksbeauftragten unter Friedrich Ebert

Am 30. 10. nimmt in Österreich die »Provisorische Nationalversammlung« die von Dr. Karl Renner ausgearbeitete »Provisorische Verfassung« an, Staatsrat unter Dr. Karl Renner eingesetzt, am 11. 11. dankt Kaiser Karl ab, und am 12. 11. ruft die Provisorische Nationalversammlung über Antrag Dr. Renners die Republik aus.

Deutschland: Das gleiche, geheime, direkte und allgemeine Wahlrecht wird am 13. 11. für alle mindest 20 Jahre alten männlichen und weiblichen Personen verkündet: *die politische Gleichberechtigung der Frauen in Deutschland ist Wirklichkeit*

Österreich: Das Gesetz über die neue Wahlordnung am 27. 11. verkündet, daß alle männlichen und weiblichen Staatsbürger nach Erreichung des 20. Lebensjahres das Wahlrecht besitzen: *die politische Gleichberechtigung der Frauen in Österreich ist Wirklichkeit*

Die Frauen der Tschechoslowakei, Ungarns, Polens, Lettlands, Estlands und des Libanons erhalten teils die volle politische und teils eine beschränkte politische Gleichberechtigung; Englands Frauen erhalten das passive, nicht das aktive Wahlrecht

* Massenstreiks der Arbeiterschaft in Deutschland vom 28. 1. bis 4. 2.: Friedensschluß und die freie demokratische Republik werden gefordert

Der sozialdemokratische Abgeordnete Heinrich Schulz fordert in der Junisitzung des Reichstages die staatspolitische Gleichberechtigung der Frauen: namens der bürgerlichen Parteien erklärt der nationalliberale Abgeordnete Calker, der Zeitpunkt sei viel zu früh, und Staatssekretär Wallraff meint, die Frau gehöre in die Familie und jede öffentliche Betätigung der Frauen gefährde das Volk an seiner Wurzel, der Familie

Elfriede Rynek, Klara Bohm-Schuch und Wally Zepler veröffentlichen am 26. 10. den Aufruf »Die Frauen und der Friede«

In den überfüllten Sophiensälen in Berlin am 4. 11. Frauenstimmrechtsversammlung der sozialdemokratischen und bürgerlichen Frauenorganisationen. Es sprechen: Marie Juchacz, Gertrud Hanna, Regine Deutsch, Rosa Kempf, Marie Stritt und Minna Cauer

Der »Vorwärts« meldet am 20. 11., daß in der Novemberrevolution neben 15 Männern die Arbeiterin Charlotte Nagel und die Hausgehilfin Paula Plate auf der Straße erschossen worden sind

Beginn des Gründungskongresses der KPD am 30. 12. in Berlin

In Wien und in den wichtigsten Industriezentren Österreichs politischer Generalstreik der Sozialdemokratie vom 14. bis 20. 1. zur Erzwingung eines sofortigen Friedensschlusses

Aufstand der k.u.k. Kriegsmarine am 1. 2. in Cattaro: Rote Fahnen werden gehißt, die Anführer vom Kriegsgericht zum Tode verurteilt

Die sozialdemokratischen Abgeordneten Adler, Seitz und Seliger fordern am 1. 10. im Reichsrat sofortigen Friedensschluß und Errichtung eines Völkerbundes

Am 3. 10. anerkennt die österreichische Sozialdemokratie das Selbstbestimmungsrecht der slawischen und romanischen Völkerschaften und erklärt sich bereit, über Umwandlung Österreichs in eine Föderation freier nationaler Gemeinwesen zu verhandeln

Aufstandsbewegung der Wiener Straßenbahner am 4. 10. zur Abwehr militärischer Vorbereitungen gegen die Revolution

In rollenden Streikversammlungen werden die ersten Arbeiterräte gewählt

Schweiz: Der Generalstreik der Arbeiterschaft unter Führung der Sozialdemokratie vom 11. bis 14. 11. bricht im Feuer der Maschinengewehre zusammen

Teil 1: Arbeiterinnen berichten
(1840–1942)

Das Buch schlug ein: es ward verschlungen
  und ging sogar von Hand zu Hand,
denn anders hat das doch geklungen, als
  was im Wochenblättchen stand.
Man war verblüfft; nicht abzuweisen war ja,
  woran man nie gedacht,
der Vorwurf, daß Entdeckungsreisen man
  jetzt im eignen Volke macht.
Ihr kennt die Schwarzen, die sich weiden
  am grellen Glanz des Tropenlichts.
Vom eignen Volk und seinen Leiden, von
  seinem Leben wißt ihr nichts.

*(Rudolf Lavant. Zitiert nach »Frühe deutsche Arbeiter-
autobiographien« von Ursula Münchow. Berlin, 1973)*

Man kann sagen, daß das im Imperialismus gewaltig angewachsene Proletariat schöpferische Menschen hervorgebracht hat, die in der Lage waren, in Berichten über sich selbst Leben und Antlitz, Arbeit, Denken und Fühlen, Forderungen und Hoffnungen ihrer Klasse darzustellen. Es bedarf jedoch einiger Ergänzungen, um das Bemerkenswerte, das Besondere dieses Vorganges zu kennzeichnen, der zu einer ersten Blüte der proletarischen Selbstbiographie geführt und mit der repräsentativen Lebensgeschichte August Bebels in Deutschland etwas Einmaliges hervorgebracht hat. Mit Ausnahme früher sozialistischer Schriftsteller wie Lu Märten oder Otto Krille wollten die unter bedrückenden Verhältnissen schreibenden Arbeiter mit ihren Autobiographien nicht Literatur schaffen, zumindest nicht in der üblichen Bedeutung dieses Begriffes. In proletarischem Selbstbewußtsein beanspruchten sie, der Welt ihr unbeachtetes, hartes Leben mit seinen Erlebnissen und Problemen, ihre schwere Arbeit, die sie unter unwürdigen Bedingungen ausüben mußten, vor Augen zu führen. Dabei enthüllten sie die Kraft und Hoffnung, die sie trotz aller Schwierigkeiten und größter Not aufrecht erhielten, die ihrem Lebensweg Sinn und Ziel gaben. Was da entstand, war dennoch Literatur, und zugleich mehr als Literatur. Die deutsche Literatur wurde bereichert durch neue Stoffe wie die Arbeitswelt in der modernen Industrie sowie durch die Darstellung des Arbeiters in seinem Verhältnis zum Klassenkampf, zur Arbeit, zu seinen Arbeitskollegen, zur Familie. Die frühe deutsche Arbeiterautobiographie enthält eine Fülle realistischer Arbeiterporträts, die man in dieser Differenziertheit zu dieser Zeit nirgendwo anders finden kann, in keinem andern Genre der frühen sozialistischen Literatur und erst recht nicht in der bürgerlichen Literatur, auch nicht bei den naturalistischen Epikern vor 1900, die, bei allem Interesse für das junge Proletariat, schon wie die meisten bürgerlichen Schriftsteller dazu neigten, wegen des geringen Kontakts zum Proletariat den Arbeiter als literarische Figur zu verzerren oder gar in die Darstellung des gesellschaftlichen Verfalls einzubeziehen.

(Ursula Münchow: »Frühe deutsche Arbeiterautobiographien«. Berlin, 1973)

Ein Wendepunkt: Aufstand der Bürger 1848/1849

Gefallen als Kämpfer um Freiheit und Recht,
begeisternd zum Kampfe das neue Geschlecht,
im Grab noch begeifert, gefürchtet vom Feind,
Ihr Helden des Volkes! seht, das Volk sich nun eint!
Die zu Euch gehörten, sie übten Verrat –
hoch hält Euer Banner das Proletariat.
Das Volk wird erringen, was Ihr nicht geschafft –
es sieget die Freiheit, der Frühling, die Kraft.

*(Ida Altmann: »Zum 18. März«. In: »Stimmen der Freiheit«. Hrsg.
von Konrad Beißwanger. Nürnberg, 1914)*

Die Wahrheit ist, daß auch bei uns, so gut wie in Frankreich und England, der Bruch zwischen der Bürgerklasse und der Arbeiterklasse schon vollendet ist.

(In: »Berliner Zeitungshalle«. Berlin, 23. März 1848)

Der größte Teil der Märzgefallenen fiel in den nächtlichen Kämpfen vor den Linien. Diese Proletarier sind nicht gefallen am 13. März im Innern der Stadt selbst, im Kampfe gegen das alte System und seine militärischen Verteidiger, Opfer des Metternichschen feudal-aristokratischen Staates, als Beweis für die Infamie des Vormärz. Sie sind vielmehr gefallen vor den Linien Wiens; getötet nicht von Soldaten, sondern von Nationalgarden oder Bürgermilitär; im Kampfe nicht direkt gegen Metternich, im Kampfe vielmehr gegen die Fabriken; als Opfer des Kapitalismus und als lebender, wenn auch unbewußter Protest gegen die kapitalistische Verfälschung der Revolution.

(Maximilian Bach: »Geschichte der Wiener Revolution im Jahre 1848«. Wien, 1898)

Die Bourgeoisie verriet die Revolution, um ihre Früchte nicht mit den Arbeitern teilen zu müssen. Was gilt den Kapitalisten die Freiheit, die ihre Profite schmälert! So folgte den hoffnungsvollen Tagen des März und Mai jener 23. August, an dem Bürger und Arbeiter einander zum erstenmal mit den Waffen in der Hand entgegentraten. Und auf die Kämpfe des August folgten die blutigen Oktobertage, folgte die Erstürmung Wiens durch die Armee der Gegenrevolution.

Die Reaktion hat gesiegt. Tausende fesselte sie in ihren Gefängnissen, Hunderte mordete sie auf ihren Richtstätten. Die letzten Kämpfer der Freiheit flohen, von den Schergen der Reaktion gejagt, in das Ausland.

(Otto Bauer: »1848«. In: März-Festschrift 1907. Wien, 1907)

Sofie Schröder:
Meine Erinnerungen an den Vormärz (1845–1848)

Die bürgerliche Revolution 1848, die in diesen Erinnerungen an-
klingt, kennzeichnet Max Beer in aller Kürze so: »Sowohl in Österreich wie in Preußen war das Bürgertum seit 1830 in wachsendem
Maße bestrebt, den Absolutismus und die nationale Zersplitterung
zu beseitigen und den Liberalismus und die deutsche Einheit her-
zustellen. Gegen Ende 1847 war die Stimmung schon stark oppo-
sitionell, und als die Kunde von der Pariser Februarrevolution in
Deutschland eintraf, brach auch hier der Sturm los: am 13. März
in Wien; am 18. März in Berlin; die kleinen Bundesstaaten waren
auch seit Ende Februar in Bewegung. Fürsten und Adel beugten
sich vorerst vor dem Sturme; sie ergriffen die Flucht oder zogen
die Hüte vor der Revolution, um sich die Köpfe zu retten, worauf
sich die bürgerlichen Revolutionswellen bald legten, teils infolge
des angeborenen Konservatismus des deutschen Bürgertums, teils
infolge seiner Furcht vor dem Proletariat, das mit sozialpolitischen
Forderungen hervortrat... Als die Niederlage des Pariser Proletariats Ende Juni 1848 bekannt wurde, da erhob die Reaktion wieder ihr Haupt und begann Vorbereitungen zur Wiederherstellung
des alten Zustandes zu treffen. Im Oktober marschierte Windischgrätz gegen Wien und stürmte es am 30. und 31. Oktober und
1. November. Wien fiel. Neun Tage später sprengte General Wran-
gel die preußische Versammlung.«

(Max Beer: »Allgemeine Geschichte des Sozialismus«. Berlin, 1924)

Es war in den Jahren 1844, 1845 und 1846, als die Tante, welche
uns erzog, fortwährend sagte: »Kinder, das Brot muß kleiner ge-
schnitten werden, denn das Mehl wird immer teurer.«
Wir waren Waisenkinder und Zwillinge. Unser Vater war wegen schlechten Geschäftsganges nach Amerika ausgewandert; er war
als Drechslermeister dort gestorben.
Die Mutter war bei einer der reichsten Familien der Stadt in den
Dienst getreten, und mit dem Zuschuß des Waisengeldes wurden
wir erzogen.

Ja, es war eine teure Zeit! Denn 2 Jahre nacheinander hat es nicht geregnet, die Erde war eingetrocknet, und wenig hatte wachsen können. Im Jahre 1846 regnete es wieder unaufhörlich, die Saat war zu Boden geknickt, nichts wurde geerntet. Die Kartoffeln sowie fast alle Feldfrüchte waren in der Erde verfault. Das Gemüse zu Mittag, das uns kärglich zugeteilt wurde, bestand meistens aus Brennesseln, die doch noch in den Gräben zu finden waren, und glücklich waren wir Kinder, wenn wir ein Stück Kleiebrot bekamen.

Die Nachbarn saßen des Abends vor ihren Häusern, sie jammerten und klagten, und eine alte Frau sagte einmal: »Ja, ja! Unser Herrgott ist auf die Menschen bös, denn seit dieser neue Tanz, diese Polka, aufgekommen ist, schickt er uns schwere Zeiten, denn diesen Tanz haben einmal die Juden getanzt, als Christus der Herr am Kreuze seinen Geist aufgab. Drei Schritte rechts und drei Schritte links bedeuten die drei Kreuze. Alles Hohn und Spott für unseren Heiland. Ja, dieser gottlose Tanz bedeutet auch die dritte Stunde, wo er starb, ja, auch Petrus hat ihn dreimal verraten!« Die Ansicht dieser alten Frau verbreitete sich so in der Stadt, daß niemand mehr Polka tanzte, die Zeiten waren ja auch zu verdrießlich, denn ein größeres Brot kostete einen halben Taler und ein Metzen Kornmehl einen ganzen preußischen Taler.

Dies war zur damaligen Zeit viel Geld, indem ein Arbeiter als Maurer- oder Tünchergeselle die Woche nur 2 bis 2½ Taler verdiente. Die Fabrikarbeiter hatten nur 2 Taler die Woche, die beim Baufach waren, konnten sich doch manchmal in Akkordarbeit ein paar Groschen mehr verdienen.

Trübselig umstanden die Maurergesellen des Samstags das Fenster meines Onkels, des Hofmaurermeisters, der seinen Arbeitern barsch und groß den kargen Wochenlohn auszahlte. Oft stand ich verstohlen in einem Winkel und sah, wie sich bei manchem der braven Leute die Faust ballte, ja auch Flüche hörte ich ...

Das Jahr 1847 war da. Üppig stand die Saat im Felde. Wunderbar voll und dicht hatten die Obstbäume geblüht. Sonnenschein und Regen wechselten. Die Menschen lebten auf, es war ein fruchtbares Jahr in Aussicht.

Auch war Arbeit da, denn die Thüringer Bahn wurde gebaut.

Und doch waren die Menschen nicht zufrieden. Viele waren in der großen Teuerung an den Bettelstab gekommen. Es war im Juli, als uns der Lehrer den Bescheid gab, des andern Tags auf den Marktplatz zu kommen, das Erntefest würde dort gefeiert.

Alles strömte im Sonntagskleid dem Marktplatz zu. Vom Rathausturm wurde der Choral geblasen: Nun danket alle Gott. Von der Georgenstraße kam ein mit Blumen und Guirlanden bekränzter Erntewagen angefahren, der am Marktplatz hielt. Alles weinte: die Hungersnot war vorüber. Nach einer Dankespredigt verließen alle tief ergriffen den Marktplatz.

Nicht allein Frucht gab es genug, sondern auch der Thüringerwald führte reichen Beerensegen in sich, sogar die Buchenbäume hatten sich fruchtbar gezeigt, die sogenannten Eckern wurden in den Ölmühlen zu wohlschmeckendem Öl zerdrückt. Im Herbst wurden die Kartoffeln eingeheimst und Obst gab es so viel, daß alle Bäume gestützt werden mußten.

Des Abends saßen die Nachbarn wieder vor ihren Häusern, sie schnitten Bohnen und schnitzten Äpfel zum Dürren.

Die alte Frau sagte wiederholt: »Ja, ja! Weil die Menschen das unsinnige Polkatanzen gelassen haben, so hat sie der liebe Gott jetzt doppelt gesegnet.«

Es kam das Jahr 1848. Wir Zwillinge waren 14 Jahre und sollten im Sommer konfirmiert werden.

Im Februar trat in der so stillen Stadt ein unerwartetes Ereignis ein.

In dem unbewohnten Residenzschloß am Marktplatz in Eisenach war reges Leben. Es hieß, die Herzogin von Orleans mit ihren Prinzen, dem Grafen von Paris und dem Herzog von Chartres, sei im Schloß eingezogen. Mit Neugierde hörte ich zu, wenn die Leute von der Revolution in Frankreich sprachen, wo die Menschen den König und seine Angehörigen vertrieben hatten. Der König Louis Philippe hatte aber zugunsten seines Enkels, des Grafen von Paris, abgedankt. Der König war in Sicherheit. Aber die Herzogin von Orleans mit ihrem Prinzen war geflüchtet.

Der Großherzog von Sachsen-Weimar, Karl Friedrich, gab ihr Schutz und Unterstand im Schloß zu Eisenach.

Die Verwandten saßen zusammen und besprachen das Ereignis,

und die älteste Tante meinte: »O, mit Triumph wird noch einmal der Graf von Paris auf Frankreichs Thron kommen.«

Der Graf von Paris war damals 11 Jahre und der Herzog von Chartres 9 Jahre alt.

Große Aufregung war in der Stadt, als die Kunde von Wien kam, daß dort Revolution sei, daß 13 Studenten, die für Recht und Freiheit gesprochen hatten, erschossen worden waren. Jetzt wurden die Gemüter noch unruhiger, ja auch hier in der kleinen Stadt sprachen die Leute von Ungerechtigkeit, Willkür der gewaltigen Herren und dergleichen.

Kaum zu glauben war es, daß auch in Wien der Kaiser Ferdinand abgedankt und seinen Neffen, Kaiser Franz Joseph I., 18 Jahre alt, auf Österreichs Thron gesetzt hatte.

Noch war es im März, als vom Georgentor her wüstes Geschrei erscholl; ein Trupp Menschen, Bauern und Arbeiter, kam mit Mistgabeln und Sensen herangerückt, der Anführer war ein Eisenacher Bürger namens Hornung aus guter Familie.

Sie machten Halt vor einem Hause, in dem der Fabriksbesitzer Herr von Eigel wohnte.

Hier schrien sie: »Fürchten Sie sich nicht, Herr Eigel, Sie sind ein braver Herr, Sie zahlen, was Sie können. Hoch, Herr Eigel! hoch, Herr Eigel!«

Dann marschierten sie in die Karlstraße. Dort warfen sie mit Steinen die Fenster der Polizei ein und warfen Möbel und Papiersachen alles auf die Straße. Die Polizeiherren hatten sich schon längst geflüchtet. Von da zogen sie zum Nikolaitor, dort erbrachen sie die Gefängnisse des Turmes, wo die armen Leute gefangen saßen, die unerlaubt Holz aus dem Thüringerwalde geholt hatten, und ließen die Gefangenen frei. Der Forstmeister, ein Herr von Hopfgarten, war geflüchtet. Dann zogen sie zum Regierungsgebäude, dort wurden abermals die Fenster eingeschlagen und alle Akten herausgeworfen und mit Füßen getreten. Man schrie: »Wir wollen Preßfreiheit, Gleichheit, Republik!«

Eines Tages hieß es, ein fremder Herr sei da und hielte Reden. Alles strömte wieder zum Mariental hinaus, dort sah ich auf einer Wiese einen jungen Mann auf einem Tische stehen und Reden halten über die Unterdrückung des Volkes und dergleichen. Für uns Kinder war es eine freie Zeit, denn Eltern und Lehrer hatten zu viel in der schwer bewegten Zeit zu denken, es gab auch öfters für die Jugend was zu sehen, denn die Bürgerwehr rückte oft mit klingendem Spiel aus.

Mit Neugierde hörte ich zu, als im Spätherbst abermals die Kunde von Wien kam, daß ein Mann namens Robert Blum, Mitglied des Frankfurter Parlamentes, am 9. November 1848 in der Brigittenau erschossen worden sei.

Wieder hörte ich: »Oh, der arme Mann, der für Recht und Freiheit gesprochen hat, mußte so enden!«

Und als ich die Tante einmal fragte: »Warum sind denn alle Leute so aufgeregt, und warum schießt man brave Menschen zusammen?«, da meinte sie: »Das hat alles die teure Zeit und die Hungersnot mit sich gebracht.«

(Sofie Schröder: »Erinnerungen aus meinen Kinderjahren. Von einer Frau aus dem Volke.« In: »Arbeiter-Zeitung«, Sonntags-Beilage. Wien, 3. April 1898)

Louise Otto:
Aus dem »Lied eines deutschen Mädchens«
(März 1848)

So ist in Frankreich Tag und Stunde kommen;
Die Weltgeschichte hält ihr Weltgericht;
Ein glorreich Volk hat sich sein Recht genommen,
Ein Volk, das nicht allein mit Worten spricht,
Von dessen Taten alle Throne beben –
Und alle Völker wagen diesen Ruf:
Wir wollen frei, ein Volk von Brüdern, leben,
Tot ist die Zeit, die feige Sklaven schuf!

Und jubelvoll ringsum im deutschen Lande
Hallt es von Gleichheit und von Menschenrecht;
Die Herzen lodern auf im Freiheitsbrande;
Zum deutschen Bürger wird der deutsche Knecht;
Das Volk will nicht nach Blut und Aufruhr dürsten,
Doch will es ein Gesetz aus eigner Wahl,
Vor dem es selbst sich beugt auch ohne Fürsten;
Was ihm gebührt – das will es allzumal!

Freiheit und Gleichheit in den deutschen Staaten
Und jedes Recht, das man uns vorenthielt,
Um das wir lang als schwache Kinder baten,
Das man versprach und nimmer doch erfüllt:
Das muß uns heut, das muß uns allen werden!
Das Volk erhebt sich aus dem alten Zwang
Mit stolzem Blick und mutigen Gebärden
Und einen heiligen Triumphgesang.

Arbeit und Brot! Ihr werdet's nicht vergessen –
Das ist die Losung dieser neuen Zeit!
Gebt dem sein Recht, der keines noch besessen!
Denkt an der Armut, an des Hungers Leid;
Pflegt rings der Menschenliebe goldne Saaten

Und pflückt der Freiheitsbäume reife Frucht;
Ist dann des Landmanns Ernte auch mißraten:
Vom Hungertod wird niemand heimgesucht! –

O hohe Zeit! rings flicht man Bürgerkronen
Und feiert schon der Freiheit Ostertag,
Und jauchzt im »Männerstolz vor Königsthronen«,
Weckt auf das Volk, das nicht mehr schlafen mag!
O schöne Zeit! könnt ich mit euch erheben
Dies deutsche Land, daß frei es sei und bleib! –
Ich bet' um Segen nur für euer Streben,
»Denn ich bin nichts als ein gefesselt Weib!«

1. Exkurs: Die Ausgangslage

Mitbürger, ach! seid doch zufrieden
und schickt euch in die böse Welt;
das Los, das euch von Gott beschieden,
trag jeder als ein Christ, ein Held.
Wer nur den lieben Gott läßt walten,
der läßt auch alles hübsch beim alten:
Es gibt auf Erden weit und breit
nichts Schönres als – Zufriedenheit!

Wenn ihr als arme Schlucker lungert,
wenn's Hemd euch durch die Hosen blickt,
wenn ihr vorm Haus der Reichen hungert
und wenn der Frost euch kneipt und zwickt,
bedenkt: es kann ja hier auf Erden
doch nicht ein jeder glücklich werden.
Den Großen Glück und Herrlichkeit,
dem Volke – die Zufriedenheit.

Und habt ihr alles auch verloren,
und wird es euch so schwer und bang,
und zieht man's Fell euch über die Ohren –
bedenkt – 's ist nur ein Übergang.
Laßt schinden, quälen euch und treten,
ihr dürft ja – singen noch und beten,
ihr habt – wie glücklich ihr doch seid!
ja immer noch – Zufriedenheit!

(Anonym: »Deutsche Zufriedenheit« (um 1845). Zitiert nach »Die Acht-undvierziger«. Hrsg. von Bruno Kaiser. Weimar, 1958)

Mit der höheren Entwicklung der Warenproduktion, mit der Einführung der Maschine, welche erst mit der Hand, dann mit Wasserkraft und später erst mit Dampfkraft betrieben wurde, erfuhr das Tätigkeitsgebiet der Frau im Haushalt immer mehr Einschränkungen. Die Industrie machte das Spinnen, Weben und Stricken im Hause überflüssig, Seife, Kerzen, Bier usw. wurden handwerksmäßig und später fabrikmäßig hergestellt, bis endlich die Nähmaschine die Arbeit zahlloser Hände ersparte und andere Maschinen daran gingen, auch die kunstvollsten Stickereien und Spitzen nachzuahmen.

Die arbeitsparende Maschine entlastete die Frau im Haushalt, machte aber zugleich viele Männer brotlos. Das Hauswesen erforderte jetzt mehr Geld, und die Löhne sanken. So wurden zuerst die Frau und Tochter des Arbeiters, Kleinbauern und kleinen Handwerkers angewiesen, am Erwerb teilzunehmen. Und den Notstand, den die Industrie erzeugt hatte, wußte diese sich auch zu nutze machen. Die Arbeit des Handwerkers erforderte sehr oft bedeutende Muskelkraft und immer spezielle Geschicklichkeit, die durch mehr oder minder lange Fachausbildung erworben werden muß. An der Maschine aber wurde der gelernte Arbeiter durch den ungelernten und dieser wieder durch die weibliche Arbeitskraft ersetzbar, die weder fachliche Ausbildung, noch Muskelstärke zu bieten hatte und darum zu weit billigerem Preis zu haben war. Die Frau der unteren Volksschichten ward so aus dem Haus gedrängt, die der wohlhabenden Stände sank aus ihrer wohl abhängigen aber doch geachteten Stellung als unentbehrliche Leiterin eines wohlorganisierten produktiven Gemeinwesens in die einer halben oder gänzlichen Müßiggängerin herab, in die einer Drohne, die hauptsächlich um ihrer geschlechtlichen Funktion willen erhalten werden muß.

Die industrielle Entwicklung, welche in solcher Weise die alte Stellung der Frau erschüttert, ist noch in vollem Gang begriffen. So erlangte die Frauenfrage, wenn sie auch nicht erst mit der Großindustrie in die Welt kam, doch erst durch sie allgemeine Bedeutung.

(Therese Schlesinger-Eckstein: »Die Frau im 19. Jahrhundert«. Berlin 1902)

Die Arbeiterfrau Hoffmann:
Was eine Frau so denkt und sagt (1850–1900)

Pfarrer C. Moszeik interviewt 70 Stunden lang diese 69jährige Landarbeiterfrau aus Ostpreußen, der er bescheinigt, daß sie kirchentreu, aufgeschlossen und nicht dumm sei. Er erwartet auf seine 13 Fragen wahrheitsgetreue Aufschlüsse über die Gedankenwelt des Arbeiterstandes, zu dem er keinen Zugang gefunden hat. Was M. davon in dem 1909 erschienenen Buche übermittelt, ist ein Dokument der bewußten Dummhaltung der unteren Volksklasse in der zweiten Hälfte des 19. Jahrhunderts – bewußt angelegt, wofür u. a. Reichskanzler Bismarck selber einen Beleg liefert: »Was denn werden soll, wenn man die Kinder der ärmsten Arbeiterfamilien nicht bloß in Lesen, Schreiben und Rechnen, sondern auch in der Geschichte, Geographie, den Naturwissenschaften und anderen schönen Dingen unterrichte bis ins 14. Jahr, wo sie dann in die rauhe Lebenslaufbahn eintreten sollen. Müssen sich diese Kinder schließlich nicht für zu gut, für zu gebildet halten, um noch als Stallknechte oder Arbeiter zu dienen?« – Und noch etwas: die hier zum Ausdruck gebrachten Äußerungen, die als symptomatisch für das weibliche Land- und Industrieproletariat angesehen werden dürfen, lassen verstehen, daß eine Emanzipation dieser Gruppe von Staatsbürgerinnen erst im Gefolge der organisierten Arbeiterbewegung und dank ihrer Bildungsarbeit initiiert werden konnte.

I. ARM UND REICH. – Ich wundere mich, Herr Pfarrer, daß Sie Auskunft haben wollen über uns und unser Leben; die Reichen lassen sich sonst alle nichts von den Armen sagen; sie haben auf die Armen einen Spickaus (= Haß). Wir sind gedrückt; es gibt keinen, der so gedrückt wäre, wie wir. Jeder will von uns leben; viele Reiche fassen nicht eine Feder an, wenn sie nicht bezahlt kriegen. Der Reichen besonderer Grund zum Übermut und der Armen Zubrot ist überdies die Tatsache, daß die Reichen wenig Kinder, die Armen deren viele haben. Früher war alles somehr gleich.
Es muß ja wohl Arme und Reiche geben, die Armen müssen sogar in der Mehrzahl sein; aber der Arme sollte mehr geachtet sein.

Die Armen sind besser, wie die Reichen; die ersteren helfen dem Nächsten eher aus, als die anderen. Man sieht das z. B. an der Behandlung der Leiermänner; die musizieren vor den Häusern der Reichen, ohne etwas zu erhalten. Ich lasse keinen Leiermann ohne Gabe vorüberziehen. Der Reiche möchte den Armen gern unter die Füße treten, aber ich lasse mich nicht: Von wem ich nichts hab', danach ich nichts frag'. Freilich gibt es auch unter den Vornehmen gute Herzen. Wenn die Armen, die da arbeiten, nicht wären, dann würden die Läuse die Reichen auf den Dächern herumtragen. Nach uns Armen, besonders nach den Alten, fragt kein Mensch: Wovon lebt ihr, was eßt ihr?

Die Reichen gehen auch nicht in die Kirche. Sie spielen lieber Klavier, wenn der Pfarrer auf der Kanzel ist. Der reiche Besitzer N. geht ins Feld während des Gottesdienstes. Sie denken nicht an Gott. Sie nehmen auch zu Hause kein Buch (= Bibel, Andachtsbuch, Gesangbuch) zur Hand. Sie haben eben mit Tanz, Konzerten und Schützenfesten zu tun. Ein armes Kind kriegt nichts fürs Leben mit und doch verwahrlost es nicht; es wird etwas aus eigener Kraft. Die Reichen dagegen stopfen ihre Kinder mit Geld. Auch im Essen und Trinken können es die Armen den Reichen nicht nachmachen, sonst täte ich es gerne. Wenn ich hätte, wie ich nicht habe, dann möchte ich gut essen; aber ich würde auch andern Armen davon abgeben. Handwerker nenne ich nicht reiche Leute; sie müssen sich einrichten nach ihrem Stande; die kleinen Beamten sind vielfach auch Pracher (= Bettler, Arme) durch und durch. Wer reich ist, das sind die Pfarrer, die Rechtsanwälte, die Ärzte, Amtsrichter. Ich beneide sie aber nicht. Mein Wunsch geht nur dahin, daß wir unser gutes Durchkommen haben. Ich würde mir dann eine hübsche Wirtschaft anschaffen, eine feine Stube und hübsch gekleidet gehen.

II. ARBEIT UND LOHN. – Also heute soll ich Ihnen von Arbeit und Lohn erzählen? Arbeit macht das Leben süß, Faulheit stärkt die Glieder. Jeder muß arbeiten; wenn er auch nicht mit den Händen arbeitet, es hat jeder seine Tätigkeit. Arbeit ist Pflicht. Ohne Arbeit ist nichts. Auf die faule Seite sich legen. Na, ja! Wenn nichts hinzukommt, dann geht die Wirtschaft zurück. Besonders die Frau muß dahinter sein; sie muß die erste und die letzte, vorn und hinten sein, sonst geht die Wirtschaft zurück. Wenn ich eine Bauersfrau wäre, ich würde sehr fleißig sein. Auch unser Kaiser muß arbeiten.

Wer mit dem Kopfe arbeiten muß, dem läuft der Schweiß nur so herunter. Wer mit der Feder fuchsen muß, hat viel Arbeit. Landarbeit muß sein; sie ist leichter als Arbeit im Hause. Dort wird man nicht so ständig beaufsichtigt; es steht einem keiner auf dem Halse. Man arbeitet seine Naht fort. Wenn einer beständig aufpaßt, ist schwer arbeiten; man arbeitet sich tot. Aber, wenn nicht aufgepaßt wird, wird mehr geleistet. Die Frauen-Fabrikarbeit ist nicht schwer; man wird dort nicht gejagt; und abends kriegt man seine 10 Dittchens. Zum Arbeiten ist der Mensch geboren.

Was den Arbeitslohn anbetrifft, so verdienen die Leute gegen früher ein Heidengeld. Junge Arbeiter bekommen jetzt 25 Dittchen den Tag; früher haben sie 8 Dittchen gekriegt. Ein Alter kann freilich nicht so viel verdienen. Auch die Frauen haben es heute besser. Sie erhalten heute 1 Mark pro Tag, während sie früher nur 60 Pfennige eroberten. Und dabei laufen sie noch von ihrer Arbeit nach Hause, um das Essen und die Kinder zu besorgen. Ein Mann schafft mehr als eine Frau. Das Geld, das der Mann verdient, verschlägt auch mehr als das der Frau: Die Kinder zerbrechen im Hause allerlei, das muß die Mutter von ihrem Verdienst ersetzen. In die Fabrik kann ich nicht gehen, ich vertrage die Luft dort nicht. Da verdient man aber auch als Frau ein schönes Stück Geld. Die Männer haben noch mehr. Ich halte das auch für recht, daß die Männer besser bezahlt werden als die Frauen.

Bei der Arbeit in größeren Betrieben ist immer der Inspektor zugegen: und er brauchte gar nicht dabei zu sein. Er steckt wohl auch den Stock in die Erde und dann muß man dem Stock gehorchen. Die Herren haben zuweilen sogar Fernrohre, mit denen kann man weit sehen. Damit sehen sie, ob man arbeitet oder nicht. Die Herren sind eben klug. Stecken Sie die Hand nicht in den Sack hinein; sie stecken den Kopf aus dem Sack raus! Geht die Arbeit zu Ende, so werden die Löhne herabgesetzt.

V. Ehe und Familie. – Was das Verhältnis der Ehegatten in dem ehelichen Leben anbelangt, so soll der Mann das Haupt, die Frau die Krone sein. Dem Mann kann man nichts tun. Ich frage in allem meinen Mann. Wenn einer ›hüh‹ zieht, der andere ›hot‹, dann geht es nicht. In mancher Ehe hat die Frau die Hosen an. Das ist nicht recht. In diesem Falle ist der Mann ein leutseliger Mann, der sich über die Nase fahren läßt. Wer Lust zu leben hat in der Welt, der wird das nicht tun. Es gibt auch Ehen, wo man nicht recht merkt, wer die Herrschaft hat. Der Mann aber sollte führen. Von dem rührt doch alles her. Wenn z. B. ein Brief ankommt, so ist die Adresse immer an den Mann. Wenn meine Jungen schreiben, so schreiben sie immer an den Vater. Die Frau muß auch ihr Recht haben; aber der Mann hat mehr Rechte. Er muß ja das Geld verdienen. Es ist nocheinmal so schön, wenn der Mann der Herr im Hause ist, wenn er auch einmal mit der Faust auf den Tisch schlägt.

Einer rechten Arbeiterfrau darf es nicht an Kindern fehlen. Der Jude sagt: »Je mehr Kinder, desto besser.« Jedes Kind bringt ein Stück Brot ins Haus. Die Armen haben meist viele Kinder. Was kann man gegen Gott machen! Aber die Frau bleibt nicht gesund, wenn sie viele Kinder bekommt. Dafür kann kein Mensch. Besondere Pein haben die Mütter durch Zwillinge. Dazu, daß sie den Kindern dienen, sind die Mütter geboren ... Wenn keine Kinder wären, wo wollte der Kaiser seine Soldaten hernehmen? Darum sorgt er auch so für die Kinder, und zwar nicht bloß für seine eigenen. Darum läßt er Schulen bauen usw.

VI. SCHULE UND ERZIEHUNG. – Bei der Erziehung der Kinder muß die Schule mithelfen. Schulen sind segensreich. Sie sind gewesen, werden auch bleiben. Ich danke immer dem lieben Gott, wenn die Schule angeht. Wenn die Schule zu existieren aufhören würde, dann würde das Heidentum aufkommen.

Was die Unterrichtsgegenstände anbetrifft, so halte ich die Religion für die Hauptsache. Damit meine ich das aus dem neuen Testament und aus dem Katechismus. Religion ist die Hauptsache für Kleine und Große. Wie oft sagt man, wenn wo dumme Menschen sind: »Haben die auch Religion gelernt?« Religion wird zu wenig gelehrt. Der Mensch muß doch die Gebote und die Artikel kennen; das gehört zur Religion. Wenn er das nicht kann, ist er dumm wie ein Schwein. Was die Jungens heute lernen von den Vögeln und Pflanzen, das ist übrig. Mögen sie lieber Religion lernen!

IX. POLITIK UND KUNST. – An der Spitze des Ganzen steht bei uns der Kaiser. Unser Kaiser soll ein sehr reeller Mann sein; auch die Kaiserin wird doch sehr gerühmt. Sie wirken beide für das Gedeihen der Schulen. Der Kaiser muß alles wissen. Ohne den kann kein Mensch etwas tun. Er muß viel lesen und schreiben, denn bei der Antwort auf die an ihn gerichteten Briefe muß doch seine eigene

Handschrift vorliegen. Wenn nur Berlin nicht so weit entfernt wäre, dann würde ich mich aufmachen und dorthin reisen. Dann würde ich alle meine Schulden los werden. Die Leute haben den König lieb, besonders diejenigen, die Soldaten gewesen sind. Es sagt doch ein jeder: Der Kaiser sorgt für uns; er hält das ganze Land in Ordnung. Die großen Prozeßsachen gehen alle an den Kaiser. Ihm muß jeder einzige gehorchen, die Herren, auch die Regierung. ›Sie‹ haben ja wohl manchmal davon gesprochen, sie wollten den Kaiser abschaffen, wie in Paris; aber bei uns in Preußen geht das nicht so, den König zu beseitigen. Königtum muß sein. Ich denke, es sind alle Kaiser gut gewesen. Der alte Fritz soll doch auch ein charmanter Mann gewesen sein.

Vom Reichstage habe ich nicht viel gehört. Sie sagen, er macht die Gesetze; aber ich meine, die Gesetze werden von den Richtern gemacht; die haben doch die Bücher dazu. Daß in den Reichstag Männer aus dem Volke gewählt werden, ist mir wohlbekannt. Mein Alter hat auch alle 5 Jahre zu wählen; er wählt auch; es kann ja jeder wählen. Es sind in dem Wahllokale zwei Teller aufgestellt. Der eine Wähler legt seinen Zettel in den einen, der andere in den andern. Wen die Leute da wählen, das erfährt keiner. Man bekümmert sich auch darum nicht. Seinen Wahlzettel bekam mein Mann im Kruge (= Gasthaus). Er warf den Zettel in den Teller, ohne zu wissen, auf was er wählen sollte. Das weiß keiner. So haben es alle gemacht. Ja, wenn sie einen klug machen würde! Das tut aber kein Herr; das wird uns keiner auf die Nase hängen. Das eine nur weiß ich: Wer die meisten Stimmen hat, der hat Prima. In Königsberg haben sie einen, der die meisten Stimmen hatte, ins Gefängnis gesteckt; er war für die Armen. Das wollten die Herren nicht haben. Die letzteren wollten auch einmal den Sonntag abschaffen. Die armen Leute sollten alle Tage arbeiten; aber der Plan gelang nicht. Ein Gutsbesitzer hat, wie ich hörte, bei der Wahl zu seinen Leuten gesagt: »Wählt nur den N.«, dann bekamen sie Zettel mit dem Namen des N. und gaben sie ab, sich selbst zum Schaden. Es ist für uns unmöglich, sich zurecht zu finden. Von den Konservativen habe ich wohl gehört. Die Leute sagen so. Was das Wort aber bedeutet, weiß ich nicht. Über die liberale Partei und die Sozialdemokraten kann ich Ihnen gar nicht Bescheid sagen. Unter den Fremdwörtern können wir uns nichts denken. Die Herren werden sich schon etwas dabei denken. Aber die armen Leute sind vielfach zu damlig. Die reichen Herren wissen alles. Unsereiner glaubt schon klug zu sein, ist aber noch lange nicht klug genug. Von Wahlflugblättern und Parteikalendern habe ich nie etwas gesehen und gehört. Der kleine Mann kann gegen die Reichen nicht aufkommen. Ja, die studierten Köpfe! Die Vornehmen haben Grips in ihren Köpfen. Was kostet aber auch so ein Kopf!

Zu einem rechten Staate gehört auch Militär; das muß sein. Es wird noch immer mehr Militär eingestiftet. Der Kaiser setzt immer mehr Regimenter ein. Das 137. Regiment in Didenhofen, in dem mein Sohn diente, hat der Kaiser auch geschaffen. Würde das nicht sein, so würde einer den andern totschlagen. Wenn irgendwo Streit, Skandal und Spektakel oder Feuer ist, dann schicken die Leute sogleich nach Militär. Die Soldaten kriegen wieder alles in Ordnung. Wo sie gehen, da braucht man sich nicht zu fürchten. Im Kriege ist das Militär unentbehrlich. Wir Frauen können doch nichts machen. Auch der militärische Beruf will erlernt sein. Die Kosten bringt der Staat auf. Der Kaiser kann sie aus eigener Tasche nicht bezahlen.

Wenn es zum Kriege kommt, so ziehen die Soldaten aus, wie wenn es zum Tanze ginge. Viel tut zu der Fröhlichkeit der Vaterlandsverteidiger die Musik. Wo die Musik lustige Märsche spielt, da wird gefochten, daß es nur so hagelt; da kann man mit einem leeren Magen fechten. Musik gibt Mut in der Schlacht. Krieg ist von Anbeginn der Welt gewesen. Krieg muß sein. Wenn er nicht wäre, würden die Menschen sich gegenseitig auffressen. Es sind zuviel Menschen auf der Welt; darum sind die Zeiten auch so schlecht. Der Krieg wird immer bleiben. Wenn man die Indianerbücher liest, so weiß man das alles. Rafft der Krieg viele Menschen hin, so bleibt freilich das Weiberzeug allein übrig. Das müßte dann verpflegt werden. So hat der Staat immer seine Pein. In der Schlacht ist auch das Töten erlaubt. Die Soldaten werden dazu angehalten. Wer also einen andern totschießt oder selber fällt, hat keine Sünde.

(»Aus der Gedankenwelt einer Arbeiterfrau. Von ihr selbst erzählt«. Hrsg. von C. Moszeik, Pfarrer. Gr. Lichterfelde-Berlin, 1909)

Feststellungen eines sozialen Tatbestandes

Wir haben nur immer vom Glück geträumt
und konnten es niemals erblicken,
wir haben zu lang in der Enge gesäumt,
daheim und in dumpfen Fabriken.
Für uns gab es weder Ruhe noch Rast,
wir trugen keuchend des Daseins Last.

Wir sahen das bunte Treiben der Welt
durch trübe, geblendete Scheiben
im Saale, den spärlich die Lampe erhellt,
wo rastlos die Räder treiben.
Wir waren zu ewigem Dunkel verbannt,
das Licht war fern und der Freiheit Land.

Wir haben nur immer vom Glück geträumt
und konnten es niemals erringen,
wir mußten, ob auch der Stolz sich bäumt,
den Leib und die Seele verdingen,
das Blut verkaufen ums tägliche Brot,
so will es des Hungers Machtgebot.

Die Kinder, die wir dem Leben geschenkt,
wir mußten sie hungern sehen,
und die wir frierend mühsam getränkt,
im Elend zugrunde gehen . . .

(Margaret Hönigsberg: »Lied der Arbeiterinnen«. In: »Österreichisches Proletarier-Liederbuch. Lieder für das arbeitende Volk«. Hrsg. von Josef Scheu. 100. bis 115. Tausend, Wien, 1914)

61

Wohl wachsen im Proletariat oft unter den traurigsten Verhältnissen begabte, geistig regsame Kinder heran. Die große Mehrzahl aber erliegt den ungünstigen Verhältnissen. Sie können dem Unterricht in den überfüllten Klassen gar oft nicht folgen und bleiben zurück. Daheim finden sie auch keine Hilfe oder oft keine Gelegenheit zum Lernen. Wenn die Mutter selbst verdienen muß oder wenn noch kleinere Kinder vorhanden sind, so ist niemand da, der die geistige Entwicklung der Kinder beeinflussen könnte. Statt zu lernen, müssen selbst 6- bis 7jährige Kinder schon arbeiten in der Hauswirtschaft, aber auch im Gewerbe. So zwei- und dreifach gequälte Kinder bleiben nur zu leicht in der Schule zurück. Die physische Müdigkeit und der Hunger führen auch die Ermüdung des Geistes herbei. Was ist aber die Folge solch trauriger Kinderjahre? Kaum ist das 14. Lebensjahr erreicht, müssen sie die Jagd nach Erwerb beginnen. Verdienen, nur verdienen ist ihre Pflicht. Die Eltern warten auf das Geld. Der Vater wird alt und kann nicht mehr genug roboten, ja vielleicht steht er gar schon vor der Entlassung, denn alte Arbeiter sehen die Unternehmer nicht gern. Sie werden als Überzählige, als Last betrachtet. In einem anderen Falle wieder ist die Mutter Witwe, mehrere minderjährige Kinder sind zu ernähren. Wer könnte da die Vierzehnjährige noch erhalten. Also fort auf die Suche nach Arbeit, hinein in die Fabrik! Da sitzen nun die 14jährigen Mädchen in der Fabrik, bewacht und angepeitscht von einer ganzen Schar Antreiber ...

Wolltet ihr noch reden, ihr Hunderttausende, die ihr Tag um Tag und Jahr um Jahr die Fabriken bevölkert, wie euch gar oftmals zumute ist! Wie ihr nicht nur ausgebeutet werdet, wie ihr auch geknechtet, geschmäht, entwürdigt und an eurer Ehre und allen Empfindungen aufs schmachvollste beleidigt werdet!

(Adelheid Popp: „Die Arbeiterin im Kampf ums Dasein". Wien, 1895)

Ottilie Baader: Mein Leben war wie das aller Arbeitermädchen (1854–1865)

Für die folgenden 6 bis 7 Jahrzehnte ist der soziale Tatbestand, wie sie ihn hier schildert, exemplarisch: frühmöglichst müssen die Kinder des vierten Standes in das Erwerbsleben, weil ohne ihre Mithilfe eine Arbeiterfamilie nicht existieren könnte; der Lohn für eine 12stündige Arbeitszeit ist meist zu gering, und nicht alle nehmen gleich der 13jährigen Ottilie, auf Kosten der so schon knappen Erholungszeit, eine Arbeit mit nach Hause; viele rutschen ab in den »Nebenerwerb« Prostitution, eindeutig eine Folgeerscheinung der unmenschlichen kapitalistischen Wirtschaftsform.

Der Vater hatte seine Arbeit in der Zuckerfabrik aufgegeben und war nach Berlin gegangen. Hier arbeitete er bei Borsig. Er hatte die Absicht, uns nachkommen zu lassen, wenn er erst eingerichtet und eine Wohnung gefunden hatte. 3 Taler verdiente er in der Woche, davon schickte er regelmäßig 2 Taler an die Mutter, und für uns Kinder wurde immer ein Groschen mit eingesiegelt. Heute fahren die Familienväter, die auswärts arbeiten, jeden Sonnabend nach Hause. Das ging damals nicht. Mit der Post war es teuer oder es mußte eine Gelegenheit abgewartet werden. So kam es, daß der Vater eine ganze Zeitlang nicht zu Hause war. Als er dann wiederkam, erschrak er über das Aussehen unserer Mutter und ließ den Arzt kommen. Dieser ging nach der Untersuchung mit ihm heraus und sagte, er wollte etwas verschreiben, und nach zwei Tagen wiederkommen und sehen, ob noch zu helfen wäre. Aber es war zu spät und sie starb dann sehr bald an der galoppierenden Schwindsucht. Von uns Kindern war das älteste 8 und das jüngste 3 Jahre alt. Aber selbst solch ein Unglück muß noch einen Gefährten haben! Es waren schlimme Wintertage und draußen war Glatteis. Mein Vater fiel und verstauchte sich die rechte Hand. So fiel mir 7jährigem Ding gleich die ganze Arbeit zu. Das erste aber war, daß ich die tote Mutter waschen und ihr die Haube aufsetzen mußte. Die Leute kamen und lobten mich und nannten mich ein »gutes Kind«, und niemand wußte, welches Grauen in mir war vor der Unbegreiflichkeit des Todes. Der Verdienst des Vaters reichte kaum zum dürftigsten Leben. Wir wußten deshalb nicht, woher das Geld nehmen für die Beerdigung der Mutter. Da kamen als Retter in der Not die Borsigschen Arbeiter und brachten uns eine Summe Geldes, die sie unter sich gesammelt hatten.

Der Vater hatte sich nicht wieder verheiratet. Während der Kinderzeit und bis in meine späteren Jahre hinein wurde bei vielen Gelegenheiten immer wieder gefragt: was würde die Mutter dazu sagen und was würde sie tun? Das wuchs sich fast zu einem Kultus aus, der für die freie Entwicklung sicher hemmend war.

Durch die Verhältnisse gezwungen, mußte mein Vater nun wieder in Frankfurt arbeiten.

Aber sein Verdienst reichte nie soweit, daß er hätte für den Haushalt eine ordentliche Wirtschafterin nehmen können. So waren wir Kinder uns meist selbst überlassen und wuchsen ohne mütterliche, ja ohne weibliche Fürsorge auf. Arbeiten und Sorgen haben wir aber von früh auf kennengelernt.

Ich kam erst etwa im zehnten Jahre in die Schule. Lesen, Schreiben und Rechnen hatte ich von meinem Vater gelernt. Bei der Prüfung wurde ich für die dritte Klasse reif befunden. Es war eine Mittelschule, in einem alten Kloster untergebracht, und sie galt für die damalige Zeit als eine gute Schule. Es hieß, daß die Mädchen dort vor allem zu »guten Sitten« erzogen wurden. Leise, zart und sanft sein war das Frauenideal dieser Zeit, und der Vater hatte gerade an der Mutter ihre Sanftheit geliebt und wollte, daß auch seine Töchter so wurden.

Lange bin ich nicht in die Schule gegangen. Als ich 13 Jahre alt wurde, zog der Vater mit uns nach Berlin, und hier war es mit meinem Schulbesuch vorbei. Ich mußte arbeiten und mußte mitverdienen. Es brauchte kein großer Familienrat abgehalten zu werden, um den richtigen Beruf zu wählen, denn groß war die Auswahl für Mädchen damals nicht. In der Schule war ich immer gelobt worden, weil ich gut nähen und vor allem gute Knopflöcher machen konnte. Die Frau eines Sattlergesellen hatte in der Neanderstraße eine Nähstube für Oberhemden. Es wurde noch alles mit der Hand genäht. Nähmaschinen waren noch recht wenig in Gebrauch. Einen Monat lernte ich unentgeltlich, dann gab es monatlich 3 Taler. 2 Jahre später verdiente ich schon 5 Taler jeden Monat. Dabei aber blieb es dann auch einige Jahre. Um noch etwas nebenbei zu verdienen, nahm ich abends Manschetten zum Durchsteppen mit nach Hause. Durchsteppen – das hieß: mit der Hand immer über zwei Fäden. Einen Groschen gab es für das Paar. Wie oft mögen mir jungem Ding da wohl die Augen zugefallen sein, wie mag der Rücken geschmerzt haben. 12 Stunden Arbeitszeit hatte man immer schon hinter sich, von morgens 8 bis abends 8, mit kurzer Mittagspause.

Freundlich ist die Erinnerung an meine erste Meisterin nicht. Ich habe nie wieder in so schamloser Weise von den intimsten Vorgängen reden hören wie von dieser Frau. Es war noch eine andere Näherin da, ein Mädchen, die in der Art zu der Frau paßte, und die beiden legten sich denn auch vor mir keinen Zwang auf. Ich habe manchmal wohl große Augen gemacht, wenn mir das alles böhmische Dörfer waren, und dann hieß es: »Na Kleine, du brauchst ja deine Ohren nicht überall dabei zu haben!« Diese Gemeinheiten blieben aber an mir nicht haften. Nur einzelnes Unverständliches blieb mir im Gedächtnis, und nachdem ich durch das Leben schon so manches erfahren hatte, kam hier und da ganz plötzlich das Verständnis für so ein unbewußt im Gedächtnis gebliebene Wort. So habe ich mir nicht denken können, was das hieß: Die Näherinnen gehen doch alle auf den Strich! Da ich selbst Näherin war, ging es mir doch wohl auch an. Zum Fragen war ich aber zu schüchtern, und so haben mir erst viel spätere Jahre auch hierfür ein grelles Licht des Verstehens angesteckt. Und auch darüber habe ich oft nachdenken müssen, wie so ein junges Ding, wenn es empfänglich dafür ist, durch die Leichtfertigkeit solcher Frauen schon frühzeitig in Grund und Boden verdorben werden kann.

(Ottilie Baader: »Ein steiniger Weg«. Lebenserinnerungen. Stuttgart-Berlin, 1921 – Nachdruck mit Erlaubnis des Verlages J. H. W. Dietz, Nachf., Bonn)

Das Mädchen Kathrin:
Das war meine Kindheit (1860–1878)

»Von einem armen, ungebildeten, intellektuell schwach entwickelten, ja zurückgebliebenen Mädchen, dem Kinde einer unstät herum-
ziehenden Fabrikarbeiterfamilie, stammen die folgenden Aufzeichnungen, die einen Blick in das Leben unterster Volksschichten, der
Angehörigen eines Trinkers zumal, aufschließen, wie er sich kaum
aus irgendwelchen anderen schriftlichen Zeugnissen mit solch'
furchtbarer Deutlichkeit gewinnen läßt. –
Möge aber ob dieses fast altertümlich naiven chronikartigen Ein-
drucks niemand vergessen, daß es Wirklichkeit, schreckliche Wirklichkeit ist, die eben jetzt nicht nur in diesem, sondern in tausend
Schicksalen durchgelebt und durchgelitten wird.«

(Aus der Vorrede von Dr. Hedwig Bleuler-Waser)

Geboren wurde ich in den Z. 30. Sept. 1860, da wurde ich nach
C. verkostgeltet zu zwei alten Leuten, die keine Kinder hatten. Bei
denen hatte ich es gut. War verkostgeltet, bis ich 4 Jahre alt war.
Von Z. zogen meine Eltern nach D., da gingen sie wieder in die Fabrik. Über Tag mußte ich meinen Bruder und meine Schwester pflegen, so gut ich konnte; meine Mutter machte jeden Morgen alles
bereit, denn der Bruder war damals erst ein halbes Jahr alt, meine
Schwester 3 Jahre alt. Meine Mutter sagte und zeigte es mir, wie
ich es machen müßte, bis sie wieder heim komme. Ich mußte immer
auf einer Bank oben stehen, mochte lange nicht in das Wägelchen
hineinlangen, wo mein Bruder lag, es war manchmal keine schöne
Ordnung. Dort waren wir etwa ein halbes Jahr, dann zogen sie
nach W., auch dort gingen sie wieder an die gleiche Arbeit. Ich und
meine Schwester mußten meinen Bruder wieder pflegen, bis ich
5 Jahre alt war. Da mußten wir Schwestern in den Wald mit einem
Wägelein, den Bruder mußten wir auch allemal mitnehmen, jeden
Tag zwei- bis dreimal eine Stunde weit, manchmal mußten wir den
ganzen Tag allein draußen sein und einen großen Haufen Holz

suchen; am Abend kamen dann Vater und Mutter mit einem größern Wägelein und holten uns. Einmal waren wir auch wieder den ganzen Tag allein im Wald, hatten nicht so gar einen großen Haufen Holz, wie es der Vater gern hatte. Da fragte der Vater, was wir heute getan haben; wir sagten nichts. Da nahm er mich über einen abgehauenen Stock, schlug mich mit einem vierfachen Seil, bis ich ganz blau war; nachher nahm er meine Schwester und gab ihr auch Schläge. Die Mutter wollte immer abwehren, aber er wollte auch sie schlagen.

Wir mußten manchmal, ohne gegessen zu haben, ins Bett, wenn wir nicht viel Holz hatten, und am Morgen mußten wir dann manchmal schon um 1/2 5 Uhr ungegessen ins Holz; meine Mutter gab uns manchmal im verstohlenen jedem ein großes Stück Brot mit Butter und Honig und einen Krug voll warme Milch mit; wir verzehrten es dann, wenn wir etwa eine halbe Stunde gelaufen waren.

Als ich 6 Jahre alt war, mußte ich in die Schule, ging sehr gern, führte mich gut auf; ich weiß nie, daß ich wegen lachen oder schwätzen, oder sonst Dummheiten Schläge bekommen habe, ich weiß nur noch, daß mich der Lehrer gern hatte. Nebst der Schule mußten wir auch ins Holz. Im Winter mußte ich, als ich aus der Schule kam, in die Fabrik, dem Vater helfen weben, mußte auf ein Kistlein hinaufstehen, aufpassen; denn es waren Wechselstühle, und zwar für Nastücher. Wenn es einen Fehler gab, da bekam ich links und rechts Püffe. Meine Mutter sagte oft zu ihm: Du bist doch grob! Zu Hause war er auch nicht der feinste mit der Mutter; denn er trank sehr gern Schnaps, fast jeden Tag einen halben Liter, an einem Sonntag noch mehr. Er aß selten mit uns zu Mittag, trank schon Morgens früh einen Rausch; wenn die Mutter sagte, Er solle mit uns essen, da sagte Er zu ihr: l ... mir i ... A ... und fing zu fluchen an. Sie mußte ihm dann Geld geben; gab sie keins, so trank er auf den Knebel, kam dann den ganzen Tag nicht heim, bis nachts 12, 1, 2, 3 Uhr. Dann, wann er spät heim kam und schon genug hatte, so mußten ich und meine Schwester aufstehen, und sollten ihm noch Schnaps holen in der Wirtschaft; wir mußten manchmal nachts um 12 Uhr noch gehen und die Leute wecken. Wir durften nicht zurückkommen, ohne daß wir etwas hatten. Wir zitterten am ganzen Leibe und fürchteten uns vor ihm.

Es war an einem Karfreitag. Da hatte er auch wieder genug, die

Mutter warf eine Fetzen Papier nach ihm im Spaß; da wurde er so bös, holte aus der Kammer den Säbel und wollte sie erstechen. Wir schrien, da kamen Nachbarsleute und konnten abwehren, mußten den Säbel und das Gewehr unter die Matratze im Bett verstecken. – Ein andersmal kam er auch wieder betrunken heim und wollte immer eine Schnur, die Mutter gab ihm keine, er wollte selbst eine suchen, und sagte immer vom Aufhängen, kam aber nicht dazu, denn die Mutter holte den Nachbar. So ging es ein paar Stunden, zuletzt brachten sie ihn doch noch ins Bett. Wieder einmal kam er nachts spät heim, fluchte und schimpfte, ging in die Küche und holte die Axt und rannte damit fort. Da kamen 4 Männer mit ihm zurück und hatten Streit und war ein Lärm. Meine Mutter und wir weinten. Er wurde verklagt, mußte 100 Franken zahlen und ins Gefängnis.

Meine Eltern waren in C. etwa 9 Wochen, da zogen sie wieder nach U., dort ging ich wieder in die Schule. Da ging es nicht so gar gut, denn ich bekam da viele Schläge wegen dem Rechnen. Der Lehrer zählte mit dem Lineal alle mal auf drei, wenn ich rechnen mußte. Ich wußte es manchmal, aber vor Furcht wußte ich es nicht mehr; mußte nach der Schule oft eine halbe Stunde rechnen.

An jedem Morgen mußte ich mit meinen Eltern in die Fabrik, bis ich die höchste Zeit zur Schule hatte, am Mittag, wenn die Schule aus war, auch, und wenn es nur noch eine halbe Stunde war, bis er abstellte. Nachmittags nach der Schule mußte ich auch wieder in die Fabrik, durfte nicht umherstehen auf der Straße, sonst bekam ich eine Tracht Prügel; am Abend mußte ich manchmal bis nachts 8 Uhr arbeiten beim Vater. Er hatte auch wieder Webstühle und zwar ganz breite, es gab Bett-Anzüge, es waren nur 4 solche Stühle. Die Augen taten mir oftmals weh und den Schlaf bekam ich, sah dann die Nester nicht; wenn es aber ein solches gab, dann schlug mich der Vater mit dem Schifflein über den Kopf, stieß mich weg, mußte dann eine Zeitlang bei meiner Mutter weben; denn ich getraute mich nicht so geschwind wieder zu ihm zu gehen. Ich sah aber auch, daß er der Mutter die Schifflein nachwarf, sie weinte oft mit mir. Wenn er die Wut in der Fabrik nicht auslassen konnte, so sagte er zu mir, ich solle nur warten bis am Abend. Es machte mir dann Angst, durfte fast nicht heim, ging manchmal ungegessen ins Bett.

Dann fragte er die Mutter, wo ich sei. Sie sagte dann zu ihm, es sei mir nicht wohl. Sie sagte ihm die Meinung auch, bis sie dann wieder hintereinander kamen. So gings oft.

Die Zeit kam, wo ich in die Fabrik gehen durfte, ich mußte nur 8 Tage lernen, denn ich hatte schon einen Begriff von Weberei; bekam dann zuerst nur einen Stuhl, in der Woche nachher den zweiten, auf einer Seite war der Vater, auf der andern Seite die Mutter. Es freute mich, wenn ich einen großen Zahltag heimbringen konnte; aber da meinte der Vater nur, er könne jetzt noch mehr trinken.

Meine Schwester mußte bald auch in die Fabrik. Da konnten wir einen schönen neuen Hausrat anschaffen. An dem hatte ich Freude, putzte und ordnete gern. Wenn der Vater so gespart hätte wie die Mutter, so hätten wir ein paar tausend Franken in die Kasse legen können. Aber der Vater trieb es noch ärger. Er gab der Mutter manchmal fast nichts. Wir mußten fast alle 14 Tage 12 bis 15 Franken zahlen fürs Trinken, ohne das, was Er am Sonntag brauchte.

Ich und meine Schwester durften einmal auf Besuch zu Pfingsten zu der Mutter ihrem Bruder; er war nämlich verheiratet. Als wir am Montag wieder heim kamen am Abend, da war der Vater auch etwas angestochen, er giftete immer mit mir wegen der Verwandten meiner Mutter. Da sagte ich zu ihm: du hast ja einen Rausch! lachte aber dazu, meinte es nicht so bös. Es lag gerade ein Messer auf dem Tisch, er zog es gegen mich, ich konnte aber entfliehen. Er rief mir zu, diese Nacht komme ich nicht ins Bett; dann ging er wieder in die Stube, schlug mit dem Messer 8 Löcher in einen neuen Tisch. Meine Mutter nahm mich in Schutz, ich konnte bei ihr schlafen, denn der Vater und der Bruder schliefen in einer anderen Kammer. Der Vater kam zwei, drei, viermal in die Kammer, suchte mich, unter dem Bett und im Kasten, hob bei der Mutter die Decke ein wenig auf und sagte dann, es sei gut, daß ich nicht da sei. Ich war aber doch in diesem Bett, denn wenn ich und meine Mutter ihn kommen hörten, da sagte sie, ich solle zu ihren Füßen herunter, deckte mich recht zu, daß er es nicht sah; ich wußte nicht vor Angst, ob ich im Bett oder unter dem Bett war.

Eines Sonntags kam einmal ein junger Verwandter von der Mutter zu Besuch. Dieser war 20 Jahre alt und ich 18. Ich mußte da am Mittag den Tisch decken; meine Mutter war in der Küche, die andern alle in der Stube. Als ich da tischte, kitzelte dieser Bursche mich unter den Armen. Ich wurde ganz rot, denn ich war noch scheu. Am Nachmittag gingen wir alle zusammen spazieren, wir schauten einander immer an, sahen einander gern, denn es war ein hübscher Bursche, hatte ihn zum erstenmal gesehen, dachte gar nichts Böses dabei. Am Abend gingen seine Mutter und er wieder heim nach T. Er sagte zu uns, er werde uns bald wieder besuchen, und ich schrieb ihm, aber nur, was mir meine Mutter angab, denn sie wollte keine Bekanntschaft. – Ich sah das Mannsvolk damals schon gern, verkehrte aber noch nicht mit ihnen. Ich hörte eben viel von meinem Vater und dachte manchmal, ich möchte auch wissen, wie das wäre, sah auch, daß der Vater meine Freundinnen, die ich am Sonntag heimbrachte, herumziehen wollte, und wüst mit ihnen reden, aber nur, wenn es die Mutter nicht sah. Diese Mädchen sagten oft zu mir, mein Vater sei ein Schlimmer. Er wollte es auch mit mir probieren, aber ich hatte kein Gefühl für ihn, denn es ekelte mich, warum weiß ich nicht. Er rupfte immer an mir herum, meinte, er bringe mich dazu, aber es half nichts, ich sagte dann zu ihm, er habe eine Frau. Ich sagte es aber auch der Mutter. Sie sagte mir, ich solle immer fliehen, wo ich könne. Ich hatte aber auch wirklich nie etwas mit ihm, nicht im geringsten, denn der Stolz und Charakter gab mir solches nicht zu. Ich weiß nicht, ob es die Mutter dem Vater gesagt hat; er sagte zu mir nie mehr etwas deswegen, sah mich aber immer nur schief an. – Jener Bursche kam bald wieder zu uns auf Besuch. Ich hatte ihn wirklich gern und er mich; er war anständig, aufrichtig und sehr geschickt. Er hätte mich wirklich geheiratet, aber meine Mutter wollte es nicht haben, weil wir noch zu jung seien und blutsverwandt.

Dieser Bursche sagte einmal zu meiner Mutter, warum wir nie alleine aufbleiben dürfen. Da sagte meine Mutter, man könne uns nicht allein lassen. Da lachten wir und schauten einander an. Da kam er einmal unverhofft, da meine Mutter auf Besuch war bei ihrem Bruder. Da benutzten wir es. Er sagte, er kaufe keine Katze im Sack; ich wollte zuerst nicht, gab es aber doch zu. Er sagte nachher zu mir, es freue ihn etwas, . . .weil ich noch keusch gewesen sei.

(Aus: »Dulden!« Aus der Lebensbeschreibung einer Armen. Hrsg. von Prof. E. Bleuler. München, 1910)

Verena Conzett:
Mit 12 Jahren in einer Zwirnfabrik (1874)

Als der Aufseher Knecht 1874 erblindete und so Stelle und Einkommen verlor, beendete seine drittjüngste Tochter Verena eben
die Primarschule. Wegen der Notlage der Familie trat sie, noch
nicht 12 Jahre alt, in die Färberei Seelig ein. Ihren Lohn – bare
7,20 Franken für 14 Tage – lieferte sie zur Gänze zu Hause ab.
Zu Winteranfang wurde sie wegen Arbeitsmangels gekündigt.
Sie bekam rasch eine neue Stelle. Ihre erste Erfahrung am Arbeitsplatz war eine ungerechtfertigte Lohnkürzung. Die Aufseherin be-
teuerte, daß der Werkmeister eine »gute Seele« sei: er versetzte die
junge Arbeiterin, ein Kind, in den Maschinensaal.

Eine Nachbarin, die in der großen Seidenspinnerei am Mühle-
steg Aufseherin war, verschaffte mir dort eine neue Stelle und
schärfte mir ein, bei der Anmeldung mein Alter mit 14 Jahren an-
zugeben. Andern Tages stand ich vor Meister Isler; er war ein alter
Mann mit weißem Bart und strengen Gesichtszügen. Er schaute
mich bei meiner Altersangabe zweifelnd an, denn ich war noch nicht
dreizehn und für mein Alter klein. Auch mochte mir beim Aussprechen der Unwahrheit das Blut heiß und verräterisch in den Kopf
gestiegen sein. Endlich sagte er zu meiner großen Erleichterung:
»Du kannst am Montag eintreten, mußt zeitig da sein; punkt 6 Uhr
werden die Maschinen angelassen.«
Wie schwer war für meinen Vater der Gedanke, mich in der Zwir-
nerei zu wissen, die neben der Papierfabrik lag, in der er über ein
Vierteljahrhundert gearbeitet hatte. Er hatte immer betont: »Solange ich lebe, kommt keines meiner Kinder in einen solchen Fabrikbetrieb!« Und jetzt mußten wir froh sein, daß ich dort Arbeit erhielt.
Wie schön fand ich an dem dunklen, stillen Morgen die vielen hell-
beleuchteten Fensterreihen der großen Seidenfabriken des oberen
und unteren Mühlesteges. Ich war frühzeitig dort, stand längere
Zeit am Geländer der Limmat und schaute in das prächtige Lich-

termeer. Inzwischen gingen Frauen und Kinder scharenweise an mir vorbei in die Fabrik und ich schloß mich ihnen an.

Viele der Kinder waren nicht älter, auch nicht größer und kräftiger als ich und hatten vor der Arbeit doch schon einen weiten Weg zurückgelegt. Ihre und meine Arbeit bestand darin, Büschel von Seidenfäden, die aus den Kokons der Seidenraupen gewonnen waren, an langen Tischen auf schmale Tücher quer auszubreiten und der Länge nach wieder dreimal zusammenzulegen. Dann wurden die Tücher gerollt, in die Maschine gespannt, und auf Spulen kam die feingesponnene Seide heraus. Die Arbeit wurde beim Stück bezahlt; sie machte mir Freude, denn es war Leben und Bewegung darin.

Einer der Fabrikherren übergab trotz der großen Zahl Arbeiterinnen jeder ihr Zahltagsäckel persönlich. Nach einiger Zeit sagte Herr Escher in Gegenwart der andern Kinder zu mir: »Du erhältst einen Franken Abzug, denn deine Arbeit war mangelhaft.« Als Herr Escher fort war, umstanden mich alle Kinder und fragten, ob Meister Isler mich wegen schlechter Arbeit ausgeschimpft habe. »Nein, niemals! Er hat übrigens noch nie ein Wort wegen der Arbeit zu mir gesagt«, erwiderte ich. Da riefen verschiedene Mädchen: »Aber mich hat er schon oft gescholten und doch habe ich noch nie Abzug erhalten.« Am folgenden Zahltag wiederholte sich der Abzug und dann noch ein drittes Mal. Erst später erfuhr ich durch die Nachbarin, die mir die Arbeit vermittelt hatte, den Grund der Abzüge. Sie kam im Auftrag von Meister Isler und sagte zur Mutter: »Er ist wohl ein strenger Mann, hat aber ein goldenes Herz. Er bedauert die Lohnabzüge Vrenelis. Es treffe das Kind keine Schuld, im Gegenteil, es sei nur zu fleißig gewesen. Als es im Stücklohn mehr verdiente als die erwachsenen Arbeiterinnen an der Maschine, habe Herr Escher befürchtet, sie würden, sobald sie vom Verdienst des Kindes wissen, höhern Lohn verlangen und mehr könne er nicht zahlen.«

Deshalb sagte Meister Isler zu mir: »Wir können dich in dieser Abteilung nicht weiter beschäftigen. Komm, ich will dir deinen neuen Arbeitsplatz zeigen.« Ich kam in ein anderes Gebäude an eine Maschine, an der zwei Frauen beschäftigt waren, denen ich zudienen mußte. Nach einigen Tagen sagten sie zu mir: »Weißt, Kind, seit du da bist, sind wir stets in größter Angst, du könntest verunglükken. Ein solches Windspiel gehört nicht an eine Maschine, das werden wir Herrn Isler sagen.«

Als ich abends die Fabrik verließ, waren eine Anzahl Arbeiterinnen um eine junge Frau versammelt, die zu ihnen sprach und Flugblätter verteilte. Ich drängte mich vor, denn ich wollte auch hören, was die Frau sagte. Es war die Rede von besseren Arbeitsbedingungen, die besonders den Arbeiterinnen not täten; diese müßten in einem Fabrikgesetz festgelegt werden, an die sich die Fabrikanten zu halten hätten. Die Frau gab mir auch zwei Flugblätter und sagte: »Da lies! Was darin steht, geht auch dich an!« Eine entfernt stehende Arbeiterin rief laut: »Frau Greulich!« und die Flugblattverteilerin wandte sich dieser zu.

Ich ging heim, ahnungslos, daß das meine erste Begegnung mit der Sozialdemokratie gewesen, in deren Dienst ich später einen so großen Teil meines Lebens gestellt habe.

Beim Nachtessen erzählte ich von meiner Versetzung an die Maschine und von der Angst meiner Mitarbeiterinnen. Da sagte die Mutter aufgeregt: »Geh morgen früh sofort zum Meister und frage ihn, ob er nicht andere Arbeit für dich habe. Ich will kein verstümmeltes Kind, ich habe mehr als genug an einem Unglück zu tragen...«

Am andern Morgen bat ich Meister Isler um andere Arbeit; an der Maschine dürfe ich nicht länger bleiben. Erst sah er mich eine Weile an, als ob er sich auf etwas besinne, dann erwiderte er in seiner trockenen, kurzen Art: »Habe nichts für dich; komm in mein Bureau, damit ich dir den Lohn geben kann!« Beim Überreichen sagte er freundlich: »Leb wohl, Kind, ich wünsche dir Glück!«

Noch bevor Mutter und Schwestern beim Kaffee saßen, war ich wieder daheim, legte den Lohn der vergangenen Woche hin mit den Worten: »Jetzt bin ich wieder arbeitslos«, legte den Kopf auf den Tisch und weinte bitterlich.

(Verena Conzett: »Erstrebtes und Erlebtes. Ein Stück Zeitgeschichte«. Zürich, 1929 – Nachdruck mit Erlaubnis des Manesse Verlages, Zürich)

Aurelia Roth:
Eine Glasschleiferin I (um 1875)

Diese Memoiren sind ein Agitationstext, der von realen Erfahrungen ausgeht, über die Lage der Arbeiter informiert und über Möglichkeiten zur Veränderung aufklärt. Die persönlichen Erfahrungen werden stets als Erfahrungen der Klasse dargestellt; und ihre elende Lage wird mit dem Bewußtsein beschrieben, daß sie verändert werden muß, wobei die Betonung auf den konkreten Forderungen liegt. Weitergehende Perspektiven tauchen allerdings nirgendwo auf. Aurelia Roth benutzt ihre Lebenserinnerungen zur Agitation für Reformziele, die die Lebens- und Arbeitsbedingungen der Arbeiter zunächst verbessern soll.

(Renate Genth: »Literarische Zeugnisse aus der frühen sozialdemokratischen Arbeiterinnenbewegung«. In: »Arbeiterdichtung«. Hrsg. von der Österreichischen Gesellschaft für Kulturpolitik. Wuppertal, 1973)

In dem Moment, wo ich beginne über meine Erlebnisse zu schreiben, da gehen mir hunderte Gedanken durch den Kopf. Ich weiß nicht, wie und wo ich beginnen soll.

Ich denke zurück an meine Kinderjahre, an meine Jugendzeit, an alles, was seit dieser Zeit sich abgespielt hat.

Ich war, soweit ich mich erinnere, von je ein Schwächling. Sehr schwere Krankheiten habe ich schon in dem zartesten Alter durchgemacht. Heute verstehe ich es, daß dies alles auf die schlechten Verhältnisse zurückzuführen ist, in welchen wir lebten: eine schlechte Wohnung, mangelhafte Ernährung usw. Viel mag auch beigetragen haben, daß mein Vater ein Trinker war. Er kümmerte sich sehr wenig um die Familie, so daß meiner Mutter die ganzen Sorgen allein überlassen waren.

Selbst bei dem größten Fleiß und der größten Sparsamkeit war es ihr nicht möglich, allein alles zu bestreiten, was für die Familie gebraucht wurde. Es blieb ihr nichts anderes übrig, als uns Kinder mitverdienen zu lassen. Meine Eltern waren Glasschleifer, die Mutter war auch noch Perlenarbeiterin. Wenn in der Schleiferei eine Krise eintrat, so wurde zu Hause gearbeitet. Sehr oft wurde auch beides gemacht, tagsüber in der Schleifmühle und abends zu Hause.

Ich war die jüngste von drei Schwestern und mußte ebenfalls, sobald es meine Geschicklichkeit zuließ, beim Verfertigen der schwarzen Glasperlen helfen. Dies ist wohl eine leichte Arbeit, aber für meinen schwächlichen Körper war es anstrengend genug. Oft mußte ich auch die Schule versäumen, um zu arbeiten. Das war für mich das größte Opfer, das ich bringen mußte. Ich bekam sehr wenig Zeit zum Lernen, noch weniger aber zum Spielen, doch das kränkte mich am meisten, wenn ich die Schule versäumen mußte. Die Arbeitszeit in den Schleifereien betrug damals 16 bis 18 Stunden. Wenn Weihnachten herankam, wurde oft ganze Nächte durchgearbeitet. Auch wir Kinder wurden nicht geschont. Ich wußte schon vor Beginn meiner Schulzeit, daß die Geschichte vom Christkind nur ein Märchen sei.

Die Mutter mahnte uns sehr oft, nur recht fleißig zu arbeiten, damit sie uns auch zu Weihnachten eine Freude bereiten könne. Ich bestellte mir lauter schöne Sachen. Am Christtag war ich jedoch immer sehr unzufrieden, weil es nicht das Gewünschte war, was ich bekam. Wie mag sich meine Mutter über meine Unzufriedenheit gekränkt haben! Auch zu Hause wollte ich nicht bleiben, in der Schule gefiel es mir besser. Der Lehrer hatte mich stets gern, weil ich sehr aufmerksam war. Ich zählte 8 Jahre, als ich angefangen habe, über verschiedene Dinge nachzudenken. Den Anlaß hierzu hat mir mein Vater gegeben, denn wenn er angetrunken nach Hause kam, gab es fast immer heftige Szenen. Da hörte ich Dinge, die ich nicht verstand. Die Mutter machte ihm die bittersten Vorwürfe, wenn er kein Geld brachte. Er solle sich schämen, daß die Kinder für ihn arbeiten müssen. Oft schlug er alles zusammen. Ich habe sogar sehr oft mit meiner Mutter ganze Nächte im Freien an einem verborgenen Ort verbringen müssen. Eine Nacht werde ich nie vergessen. Es war an einem Samstag. Wir hatten alle drei mit der Mutter fleißig gearbeitet. Sonntag sollte geliefert werden. Es war bereits 12 Uhr nachts, als wir schlafen gehen durften. Da kam der Vater gestolpert und zankte mit der Mutter, daß wir noch wach seien. Als die Mutter antwortete, schlug er mit dem Stock die ganzen Perlen in Scherben. Da fingen wir Kinder alle wie aus einer Kehle an zu schreien, daß wir nun kein Geld dafür bekommen würden. Wir hatten soviel Schlaf geopfert und nun war alles umsonst gewesen. Die Mutter jammerte, wovon wir künftige Woche leben würden.

Ich zürnte meinem Vater im geheimen ob seiner Trunksucht und dachte sehr oft darüber nach, wie schön es doch bei uns sein könnte, wenn diese böse Leidenschaft nicht wäre, denn im nüchternen Zustand war er stets gut. So könnte ich noch viel erzählen, wie viel Not und Elend durch das Laster des Alkohols über uns gekommen ist. Plötzlich wurde er ernstlich krank, so daß er volle 2 Jahre das Bett nicht verlassen konnte. Das war die schönste Zeit, soweit ich mich an die Lebzeiten meines Vaters erinnere. Wir mußten ja noch angestrengter arbeiten, aber es ging leichter, weil Frieden im Hause war. Da kam in der Perlenindustrie eine Krise und meine Mutter war gezwungen, für uns eine andere Beschäftigung zu suchen. Ich hatte bereits das 14. Lebensjahr erreicht und wurde in einem Glasgeschäft als Läuferin und zum Putzen der Glassachen untergebracht. Für diese Arbeit bekam ich 4 Gulden in 14 Tagen ausbezahlt. Während dieser Zeit starb mein Vater. Wir befanden uns wieder in einer sehr mißlichen Lage. Mein Verdienst war für mein Alter doch zu gering und so mußte ich die Schleiferei erlernen.

Meinen Vater betrauerte ich nur deshalb, weil er so lange ans Krankenbett gefesselt war. In Wahrheit konnte ich es ihm selbst nach dem Tode nicht verzeihen, daß er nicht wie ein Vater für uns gesorgt hatte.

Ich kam also in die Schleifmühle.

Was ich von dieser Zeit noch zu erzählen weiß, das scheint mir heute selbst fast unglaublich. Wenn ich diese Zeit nicht selbst durchlebt hätte, so würde ich nicht glauben, daß in dem mit Naturschönheiten gesegneten Isergebirge jemals so entsetzliche Verhältnisse bestanden haben.

MEIN ERSTER TAG IN DER SCHLEIFMÜHLE

Es war eine große Werkstatt mit einem einzigen Arbeitsraum, in welchem über 60 Personen beschäftigt waren. Alles durcheinander, Männer, Frauen, junge Mädchen und Burschen, ja sogar schulpflichtige Kinder arbeiteten mit. Mein Onkel war Meister und Werkführer. Als er mich einführte, wurde ich gleich von allen Seiten angerufen: »A! jetzt kömt a neuer Polierer. Na, dou scheck ok glei a Mount.« (Eine Maß Bier.) Ein anderer: »Jo, wenn mer will a Schleifer wärn, dou muß mer orschten ¡Eitritt zohl'n, sunst larnt mers ne.« Auch wurden mir gleich Biergläser und Flaschen vorgehalten. Ich fühle noch heute, wie mir damals die Schamröte ins Gesicht kam, am liebsten wäre ich gleich wieder umgekehrt.

Der Onkel führte mich zu einem Polierkasten, bei welchem eine ältere Frau arbeitete. Dort sollte ich auf der anderen Seite sitzen und der Frau zusehen. So wie sie sollte ich es auch machen. Eine Lehrzeit gab es nicht, ich wurde sofort selbständige Arbeiterin.

Ein Lärm war in dem Raum, daß ich den Onkel fast nicht verstand, was er zu mir sagte. Lachen, Singen, Pfeifen, Kindergeschrei, alles durcheinander. Mir ward angst und bange, ich getraute mich nicht umzusehen.

Ich begann also zu arbeiten. Ich bekam »Birnl« (Lusterbehänge) zum Polieren.

Als ich die ersten zwei Stücke in die Hände nahm, da zitterte ich vor Ängsten, daß etwas passieren könne. Nun ging das Gefoppe wieder los.

»Dou muße der Papp o die Finger schmeren, sunst reißen se der aus.« Von allen Seiten ging ein Gelächter los.

Die Arbeit ging viel leichter, als ich mir vorgestellt hatte. Es dauerte gar nicht lange, so hatte ich einige Stücke poliert. Die Frau kontrollierte und war sehr zufrieden mit mir; sie sagte, daß ich es leicht erlernen würde. Das hatte mir Mut gemacht. Nun getraute ich mich auch bald, manchmal einen verstohlenen Blick auf meine Umgebung zu werfen. Da staunte ich aber, was ich da alles erblickte.

Das Lokal war in eine Nebelwolke gehüllt, so daß die rückwärts Sitzenden gar nicht gut sichtbar waren. In diesem staubüberfüllten Lokal sah ich Kinder jeden Alters. Sogar Neugeborene waren da. Selbst auf den Fenstern lagen kleine Kinder. Die meisten von den Kleinen lagen in einer Wiege neben den Polierkasten und schrien erbärmlich. Auch die Frau, der ich zugeteilt war, hatte ein Kind von 14 Tagen neben sich in einer Wiege. Als der kleine Bub zu schreien begann, da steckte die Mutter dem Kleinen den »Zumel« mit den schmutzigen Fingern in den Mund.

»Dou hosta, du klener Prolete«, sagte sie; dann setzte sie mit dem Fuß die Wiege in Bewegung und arbeitete dabei weiter. Wo ich hinblickte, sah ich Schmutz, auf dem Fußboden lagen Obstabfälle, Tabakasche usw. Ich bemerkte sogar, daß der Auswurf von Hustenden auf den Fußboden gespuckt werde. Die Kinder spielten sich in diesem Morast, sogar die Nahrung wurde ihnen hier verabreicht. Wenn ein Bissen hinunterfiel, wurde nicht beachtet, ob dies eine Gefahr für die Kinder sei. Einzelne Frauen brachten sogar Lebensmittel mit und kochten in der Werkstatt das Mittagessen.

Ich hatte also den ersten Tag genug erfahren und hoffte schon sehnsüchtig auf den Feierabend. Zu Hause klagte ich der Mutter, daß es mir gar nicht gefalle, daß ich lieber etwas anders tun wolle. Die Antwort lautete: »Das ist nur Gewohnheit, bis du nur daran gewöhnt bist, dann wird es dir schon gefallen. Die Schleifer haben einen guten Humor, das muntert einem schon auf.« Ich mußte mich also daran gewöhnen. So war es in allen Schleifereien: sehr mangelhafte Ventilationen, in den meisten gar keine. Wenn man eine Stunde in einem solchen Lokal arbeitete, war man so voll Staub, daß man mit den Fingern auf der Bluse schreiben konnte. Dazu kam noch eine übermäßig lange Arbeitszeit und nicht die geringste sanitäre Einrichtung. Schwangere Frauen arbeiteten bis auf die letzte Stunde ihrer Niederkunft, und sobald sie das Bett verlassen konnten, wurde sofort wieder die Arbeit aufgenommen. In den meisten Fällen wurde auch das Neugeborene mitgebracht. Ich übertreibe nicht, wenn ich angebe, daß es keine einzige Werkstatt gab, wo nicht Lungentuberkulöse arbeiteten. Darum darf es uns auch nicht wundern, daß die Ansteckungsgefahr eine große war und die Zahl der Sterbefälle von Jahr zu Jahr stieg. Es wurde auch gar nicht darauf geachtet, wenn allwöchentlich einige Arbeiter auf den Friedhof geschleppt wurden, es war dies etwas Gewöhnliches und fiel nicht mehr auf. Sehr häufig kam es vor, daß sogar mehrere Begräbnisse an einem Tag stattfanden. Anstatt den Verlust zu betrauern, machte man noch allerhand Witze darüber. Es hieß sehr oft: »Na, dann hon mer gut begroben; wenn ar dos westa, daß mer su lostig worn, ar wieda selber Frejda hon, ar wor ou a lostiger Bruder . . .« und anderes mehr.

Ich war erst 15 Jahre alt, hatte aber den Ernst des Lebens zur Genüge kennen gelernt. Ich war immer recht nachdenklich, weil es mir gar nicht gefallen wollte in der Schleiferei. Am meisten dauerten mich die Kinder. Ich hatte ja auch keine rosigen Verhältnisse in meiner Jugend und doch schien es mir, als hätte ich es doch noch besser gehabt als diese armen Würmer in den schmutzigen Werkstätten ...

(In: »Gedenkbuch. 20 Jahre österreichische Arbeiterinnenbewegung«. Hrsg. von Adelheid Popp. Wien, 1912)

Luise Zietz: Als Schulkind Handlanger in der väterlichen Wollweberei (um 1875)

Weit über die Hälfte aller ermittelten Kinder (306.823) werden in Deutschland vorzugsweise in der Hausindustrie beschäftigt, darunter 56.316 Schulkinder, von denen es heißt: »daß sie neben dem täglichen Schulunterricht noch 4 bis 8¹/₂ Stunden arbeiten müssen, um in gebeugter Haltung, geschädigt durch ständige mechanische Bewegung der Hände, 8–10 Pfg. pro Tag dazu zu verdienen«.

(Nach: »Gewerbliche Kinderarbeit in Deutschland« von Henriette Fürth. In: »Dokumente der Frauen«. Wien, 15. November 1900)

»Es wäre eines Kulturstaates unwürdig, wenn seine Behörden, die das ›schottische Moorhuhn‹ schützen, die Mißstände der Kinderarbeit als ein noli me tangere angesehen hätten. – Das hat man auch nicht getan; aber der Schutz, den man bisher den arbeitenden Kindern hat angedeihen lassen, ist mehr als unzureichend; einzelne Berufszweige erfreuen sich noch vollster uneingeschränktester Ausbeutungsfreiheit.«

(Conrad Agahd: »Kinderarbeit und Gesetz gegen die Ausnutzung kindlicher Arbeitskraft in Deutschland«. Jena, o. J.)

Sechs hungrige Mäuler satt zu machen, ist wohl alle Zeit armen Leuten schwer gefallen.

Der Hunger ist in solchen Familien meist ständiger Gast.

So war es auch in meinem Elternhause, in dem durch Weben und Wollspinnen soviel verdient werden mußte, um die Eltern und 4 Kinder durchzubringen.

Und das geschah mehr schlecht als recht.

Der Vater, arg stolz auf sein Zunftmeistertum, führte einen hoffnungslosen und deshalb schmerzlichen Kampf gegen die moderne Textilindustrie. In nächster Nähe meines Heimatsortes Bargteheide waren in der Stadt Neumünster in Holstein große mechanische Spinner- und Webereien entstanden. Die modernen Maschinen, durch Dampf getrieben, schufen eine Fülle von Garn und Stoffen, die sich weit billiger stellten, als der Vater sie durch seinen Handbetrieb liefern konnte. Und wenn er auch einstweilen noch Arbeitsaufträge genug von der Landbevölkerung der ganzen Umgebung erhielt, die durch die eigene Schafzucht und den Flachsbau die Rohmaterialien zu liefern imstande waren, so konnte er dank der Konkurrenz doch nur geringe Preise für seine Arbeit fordern. Um nur das Nötigste zu verdienen, mußten deshalb die Mutter und wir Kinder mitschaffen. Wir mußten Rohwolle zerpflücken und ölen, sie durch den »Wolf« drehen, der sie weiter zerkleinerte, dann kam sie auf die Kratzmaschine, die sie zweimal passieren mußte. Ein paar Hunde, die sich abwechselten, trieben diese Maschine vermittels eines großen Tretrades, und wenn uns einer der großen Hunde weggestorben war, mußten auch wir mitunter in das Rad hinein.

Von der Kratzmaschine kam die zu fingerdicken »Fäden« verarbeitete Wolle auf die Spinnmaschine, die 40 Fäden zu gleicher Zeit spann, die aber mit der Hand gezogen und gedreht werden mußte; eine sehr anstrengende Arbeit, die vom Vater verrichtet wurde.

Von den Spindeln der Spinnmaschine kamen die »Schluppen«, wie Vater sie nannte, auf den Haspel, um sie zu Docken für den Gebrauch zu haspeln – eine Arbeit, die unsre Mutter oder wir Kinder zu leisten hatten.

Oder die Wolle sollte zu Stoffen gewebt werden, dann mußte sie vom Haspel auf Spulen gebracht werden: auf große für die Webkette, auf kleine, die ins Weberschiffchen paßten, für den Schluß.

Das Spulen war für uns Kinder eine schreckliche Marter.

Da hockten wir Stunde um Stunde auf dem niedrigen Stühlchen hinter dem Spulrad bei der entsetzlich eintönigen und ermüdenden Arbeit, immer nur spulen, spulen, spulen. Der Rücken schmerzte, der rechte Arm, der das Rad drehen mußte, drohte zu erlahmen, die Finger der linken Hand wurden von den scharf gesponnenen Fäden, die zur gleichmäßigen Verteilung auf die Spule geleitet werden mußten, blutig gerissen.

Und bei der Kälte in den schrecklich harten Wintertagen verklammten Hände und Füße, denn die große Werkstatt sollte von einem kleinen Kanonenofen erwärmt werden, für den es oft genug noch an Holz und Kohlen mangelte.

Lachte dagegen an den warmen Sommertagen die Sonne durch die Scheiben und drang der fröhliche Lärm und das Jauchzen der singenden Nachbarkinder in die Werkstatt, dann wurde die nie endende Arbeit für uns vollends zur Qual.

Wie gern hätten auch wir uns an dem fröhlichen Treiben da draußen beteiligt. Aber im Schrank war kein Brot und der Hunger tut so weh.

Kinder sputet euch! das war der mahnende Ruf des Vaters, der immer aufs neue zur Arbeit antrieb.

Ich, als die Älteste unter den Geschwistern daheim, hatte noch eine andre, recht schwere Aufgabe zu erfüllen. Kam ich aus dem Nachmittagsunterricht um 4 Uhr nach Hause, mußte ich oft fertige Ware abliefern. Da wurde ein tüchtiges Bündel auf die Schulter geladen, vorn ein Pack und hinten eines, so ging es in die stundenweit entfernten Nachbardörfer, um die gesponnene Wolle oder die gewebten Stoffe den Auftraggebern zu bringen und das Geld einzukassieren.

Für mein Alter war ich sehr zart und klein, da zögerten die vorsichtigen Bauernfrauen oft, mir die geforderte Summe einzuhändigen. »Die Mutter kann das Geld mitnehmen, wenn sie nächstens vorkommt«, das war ein Wort, das ich fürchtete und haßte. Denn zu Hause wurde sehnsüchtig auf das Geld gewartet, das ich heimbringen sollte, brachte ich nichts heim, mußten alle hungrig ins Bett. Und außerdem war meine Eigenliebe aufs empfindlichste verletzt, weil man mir zutraute, ich könne das Geld verlieren.

Meinem kindlichen Ärger gab ich dann auf die verschiedenste Weise Ausdruck: Entweder erklärte ich: »Ich bin schon 9 Jahre alt, Sie können mir das Geld gern mitgeben«; oder aber ich wurde noch deutlicher in meinem Unmut und äußerte: »wenn ich Ihnen die Wolle hertragen kann, dann kann ich auch das Geld dafür nach Hause tragen.«

Mitunter halfen auch diese Proteste nichts, ich mußte mit leeren Händen heimkehren, das Herz voll Ärger und Kummer und Tränen des Zornes im Auge, aber nie brachte ich es über mich, zu sagen: wir haben kein Brot zu Haus.

Brachte ich dagegen Geld heim, dann war der Weg zurück doppelt leicht, singend wurden Richtwege über Koppeln und Feldwege eingeschlagen, die Ermüdung fühlte ich nicht.

Das beglückende Bewußtsein, daheim allgemeine Freude auszulösen und die Aussicht auf ein hinreichendes Abendessen belebten meine Kräfte; mehr aber noch die Aussicht auf eine besondere Belohnung, die darin bestand, daß ich nach einem solchen »Geschäftsgang« nicht mehr zu spulen brauchte, sondern lesen durfte. Die Bücher entlieh ich aus einer ansehnlichen Schülerbibliothek, die unser Lehrer für unsre armselige Dorfschule mit vieler Mühe geschaffen hatte. Allwöchentlich am Sonnabend konnten die Bücher getauscht werden. Wenn irgendmöglich tauschten wir sie aber außerdem noch unter uns.

Ich las leidenschaftlich gern, vielleicht um so lieber, weil ich sehr wenig Zeit dazu übrig hatte. In mein Buch vertieft, vergaß ich alles um mich her. Da lebte ich in einer anderen Welt, die das Buch mir erschloß. Unablässig beschäftigte sich meine Phantasie mit dem Gelesenen und oft habe ich mir vorgenommen, den Helden der Erzählungen, die mir besonders gefielen, nachzueifern.

Kinderträume!

(Aus: »Aus meinem Leben. Wie wir Kinder beim Brotverdienen helfen mußten«. In: »Die Kämpferin«. Zeitschrift für Frauen und Mädchen des werktätigen Volkes. Organ der USPD. I. / Nr 2, Beilage. Berlin, 1919)

Anna Perthen:
Geschenkt wurde uns wahrlich nichts (um 1880)

Mit äußerst wenigen Ausnahmen müssen die Kinder schon im vorschulpflichtigen Alter Wollknöpfe nähen. Auch andere Arbeiten müssen sie im Hause und auf dem Felde verrichten. Man kann beobachten, daß die armen Kinder durch böse Blicke, Worte und Prügel zur Arbeit getrieben werden. Wenn man dann die Eltern aufmerksam macht, daß die Kinderarbeit auf Körper und Geist nachteilig wirke, erhält man zur Antwort: Wir müssen dies tun, da wir sonst verhungern würden.

(Bericht einer mährischen Schulleitung, zitiert nach »Das Denkmal der unbekannten Proletarierin« von Alfred Kleinberg / Fanni Blatny, Karlsbad, 1937)

Als Kind eines Textilarbeiters hatte ich keine rosige Jugend. Der Verdienst des Vaters war gering, so daß die Mutter, trotz der 9 Kinder, welche sie geboren, immer wieder nach jeder Niederkunft in die Arbeit gehen mußte. Wir blieben unter der Obhut unserer Großmutter. Da es für uns zu weit in die Fabrik war, weil wir zuerst weit draußen am Lande wohnten, machten wir Heimarbeit. Wir mußten Knöpfe annähen. Ich als die älteste mußte nach der Schule, anstatt wie andere Kinder spielen und lernen, Knöpfe nähen oder aber im Walde Holz sammeln. Es blieben von 9 Geschwistern nur drei am Leben. Überarbeit der Mutter und Unterernährung mögen wohl die Ursachen ihres Todes gewesen sein. Als ich 12 Jahre alt war, mußte ich in eine Textilfabrik gehen, wo damals die Arbeitszeit noch von 5 Uhr früh bis 7 Uhr abends dauerte. Nachmittags von 4 bis 6 Uhr besuchten wir die Fabrikschule, welche neben der Fabrik in einem Gasthaus abgehalten wurde. Von 6 bis 7 Uhr ging es wieder in die Fabrik. Mit dem Lernen war freilich nicht viel los, wir betrachteten die 2 Stunden mehr als Erholung. Waren wir doch Kinder von 12 bis 13 Jahren, die von 5 Uhr früh arbeiten mußten. Und geschenkt wurde uns wahrlich nichts, im Gegenteil,

die Arbeit war eine nervenanspannende. Eine Zeitlang bin ich abends nach Hause schlafen gegangen, da mußte ich schon um halb 4 Uhr früh aufstehen, denn der Weg zur Fabrik war ein sehr langer. Eine Zeitlang wieder war ich die ganze Woche in Logis, bloß Samstag ging ich nach Hause. Wir schliefen im Fabriksort auf einem Dachboden, wo eine sogenannte lange Pritsche war und wo die Strohmatratzen nebeneinander lagen. Ein Glück war es für uns junge Mädchen, daß auch ältere Frauen mit dort waren, die auf uns acht gaben. Ich war natürlich froh, daß ich bald Geld verdiente, aber die Enttäuschung war oft bitter. Der Verdienst war klein, oft kaum fl. 2,50 bis 3 fl. die Woche. Die 2 Stunden Schulbesuch wurden uns abgezogen. Wenn ich dann das Logis bezahlt hatte, blieb nur ein kleiner Betrag übrig, und da wartete Samstag schon der Vater auf mich, um mir das Geld abzunehmen, so daß mir nur der Betrag blieb, den ich für die Brückenmaut zahlen mußte. So ging es Woche für Woche; ich hatte, trotzdem ich schon so jung arbeiten gehen mußte, kaum das Notdürftigste anzuziehen. Als ich 14 Jahre alt geworden war, ging ich mit den Eltern zusammen in eine Fabrik, wo wir dann noch an Sonntagen und an Wochentagen abends zu Hause arbeiten mußten. Als dann in der Fabrik ein sechswöchiger Streik ausbrach, um eine kürzere Arbeitszeit zu erreichen, kam ich in eine andere Fabrik. Der Vater, der beim Streik tätig war, wurde entlassen und fand nirgends mehr Beschäftigung.
So blieb mir und der Mutter die Sorge um die anderen Geschwister. Ich blieb in der Fabrik bis lange nach meiner Verheiratung; denn so wie es den meisten armen Mädchen geht, daß nach der Verheiratung Kummer und Sorgen erst recht angehen, war es auch bei mir.

(Anna Perthen: »Der Anfang in Bodenbach«. In: »Gedenkbuch. 20 Jahre österreichische Arbeiterinnenbewegung«. Hrsg. von Adelheid Popp, Wien, 1912)

Josefine Joksch:
Nur ein Kindermädchen (um 1885)

In Wien gab es Ende 1890 – etwa ein Jahrfünft nach den Erlebnissen der Josefine Joksch – 1.364.584 Menschen, darunter waren 91.752 Dienstboten: jeder 14. Mensch in Wien ist ein Dienstbote. Die Zahl der weiblichen Dienstboten betrug 86.486, das sind 94,27 % der Gesamtheit. Da im Jahre 1890 in Wien 702.597 Frauen lebten, war damals jede 8. Frau in Wien ein Dienstbote. 75.959 der damals gezählten weiblichen Dienstboten sind zugewandert, hatten keinen Rückhalt, und das ist vielleicht mit ein Erklärungsgrund, warum gerade diese Frauen, von denen 24.986 zwischen dem 11. und dem 20. Lebensjahr standen, in solcher Abhängigkeit lebten: sie mußten dienen, sonst wußten sie nicht, wohin sie sich wenden sollten.

(Nach »Statistisches« von Dr. Fritz Winter. In: »Dokumente der Frauen«. Wien, 15. 1. 1900)

Als Kindermädchen habe ich meinen ersten Schritt in die Welt getan; ich könnte es noch weiterbringen, hatte man mir gesagt. Zum Stubenmädchen, oder sogar zur Kammerzofe, wenn ich nur willig wäre.

Es war an einem trüben Wintertag, als ich meine erste Reise unternahm, um in Wien als Kindermädchen Stellung zu nehmen. Ich war gern vom Hause weggegangen. Einmal, weil alle, die in der Lage waren, dienen zu müssen, fortgingen, um das bißchen Ansehen, das sie in der Heimat genossen, nicht einzubüßen, und dann war Wien seit langem das Ziel meiner Sehnsucht.

> 's gibt nur a Kaiserstadt,
> 's gibt nur a Wien!
> Dort muß es prächtig sein,
> dort muß ich hin!

So hatte ich schon als ganz kleines Mädchen, später mit immer steigender Überzeugung und glühenderem Verlangen gesungen.

Und wie ich nun fröstelnd in der Coupé-Ecke saß und in den

dämmerigen Wintermorgen hinausblickte, da dachte ich daran, wie öde und langweilig ein solcher Wintertag in meinem Heimatort war, und wie hübsch es sei, diesem ewigen Einerlei entronnen zu sein. Gleichwohl beschlichen auch bange Zweifel mein Herz. Ich würde im Anfang viel zu leiden haben, hatte man mir gesagt.

Gegen Abend langte ich in Wien an. Ich wurde von einer Bekannten, die mir auch den »Platz«, wie wir uns in der Dienstbotensprache ausdrücken, verschafft hatte, erwartet und meinem Bestimmungsorte zugeführt. Ich wurde von einem Dienstmädchen ziemlich freundlich empfangen und zuerst in das Kinderzimmer geführt. Meine Herrin war krank, und ich sollte ihr erst morgen vorgestellt werden. Es waren liebe, gescheite Kinder, die ich da kennen lernte. Sie imponierten mich nicht wenig mit ihrer gewandten, sicheren Ausdrucksweise, und in ihrer Gesellschaft vergaß sich's ganz leicht, wer man war. – Als mir später endlich erlaubt war, mich zur Ruhe zu begeben, hatte ich jedoch gar keinen anderen Gedanken mehr als den, daß das Fenster nicht gut schließen müsse, weil es so kalt von dort herwehte.

Des anderen Tages wurde ich natürlich sofort zur Herrin gerufen. Ich glaube, daß ich mich streng nach den Statuten meines Dienstbotenbuches und den Vorschriften und Ratschlägen meiner Mutter und Bekannten bei dieser Vorstellung betragen habe, ohne mich im letzten Augenblicke noch aller Weisungen erinnert zu haben. Mein ganzes bisheriges Leben war aber auch eine gute Vorschule für diesen großen Moment gewesen. Ich wußte es gar nicht anders, als daß jeder Mensch, der von Luxus umgeben ist, mit Respekt behandelt zu werden verdiente. Schon in der Schule hatten wir barfüßigen Kinder die beschuhten mit einer gewissen Zurückhaltung behandelt. Und wenn ich nun noch verschüchterter dastand, noch weniger sprach, auf dreimaliges Befragen eine noch konfusere Antwort gegeben habe, als für ein Dienstmädchen vorgeschrieben ist, so entsprang dies einem gewissen, trotz alledem vorhandenen Selbstgefühl, das sich dagegen wehrte, den Vorwurf der Unbescheidenheit zu verdienen. Im Anfange lief auch alles gut ab. Meine Pflichten schienen leicht erfüllbar, ob ich auch den Grund mancher Anordnung nicht begreifen konnte, wie zum Beispiel warum mir aufgetragen wurde, darauf zu achten, daß die Kinder nicht mit den bloßen Füßen den Fußboden berührten? Was meinte Frau Preuß damit? War das am

Ende gesundheitsschädlich? Bei uns daheim patschten die Kinder noch spät im Herbst in den Wasserpfützen herum.

Warum durfte ich meine Zöpfe nicht über den Rücken hinunterfallen lassen? Zwar wurde es mir gesagt: diese Art, die Haare zu tragen, passe sich nicht für meinen Stand! Aber ich hatte doch wirklich nicht anmaßend sein wollen, ich war diese Haartracht schon so gewöhnt, und sie schien mir so einfach. Nun mußte ich mich doch in meine Dienstbotengrenzen zurückweisen lassen. Das Wunderlichste aber war mir, als mir befohlen wurde, ich solle die Kinder unterhalten. Daß reicher Leute Kinder spielen durften und schönes Spielzeug hatten, wußte ich; aber daß sie zu ihrer Unterhaltung auch noch einer erwachsenen Person bedürfen, das war mir völlig neu. Würde diese Aufgabe auch nicht zu groß für mich sein? Es war schon sehr, sehr lange her, seit ich selber das letztemal gespielt hatte, ein Geschäft, das ich nie öffentlich betrieben und bei dem ich oft durch ein strenges »Spielst schon wieder!« meiner Eltern gestört worden war.

Endlich war meine Herrin fertig, und ich konnte alsbald Proben meiner Geschicklichkeit ablegen. Ich mußte dabei verraten haben, daß ich kurzsichtig war, und von jetzt ab war es um unsere schöne, leider so kurze Eintracht geschehen. Man werde mir die Kinder auf der Gasse nicht anvertrauen können, und warum ich mich denn als Kindermädchen verdingt hätte, wenn ich kurzsichtig sei?

Ich hatte nicht gewußt, daß Kurzsichtigkeit so ein arges Gebrechen ist. Und selbst wenn ich es gewußt hätte, ich wollte doch leben, und gerade dieser Beruf schien die wenigsten Anforderungen an die Sehkraft zu stellen. Was war jetzt zu tun? Wohl um Nachsicht zu bitten? Aber eines Fehlers wegen, für den ich nicht konnte? Ich tat nichts dergleichen, sondern ich tat, was einem rechtschaffenen Dienstboten am besten steht, wenn er von seiner Herrin ausgezankt wird, ich – weinte.

Aber diesmal war es doch nicht am Platze, wie mir sofort auseinandergesetzt wurde. »Verderben Sie sich nicht noch mehr die Augen mit dem dummen Weinen. Hören Sie? Sie sollen nicht mehr weinen!« Und war auch dieser in gereiztem Tone gegebene Befehl nicht danach angetan, mich zu beruhigen, so bezwang ich mich doch und gelobte mir, das Mißtrauen durch doppelte Gewissenhaftigkeit zu besiegen.

Ich war froh, als endlich die »Gnädige« die Audienz für beendet erklärte. Aber das eigentümlich schwere Gefühl, das mich überkommen hatte, wurde ich nimmer los. Ich fürchtete, daß sich noch in manch anderer Hinsicht meine Fähigkeiten als unzulänglich für diesen Dienst erweisen würden; Märchen erzählen konnte ich auch nicht. Ich wußte keine, hatte nie welche gewußt, außer die von »Hänsel und Gretel« und »Rotkäppchen«. Die kannten aber die Kinder schon.

Unsere Mutter hatte keine Märchenbücher geduldet. In uns sollte auch der flüchtigste Glaube an holde Wunder, an gütige Feen und rettende Engel nicht erregt werden. Und die Märchen, die ich zwischen 14 und 17 Jahren in den dunklen Tannenwäldern meiner Heimat geträumt hatte, die konnte ich den Kindern doch nicht erzählen?

Sie hätten mich nicht verstanden. Besser ging's mit dem Ballspiel. Ich war ungeschickter als die Kleinen, und das freute sie.

Und als sich endlich alles zur Ruhe begeben hatte und ich am Küchentisch vor einem leeren Papierbogen saß, um meinen ersten Brief heimzuschreiben, da war ich in Verlegenheit, was ich schreiben sollte. Wohl meinte ich heute viel, unendlich viel erlebt zu haben, und doch, was sollte ich von mir erzählen? Daß ich gefegt, abgestaubt, gedeckt und abgeräumt habe, daß man mich bei dieser oder jener Ungeschicklichkeit ertappt, wofür man mich ausgelacht oder ausgezankt hat?

Dieses geringfügige Hin und Her verdiente wahrlich nicht, noch einmal überdacht, noch weniger beschrieben zu werden.

Ich war des anderen Morgens mit einem heftigen Schmerz im Hals erwacht. Ich fürchtete eine Halsentzündung und bat deshalb die Köchin, mir aus der Apotheke hypermangansaures Kali mitzubringen, das, wie ich mich erinnerte, der Doktor meiner Mutter auch gegen Halsweh zum Gurgeln verordnet hatte.

»Wenn Sie Halsweh haben, muß ich es der gnädigen Frau sagen!« Ich nickte. »Sagen Sie 's nur!« Was war daran arges?

Was aber nun geschah, war doch etwas arges; allerdings nur für mich. Zunächst erschien meine Dienstgeberin und befahl mir, das Kinderzimmer zu verlassen und meine Sachen zu packen, denn mit einer »ansteckenden« Krankheit könne ich keine Minute länger im Hause bleiben.

Ich gehorchte mechanisch. Was hatte man mit mir vor? Wollte man mich schon in ein Spital stecken? Die Angst meiner Herrin vor der Ansteckung erschien mir überflüssig. War ich nicht den ganzen vorigen Tag mit dem kleinen Jungen, der schon, wie ich gehört, als ich hinkam, an einer leichten Halsentzündung litt, beschäftigt gewesen? Und litt sie selbst nicht an derselben Krankheit, und war ich nicht so oft ohne Bedenken an ihr Bett gerufen worden? Konnte ich nicht ebenso gut die Krankheit von ihnen bekommen haben? Ich glaubte zwar nicht daran, ich beschuldigte vielmehr den fortwährenden Luftzug in meinem Zimmer.

Ein Dienstmann erschien, erfaßte meinen Koffer und ich sollte ihm folgen. Ich wußte nicht wohin und fragte auch nicht darum. Einen Gulden hatte mir meine Herrin vorher gegeben, den ich schon sehr widerstrebend genommen, da ich nicht wußte, wofür ich ihn erhielt, und mir gesagt, es wäre wohl am besten, ich führe nach Hause; davon konnte natürlich keine Rede sein, denn – was würden die Leute sagen? Ich hatte auch kaum das nötige Geld.

Ja, wohin er mich denn eigentlich führen solle, fragte mich unten auf der Gasse der Dienstmann.

Jetzt erst ging mir ein Licht auf, jetzt erst überblickte ich meine Lage. Man hatte mich also entlassen und dachte nicht mehr daran, sich um mich zu kümmern. Was nun? Ich gab vorläufig die Adresse meiner Bekannten, die auch ein Dienstmädchen war, an. Ihre Herren und die meinige waren befreundet.

Ich kam sehr ungelegen. Wie hatte ich nur sagen können, daß ich Halsschmerzen hätte? Wie könne man so »zimperlich« sein? Auch die Herrin meiner Freundin machte mir solche Vorwürfe. Ich solle nur nicht weinen, damit der Herr des Hauses von der ganzen Geschichte nichts erführe. Er würde sehr böse werden, wenn ihm zu Ohren käme, daß eine derartige Kranke in seinem Hause sei! Also so gefürchtet war diese Krankheit und man gestattete mir nicht, das erste, einfachste Gegenmittel zu erbitten? Ich hatte nur den Rat meiner Mutter befolgt, die mir aufgetragen, jedes Übel wenn möglich noch im Keime zu ersticken. Man riet mir, das Dienstbotenheim, eine humane Anstalt, in der stellenlose Mädchen Unterkunft finden sollen, aufzusuchen.

Ich wäre am liebsten auf und davon und heimgelaufen, ob ich mich auch dieser Empfindung noch schämte. Ich war schon kampfesmüde, ehe ich noch eigentlich zu kämpfen begonnen. Aber ich hatte »morgen« noch keinen Platz gefunden und »übermorgen« auch nicht. – Das waren verzweifelte Gänge gewesen, Gasse auf, Gasse ab, von einer Adresse zur anderen. Überall hatte mich mein unsicheres, schüchternes Auftreten, mein verweintes˙Gesicht und der Umstand, daß ich noch nie im Dienst war, unmöglich gemacht. Zuletzt war ich schon ganz apathisch stellensuchend umhergelaufen.

Der letzte Versuch mußte gemacht werden. Es war ein großes, schönes Haus, dieses Dienstbotenheim, mit prächtigem Aufstieg, gar nicht wie zur Aufnahme von Dienstboten bestimmt. Die Anstalt ist, wenn ich nicht irre, eine Schöpfung des Wiener Hausfrauenvereines und wird von Mitgliedern desselben verwaltet.

Auf mein Klingeln kam eine Dame zum Vorscheine, so stattlich, so imposant, so vornehm und unnahbar, daß das Restchen Mut in mir auch noch zusammensank. Ich trug stammelnd meine Bitte vor. Ich fühlte dabei unausgesetzt ihren kritischen Blick auf mir ruhen. »Hier können Sie nur unter der Bedingung bleiben, daß Sie sich 8 Tage aufhalten. 40 Kreuzer sind per Tag zu zahlen. Eine Arbeit, die Ihnen den Preis ermäßigte, ist nicht vorhanden.« Ich schüttelte den Kopf, eine vielleicht nicht ganz respektierliche Art des Verneinens. Für 8 Tage reichte meine Barschaft nicht. Noch einmal wollte ich meine Stimme zu einer Bitte erheben, die klinkte auch die Tür schon wieder zu. – Ich hatte es bei allen versucht, bei den »Gebildeten« und bei den »Ungebildeten«. Beide Teile ließen mich fallen. *Das* also war unser humanes Zeitalter, *das* die Wiener mit dem »goldenen Herzen«, deren Parole »leben und leben lassen« hieß!

Ich schien nun also wirklich dem Tode preisgegeben. Ich hatte keine Mittel, die Heimreise anzutreten, und der Schande, mich auf Staatskosten heimexpedieren zu lassen, hätte ich mich nimmer ausgesetzt. Und doch bin ich mit heiler Haut aus der sehr bedenklichen Klemme gekommen, und zwar mit Hilfe eines Dienstmädchens, das ich ebenfalls von unserem Heimatort aus kannte, und dessen ich mich erst in letzter Not erinnerte. Alle, alle hatten sie Vorwürfe für mich, nur sie nicht. Sie nickte nur immer mit dem Kopfe, als ich ihr mein Leid erzählte, tröstete mich, so gut sie konnte, und half mir heim.

(In: »Arbeiter-Zeitung«. Sonntags-Beilage. Wien, 10. und 17. Jänner 1897)

Anna Maier:
Mein Wunsch: lernen und nochmals lernen (um 1890)

Was die frühesten Pionierinnen der Bewegung zu eigenem Denken
durchbrechen ließ, als das Wort Sozialismus für die von stumpfem
Kirchenglauben beherrschte, von den Alltagsmühen und Alltags-
nöten versklavte Überzahl noch etwas Unerhörtes bedeutete, war
zumeist der brennende Kinderschmerz, nicht weiterlernen zu dürfen und tagaus tagein vom Morgen bis zur Nacht roboten zu müssen: er brachte den Armen wohl im Vergleich mit glücklicheren Al-
tersgenossen zuerst schneidend zum Bewußtsein, was für Stiefkinder des Lebens sie eigentlich seien.

*(Alfred Kleinberg / Fanni Blatny: »Das Denkmal der unbekannten
Proletarierin«. Karlsbad, 1937)*

Mein Vater war Weber, meine Mutter Spulerin, außerdem ging
sie bedienen. Ich bin von 12 Kindern das jüngste und lernte in
meiner frühesten Jugend schon verstehen, was Arbeit heißt. Wenn
alle anderen Kinder sich im Jugendübermut auf der Straße her-
umtummelten und ich meinen Blick sehnsüchtig zum Fenster hin-
ausrichtete, wurde ich von meiner Mutter durch einen Schlag erinnert, daß ich zu arbeiten habe. Leichter ist es, das Kind zu er-
mahnen als von diesem zu erwarten, daß es die Mahnung verstehen
soll. Wenn man bedenkt, ein 6 Jahre altes Kind soll mit allen Freuden der Jugend abschließen! Welch ein schweres Gebot ist das! Als
ich zur Schule kam, war mein einziger Wunsch, zu lernen. Auch
das war nur eine Illusion, denn schon um 5 Uhr früh mußte ich
aufstehen, zuerst spulen und dann notdürftig gekleidet zur Schule
laufen. Nach der Schule so geschwind wie möglich nach Hause, um
noch vor dem Mittagessen zu spulen. Nachmittags nach Schulschluß
ebenfalls wieder spulen. All das hätte ich sehr leicht ertragen, aber
wenn mich meine Mutter von der Schule fernhielt, damit ich zu
Haus bei der Arbeit helfen konnte, so war das für mich ein verlorener Tag. Alles Bitten und Weinen half nichts, ich mußte mich

dem Gebot fügen. Als ich älter und vernünftiger geworden war, da verwünschte ich oft alle Herrlichkeiten der Natur, weil sie für mich niemals bestanden.

Als ich das 13. Lebensjahr erreicht hatte, nahm mich meine Mutter an der Hand, ging mit mir zum Direktor der Tabakfabrik und ersuchte für mich um Aufnahme. Der Direktor weigerte sich, mich zu nehmen, meine Mutter wußte ihn aber durch Bitten umzustimmen, mit dem Hinweis, daß mein Vater gestorben sei. Ich wurde aufgenommen. Als ich am nächsten Tag zur Arbeit ging, bekam ich von meiner Mutter die Lehre, daß ich zu allem zu schweigen und allen zu gehorchen hätte. Das war leichter gesagt als getan. Die Behandlung in dieser Fabrik war damals so brutal, daß eine junge Arbeiterin von den älteren Arbeitskolleginnen beschimpft und manchmal auch geschlagen wurde. Wie bäumte sich mein Innerstes dagegen auf. Ich versuchte alles, damit bessere Tage für mich kommen sollten. Als Kind war ich sehr fromm gewesen und hatte mit Begeisterung die Erzählungen des Priesters angehört, die er der biblischen Geschichte entnommen. Wenn jetzt oft recht schlechte Tage an mich herantraten, da ging ich Sonntags zur Kirche, um zu beten, so recht andächtig, ich sah und hörte nichts, was um mich vorging. Wenn ich dann Montag wieder zur Arbeit ging, war es nicht besser geworden, ja oft noch schlechter. Da fragte ich mich selbst: Kann es eine höhere Macht geben, die das Gute belohnt und das Böse bestraft? Ich sagte mir *Nein*, das kann nicht sein!

(Anna Maier: »Wie ich reif wurde«. In: »Gedenkbuch. 20 Jahre österreichische Arbeiterinnenbewegung«. Hrsg. von Adelheid Popp. Wien, 1912)

Gabriele Proft: Dienstbotenschicksal und Heimarbeiterinnennot (1896)

Die Wiener Handelskammer beziffert 1894 das zur Bestreitung der notwendigsten Bedürfnisse erforderliche Jahresmindesteinkommen für einen ledigen Arbeiter mit 416 bis 478 Gulden, was einem Wochenlohn von 8 bis 10 Gulden entspräche. Gabriele Proft verdient als Heimarbeiterin bei einer 14stündigen Arbeitszeit pro Tag 2 Gulden, jedoch erscheint das Mindesteinkommen nicht erreicht, da die Abzüge aus Beanstandung, die bis 50 % des vereinbarten Stücklohnes ausmachen, der Ausfall aus schwankender saisonbedingter Auftragslage sowie nach Arbeitsplatzwechsel und bei Arbeitslosigkeit und der Kaufkraftschwund aus Preissteigerung (Laib Schwarzbrot 36 statt 25, Mehl 28 statt 25, Zucker 42 statt 36 und Petroleum 26 statt 22 Kreuzer) dabei unberücksichtigt geblieben sind – die Folgen: Entbehrung, Hunger und körperlicher Verfall. Die durchschnittliche Lebensdauer bei den Scheiderinnen stellte sich 1898 auf 32 Jahre.

(Angaben nach Ernst Berner: »Das Rothe Einmaleins oder So leben wir!« Wien, 1899)

Im Jahre 1896 mußte ich plötzlich vom Hause fort und ich fuhr aufs Geratewohl nach Wien, trotzdem ich mittellos war und niemand dort kannte. Man hört und liest ja in der Provinz meist nur Gutes und Schönes von dieser Großstadt. Sie war, wenigstens damals, das Ideal des Kleinstädters, der davon überzeugt war, daß man sich dort, wo so viele Arbeitsgelegenheiten sind, sehr leicht müßte fortbringen können. Auch mir ging es so. In wenigen Wochen war ich allerdings von dieser falschen Ansicht vollkommen geheilt.

In *Ottakring*, einem Proletarierbezirk, fand ich Quartier. Dort lernte ich am ersten Tage die Gefahren des Wohnungselends kennen, als »Bettmädel« in einer Wohnung, die für drei Erwachsene und zwei Kinder nur zwei Betten zur Verfügung hatte. Am nächsten Tag lief ich davon und nahm dann, weil ich ohne Mittel war und etwas anderes nicht finden konnte, einen Dienstplatz an.

Der Zufall wollte, daß ich gerade am 1. Mai – es war damals ein Freitag – abends über den Kai gehen mußte, um nach Hause zu kommen. Meine Quartiergeberinnen warnten mich, an diesem Tage lange auszubleiben, da ich sonst mit den »Arbeitern« zusammenträfe, die vom Prater nach Hause gingen. Und doch traf ich sie, als sie in Gruppen über den Franz Josefskai zogen. Das Unglück, das mir für den Fall dieses Zusammentreffens prophezeit wurde, ereignete sich aber nicht. Am nächsten Tag las mir meine Dienstgeberin – wieder als Warnung – aus der Zeitung vor, daß die Sozialdemokraten gestern im Prater alles kurz und klein geschlagen hätten.

Das war alles, was ich bis dahin von den Sozialdemokraten wußte. Krankheit machte es mir später unmöglich, meinen Dienstplatz länger zu behalten; ich wurde entlassen. Da meine Dienstgeberin versäumt hatte, mich in die Krankenkasse eintragen zu lassen, kam die schwere Zeit, die Tausende von Dienstmädchen heute noch durchmachen – denn es gibt noch immer kein Gesetz, das die Dienstgeberin zu einer wirklichen Krankenversicherung verpflichtet – krank, allein und ohne Geld sich durchzubringen. Damals nahm ich meine Zuflucht zur *Heimarbeit*. Ich lernte Militärkrägen nähen. Es ist eine anstrengende Beschäftigung. Stoffstreifen werden auf Pappdeckel aufgenäht, dann zusammengefügt. Eine geübte Arbeiterin näht in 3 Stunden 144 Stück. Für eine Arbeitszeit von halb 7 Uhr früh bis halb 10 Uhr abends, mit einer viertelstündigen Mittagspause, bekam ich 2 Kr. täglich. Die Meisterin bekam für 144 Stück vom Unternehmer 75 Kreuzer, die Arbeiterin 20 Kreuzer.

Parteigenossen, die ich damals kennen lernte, machten mich auf das Ungehörige einer so langen Arbeitszeit, noch dazu an der Nähmaschine, aufmerksam. Nur schwer gelang es mir, endlich einige Abende freizubekommen, aber es mußte sein. Ich hatte Interesse für Versammlungen bekommen. Es war im Winter 1896, als ein Genosse mich einmal gelegentlich aufforderte, mit in eine Versammlung »zur Bretze« zu kommen. Es war die erste Versammlung, an der ich teilnahm. *Schuhmeier* hatte das Referat. Eine Zeitlang flößte mir seine Art, zu reden, Bangigkeit, ja beinahe Furcht ein. Alles, die ganze Umgebung, war mir neu und unbekannt. Später wuchs mein Interesse. Hier hörte ich nun über die Ziele der Sozialdemokraten reden und über ihre Bestrebungen, um diese zu verwirklichen. Ich hatte während der kurzen Zeit meines Aufenthaltes in Wien zu viel gesehen von dem, was der Arbeiterschaft das Leben zur Qual macht, um für die neuen Lehren nicht empfänglich zu sein. Als wir von der Versammlung nach Hause gingen, wußte ich's – ich gehöre zu ihnen . . .

(Gabriele Proft: »Ein Beitrag zu unserer Jubiläumsfeier«. In: »Gedenkbuch. 20 Jahre österreichische Arbeiterinnenbewegung«. Hrsg. von Adelheid Popp. Wien, 1912)

Anna Mosegaard:
Ich kam vom Regen in die Traufe (1895–1898)

»Eine große Gefahr droht den Kindern der höheren Stände in der Unsittlichkeit der Dienstboten«, so lese ich in einem bürgerlichen Blatte. Die Unsittlichkeit der Dienstboten! Ich kann nicht umhin, mir die Frage vorzulegen: Hast du, als du noch Dienstmädchen warst, die jungen Seelen der dir anvertrauten Kleinen je gefährdet? Haben sie Schaden genommen durch dich?... Nein. Von dem Vorwurf, die Kinder gefährdet zu haben, spreche ich mich frei. Doch, weil ich einmal am Grübeln bin, denke ich weiter, und es wird in meinem Geiste eine andere Frage lebendig: Wer gefährdet oft schwer die Sittlichkeit der jungen Dienstboten?«

Und da sehe ich mich wieder als vierzehnjähriges verwaistes Kind auf dem Bahnhof stehen, ein Bündelchen in der Hand, das meine ganze Habe barg. Mit ganzen 20 Pf. Fahrgeld nach H., einem Gebetbuch und Gottes Segen schickte man mich hinaus ins Leben. Für 16 Taler Lohn im Jahre war ich von der Stadtbehörde meines Heimatortes an den Meistbietenden als Dienstmagd vermietet worden. Mein Dienstherr, ein stattlicher Mann in den fünfziger Jahren, reichte mir bei meiner Ankunft wohlwollend die Hand: »Na, da bist du ja! Wenn du recht fleißig und ehrlich bist, will ich dir nicht nur ein freundlicher Dienstherr, sondern ein guter Vater sein.« So hatte seit Jahren niemand zu mir gesprochen. Ich hätte dem Mann die Hände küssen mögen. Er, der hochangesehene Herr, wollte mir ein Vater sein!... Ja, das war, als ich 14 Jahre alt war. Als ich noch nicht volle 16 Lenze zählte, stand mein Dienstherr lüstern vor meiner Kammertür. Er, der mir hatte ein Vater sein wollen! Ich suchte mit Einwilligung meiner Heimatbehörde so schnell wie möglich eine andere Stellung, und als ich ging, besaß der Mann den Mut, einem gerade anwesenden Herrn salbungsvoll zu erklären: »In Kinderschuhen habe ich sie gekriegt, in Kinderschuhen lasse ich sie ziehen.« Sein Verdienst war es wahrhaftig nicht.

Ich kam nun zu einem jungen Ehepaar, der Mann war Rechtsanwalt. Das Schlafzimmer, das ich mit der Köchin teilen mußte, lag hinter der Küche und diente nebenbei zur Aufbewahrung schmutziger Wäsche. Der Weg zum Klosett ging durch unseren Schlafraum. Die Türe dazu durfte deshalb nicht verschlossen werden; der Herr Rechtsanwalt pflegte nämlich jeden Abend, wenn er aus dem Klub nach Hause kam, noch einmal den Abort aufzusuchen. Für ein junges Mädchen ist es gerade kein beruhigendes Gefühl, zu wissen, daß jede Nacht ein Mann durchs Schlafzimmer geht. Von der unhygienischen und ekelhaften Seite der Nachbarschaft des Klosetts will ich nicht erst reden. Doch zurück zur Hauptsache. Durch einen Lichtschein geweckt und geblendet, öffne ich eines Nachts die Augen und erblicke einen sehr angeheiterten königlich preußischen Leutnant mit einer Kerze in der Hand vor meinem Bette. Der Herr Rechtsanwalt steht dabei und will vor Lachen bersten. Sobald es möglich war, kehrte ich dem »gastfreundlichen« Hause den Rükken und zog auf gut Glück in die Familie eines reichen Fabrikanten. Ich kam vom Regen in die Traufe. Mann und Frau führten eine ganz konventionelle Ehe, die nur unter dem Drucke äußerer Umstände zusammenhielt. Als die heiße Zeit nahte, suchte die Gnädige in einem Seebad Kühlung. Die beiden jüngsten Kinder und den Strohwitwer überließ sie meiner Obhut. Mir ahnte nichts Gutes, und meine Befürchtungen trafen ein. Im Beisein seiner Kinder machte mir der Herr schamlose »Liebeserklärungen«. Als alle Versprechungen ihn nicht zum Ziele brachten, wollte er Gewalt brauchen, als er mich eines Tages allein zu Hause antraf. Mit knapper Not entkam ich ihm und hatte für alle Zeit genug von der vielgepriesenen Sittlichkeit der »besseren Leute«. Mein Brot verdiente ich mir von da an als Fabrikarbeiterin.

(Anna Mosegaard: »Die ›unsittlichen‹ Dienstboten?« In: »Die Gleichheit«. Stuttgart, um 1910. – Nachdruck mit Erlaubnis von Hans Mosegaard, dem Sohne der Autorin)

Ein Mädchen aus dem Volke:
Im Akkord, aber oft genug ohne Material (um 1898)

Der Vater, aus einem damals noch dänischen Ort stammend, war Zigarrenarbeiter und unter dem Sozialistengesetz wegen Verbreitung von Flugblättern zu 9 Monaten Gefängnis verurteilt worden. Die Mutter, eine Tütenkleberin, heiratete er erst, als sie bereits 3 Kindern das Leben gegeben hatte. Die Not war groß, und die Verfasserin, das zweite Kind, war »im höchsten Maße skrofulös und blutarm«, kam daher erst mit 7$^{1}/_{2}$ Jahren in die Schule. Nach der Konfirmation wurde sie als »Kleinmädchen« in einem Pensionat mit dem Lohn von 24 Talern per Jahr untergebracht. Sie hatte 23 Zimmer zu reinigen, das Essen aufzutragen, kam spät zu Bett, das sie mit einer dicken Köchin teilen mußte. Nach 8 Tagen brach sie gesundheitlich zusammen. Sie wechselte Stellung um Stellung und ging in die Fabrikarbeit; sie meisterte die Arbeit weder in einer Papier- noch in einer Glasfabrik.

Meine Mutter riet mir nun, das Strohhutnähen zu erlernen, und ich ging nach einer großen Hutfabrik, wo ich auch als Lehrling angenommen wurde. Ich wurde einem älteren Fräulein zugewiesen, das mich das Maschinennähen von Strohhüten lehren sollte.
Natürlich war ich zuerst noch nicht so geschickt darin, und da meine Lehrmeisterin eine sehr leicht gereizte, aufgeregte Person war, schlug sie mich den Tag über häufig auf die Hände, wenn sie sah, daß ich etwas verkehrt machte. Das tat mir aber nicht sehr weh, da ich zu Hause ganz andere Schläge gewohnt war, weshalb ich sie sogar manchmal absichtlich reizte, um sie in Zorn zu bringen. Meine Kolleginnen, die den Zusammenhang kannten, lachten jedesmal, wenn das Fräulein in Wut geriet, was die Sache natürlich nur verschlimmerte.
Wir hingen hier alle von dem Aufseher ab, der uns sehr schikanierte und uns z. B. stundenlang im Kontor, wo wir die Arbeit holen mußten, warten ließ, ja uns oft gar nicht beachtete. Wenn wir ihn höflich baten, uns doch abzufertigen, sagte er barsch: »Hab' keine

Zeit«, und weg war er. Uns war die Sache besonders deshalb unangenehm, weil wir in Akkord arbeiteten, also, wenn uns keine Arbeit gegeben wurde, auch nichts verdienten. An und für sich wurde das Strohnähen schon sehr schlecht bezahlt, nämlich für Verarbeitung von einem Bund Stroh, woraus 3 bis 4 Hüte genäht werden konnten, gab es 35 Pfennig, woran wir fast einen halben Tag zu tun hatten. Das Nähgarn mußten wir sogar noch selbst mit 70 Pfennig die Rolle bezahlen, und zwar an die Fabrik, ebenso wie das Maschinenöl und andere Utensilien, die uns stets teuer angerechnet wurden, so daß bei der Lohnauszahlung nur wenig für uns übrig blieb. Bei der Ablieferung der Hüte kam es häufig genug vor, daß uns die Ware, die nach Ansicht der Direktrice nicht gut gearbeitet war, an den Kopf flog, und zwar wiederholte sich das mehrere Male, je nach ihrer Stimmung.

Diese Direktice war ein besonders schönes Weib, die ich trotz der schlechten Behandlung, die sie mir oft zuteil werden ließ, häufig genug anstarrte und wegen ihrer Schönheit bewunderte.

Da sie uns ganz in ihrer Gewalt hatte, durften wir uns nicht mucksen, denn sonst wären wir hinausgeflogen.

Wir arbeiteten in der Dachstube des Fabrikgebäudes, die »Strohboden« genannt wurde; unter uns auf der dritten Etage arbeiteten die Putzmacherinnen für Herrenhüte, die sich für viel höher hielten als uns arme Strohnäherinnen, weshalb wir nicht einmal von ihnen gegrüßt wurden. Während der Zeit, wo wir auf Arbeit warten mußten, machten wir für uns allerhand Handarbeiten, spielten Karten usw., verdienten dann aber natürlich nichts.

Da mein höchster Verdienst nicht mehr als 5 bis 6 Mark per Woche betrug, bekam ich die Sache satt und ging nicht mehr hin.

(*»Im Kampf ums Dasein! Wahrheitsgetreue Lebens-Erinnerungen eines Mädchens aus dem Volke als Fabrik-Arbeiterin, Dienstmädchen und Kellnerin«. Stuttgart, o. J.*)

Ein Mädchen aus dem Volke: Ich wußte nicht, daß Kellnerinnen ein Makel nachhängt (um 1899)

Für die schwere Dienstbotenarbeit zu schwach, ebenso für eine einträglichere Fabrikarbeit – also stürzte sich die Verfasserin auf den Beruf einer Kellnerin, wo sie das Zehnfache einer Strohhutnäherin verdienen könne. Sie erfuhr das am eigenen Leibe, was 1899 Anna Pappritz auf dem Sittlichkeitskongreß in Genf über die Lage der Kellnerinnen berichten mußte: »Diese erhalten keinen festen Lohn, sondern sind auf die Trinkgelder angewiesen und außerdem verpflichtet, die Gäste zum Verzehren anzureizen. Die unglücklichen Mädchen sind hiedurch gezwungen, jeden Abend 3–4 Liter Bier zu trinken, und werden früher oder später Alkoholiker. Kneipen mit Damenbedienung sind geradezu als ›verkleidete Toleranzhäuser‹ zu bezeichnen.«

Als ich mich nach einer neuen Stellung umsah, konnte ich lange keine finden.

Jetzt ging ich zu einer Vermittlerin, um zu hören, ob die nichts für mich hätte, und zwar wollte ich einen leichten Dienst haben, da ich stärkere körperliche Arbeit bei meinem schwachen Körper nicht übernehmen konnte. Das Unglück wollte, daß ich gerade zu einer Vermittlerin kam, deren besonderer Geschäftszweig es war, ganz junge Mädchen als Kellnerinnen anzuwerben, wofür sie von den Wirten besonders gut bezahlt wurde. Nachdem ich ihr meine Not geklagt hatte, daß ich wegen meiner körperlichen Schwäche keine Arbeit finden könne, sagte sie mir, ich hätte mich gerade an die richtige gewandt; sie wüßte nämlich eine Stellung für mich, wo ich nichts weiter zu tun brauche, als Gäste zu bedienen, und wo ich doch bis zu 50 Mark die Woche verdienen könne.

Das war gerade Wasser auf meine Mühle, da ich viele Schulden hatte und mir auch gern mal nette Garderobe anschaffen wollte, wozu ich eigentlich bisher nicht recht gekommen war.

Ich lief nun rasch zu meiner Mutter, um sie von meinen glücklichen Aussichten in Kenntnis zu setzen, die dann hocherfreut mit mir zur

Vermittlerin ging. Irgendein Gedanke, daß es doch eigentlich nicht recht war, in so jungen Jahren Kellnerin zu werden, kam uns beiden nicht. Uns war nicht bekannt, daß auf diesem Stande ein Makel ruhe, sondern wir glaubten, ebensogut, wie man Dienstmädchen werden dürfe, könne man auch Kellnerin werden.

Als der Wirt mich sah, gefiel ich ihm sofort; er engagierte mich, und ich mußte mir nur noch eine Schürze kaufen, mir eine Geldtasche zum Umbinden holen, mir außerdem noch ein paar Stirnlocken brennen – und die Kellnerin war fertig. So begann denn jetzt ein neuer Lebensabschnitt für mich.

Die erste Stellung war in einem ganz kleinen Lokal, wo nur vier Tische waren, die von zwei Kellnerinnen bedient wurden. Meine Kollegin war eine geschiedene Frau, die von ihrem Manne weggelaufen war, weil er sie mißhandelte. Da ich jung und, wie man mir sagte, ansehnlich war, auch mein Haar, das sehr voll war, von den Gästen häufig bewundert wurde, war diese Kollegin sehr neidisch auf mich und suchte mir in jeder Weise zu schaden. Es nutzte ihr das aber nichts; ich wurde doch von den Gästen bevorzugt, denn diese wurden von der Frechheit meiner Kollegin abgestoßen, während mein bescheidenes, schüchternes Wesen sie gerade anzog. Sowie ein Gast zur Tür hereinkam, sprach die Wirtin auf mich ein, hinzugehen und, sobald ich ihm sein Getränk hingestellt hatte, ihn zu fragen: »Darf ich einen mittrinken?«

Die erste Zeit kam das sehr schüchtern heraus, und ich war oft genug von dem groben Benehmen der Gäste beleidigt, denn diese gingen nicht gleich auf meine Bitte ein, sondern machten allerlei unflätige Redensarten, bevor sie sich dazu verstanden. Häufig habe ich auch, nachdem die Gäste aus dem Lokal waren, bitterlich geweint, denn ich mußte mir viel gefallen lassen. Die erste Frage der Gäste war gewöhnlich: »Wo wohnst du? Kann ich dich nicht mal besuchen?« und dann versuchten sie, mich zu küssen oder sonst handgreiflich zu werden, was ich mir aber energisch verbat. Als Antwort bekam ich dann gewöhnlich zu hören: »Hier ist doch kein Kloster, mein Kind!« oder: »Das ist nur anfangs, das gibt sich!«

Meine Kollegin, die allerdings leichter zugänglich war, nannte mich immer die »Jungfer« und die »Scheinheilige«, weil sie gar nicht begreifen konnte, daß ich nicht bereitwillig auf die Anträge der Gäste einging, wie sie das tat. Von jedem uns spendierten Grog zu

50 Pfennig, der aber nur aus Bickbeerenwasser mit Kirschsaft vermischt bestand, ein ganz elendes »Gesöff«, das wir in großen Massen vertilgen mußten, bekamen wir 10 Pfennig ab, und von einer Flasche sogenannten »Rotwein«, die im Einkauf 50 bis 60 Pfennig, im Verkauf aber 5 Mark kostete, 50 Pfennig. In dem kleinen Lokal, in dem die Wirtin immer Wache hielt, konnten die Gäste nicht gar zu dreist werden, sonst wurden sie von der korpulenten Dame, die nichts mit der Polizei zu tun haben wollte, zur Ordnung gerufen, und wenn das nichts nützte, an die frische Luft gesetzt. Wenn die Gäste trotzdem oft viel Geld in dem Lokal ließen, geschah dies in der Hoffnung, uns nach Feierabend, d. h. um 3 oder 4 Uhr morgens nach Hause begleiten zu dürfen. Gewöhnlich waren sie dann aber so »voll«, daß sie froh waren, wenn wir sie in eine Droschke packten, die sie nach Hause fuhr.

Da ich in meiner Jugend gar nicht gewohnt war, geistige Getränke zu mir zu nehmen, konnte ich die erste Zeit nicht viel davon vertragen und kam öfters betrunken nach Hause, so daß ich froh war, wenn ich im Bett lag, wo ich denn auch sogleich einschlief. Die Gäste wurden abwechselnd von uns bedient, wodurch es manchmal zu Streitigkeiten zwischen uns wegen der Reihenfolge kam. Einmal wurde meine Kollegin, die glaubte, einen Gast, den ich bediente, für sich in Anspruch nehmen zu können, darüber so wütend, daß sie mich mit einer vollen Bierflasche auf den Schädel hieb, so daß ich bewußtlos zusammenbrach . . .

Als ich wieder in mein altes Lokal trat, wurde ich von meinen früheren Kolleginnen mit »Hallo« empfangen. Meine Konkurrentin war inzwischen an die frische Luft gesetzt worden, da sie »mein« und »dein« nicht unterscheiden konnte. Später hörte ich, daß sie in ein Bordell gekommen war, wohin sie auch gehörte. Dies war die einzige Kellnerin in der ganzen Gegend, die so heruntergekommen war, denn damals waren die Kellnerinnen noch nicht so verrufen und verdorben, wie in späterer Zeit, sondern waren darauf bedacht, sich nichts zuschulden kommen zu lassen.

Ein Unglück kommt nie allein, und so lernte ich einen Herrn kennen, der im Lokal etwas für mich ausgab und sich einredete, er könne mit mir nach Hause gehen, womit er aber kein Glück hatte, wofür ich schwer büßen mußte. Ich begleitete ihn nämlich in ein

Café, um ihn wie die anderen Gäste zu »versetzen«; er merkte aber die Absicht und nahm als Pfand meinen Schirm an sich, den ich nicht gerne einbüßen wollte.

Ich wollte mit ihm noch ein anderes Café besuchen, um ihn dort vielleicht mit mehr Glück los zu werden; auf dem Wege dahin kamen wir bei seiner Wohnung vorbei, und er sprach auf mich ein, daß ich mit ihm hinaufginge. Als er sah, daß ich das nicht wollte, lief er wütend mit meinem Schirm fort, ich hinterher, um ihn einzuholen, wobei ich immer rief: »Hilfe! Mein Schirm!«

Bei einem Nachtwächter blieb der Mann stehen, ich sah, wie er einige Worte mit ihm sprach und dann weiterging, nachdem er ihm meinen Schirm gegeben hatte. Als ich nun bei dem Wächter ankam, erhielt ich meinen Schirm zurück, aber gleichzeitig sagte der Mann zu mir: »Kommen Sie nur mit!« »Wohin denn?« fragte ich ganz naiv. »Das werden Sie schon sehen«, antwortete er. Wir gingen nun in die Wache hinein, wo mich ein Polizist in Empfang nahm und nach einem Hinterzimmer brachte, wo bereits verschiedene der untersten Prostitution angehörige Weiber saßen.

Natürlich begann ich sofort zu weinen und mich zu beklagen, da ich gar nicht wußte, weshalb ich eigentlich hier war, da ja ich die Bestohlene gewesen war und mir nichts hatte zuschulden kommen lassen.

Die ganze Nacht verbrachte ich so mit Weinen, trotz der Beruhigung seitens des Polizisten; an Schlaf konnte ich auch schon deshalb nicht denken, weil mir die Bänke viel zu hart waren, so daß ich nicht verstehen konnte, wie die anderen Frauen und Mädchen schlafen konnten. Den anderen Morgen fuhr die Staatskarosse, genannt »Der grüne Aujust«, vor, in der ich mit allem möglichen Gesindel zusammen nach dem Stadthaus fuhr. Ich sollte hier körperlich untersucht werden; da dies aber wegen eines Unwohlseins nicht ging, kam ich mit demselben Wagen ins Krankenhaus, wo ich bis zur Beendigung meines Zustandes bleiben sollte, um dann untersucht zu werden. Als dies geschah, wurden wir alle im Evaskostüm erst gewogen und mußten uns dann eine nach der anderen auf einen besonders eingerichteten Tisch, genannt »Der Tiroler«, legen, der die Untersuchung erleichterte. Hierbei standen die jungen Ärzte um uns herum und machten dem Oberarzt Handreichungen sowie ihre Glossen darüber, die manchmal nicht gerade zart ausfielen.

Ich glaubte, vor Scham vergehen zu müssen, daß ich ja ganz unge-
rechterweise in diese Gesellschaft geraten war. Als ich an die Reihe
kam, fand der Arzt nichts Außergewöhnliches bei mir; er bemerkte
nur, daß ich einen schlechten Zahn hatte, den er mir sofort auszog,
obschon ich ihn bat, ihn mir noch zu lassen, da ich ihn noch lange
hätte behalten können.

Ich wurde nun natürlich entlassen, und ging dann wieder in meine
Stellung zurück, wo mein Ausbleiben mit Krankheit entschuldigt
war, da ich mich genierte, die Wahrheit zu sagen, obschon ich ganz
unschuldig zu dem Aufenthalt im Krankenhaus gekommen war.

Ich reime mir jetzt die Sache so zusammen, daß der Mann, weil er
trotz seiner Geldausgaben für Getränke seinen Willen bei mir nicht
durchsetzen konnte, sich an mir rächen wollte, wobei ich allerdings
auch heute noch nicht begreifen kann, warum der Betreffende, der
mich doch gewiß verleumdet hatte, mir nicht gegenübergestellt,
sondern seiner Aussage einfach Glauben geschenkt wurde.

*(»Im Kampf ums Dasein! Wahrheitsgetreue Lebens-Erinnerungen eines
Mädchens aus dem Volke als Fabrik-Arbeiterin, Dienstmädchen und Kellnerin«. Stuttgart, o. J.)*

Eine Landarbeiterfrau:
Wie es mir als »Dienstbotenfratz« erging (um 1908)

§ 17: Der Dienstherr hat die Dienstbothen zu einem sittlichen und anständigen Betragen in wie außer dem Hause zu verhalten, und er ist zu diesem Ende ... befugt, wenn ernstliche Ermahnungen ... nichts fruchten, von den strengeren Mitteln der häuslichen Zucht auf eine mäßige, die Gesundheit des Dienstbothen nicht schädliche Weise Gebrauch zu machen.

Nach dieser »Dienstbothenordnung« stand jegliches Recht beim Diensherrn: er konnte den Dienstboten ›ausleihen‹, die Arbeitszeit beliebig festsetzen, bei Verstößen gegen die ›Hauszucht‹ die Kost entziehen oder prügeln, und nur er bewilligte die Eheschließung. Die Folgen dieses ›Zölibatzwanges‹ waren: uneheliche Kinder, für die kein ›Vater‹ sorgte und die eines Tages das Los der Mutter und damit die Zwänge der »Dienstbotenordnung« teilten.

Armer Leute Kind, mußte ich im Alter von 12 Jahren die Schule verlassen. Die Mutter diente bei einer »Herrschaft«, da ging es doch nicht an, daß ein »Dienstbotenfratz« so lange in die Schule geht. Soll arbeiten lernen! Essen und in der Schule sitzen, für das brauchen wir ihn nicht, zum Schulgehen hab' ich so meine Kinder – so waren die Redensarten, die über mich und meine Mutter niederprasselten.

Kurz vor meinem 14. Lebensjahr kam ein benachbarter Förster und fragte meine Zieheltern, ob sie mich nicht entbehren könnten. Die Försterleute hatten keine Dirn, und ich brauchte sonst nichts zu tun als folgen. Es war eine Wirtschaft mit 3 Kühen und einigen Schweinen. Die Tochter war 20 Jahre alt; was für sie zu schmutzig und anstrengend war, mußte das »Dirndl« tun. So war ich von April bis Oktober Ausnützungsgegenstand, dann wurde ich überflüssig. Meine Ziehmutter bekam das, was ich mir den ganzen Sommer über »verdiente«, es waren 10 Kronen. Mittlerweile hatte sie mit einer Bäuerin vereinbart, daß diese im November ein »Menschtl« braucht und da wär' ich grad das richtige. Der Bauer war Wirtschaftsbesitzer, Viehhändler und Fuhrwerksunternehmer. Leisten mußte ich das gleiche wie ein vollständiger, erwachsener Dienstbote: morgens, längstens halb 3 Uhr früh zum Frühstück, dann die Knechte ans Einspannen, wir in den Stall; 6 bis halb 7 Uhr mit der Stallarbeit fertig, bekamen wir die Jause, waren bis Mittag mit Futterschneiden für 30 bis 35 Rinder oder sonstigem beschäftigt. Das Haus war sehr rein, die Stube wurde täglich gescheuert. Jeden Samstag wurden außerdem nachts, nach dem Rosenkranzbeten, sämtliche Räume im Erdgeschoß gescheuert. Das dauerte meist bis 2 oder 3 Uhr früh, da war gerade Zeit zum Stallgehen. Dann ging's rasch zur Kirche, nicht um andächtig zu sein, sondern um den verlorenen Schlaf nachzuholen.

Bei mir nahte die Zeit (ein Kind zu gebären) ziemlich knapp heran. Ich hatte Schmerzen, konnte die Arbeit nicht mehr leisten. Nun wurde ich aber der Faulheit geziehen, Schimpfworte hagelten auf mich nieder – was half es? Trotz allem ging es nicht mehr. Nun war ich vom Feld verjagt, mußte dann aber zu Hause Wäsche waschen. Ich hielt es aber nicht mehr aus. 2 Stunden entfernt wohnte die Geburtshelferin, zu der wollte ich gehen. Doch ich kam nicht mehr so weit. Auf halbem Wege dahin brach ich zusammen, schwanden mir die Sinne, keine Menschenseele war zu sehen.
Es war vorüber. Ich wickelte mein Kind in die Schürze und ging wieder zurück. Man ließ mich aber nicht ins Bett, sondern ich mußte Kühe füttern und melken. Da traf endlich, ziemlich verspätet, die Geburtshelferin ein. Auf ihre Frage: »Wo ist das Mädchen?« entdeckte sie mich bei der Arbeit.
Ich mußte im Bett auch arbeiten, mußte Schnitten aus hartem Brot schneiden, Wolle abwickeln, mein Kind bekam ich zur Aufsicht ins Bett. Am 2. Tage ging die Arbeit wieder wie gewöhnlich los.

Und 8 *Kronen* wurden mir vom Lohn *für das Wochenbett* abgezogen!

(In: »Die Frau. Sozialdemokratische Monatsschrift für Politik, Wirtschaft, Frauenfragen, Literatur«. Wien, 1931, XL. Jahrgang / 12)

Vier Textilarbeiterinnen:
Mein Arbeitstag – mein Wochenende (1928)

10 Jahre nach Ausrufung der Republik, 10 Jahre nach Regelung des Frauenwahlrechtes und 10 Jahre nach Eintritt der Sozialdemokratie und der gewerkschaftlich organisierten Arbeiterschaft in die Verantwortung für den Staat und in der Kommune hat der Deutsche Textilarbeiter-Verband seine weiblichen Mitglieder (61 % des Mitgliedsstandes) aufgerufen, »von ihrem Leid und ihrer übergroßen Mühewaltung« zu erzählen, um »Unmittelbares aus dem Arbeiterinnendasein zu erfahren«. Das Arbeiterinnensekretariat, das 2 Jahre später das Material »zunächst mehr als Mittel zur Selbstverständigung und erst in zweiter Linie als eine Möglichkeit zur Beeinflussung der Öffentlichkeit« in Buchform herausgebracht hat, bezeichnet das Ergebnis als einen tatsächlichen »Querschnitt durch die Lebensverhältnisse der deutschen Textilarbeiterinnen«, weil den Berichten selbst »ein repräsentativer Wert innewohnt«. Der Herausgeber stellt ferner im Nachwort fest: In allen Zuschriften »ist viel Empörung – das erste Kennzeichen für ein Bewußtwerden der Lage, im praktischen Falle: ein Auflehnen gegen das der proletarischen Frau zugedachte persönlich-gesellschaftliche Los zu bemerken«.

Eine *Zwirnerin* (29 Jahre, ledig)

Unsere Familie zählt 6 Köpfe, Vater, Mutter, ein 9jähriger Junge und 3 erwachsene Töchter im Alter von 19, 25 und 28 Jahren. In 2 Räumen spielt sich das ganze Familienleben ab, wenn man es so nennen darf. Ruhe gibt es nicht einmal nachts, immer stört einer den andern. Die Betten – wir haben nur 4 – stehen nebeneinander. Will der eine oder andere ins Bett, muß er über die anderen Schlafenden hinwegsteigen. Wenn eines krank ist, sieht die Sache noch schlimmer aus.

Mein Arbeitstag beginnt um $^1/_2$ 6 Uhr morgens. So schnell als möglich erhebe ich mich vom Lager. Oft bin ich morgens von der schlechten Luft im engen Raum wie betäubt. Die Glieder und der Kopf sind bleiern schwer. 4 Leute rennen nun herum, beschäftigt mit Waschen, Ankleiden und Frühstück zurechtmachen. Nebenbei besorge ich noch einige Hausarbeit, da meine Mutter immer kränklich ist. 20 Minuten muß ich zur Arbeitsstätte laufen. $1/2$7 Uhr beginnt die Arbeit.

Ich bin als Zwirnerin beschäftigt. Bis $1/2$12 Uhr dauert die Arbeitsperiode, unterbrochen von einer Viertelstunde Frühstückspause. Bei meiner Arbeit muß ich fortgesetzt stehen. Sonnabends wird durch Maschinenputzen die Kraft besonders ausgebeutet. Abgehetzt bin ich um 12 Uhr zu Hause. Schnell wird ein Teller Suppe hinuntergestürzt und weiter gehts. Einkäufe, Geschirrwaschen, Hausordnung, Baden, Kleidungsstücke reinigen, dann endlich um 20 Uhr das Abendessen bereiten. Sonnabend ist der ruheloseste Tag der Woche. Sonntags stehe ich ebenso zeitig auf wie werktags. Da gibt es zu nähen, zu bügeln und andere Hausarbeiten zu verrichten. Dabei kocht Mutter das Essen noch selbst.

Es ist kein Fertigwerden, jeder will die Arbeit erledigen, wozu es werktags keine Zeit gibt. Das Treiben dauert bis nach dem Mittagessen, es bleibt mir nur ein halber Tag, wo ich mich mit mir und meinen Gedanken beschäftigen kann. Oft bin ich müde und abgespannt, daß ich weder lesen noch schreiben kann, dann muß ich die Zeit noch verschlafen, um die nötige Körperkraft für neue körperliche Leistungen zu erlangen. Der Geist ist das Stiefkind, er geht immer leer aus. Aber welcher Unternehmer fragt auch nach Geist und Wissen der Arbeiterin. So etwas ist ihm höchst unbequem. Doch sehne ich mich, trotz Arbeit, ein Mensch zu sein und als solcher zu leben.

Eine *Näherin* (verheiratet, kinderlos, 35 Jahre)
Anfangs dachte ich, ich wollte nicht schreiben, denn was kann ich als kinderlose Frau im Verhältnis zu den Müttern von 3 bis 4 und noch mehr Kindern von meiner Tagesarbeit schreiben? Doch jetzt glaube ich, erst recht schreiben zu müssen. Ist ja doch schon mein Tag ausgefüllt von früh bis spät, wie überladen mag da der Karren der Arbeit erst von so einem Mütterlein sein.

Morgens 5$1/2$ Uhr, erschrocken fahre ich aus dem Schlafe auf, aber ich habe nicht lange Zeit zu überlegen, ob ich meine Augen nochmals zuklappen soll oder um mich aufs andere Ohr zu legen, denn ich weiß ganz genau, daß jede Minute bis zur Fahrt zum Geschäft berechnet ist. Schnell macht das kalte Wasser den Körper ein wenig frisch und in ein paar Minuten bin ich fertig angezogen und – dank dem Bubikopf – auch frisiert. Mein Mann läßt sich ein paarmal wecken, denn er ist noch so müde, da seine Arbeit momentan täglich auf 10 Stunden ausgedehnt wird, weil es wieder einmal so schrecklich pressiert mit dem Abliefern der Ware. Nun beginnt die Arbeit in unserem kleinen Haushalt. Wir haben eine Notwohnung, 2 kleine Zimmerchen auf dem obersten Stockwerk, 6 Treppen hoch, aber ohne Küche. Wir wohnen nicht allein, sondern noch 7 Personen benützen den Vorplatz und Zubehör und bewohnen als Untermieter je ein Zimmer im gleichen Stockwerk. Doch muß ich als Anerkennung für meine »große« Klein-Zimmerwohnung für sämtliche 9 Personen den Vorplatz und Zubehör, wie Treppe und Klosett sauber halten und darf dann noch monatlich 38 Mk. Miete dafür bezahlen. Ja, was wir nicht alles dürfen!

Der Kaffee ist bald gekocht, das Essen wird für den ganzen Tag zusammengerichtet und eingepackt, denn wir kommen ja beide tagsüber nicht nach Haus. Schnell werden noch die Betten geschüttelt und breitgelegt, eine Tasse Kaffee hinuntergegossen und dann ein letzter Blick, ob alles in Ordnung ist, und wir verlassen kurz vor 6 1/2 Uhr unsere Wohnung. Mein Mann hat bereits unsere beiden Fahrräder vom Keller auf die Straße gebracht, nun noch ein fester Händedruck und fort geht's mit dem Stahlroß, ein jeder nach einer anderen Richtung.

10 Minuten geht's leicht bergab, die kühle Morgenluft bläst mir um die Ohren und macht den Kopf ein wenig leicht und frisch. Aber halt, nun muß ich absteigen und meinen Renner nun mal 10 Minuten schieben, denn hier geht es ziemlich steil bergan. Nun komme ich ordentlich in Schweiß, aber ich tröste mich, daß ich doch dadurch die Woche 2 Mk. spare, weil ich nicht mit der Straßenbahn fahre und ich müßte noch eine 1/4 Stunde eher von zu Hause weg, denn die Straßenbahn macht einen kolossalen Umweg bis zu meiner Arbeitsstätte. Und dann denke ich mir noch so allerlei, während ich den Berg hinaufschwitze. Daß doch eigentlich die Technik schon so weit fortgeschritten ist und Dinge fabrizieren hilft, die so bergige Gelände ohne Schwitzen überwinden; wie z. B. Auto und Motorräder: Aber die dürfen wir natürlich nur im Schweiße unseres An-

gesichtes fabrizieren und dann aber dafür zusehen, wie sie die anderen, die mit dem Gelde, benützen, ohne Schweiß im Angesicht. Ja wie sagt doch Upton Sinclair: »Ich schaffe die guten Dinge des Lebens und *Ihr* bekommt sie.«

Nun kann ich ja wieder aufsteigen und es geht die letzten 2 Minuten wieder bergab, bis ich 10 Minuten vor 7 Uhr am Ziel gelandet bin. 150 Nähmaschinen rasseln im Saal. Wieviel tausend- und millionenmal sausen die kleinen Nadelstangen auf und ab – auf und ab in Reihen – Stich an Stich. Vorne im Saal liegen die großen Stoffballen und werden zerschnitten und hinten im Saal liegt die fertige Waren aufgestapelt zum Versand. Da sitze ich nun an meiner Maschine und lasse die Finger im schnellsten Tempo zur Maschine, zur Ware, zur Schere greifen. Ab und zu lasse ich mal die Augen ein wenig zum anderen Nähtisch gleiten und da sitzt nun wieder die erst 16jährige Gertrud bleich und müde und gebückt an ihrer Maschine, die Mutter ist krank zu Hause, der Vater tot und die 2 kleinen Brüderchen in der Kinderschule. Sie muß Geld verdienen, um den Haushalt zu bestreiten, das arme Ding ist doch noch so jung. Aber – Hunger und Brot – Hunger und Brot –, die Maschinen summen es uns in die Ohren, daß wir unwillkürlich schneller arbeiten, denn wir bekommen doch unsere Stücke bezahlt, nicht aber unsere Zeit.

Mit einer kleinen Vesperpause von 25 Minuten und einer Mittagspause von 45 Minuten wird das Rennen der Räder und der Maschinen unterbrochen. Es ist knapp Zeit zum Essen und auch diese Zeit ist für mich nicht ausschließlich zum Essen und Ruhen berechnet. Da ich in unserem Betriebe Vorsitzende des Arbeiterrates bin, so muß ich während dieser Zeit manche Frage beantworten, manches Anliegen anhören und die rechten Worte und Handlungen finden, um alles zu schlichten und recht zu machen. Auch wird die Zeit ausgenützt zum Mitgliederwerben und Unwissende aufzuklären, über die Organisation und ach, wie oft ernte ich dabei böse Worte und schnöden Undank von den Unorganisierten, die doch gerade die unberechtigsten Nutznießer unserer Arbeit sind.

Und dann, wenn das Signal ertönt, daß der Tag der Fabrikarbeit, daß die 8 1/2 Stunden Geldverdienen vorüber sind und ich komme heraus an die Sonne und an frischere Luft, so habe ich noch eine ganze Weile den Lärm der Fabrik in den Ohren. Mit meinem Rad geht es nun wieder heimwärts, abwechslungsweise rennt es bergab, dann wieder steigt es bergan, genau wie des morgens. Und erst, wenn mich mein Stahlroß vor der Haustüre absetzt, dann ist die Fabrik vergessen. Jetzt bin ich wieder Hausfrau geworden. Schnell das nötige für das Abendbrot und den anderen Tag zusammenholen! Und nun meine 6 Treppen hinaufklettern – ja, jetzt wäre ich eigentlich so müde, daß ich schlafen könnte. Aber der Hunger läßt es nicht zu, und meines Mannes Magen sagt auch nicht gleich »Gute Nacht«, wenn er heimkommt. Also muß ich doch vor allen Dingen kochen, und während ich das Mahl bereite, denke ich, was muß doch die Frau Müller mit ihren 4 Kindern für große Kochtöpfe haben und wie werden sich die Kleinsten gesehnt haben, bis Mütterchen heimkommt und sie von der Krippe abholt. Und wie wird die Mutter gebangt haben während der Arbeit in der Fabrik, ob die Kleinen wohl und munter sind und ob sie auch brav waren und nichts angestellt haben. Wohl habe ich selbst manchmal Sehnsucht nach einem Kinde, aber bei allen diesen Gedanken schreit etwas in meiner Seele – das heißt – nein, ich will kein Kind, das ich morgens 6 Uhr aus seinem gesunden Schlaf reiße, daß ich es tagsüber Fremden überlasse, daß ich mich abends nicht um das Kind kümmern kann, daß ich es sobald wie möglich ins Bett lege, daß es mich nicht bei der so nötigen Arbeit im Hause stört und hindert. Wir Frauen sind zur Erwerbsarbeit gezwungen, wir dürfen nicht den Wunsch haben, ein Kindchen zu hegen und zu pflegen und es zu betreuen.

Das sind so die Gedanken an einem Abend des Tages, während der Arbeit im Haushalt. Jetzt kommt auch schon mein Mann nach Hause und wir freuen uns, daß wir uns wieder heil und gesund wiedersehen. Während des Abendbrotes erzählen wir uns gegenseitig die Erlebnisse des Tages und tauschen unsere Gedanken darüber aus. Jetzt schnell noch das Geschirr aufwaschen, damit alles sauber ist. Nun dachte ich schon, ich wäre fertig, aber da liegt ja noch ein Häufchen Strümpfe zu flicken, hier ist eine Naht geplatzt und so manch andere Kleinigkeiten. Damit sie nicht so schwer fallen diese Arbeiten, denn nun bin ich doch so müde, liest mir mein Mann die Zeitung vor und klärt mich über manches auf. Ja, was ist denn das? Es schlägt schon 11 Uhr, aber nun schnell ins Bett, morgen früh 5 $\frac{1}{2}$ Uhr rasselt wieder der Wecker. Da faselt man von 8 Stunden Arbeit und – nun frage ich, stimmt das?

Eine *Weberin* (verheiratet, 3 Kinder, 23 Jahre)

Bin seit 17. Mai 1920 in der Mech. Baumwoll-Spinnerei und Weberei A. beschäftigt. Bin mit 23 Jahren schon Mutter von 3 Kindern im Alter von 2 bis 6 Jahren. Ich heiratete schon mit 17 Jahren. Da der Verdienst meines Mannes nicht ausreicht, bin ich gezwungen, weiterhin mit zur Fabrik zu gehen, um einigermaßen den Lebensunterhalt bestreiten zu können. Bis vor kurzer Zeit habe ich zur Aufsicht der Kinder ein Kindermädel gehalten, bis die Kleinen in die Kinderschule konnten. Dort werden sie erst ab dem dritten Jahre aufgenommen. Nur ausnahmsweise haben sie das Kleinste genommen, das erst im Januar 3 Jahre alt wird.

Frühmorgens um 5 geht's schon los, da heißt es aufstehen und das Nötige hergerichtet; Kaffee zurechtgemacht und Mann und die Kleinen geweckt, was immer einen kleinen Radau gibt. Oft heißt es: »Mama, i bin no faul, i geh net in d' Schul.« Da kommt der Mutter so recht zum Bewußtsein, was es heißt, die Kinder in aller Frühe vom Schlaf herauszureißen und bei Sturm und Regen in die Kinderschule zu schicken. Es ist nur gut, daß mein Mann ein gutes Herz hat, der mir überall hilft und jeden Tag die Kinder zur Schule begleitet und ich unterdessen die Betten mache und die Zimmer reinige bis mein Mann zurückkommt, wo wir dann ungefähr um 6 1/2 Uhr mit dem Rad zur Arbeitsstelle fahren. Die Arbeit beginnt um 7 Uhr. Zur Winterszeit mache ich die Stunde Wegs zu Fuß, da der Bahnhof etwas ungünstig ist und der Weg zu und von der Bahn zur Fabrik die Hälfte des Weges ausmacht.

Nun geht es los; schon wenn man den Saal betritt, kommt einem die dicke Luft entgegen und die Maschinen fangen zu surren an. Da heißt es dann den Kopf zusammennehmen und die Augen aufmachen, hier reißt ein Faden, da steht eine Spule still, dort heißt's aufstecken, nebenan wieder abziehen, die Maschine sauber halten, so geht's den ganzen Tag fort und man ist froh, wenn wieder ein Tag vorüber ist, um am anderen Tag das gleiche zu machen. Man wird ganz nervös dabei, und wenn noch dazu der geringe Verdienst nicht ausreicht, da wird studiert und gerechnet, wie mache ich es am besten, daß es ausreicht. Manchmal ist die ganze Arbeitsfreude dahin, wenn man so darüber nachdenkt, wenn man das ganze Jahr arbeitet und hat kaum das Notwendigste zum Leben. Geht es dann abends wieder nach Hause, so geht die Arbeit erst recht an. Schon

113

kommen die Kinder und wollen essen, da heißt es dann zugreifen, bis alles zurechtgemacht ist. Meistens gibt es dann noch zu nähen, Strümpfe zu stopfen und andere Hausarbeiten zu machen, so daß man abends um 9 Uhr froh ist, daß die Liegestätte aufgesucht werden kann. Ich sage immer, das Schönste, was der Arbeiter noch hat (nicht jeder hat eines) ist das Bett, dort ist er im Schlafe wenigstens von den Sorgen befreit. Im allgemeinen freut man sich ja auch immer auf den Sonntag und Samstagnachmittag, wenngleich ich von der freien Zeit sehr, sehr wenig verspüre. Ich brauche eigentlich nicht viel Worte verlieren, denn eine Frau, die noch Wochentags in der Fabrik steht, hat Samstags und Sonntags zu tun genug, um einigermaßen ihren Verpflichtungen nachzukommen. Ich denke oft darüber nach, wie mußte das früher sein bei der langen Arbeitszeit, ohne freien Samstagnachmittag. Schon oft habe ich zu meinem Mann gesagt, warum kommt es eigentlich nicht so weit, daß der Mann soviel verdient, daß die Frau zu Hause bleiben kann. Meist reicht der Sonntag nicht hin, um die nötigen Sachen in Ordnung zu bringen, ganz abgesehen davon, daß noch ein Versammlungsbesuch oder andere Festlichkeit dazwischen kommt. Eine Mutter und Hausfrau weiß, was von ihr alles abhängt und es ist uns Arbeiterfrauen nicht zu verdenken, wenn wir manchmal mutlos und stumpfsinnig in den Tag hineinleben. Ein kräftiges Mitarbeiten im Verbande seitens der noch sehr viel Außenstehenden könnte auch für uns manche Verbesserung bringen.

Vereinzelt seid ihr nichts, vereinigt alles!

Eine *Spinnerin* (verwitwet, 4 Kinder, 45 Jahre)
Die Arbeit kreist wohl ununterbrochen im Blut. Jeden Morgen gegen 5 Uhr weckt sie mit einer Pünktlichkeit, die jede Weckuhr überflüssig macht. Ich bilde mir nicht ein, daß es nur mir alleine so geht, sondern weiß durch Austausch mit den Kolleginnen, daß ihrer gar viele sind, die das verspüren und meinen. Ein wenig träume ich noch mit wachen Augen, aber dann konzentrieren sich die Gedanken doch auf den kommenden Tag. Was hab ich noch zu erledigen, ehe ich den Gang zur Arbeit antrete? Nun da der Haushalt aus Mutter und 4 erwachsenen Kindern besteht (die, nebenbei gesagt, nur Stube und Kammer zur Verfügung haben), so gibt es schon einige Arbeiten zu besorgen, ehe man das Haus verläßt. Zuerst,

nachdem ich mich gewaschen und angezogen habe, muß ich ein 4-Pfund-Brot in beschmierte und belegte Brote umwandeln und nebenbei Kaffee kochen. Da aber gerade die Treppe zu fegen und der Korridor zu wischen ist, so wecke ich meine 24jährige Tochter, um ihr den Auftrag zu erteilen, eine der beiden Arbeiten zu erledigen. (Im Gegensatz zu den Müttern, die ihren Stolz darin erblicken, sich allein zu plagen.) Nachdem die beiden anderen, die später zur Arbeit gehen, geweckt worden sind, mache ich mich auf den Weg. Ich merke gar bald, ob es früh genug, oder ob es schon später ist. Wenn man 8 Jahre lang den Weg nach ein und derselben Arbeitsstätte zurücklegt, kennt man fast jedes Gesicht, das einem um die Zeit begegnet. Auch höre ich wohl manchmal ein wenig den vor mir Gehenden zu, wovon sie sich unterhalten, und ich bin erfreut, wenn neben viel Belanglosem auch einmal vom Verband und den Interessen der Arbeiterschaft die Rede ist. Nach 20 Minuten trete ich in das Fabriktor ein und hänge aus einem schwarzen, vergitterten Kasten mein zweites, dem Unternehmer gehörendes Ich, die Kontrollmarke, ab. Nachdem ich mich in der Garderobe umgezogen habe, beginnt 1/2 7 Uhr die Arbeit an der Maschine. Eine Gillboxmaschine ist mein Tätigkeitsfeld. Noch steht das Gerüst leer, aber schon erscheint der Meister mit dem neuen Partiezettel: »Also 800 kg schwarz-weiß, je 4 Band; 1 Band grün und 1 Band Vermischung. Na, Sie wissen ja Bescheid!« Der Meister geht und ich beginne das 2 Meter hohe Gestell mit 40 zwölf Pfund schweren Spulen zu bestecken. Bald stehe ich auf den Zehen, bald muß ich mich bücken. Sind alle Bänder eingezogen, so habe ich ein Muster zu machen und nach dem Musterzimmer zu bringen. Stimmt die Mischung, so bekomme ich nach einiger Zeit den Partiezettel mit einem kleinen Wollfilz zurück und die Verarbeitung beginnt. Die Maschine rasselt und summt und meine Augen wandern unablässig über die 40 Spulen im Gestell oder über die fertigen Spulenlagen. Dieselben müssen alle 10 Minuten abgenommen werden. Es sind immer 4 Stück, solange die Partie läuft, also wenn nicht abgesponnen wird. Nach 1 1/2 Stunden beginnt das Aufstecken wieder. Ich bin noch nicht halb fertig, da kündet ein schriller Pfiff, daß Frühstückspause ist. In Hast werden die Brote verzehrt, denn eine Viertelstunde steht uns nur zur Verfügung. Selten ist jemand wirklich fertig mit dem Essen, wenn die Pause zu Ende ist. Nun ist Stunde für Stunde

115

dasselbe. Aufstecken, abnehmen und zwischendurch ein Band einlegen, das gerissen ist. Zur Abwechslung läuft auch mal ein Wickel, der aufgeschnitten werden muß und je nachdem, manchmal beträchtliche Zeit in Anspruch nimmt. Ist aber nichts von beidem geschehen, so schau ich wohl auch mal durchs Fenster. Grüne Linden nicken mir zu und verstärken die Sehnsucht nach einem Spaziergang. Im Saal sich umzusehen, macht schon weniger Freude. Schmutz hängt in langen Strähnen an den Riemen, an der Decke und an den Wänden. Vor Monaten habe ich die Betriebsrätin um Abhilfe gebeten, man hat ihr gesagt, daß der Staubsauger bald in Tätigkeit treten werde, aber bis heute ist nichts geschehen. 10 Minuten vor 12 Uhr stelle ich die Maschine ab, wasche und säubere mich, damit ich, wenn es Mittag pfeift, so schnell als möglich zu dem 10 Minuten entfernt liegenden Speisesaal komme.

Mittagspause! Durch 2 Säle und einen Gang geht es den Ausgang zu. Dort werden wir von 2 »liebenswürdigen« Damen visitiert. Nicht etwa ob genügend Belag unsere Brote deckt, sondern ob nicht dem Fabrikanten Gehörendes sich in unserer Tasche befindet. (Die Gefühle, die mich die erste Zeit, als ich diese Visite über mich ergehen lassen mußte, bewegten, möchte ich lieber nicht zum besten geben.) Über einen holprigen Hof, dann an den schönen grünen Linden vorbei, geht's nach dem Speisesaal. Unterwegs erledige ich noch eine für mich sehr wichtige Arbeit. Ich atme in tiefen Zügen die frische Luft ein. (Zur Nachahmung den Kolleginnen empfohlen!) Im Speisesaal empfängt mich betäubender Lärm. Stimmengewirr, Lachen, Geschirrklappern, wohl auch Kinderweinen. Bei dieser Symphonie von Tönen wird das Mittagsmahl verzehrt. Ich selbst habe nur belegtes Brot, da ich des Abends zu Hause koche. Aber viele essen aus der Fabrikküche. Es gibt dort zweierlei Kost, die Portion für 20 Pfennig und die bessere 65 Pfennig. Natürlich muß man sich dabei erst anstellen und büßt dabei von der ¾ Stunde Mittagspause weitere 10 Minuten ein. Auf dem Rückweg zur Arbeitsstelle läuft eine alte Kollegin vor mir her. Es kommt mir immer vor, als wäre es mein Schicksal, das dort vor mir geht. Ich wünsche ihr freundlich »Mahlzeit«, aber sie kann mir nicht einmal ins Gesicht sehen, weil ihr die 27 Jahre Arbeitsfron das Haupt tief auf die Brust gedrückt haben. Einmal habe ich sie gefragt, warum sie noch immer nicht zu Hause bliebe. Da erfuhr ich, daß sie noch nicht ganz 65 Jahre sei und darum noch keine Rente zu beanspruchen habe. Daran ersah ich, wie notwendig es ist, daß sich maßgebende Stellen für die Herabsetzung der Altersgrenze auf 60 Jahre einsetzen müssen. Der Tag ist heiß geworden und als ich in den Saal zurückkehre, fühle ich mich wie in ein Waschhaus versetzt. Man hat den Dampf aufgedreht und in dicken Schwaden lagert er über dem ganzen Saal. Überall sehe ich die Kolleginnen schwitzen und mühsam atmen. Wenn's doch bald Feierabend wäre! Von jedem Munde fällt dieser Stoßseufzer. Die Maschinen rasseln wieder und die Arbeit geht ihren Gang. Es ist inzwischen 3 Uhr geworden, ich habe abgesponnen und bin mit der Partie von 800 kg fertig. Die Reserve säubert die Maschine und fegt den Boden. Ich selbst aber begebe mich nach dem Klosett. Hier werde ich Zeugin eines Vorganges, der sich recht oft in solchen Räumen abspielt und der, gelinde gesagt, eine Kulturschande ist. Eine Kollegin, die gerade unwohl ist, benützt die Spülung des Abortes als Waschgelegenheit. (Ich möchte mich hier nicht weiter über die Angelegenheit ereifern, aber es wäre wohl an der Zeit, wenn bei dem Kapitel Gewerbehygiene die Vertreterinnen der Arbeiterschaft im Reichstag sich einmal damit beschäftigen.) Noch einmal wird Muster gemacht, sich gewaschen, gesäubert und endlich 4 Uhr, der langersehnte Feierabend ist da. Liegt die Fabrik hinter mir, so überlege ich, was wohl gekocht werden könnte. Es darf heute nicht allzuviel Zeit in Anspruch nehmen, denn ich will mit einer Kollegin in einen Vortrag gehen. Unterwegs muß ich nun noch in den Konsum gehen und die Zutaten für das Abendessen einkaufen. Zu Hause angekommen müssen die Betten gemacht werden, die Zimmer gereinigt und Staub abgewischt werden. Die Zubereitung des Essens hat diese Woche meine Tochter übernommen. Um 7 Uhr erscheint die Kollegin und wir machen uns auf den Weg. Hier heißt es nun das Gute mit dem Nützlichen verbinden, darum laufen wir zu Fuß durch einen schönen Park nach dem Vortragslokal. Wohl bin ich redlich müde und es bedarf meiner ganzen Energie, damit ich etwas von dem Vortrag profitiere. Aber ich freue mich doch auch, wenn ich mein Wissen ein wenig bereichern kann. Auf der Heimfahrt fragt plötzlich die Kollegin: »Wie wird's denn am Sonntag mit der Fahrt in die Dahlener Heide?« Ein solches Wochenende kann ich mir diesmal nicht leisten. 2 volle Körbe mit schmutziger Wäsche stehen für Sonnabend und

Sonntag bereit, damit wir uns der Mühe unterziehen, sie zu waschen, kochen, spülen, aufzuhängen und zu legen. Bedauernd geht die Kollegin von dannen. Es schlägt 11 Uhr, als ich meine Wohnung erreiche. Aber die Zeitung! Ja, die muß ich wohl morgen in den Pausen studieren.

(Aus: »Mein Arbeitstag – mein Wochenende«. 150 Berichte von Textilarbeiterinnen. Ges. und hrsg. vom Deutschen Textilarbeiter-Verband, Hauptvorstand, Arbeiterinnensekretariat. Berlin, 1930)

Privilegienstaat als politischer Lernprozeß

In der Arbeit mächt'gen Kreis
sind wir längst hineingerissen.
Unsrer flinken Hände Fleiß
kann die Erde nicht mehr missen.
Bei des Hammers hartem Schlag,
bei dem Sausen der Maschinen
mühen wir uns Tag für Tag,
nur das Brot uns zu verdienen.

Karg der Lohn, voll Hohn das Wort,
wenn wir Recht zu fordern wagen:
Schweigt! Die Küche ist der Ort,
wo ihr rechtlos euch sollt plagen!
Darbt die Steuern euch vom Mund,
die auf Salz und Brot gefallen,
ringt euch Hand und Seele wund,
denn wir ändern nichts von allem.

Doch aus unsrer großen Not
ward uns heil'ger Zorn geboren,
unsrer Kinder Schrei nach Brot
klingt uns gellend in den Ohren.
Müssen wir nicht oft genug
die Familie ganz ernähren?
Und doch will man uns den Zug
in die Parlamente wehren!

Wie so mancher alte Brauch
mußte zeitgemäß sich wandeln!
Glaubt's, die Frauen lassen auch
sich nicht mehr als Kind behandeln.
Mit dem Spruch von Herr und Knecht
habt ihr uns genug bestohlen.
Heut verlangt die Frau ihr Recht,
und sie wird sich's mutig holen.

*(Emma Döltz: »Das Wahlrecht her!« In: »Die Gleichheit«. Stuttgart
1914 / 12)*

Währenddessen wuchs die Wohnungsnot. In den Großstädten stiegen die Mieten. Alle Obdachlosenasyle waren überfüllt. Zahllose Familien kampierten in Baracken oder im Freien. In Berlin gab es wegen der Wohnungsnot vom 26. bis 28. Juli eine Arbeiterrevolte. 159 Arbeiter wurden während der dreitägigen Kämpfe verwundet. 33 verhaftete Arbeiter erhielten wegen der Unruhestiftung insgesamt 47 Jahre Zuchthaus und 30 Jahre Gefängnis.

(In: Neuer Social-Demokrat. Berlin, 1872)

ICH ERWARTE / DASS BEIM EINSCHREITEN DER TRUPPEN MINDESTENS 500 MANN ZUR STRECKE GEBRACHT WERDEN.

(Telegramm Kaiser Wilhelms II. an den Kommandeur des Gardekorps anläßlich dessen Einschreitens gegen den Berliner Straßenbahnerstreik, 1900)

TERROR UND KLASSENJUSTIZ 1913/1914 – Während des Buchdruckerstreiks wurde in Bodenbach ein Streikender namens Solinger von einem in Deutschland siebzehnmal vorbestraften Verbrecher, der die Aufgabe hatte, Streikbrecher anzuwerben, erschossen. Der Mörder Paul Keiling wurde vom Geschworenengericht in Leitmeritz vom Verbrechen des Mordes freigesprochen und nur wegen Übertretung der Notwehr zu 8 Monaten strengen Arrestes verurteilt. Dieser »Rechtsspruch« rief große Erbitterung unter der Arbeiterschaft hervor.

Es war dies nicht der erste Mord. Am 11. Februar 1913 war der sozialdemokratische Abgeordnete Franz Schuhmeier, als er von einer Versammlung in Korneuburg kam, von dem Metallarbeiter Franz Kunschak meuchlings erschossen worden.

Der Fall Keiling machte Schule. Es folgte ihm im Frühjahr 1914 der wohlvorbereitete Überfall des Streikbrechers Anton Mattaschitz auf den Landesvertrauensmann der Schneider Steiermarks, Michael Kosel. Der Streikbrecher feuerte aus unmittelbarer Nähe einen Schuß auf Kosel, verletzte ihn glücklicherweise aber nur, da die Kugel an einem Westenknopf abglitt. Die Grazer Geschworenen sprachen am 18. Juni 1914 nach einer Beratung von kaum 10 Minuten den Attentäter frei.

Die Arbeiterschaft empfand diese Urteile als bitteres Unrecht.

(Fritz Klenner: Die österreichischen Gewerkschaften. 1. Band. Wien, 1951)

Rosalie Schnitzinger:
Zuerst geprügelt, dann entlassen (1840–1866)

Lange Arbeitszeit, geringer Lohn und nach 40 Jahren Fabrikarbeit 10 Kreuzer Pension! Und die ausgeschundenen »Tabakweiber« verhalfen dem Brotgeber Staat im Jahre 1846 zu einem Reingewinn von 14,470.331 Gulden aus der Tabak- und Zigarrenerzeugung – so war es in der guten alten Zeit.

Die Hainburger Tabakfabrik, in der ich mein ganzes Leben als Arbeiterin zubrachte, ist eine der größten von den 29 Tabakfabriken des österreichischen Staates. Welche Wandlungen haben sich ereignet, seit ich die Fabrik kenne. In den Vierzigerjahren des 19. Jahrhunderts wurden den Männern Löhne von 17 Kreuzern per Tag gezahlt, den Frauen 15 Kreuzer. Auch die ältesten Arbeiterinnen wurden von jedem Vorgesetzten mit Du angesprochen. Von den vielen Schlägen, die besonders jugendliche Arbeiterinnen bekamen, gar nicht zu reden. Die Arbeitszeit betrug 14 Stunden; sie dauerte von 5 Uhr früh bis 12 Uhr mittags und von 1 Uhr nachmittags bis 8 Uhr abends. Die armen kleinen Kinder wurden um 4 Uhr aus den Betten genommen und zu alten Frauen getragen, die schon im Ruhestand waren. Die alten, ausgeschundenen Arbeiterinnen bekamen ein Almosen von 8 bis 10 Kreuzer im Tag. Männer 10 bis 14 Kreuzer.

Jedem, der diese Zeit miterlebt hat, ist noch erinnerlich, welche entsetzliche Not unter der Hainburger Arbeiterschaft herrschte. 1843 kam es in der Zigarrenabteilung zu einem großen Krawall, veranlaßt durch das rohe Benehmen des Kontrollors. Als die Arbeiterinnen eines Tages seine Ungerechtigkeiten nicht geduldig hinnahmen, fing er zu schlagen an; nicht nur die Kinder, diese waren die Schläge schon gewöhnt, auch die erwachsenen Mädchen und Frauen. Ein Beamter hat mitgeprügelt. Da kam die Empörung über die Frauen und sie lehnten sich auf. Was aber war die Folge? Eine Untersuchung wurde angestellt und über 20 Arbeiterinnen wurden *entlassen*, die Schuldigen aber wurden *befördert*. Jetzt noch, nach

67 Jahren, müssen es manche büßen, daß ihre Eltern einst an den Sklavenketten gerüttelt haben, ohne sie sprengen zu können. Die Hainburger Tabakarbeiterschaft wurde immer wie eine Masse von Sklaven behandelt. Alle haben an ihnen gedrückt und die Teuerung war immer eine unerträgliche.

Mit der Teuerung waren wir mit Wien nicht nur immer gleich, sondern diesem noch über. Diese ununterbrochene Notlage hatte auch einen schlechten Gesundheitszustand zur Folge. Im Jahre 1852 sind von der Zigarrenabteilung so viele Arbeiterinnen an Lungenschwindsucht gestorben, daß der Kreisarzt von Bruck an der Leitha herüberkam, um die Ursache zu erforschen. Er sagte dann: »Ist es zu wundern? Die Leute arbeiten 14 Stunden in der Fabrik, dann noch zu Hause; so ein Weib kann sich ja nie ausschlafen. Dazu das schlechte Wasser«. Das Brunnenwasser war ungenießbar; da brachten die Leute, die Fuhren für die Fabrik besorgten, in Fässern Donauwasser mit. Drei bis vier Tage mußte man damit auskommen, im Sommer hat es oft schon gestunken. So war es bis in die Sechzigerjahre.

1853 wurde die Arbeitszeit geregelt. Von 6 Uhr früh bis halb 12 Uhr mittags, von 1 Uhr nachmittags bis halb 7 Uhr abends. Zu spät kommen durfte man nicht, denn die Abteilungstüren wurden geschlossen und Zuspätkommende mußten draußen stehen bleiben und versäumten Arbeit und Lohn. 1866 wurden Puppenwickelmaschinen eingeführt, die Arbeiterinnen aber mußten die Kosten tragen. Für ein Quantum, das bei der Handarbeit mit 8 Kreuzer, ein anderes mit 40 Kreuzer bezahlt worden war, erhielten wir nun 3³/₄ Kreuzer und 19 Kreuzer. Die stärkste leistungsfähige Arbeiterin brachte nicht so viel zusammen, um den früheren, doch auch schon niedrigen Lohn zu erreichen. Da gab es bei der Auszahlung immer weinende Frauen und Verzweiflungsausbrüche, bis man sich endlich erbitten ließ und mehr bezahlte ... Das kleinste Vergehen bei der Arbeit wurde unnachsichtig gestraft, mit Geld oder mit 4 bis 6 Wochen Aussetzen. Niemand kümmerte sich, ob wegen Geringfügigkeiten so schwer bestrafte Arbeiterinnen zugrunde gingen.

(Rosalie Schnitzinger: »Die gute alte Zeit«. In: »Gedenkbuch. 20 Jahre österreichische Arbeiterinnenbewegung«. Hrsg. von Adelheid Popp. Wien, 1912)

Anna Altmann: Ich will Wissen und Aufklärung unter die Proletarier tragen (1857–1870)

Ida Altmann, mit 5 Jahren Fabrikarbeiterin und seit 1870 agitatorisch tätig, bekannte 1912, daß sie nicht umsonst gelebt habe: »Manch Samenkörnlein habe ich ausgestreut, woraus ein Baum wurde; in versteckte Erdenwinkel, in unwirtliche Gebirgsgegenden habe ich bei Sturm und Wetter die Idee der Freiheit und Gleichberechtigung verpflanzt, und wenn ich auch für all die mühselige Arbeit nichts erobert habe, so trage ich mich doch mit dem Gedanken, solange es mir möglich ist, jederzeit für meine darbenden Brüder eine Lanze zu brechen, für die Befreiung meiner arbeitenden Schwestern zu kämpfen.«

Auf sie trifft zu, was Prof. Dr. Singer bei Feststellung aller körperlichen und geistigen Not der böhmischen Fabriker 1885 als Merkmal hervorzuheben für notwendig gefunden hat: »Ich muß hervorheben, wieviel Keime der Bildung und Gesittung ich in der nordböhmischen Arbeiterschaft fand. Keime, welche Pflege bedürfen, um Früchte zu bringen, die nicht bloß einem engen Menschenkreise zugute kämen, sondern der Gesamtheit der Bevölkerung«.

(Angaben nach »Untersuchungen über die sozialen Zustände in den Fabriksbezirken des nordöstlichen Böhmens« von Prof. Dr. Singer, Leipzig 1885)

Es war um die Mitte Dezember 1893, als ich von einer Reise aus dem Gebirge, den Kurs über Reichenberg nehmend, der Heimat zusteuerte. Ziemlich heiter gestimmt darüber, daß ich wohlbehalten wieder heimkam, ging ich ins Coupé. Die Insassen desselben, welche zum Teil zur sogenannten besseren Gesellschaft gehörten, hatten ihr Gespräch auf die wirtschaftlichen Verhältnisse gelenkt. Die Diskussion wurde für mich interessant und ich beteiligte mich daran, um meine Ansichten über unsere wirtschaftlichen und politischen Verhältnisse an den Mann zu bringen. Offen gestanden nahm ich, wie man sagt, kein Blatt vor den Mund. Es berührte auch einige dicke

Herren recht unangenehm, als ich ihnen sagte, daß die heutige Gesellschaftsordnung einer besseren weichen müsse. Eine Dame, die sich bisher schweigsam verhalten hatte, redete mich nun an: »Sie haben gewiß einst bessere Tage gekannt«, sagte sie zu mir. »Sie hätten sich sonst nicht so viel Wissen aneignen können.« »Oh«, sagte ich, »ich habe die Schule des Lebens schon in der zartesten Kindheit durchgemacht.«

Wir hatten noch ziemlich weit zu fahren, und die Dame ersuchte mich, ihr meine Lebensgeschichte zu erzählen. »Wenn Sie sich nicht langweilen«, erwiderte ich, »bin ich gern bereit, Sie mit dem Leben eines Proletarierkindes bekannt zu machen. Ich wurde im Jahre 1852 an einem Novembertage in der Stadt L. geboren. Meine Eltern waren arm, doch schien mir das Glück hold zu sein, denn schon als zweijähriges Kind machte ich die erste Wasserpartie. Ich fiel nämlich ins Wasser und wurde durch die Mutter, welche zufällig dazu kam, gerettet. Wenn ich damals ertrunken wäre – ich hätte nichts eingebüßt. Als dreijähriges Mädchen wurde ich reiselustig. Sie lachen, und doch ist es bitter ernst. Damals schickte man mich zum Nachbar, um eine Semmel zu holen. Unglücklicherweise kam ich bis ins Nachbarstädtchen N., welches ungefähr zwei Stunden von L. entfernt ist. Da ich noch nicht viel sprechen konnte, fragte man mich vergebens nach meinem Namen. Meine Eltern suchten mich einen Tag und eine Nacht, bis sie mich fanden und die kleine Ausreißerin mit Freudentränen wieder heimbrachten.

Die goldene Kinderzeit eilt mit Windesflügeln dahin. Auch ich mußte diese Erfahrung machen, denn als ich fünfeinhalb Jahre zählte, da war es mit der guten Zeit vorbei. Von da an mußte ich schon etwas mitverdienen. Sie schauen mich groß an, denn bei Ihnen und Ihresgleichen haben die Kinder in diesem Alter noch die größte Pflege, und doch hat man uns gelehrt, daß wir alle nach dem Ebenbilde Gottes geschaffen sind. Ich ging also in die Fabrik, wo ich anfangs 30 Kreuzer in der Woche bekam. Als ich die Arbeit ordentlich erlernt hatte, bekam ich wöchentlich 40 Kreuzer. Oft habe ich mehr Püffe bekommen, als der Lohn eines Tages in Kreuzern zerlegt ausmachte, denn die Herren Kattundrucker hatten damals das Privilegium, sie konnten schlagen, soviel sie wollten. Niemand hat sich d'rum gekümmert. Die Arbeitszeit dauerte im Sommer von 6 Uhr früh bis 7 Uhr abends mit einer Stunde Mittagspause.

Als ich 6 Jahre alt war, mußte ich auch in die Schule gehen. Ja, fragen Sie, wann? Nun von halb 8 bis 9 Uhr abends. Im Winter hatten wir es bedeutend besser, denn da arbeiteten wir nur von 7 Uhr früh bis 5 Uhr abends. Nur zu oft kam es vor, daß wir bei dem Lampenlicht nicht die Augen öffnen konnten, da die scharfen Farben das sogenannte Augenbeißen verursachten. Trotz alledem lernte ich so gut ich konnte. Der Lehrer sagte oft zu mir: ›Um Dich ist es g'rad schade, Du solltest bessere Schulen besuchen können, Du hast gute Anlage zum Lernen.‹ Ich war auch bei den Prüfungen immer eine der ersten; es war aber keine große Kunst dabei, denn wir hatten ja nur die Fibel und ein kleines Lesebuch. Dazu hatten wir jede Woche zweimal Religionsunterricht, und ich paßte genau auf das auf, was der Herr Katechet sagte, denn er war, wie er oft sagte, ein Diener Christi, und ich gab mir alle Mühe, unter seine guten Schäflein gezählt zu werden.

Wenn wir aber aus der Schule nach Hause gingen, da war es aus mit den guten Schäflein. Die feinen Leute wichen uns aus, denn unseren Kleidern, welchen der Farbgeruch anhaftete, entströmte kein Parfum. Da hieß es denn: ›Die Streicherpudel kommen.‹ Wenn wir's hörten, gaben wir natürlich auch keine Schmeichelnamen zurück. So wurden wir, statt daß man Mitleid mit uns gefühlt hätte, recht verhaßt, und dadurch ließen wir uns zu neuen dummen Streichen hinreißen, wofür wir den anderen Tag in der Schule bestraft wurden.

Sonntag früh hieß es, in die Kirche gehen, sonst hätten wir ja eine Sünde begangen. Nachmittags mußten wir in die Strickschule wandern, damit wir unsere Strümpfe stricken lernten, mehr konnten wir in weiblicher Handarbeit nicht unterrichtet werden, denn die Zeit war zu kurz. Diese Art der Schulführung war danach angetan, unsere Mußestunden zu dezimieren.

Als ich das 12. Jahr zurückgelegt hatte und meine Schulzeit so zu Ende war, sagte ich auch der Streichkunst Valet, um mich einer anderen Beschäftigung zu widmen. Ich ging in eine Flachsspinnerei, welche damals gerade in Betrieb kam. Da mußten wir von früh 5 Uhr bis abends 7 und 8 Uhr ohne Mittagspause arbeiten. Dafür bekam ich auch 25 Kreuzer täglich; später wurde es besser, ich erhielt 27, ja sogar 30 Kreuzer. Als ich im Akkord zu arbeiten begann, hatte ich 40 bis 45 Kreuzer. Der Lohn war aber nicht gleich;

es waren auch fremde Mädchen da, welche uns die Arbeit lehren mußten. Diese erhielten bedeutend höhere Löhne als wir. Wir ließen uns dies gefallen, solange wir noch keine Fertigkeit besaßen. Als wir aber dieselbe Arbeit verrichteten und jeden Lohntag 2 bis 3 Gulden weniger bekamen, da war es uns nicht mehr recht. Wir gingen daher zum Fabrikanten und ersuchten ihn, uns denselben Lohn zu zahlen wie den anderen Mädchen. Doch da kamen wir vor den Unrechten. ›Ihr v..., Ihr könnt froh sein, daß Ihr überhaupt Arbeit habt, so viel Lohn bekommt Ihr nicht, Ihr seid ja zu Hause.‹ Als ob wir da weniger gebraucht hätten, als ob unsere Eltern in L. etwas billiger bekommen hätten! Wir beschlossen, nicht weiter zu arbeiten! Wir waren noch Kinder und von einer Organisation oder einer Bewegung unter den Arbeitern war in L. noch keine Rede. Am nächsten Montag stellten wir unsere Maschinen ab und wollten die Fabrik verlassen. Es wäre auch alles gut gegangen, wenn uns nur der Fabrikant nicht in den Weg gelaufen wäre. Als die Arbeiterinnen den ›Herrn‹ sahen, und als uns derselbe mit seinen Lieblingsausdrücken wie ›Gesindel‹, ›Bagage‹ usw. begrüßte, da entfiel den meisten der Mut, und viel schneller als sie den Saal verlassen, kehrten sie unter dem Gelächter der übrigen Arbeiterinnen zurück. Nur drei blieben wir draußen. Wir wurden denn auch als Rädelsführerinnen betrachtet und entlassen.

Nun versuchte ich es, in den ›Dienst‹ zu gehen. Da ich noch schwach war, mußte ich mit wenig Lohn vorlieb nehmen. Nach einigen Jahren fragte ich wieder in der Spinnfabrik um Arbeit an, und da man die Streikgeschichte schon vergessen hatte, wurde ich wieder aufgenommen. Ich arbeitete ruhig ein halbes Jahr, ohne den geringsten Anstoß zu erregen. Zu dieser Zeit wurde in Wien der ›Volkswille‹ herausgegeben, eine Arbeiterzeitung. Mein Vater hielt das Blatt und ich las es. Ich fing nun an zu denken. Bisher hatte ich es immer für eine Fügung Gottes betrachtet, daß wir nur dazu da seien, um zu leiden, wofür uns im Jenseits große Freuden erwarten. Ich kam zu dem Schlusse, daß es denn doch nicht gerecht sei, wenn die große Masse des Volkes am Hungertuch nagt und frühzeitig elend in die Grube fährt, während einige Tausend schon hier auf Erden in Saus und Braus leben. Das Blatt, durch welches mir die Augen geöffnet wurden, wollte ich auch meine Mitarbeiterinnen gerne lesen lassen. Damit es nicht auffällig werde, wickelte ich mir mein Vesperbrot hinein, und dann ging das Blatt von Hand zu Hand. Anfangs ging die Sache gut, aber einmal bekam der Aufseher den ›Volkswille‹ zu Gesicht und brachte bald heraus, wem er gehörte. Da meinte er, ich sollte meine Zeit besser ausnützen als mit dem Lesen solcher Blätter, welche den Leuten die Köpfe verdrehen und sonst nichts wert seien. Gereizt erwiderte ich ihm, er solle nur nicht lesen, denn es wäre um seinen Kopf schade, wenn er eine andere Richtung bekäme. Von dieser Zeit an suchte er immer eine Gelegenheit, mir etwas am Zeuge zu flicken. Eines Tages teilte er mir mit, daß ich einen Gulden Strafe habe. In dieser Fabrik war das Einheben von Strafgeldern in der Höhe von 50 Kreuzern an der Tagesordnung, ohne daß jemand wußte, wohin das Geld eigentlich komme. Ich sollte nun einen Gulden zahlen, weil meine Arbeit schlecht sei. Ich wies nach, daß dies nicht der Fall sei; allein das nützte nichts. ›Gut‹, sagte ich, ›ich zahle das Geld, aber nur unter der Bedingung, daß Sie mir sagen, wohin die Strafgelder kommen‹. Als er meinte, dies kümmere mich nichts, erwiderte ich kurz: ›Dann zahle ich auch nichts.‹ Kurz, wir kamen hart aneinander, bis er zum ›Herrn‹ ging und mich verklatschte. Was er alles sagte, habe ich erst später erfahren. Der Fabrikant ließ mich rufen, gab mir mein Arbeitsbuch und den rückständigen Lohn, und sagte, ich sei entlassen. Aber diesmal ging's nicht so schnell wie das erste Mal, denn wenn ich auch noch zu drei Viertteilen dumm war, so forderte doch das eine gescheite Viertel seine Rechte. Ich machte den Fabrikanten auf die Fabriksordnung aufmerksam, nach welcher ich bei plötzlicher Entlassung den Lohn für 14 Tage erhalten müßte. Es nützte nichts; ich ging nun zum Bürgermeister, erzählte ihm den ganzen Hergang und ersuchte ihn, mir zu meinem Rechte zu verhelfen. Ich erhielt den Bescheid, in zwei Stunden wiederzukommen, der Herr Bürgermeister wolle sich informieren. Als ich kam, hatte der Stadtrat die Sache übernommen. Der Herr, welcher die Angelegenheit zu erledigen hatte, war auch Kohlenhändler und mein gewesener Arbeits›geber‹ seine gute Kundschaft.

Der Herr Rat sagte mir, ich sollte nur schön ruhig sein und ja nichts mehr darüber reden, sonst könnte ich noch eingesperrt werden, da ich die Leute aufreize, verbotene Blätter in die Fabrik mitbringe und als Aufwieglerin bekannt sei. Ich erwiderte ihm, er möge mir erst beweisen, daß ich die Leute aufreize, und wenn ich mein Brot in eine Zeitung wickle, und diese dann von mir weggeworfen, von anderen gelesen werde, so kümmere das niemanden etwas; die Zeitung sei auch nicht verboten, denn der Vater erhalte sie unter Schleife.

Ich konnte mich mit dem Herrn Stadtrat nicht verständigen und so beschloß er, beide Beteiligten vorzuladen. 14 Tage später tagte so etwas wie eine Verhandlung, aber wir konnten wieder nicht einig werden, obwohl mir der Herr Rat und Kohlenhändler wieder riet, ich solle die Sache beruhen lassen. Ich wanderte zur Bezirkshauptmannschaft, aber auch hier wollte es anfangs nicht gehen. Mittlerweile wollte sich der Herr Fabrikant herbeilassen und ›aus Gnade‹ den Lohn für eine Woche bezahlen. Ich erklärte ihm entschieden, daß ich auf die Gnade verzichte und mein gutes Recht fordere. Nun wurde wieder eine geraume Zeit ›Rat gepflogen‹. Ungefähr 5 Wochen mochten vergangen sein, und ich hatte noch immer keine Vorladung erhalten. Indessen war mein Vater Obmann des seit einiger Zeit in L. gegründeten Arbeiterbildungsvereins geworden und bei Überreichung einer Versammlungsanzeige erkundigte er sich, wie meine Sache denn stehe. Da wurde ihm gesagt, die Geschichte sei schon lange erledigt, ich hätte mich ja in Güte ausgeglichen. Mein Vater setzte nun auseinander, daß dies unwahr sei, und stellte weitere Schritte in Aussicht. Und schon am nächsten Tage brachte mir ein Polizist das Geld in die Stube . . .

Seitdem sind Jahre vergangen, und ich habe diese Zeit nicht ungenützt verstreichen lassen. Ich suchte das, was die Gesellschaft an mir vernachlässigte, nachzuholen. Ich schloß mich Arbeitervereinen an und las wissenschaftliche Bücher. So kam die Zeit, wo ich mich verehelichte. Ich hatte einen Lebensgefährten gefunden, welcher im schweren Kampf ums Dasein meine Stütze bilden sollte. Wenn auch die Not und das Elend, diese täglichen Gäste der Proletarier, manchesmal den häuslichen Frieden verscheuchten, so haben wir uns doch immer so schlecht und recht durchgeschlagen, und da auch mein Mann bestrebt ist, für das Wohl der Gesamtheit einzutreten, arbeiten wir gemeinschaftlich an der Aufklärung unserer Leidensgenossen. Ja, sehen Sie mich nur an, ich gehöre auch zu diesen ›Aufhetzern‹, das heißt, ich suche Wissen und Aufklärung unter die Proletarier zu tragen, die gleich mir von der Gesellschaft als Stiefkinder behandelt werden.«

Mit einer Aufmerksamkeit, die ich nicht erwartet hatte, lauschte die Dame meinen Worten. »Ich wünsche Ihnen bessere Tage«, sagte sie, »ich würde noch gerne mit Ihnen fahren, aber Sie sind am Ziele.«

Ein schriller Pfiff und das Kreischen der Dampfbremse bestätigten ihre Worte. »Station B. eine Minute!« ertönte es von außen. Ich verabschiedete mich, stieg aus und eilte meiner Behausung zu.

(Anna Altmann: »Aus dem Leben eines Proletarierkindes«. In: »Buch der Jugend«. Für die Kinder des Proletariats herausgegeben von Emma Adler. Berlin, 1895)

Doris Viersbeck:
Als Köchin bei einer Hamburger Herrschaft (1889)

»Es werden auch die Dienstboten nicht weniger. Zwar betrug die
Steigerung von 1882 bis 1895 nur 1,1 %, die Zahl der Dienstboten
stieg in dieser Zeit von 1.324.924 auf 1.339.916. Aber rarer werden nur *die* Dienstboten, die bereit sind, unter dem heutigen pa-
triarchalischen System zu arbeiten ... Die Auffassung, daß das
Dienstmädchen ein willenloses, zu allen Diensten stets bereitstehen-
des Wesen sein müsse, das sich jeder Laune seiner Herrin oder seines Herrn zu fügen habe, ist den meisten Menschen durch Erziehung und Gewohnheit so in Fleisch und Blut übergegangen, daß
auch sonst sehr frei denkende Frauen und Männer sich von ihr
nicht befreien können. Über andere Menschen eine Art Herrscher
zu sein, bereitet vielen armseligen Menschenkindern ein wonnig-
liches Gefühl, abgesehen von den persönlichen Vorteilen, die sie
damit erzielen.«

*(Edmund Fischer: »Die Dienstbotenfrage«. In: »Sozialistische Mo-
nats-Hefte«. Berlin, 1907. XI. Jahrgang, 12. Heft)*

Von mir wurde an diesem Abend nichts mehr verlangt, aber das
arme, kleine müde Kleinmädchen mußte noch einige Male nach
oben. Gern hätte ich ihr ja einen Gang abgenommen, aber ich war
fremd und kannte nicht die Verhältnisse dieses Hauses. Endlich, so
um 1/2 12 Uhr, konnten wir zur Ruhe gehen.
Am andern Morgen mußte ich in diesem Haushalt den Kaffee bereiten. Käthe zeigte mir eine gefüllte Kaffeedose und bemerkte dabei: »Nur recht kräftig den Kaffee machen, so sind die Herrschaften ihn gewohnt.« Na, das wollte ich schon besorgen, wenn ich nur
was dazu hatte. Es war aber nicht so einfach, wie man sich das
denkt, das Kaffeetrinken in diesem Hause. Für 2 Personen wurde
im Eßzimmer gedeckt, Käthe hatte dieses zu besorgen. Dann hatte
ich ein Teebrett in Ordnung zu machen für den Herrn, welches um
7 Uhr von Heinrich, so hieß der Diener, geholt wurde. Auf dieses
Teebrett mußte eine kleine gefüllte Kaffeekanne, ein kleiner Rahm-

guß und ein kleines Zuckertöpfchen, natürlich auch gefüllt, eine Tasse und ein Teller mit geschmierten Butterbrötchen gestellt werden. Das zweite Teebrett, etwas größer, wurde ein wenig später von Käthe nach oben getragen und war für die beiden Damen bestimmt. Auf dieses Brett mußte ich Kaffeekanne, Rahmguß und Zuckertöpfchen von etwas größerem Umfange setzen, dazu 2 Tassen und statt der geschmierten Brötchen ein silbernes Brotkörbchen mit Rundstücken und Schwarzbrot, eine Butterglocke mit Butter, 2 Teller und 2 Messer. »So, nun wäre also der dritte Kaffeetisch gedeckt«, dachte ich mir.

Im Eßzimmer tranken die 2 Töchter der Schwiegertochter Kaffee, ein junges Mädchen von 18 Jahren und ein jüngeres von 12 Jahren. Die Letztere mußte ja zur Schule, sonst würde die auch am liebsten im Bett ihren Kaffee trinken, so bequem und faul sei sie, sagte mir Käthe. Nur von der 18jährigen jungen Dame sprach sie mit Ehrfurcht und Verehrung. Auch mein Herz eroberte sie im Sturm, wie sie zu uns in die Küche kam. Ihr Wesen war einfach und fein. Sie fragte mich, ob's mir recht sei, wenn sie ab und zu mal beim Kochen helfe, sie möchte es so gerne lernen. Ich bejahte die Frage, dann verschwand sie mit dem Bemerken: »Großmama und Mama werden gleich herunterkommen.« So war es auch. Auch diese Damen waren nett zu mir. Die jüngere Dame trug den Schlüsselkorb, und Frau Sparr das Kochbuch. Hier wurde es nicht so knapp bemessen ...

Hier gab's gutes und reichliches Essen, ja hier schien Essen und Trinken die Hauptrolle zu spielen. Obgleich schon um 3 Uhr zu Mittag gegessen wurde, mußte es um 11 Uhr ein warmes Frühstück geben. Ich hatte es natürlich zu besorgen, auch mußte ich recht viel Hausarbeit machen, daß es mir manchmal unmöglich schien, mit allem fertig zu werden. Das Schlimmste war, sie ließen uns nie in Ruhe unsre Arbeit machen. Zehnmal und mehr wurde man abgerufen, um dieses oder jenes zu besorgen, und nachher wunderten sie sich, daß wir noch soweit zurück mit unserer Arbeit waren. Ich mußte z. B. jeden Morgen das große 12jährige Mädchen an die Bahn bringen, welche 10 Minuten Weges von unserm Haus entfernt war, weil das kleine Fräulein den Weg alleine so »langweilig« fand; am liebsten hätte sie auch gesehen, daß wir sie wieder abholten, aber um die Zeit konnte keine abkommen.

Wenn es einmal klingelte, war ich gemeint, wenn zweimal das Kleinmädchen und dreimal kurz aufeinander der Diener. Ich durfte auf mein Zeichen erst mal am Sprachrohr anfragen, was beliebte; Kleinmädchen und Diener mußten gleich nach oben stürzen; wie manches Mal nur um eine Bagatelle. Am Sprachrohr mußte ich fragen: Was ist beliebt? So wünschten es die Damen. Bekam ich dann keine Antwort, mußte ich mich nach oben verfügen, nun hatte ich aber sehr häufig etwas am Herd zu tun, was kein langes Davongehen vertragen konnte, wenigstens mußte ich es erst zurücknehmen, um es vor Überkochen oder Anbrennen zu sichern, denn die Konferenz dehnte sich da oben mitunter sehr lange aus. Dann hatte es aber den Damen zu lange gedauert, es klingelte noch mal laut und anhaltend und womöglich nocheinmal, ehe ich bei ihnen eintrat. Ungnädig mit bösen Blicken wurde ich empfangen. »Mein Gott, wo stecken Sie denn?« das war meistens die Anrede. Entschuldigungen meinerseits wurden nicht angenommen, »leere Ausreden«, nannten sie es. Oft ist es vorgekommen, daß sie mich dann gerade immer wieder an dem Tage nach oben kommen ließen um nichts. Sie bemerkte dann höhnisch hinter mir her: »Sehn Sie wohl, wie gut Sie abkommen können!« So jagten sie uns unnütz müde. Die kleine Käthe war am schlimmsten dran; wie haben sie sie gequält mit dem fortwährenden treppauf und treppab! Dann beklagten sie sich über ihre unfreundlichen Launen. Daß sie müde und abgespannt war, schienen sie nicht zu bemerken oder wollten es nicht merken.

Der Diener war ein vergnügter 23jähriger junger Mann; er war im Herbst vom Soldatenstand frei geworden, hatte bei den Wandsbecker Husaren gestanden und wußte uns manchen lustigen Schwank zu berichten. Es half über vieles hinweg. Er war aber nur selten unten beschäftigt, denn der Herr nahm ihn meistens in Anspruch. Abends von 9–10 Uhr war er aber unten, wir sollten dann zusammen Abendbrot essen, und er hatte allerlei Vorkehrungen für die Nacht zu treffen; u. a. mußte auch noch ein Teebrett voll Eßwaren und kalter Kaffee nach oben; denn der Herr schlief die Nächte schlecht und dann aß er zum Zeitvertreib. Ob der Diener seine Ruhe bekam, was frugen diese Menschen danach. Auch uns im Keller ließ der keine Ruhe. Über seinem Bette war eine Klingel angebracht, welche unten klingelte; die sollte er benutzen, wenn er mittags ausgeschlafen hatte, damit, wenn der Diener grade unten war, er ihn dadurch nach oben rufen konnte. Diese Klingel setzte er mitunter ganze Nächte mit nur kurzen Unterbrechungen in Bewegung. Ich beklagte mich darob bei Frau Sparr und bat, die Klingel doch für die Nacht abzustellen, denn wir müßten doch auch Schlaf haben. Spät wurde es so wie so schon immer, ehe wir uns zur Ruhe begeben konnten, vor 12 Uhr nie, sehr oft 1/21 und 1 Uhr. Aber was antwortete sie mir? »Was fällt Ihnen ein? Zum Abstellen sind die Klingeln nicht da, sondern zum Klingeln. Wenn der Herr klingelt, wird er auch Wünsche haben und die sollen zu *jeder Zeit* respektiert werden.« Ich erwiderte, daß doch dazu der Diener bei ihm im Zimmer schliefe und er doch eine Glocke auf den Nachtschrank hätte, um den zu wecken. »Na ja, er vergreift sich mal«, gab sie zurück, »stellen Sie sich nur nicht so an.«

Der 1. Februar war ein unruhiger Tag, denn wir alle drei kündigten, Käthe und Georg zum 1. März und ich zum 1. Mai. Frau Sparr bot alles auf, um mich zum Bleiben zu bewegen, unter anderem versprach sie mir eine ganze komplette hochfeine Küchenausstattung, wenn ich bei ihr bleiben wollte bis zu meiner Verheiratung.

Heute hatten wir uns recht müde gearbeitet, ich aber sollte ja unser Fräulein noch abholen; nach 10 Uhr kam ich wieder aus dem Hause. Zum Glück traf ich meine Schwester noch auf und konnte ihr doch wenigstens noch erzählen, daß ich gekündigt hatte, und bat sie, für mich sich doch gelegentlich nach einer anderen Stellung umsehen zu wollen. Dann trottete ich mit meinen müden Gliedern weiter. Ich ging abends so spät ungern alleine auf der Straße, so war es denn auch noch eine gute Stunde zu früh. Dieses Mal wurde es ganz besonders spät. Fräulein und ich kamen erst nach 2 Uhr nach Hause. Daß wir morgen, der Handwerker wegen, nicht viel rein zu machen brauchten, tröstete mich einigermaßen. Hoffentlich hat Frau Sparr sich nicht ganz was Außergewöhnliches ausgedacht, man spannt so gern mal einen Tag aus. Am andern Morgen bekam ich mit der ersten Post einen Brief von meinem Bruder, welcher mich u. a. einlud, mit ihm des Abends den Hansasaal zu besuchen, wo Konzert war; er wollte mich von 8–1/2 9 Uhr vor dem Konzerthaus erwarten. Ich freute mich sehr, hatte ich doch meinen Bruder lange nicht gesprochen. Ich wußte aber auch, daß es schwer halten würde, fortzukommen. Ich teilte Käthe und dem Diener meinen Zweifel mit und bat sie, mir zu raten, ob ich es wagen sollte, Frau Sparr um Erlaubnis zu bitten. Sie meinten beide: »Gewiß, tun Sie es doch, es paßt doch heute so gut«, und der Diener erbot sich, mir noch ein Geheimnis anzuvertrauen, wenn ich schweigen könne. Ich versprach es ihm und er erzählte mir, daß Frau Sparr vom 1. März bis zum 1. Mai nur einen Diener engagieren wollte, aber kein Kleinmädchen. Das könnte Dora die 2 Monate wohl alleine ab, hatte sie bemerkt. »Also«, schloß der Diener sein Erzählen, »sehen Sie zu, daß Sie jetzt noch mal fortkommen, später ist's ganz unmöglich; denn wir kennen ja hier die Wirtschaft.« Auch das noch! Als Frau Sparr diesen Morgen in die Küche kam ohne Gutenmorgengruß, sank mein Mut gewaltig, aber andrerseits war's doch wieder sehr verlockend, ein paar Stunden in Gesellschaft meines lieben Bruders ein gutes Konzert zu hören und den ermüdeten Gliedern Ruhe gönnen können. Mit aller Freundlichkeit brachte ich mein Vorhaben an. Sie stellte sich vor mich hin, die Hände in die Seiten stemmend, und sah mich mit ihren wasserblauen Augen so mißbilligend an, daß ich auch ohne Worte verstand, wie sie meine Bitte auslegte. Endlich tippte sie mit einem Finger an ihre Stirn und sah hilfesuchend nach oben. Es sollte wieder dasselbe ausdrücken, was sie mir schon mal gesagt hatte, daß ich wohl verrückt sei. Heiß schoß mir das Blut ins Gesicht, mußte man sich denn alles gefallen lassen von dieser ungeschliffenen Frau, nur weil sie reich und ich arm war? Und wieder kam mir der Gedanke: »O könntest du fort aus diesem Haus für immer!« Wie sie nun mit Schelten und Schimpfen gar nicht aufhörte, konnte ich ihr in aller Ruhe sagen: »Es ist gut, Frau Sparr, ereifern Sie sich meinethalben nicht. Ich verlasse heute meinen Dienst, ich werde noch die Küche in Ordnung bringen und dann gehe ich.« Sie lachte hell auf und sagte: »Da gibt's noch Mittel, um störrische Dienstboten an ihre Arbeit zu bringen; ich will Ihnen schon zeigen, wie man mit Ihnen umgeht.« »Machen Sie mit mir, was Sie wollen, aber bleiben tu ich nicht«, sagte ich ihr. »Daß Sie man bleiben, denn ich gebe Ihnen keinen Groschen Lohn und ohne Geld werden Sie nirgends kommen können«, gab sie zurück. »Nun gut, behalten Sie meinen vierteljährlichen Lohn.« Die Schwiegertochter wurde herunter gerufen, nun wurde mit der laut genug verhandelt, daß ich alles hören konnte. Sie wollte einen Polizisten holen, der mich ja natürlich zum Bleiben zwingen könne; denn so ein

Gesetz gäbe es ja nicht, daß die Dienstboten die Herrschaften, wenn es ihnen gefiele, man einfach so in Verlegenheit bringen durften. Nun dachte ich mit Schrecken, wenn sie dich zwingen können zum Bleiben, was dann? So genau kannte ich nicht die Gesetze und blitzschnell fuhr es mir durch den Sinn: »Dann ertränkst du dich! Nur nicht noch länger hier bleiben müssen« . . .

Frau Sparr ließ sich ein Schultertuch herunter holen, tat es um und stürmte auf die Straße. Sie rief einen Schutzmann heran, gestikulierte fürchterlich und schien ihn bewegen zu wollen, mit ins Haus zu kommen. Der Schutzmann aber zuckte ein paarmal die Achsel und ging seiner Wege. Ich hatte es von einem kleinen Fenster im Kohlenraum aus beobachtet. Wutschnaubend kam sie wieder herein. Dann wurde der Diener zum Herrn Nachbar geschickt. Der Nachbar kam, ging aber bald wieder. Unterdessen hatte der Diener mir schon zugeraunt: »Wenn Sie Ihren Lohn im Stich lassen, kann Sie keiner zum Bleiben zwingen.« Ich bekam wieder Mut. Im nächsten Augenblick kam Frau Sparr wieder herunter mit einem erträglichen Gesicht und meinte zu mir: »Wir wollen uns man wieder vertragen, nicht wahr? Sie haben ja eigentlich Recht, es läßt sich ja heute sehr gut einrichten mit Ihrem Ausgang. Gehen Sie nur und dann bleibt alles beim alten. Ich kenne Sie ja genügend, Sie würden es ja gar nicht fertig bringen, mich so in Verlegenheit zu setzen. Sie sind ja ein so gutes, liebes Mädchen.« Bei den letzten Worten streichelte sie sogar meine Backen. »Schlange!« dachte ich. Laut sagte ich: »Ach nein, ich bin diesmal nicht gut, sondern ich gehe.« Auch die Schwiegertochter war wieder hinzugetreten, und nun bearbeiteten mich beide. Unter anderm stellten sie mir vor, wie dumm es doch wäre, wenn ich meinen ganzen vierteljährlichen Lohn lassen müßte. »Ich laß ihn gern, wenn ich hier nur fort kann«, sagte ich. Das vergebliche Bemühen wohl einsehend, fing sie wieder an zu schelten und meinte: »Sie tun ja gerade, als wenn Sie in der Hölle wären.« »Na«, gab ich ihr zur Antwort, »viel schlimmer kann's in der Hölle beim Teufel nicht sein.« Da kam sie mit geballten Fäusten auf mich zu; hätte die Schwiegertochter sie nicht zurückgerissen, hätte sie mich geschlagen. Über mich war eine eigentümliche Ruhe gekommen, es mochte wohl der Gedanke sein, daß ich ging, so oder so. Ich ging in mein Zimmer, um meine Sachen zu packen. Da schrie sie mir nach: »Nun machen Sie aber, daß Sie sofort, sofort wegkommen, und auch ihre sämtlichen Sachen nehmen Sie sofort mit, sonst werf' ich sie Ihnen nach.«

Bald darauf kam der Diener an meine Tür mit dem Auftrage, ich möchte ganz genau, auf Heller und Pfennig ausrechnen, was ich außer dem abgezogenen vierteljährlichen Lohn noch an Geld bekäme, sie hätte keine Lust, sich noch mit meiner Angelegenheit zu beschäftigen. Ich sagte dem Diener, daß es auch ganz unnötig wär, ich bekäme so und so viel Mark und so viel Groschen, und die Heller und die Pfennige schenkte ich ihr noch zu dem vierteljährlichen Lohn. Nach einer kleinen Weile kam er wieder und mußte mir sagen, daß ich das Geld oben selbst in Empfang nehmen sollte. Wie ich nun meine Sachen alle zum Abholen bereitgestellt hatte, ging ich nach oben. Bärbeißige Gesichter bekam ich zu sehen, o jeh! Sogar der alte Herr, der sonst immer so freundlich zu mir war, verfolgte mich mit bösen Blicken. Auf dem Tische lag neben dem Geld ein Papier. Frau Sparr zeigte gebieterisch darauf hin mit den Worten: »Bitte, unterschreiben Sie das!« »Ich unterschreibe nichts, was ich nicht gelesen habe«, gab ich zur Antwort. »Dann, bitte, bitte«, sagte sie mit schneidendem Hohn, »wenn Sie überhaupt lesen können.« »Vielleicht besser wie Sie«, sagte ich, ihr nichts schuldig bleibend. Ich las: »Unterzeichnete bescheinigt hiermit, kontraktbrüchig geworden zu sein.« Ich sagte ihr: »Den Wisch unterschreibe ich nur, wenn Sie hinzufügen: wofür sie ihren vierteljährlichen Lohn ließ.« »Fällt mir gar nicht ein«, schrie sie mich an, »unterschreiben Sie es nicht, so geb ich Ihnen auch nicht dies Geld.« »Gut«, entgegnete ich, »ich werde mein Recht schon finden.« Damit wollte ich gehen. Aber die Schwiegertochter und auch der alte Herr meinten: »Das kann sie wohl verlangen, schreib es doch, damit die Geschichte aus der Welt kommt.« Unter Fluchen und Schimpfen schrieb sie es, und ich setzte meinen Namen unter dies lächerliche Schriftstück, strich mein weniges Geld ein und verließ auf Nimmerwiedersehen das unfreundliche Haus.

(Doris Viersbeck: »Erlebnisse eines Hamburger Dienstmädchens«. München, 1910)

Marie Sponer:
Anschauungsunterricht von Kindheit an (1872–1890)

»34.000 Schulkinder hält die Industrie in ihren Fängen, in Böhmen allein 14.000 Kinder! 8500 Kinder spulen und stricken in den böhmischen Städten und Dörfern, in Asch 146 Kinder, in Rokitnitz 283, in Nachod 403 Kinder. 2000 Kinderhände klöppeln in diesem Kronland des Jugendmordes Spitzen, 5000 Kinderhände knüpfen und winden hier die Haarnetze, in dem einen Gerichtsbezirk Gratzen nähen und tamburieren 2000 Kinderhände Zwirnknöpfe. Schreckhafte Bilder ließen sich endlos aneinanderreihen bis zu der Bemerkung einer Bischofteinitzer Schulleitung, daß Kinder selbst im Bergwerksbetrieb verwendet werden, eine Tatsache, die übrigens auch vom Bezirk Klagenfurt nicht geleugnet werden kann. Bei der Arbeiter-Unfallversicherungsanstalt in Wien kamen in den Jahren 1887 bis 1901 nicht weniger als 225 Kinderunfälle in versicherungspflichtigen Betrieben zur Anzeige, 7 Kinder mußten sterben, eines in einer Papierfabrik, vier bei Bauten.«

(Aus Josef Luitpold [Stern]: »Das Leid der Kinder« in »Nationales Lesebuch für die deutsche Arbeiterjugend«, hrsg. von Robert Danneberg, Wien 1912)

Von Kindheit an lernte ich Not und Elend in vollstem Maße kennen. Als Tochter eines armen Lohnfuhrmannes hatte ich bis zum achten Jahre ein ziemlich erträgliches Leben. Als ich 10 Jahre alt war, erkrankte mein Vater an einem Lungenleiden, mit dem er drei Monate zubrachte und von dem er sich überhaupt nicht mehr ganz erholte. Das war eine schwere Zeit, meine Mutter wußte oft nicht, womit sie unsere hungrigen Mäuler stopfen sollte. Manchmal hatten wir die ganze Woche Erdäpfel und Gießelsuppe. Die Erdäpfel baute meine Mutter bei einem Bauern selber an, sonst hätten wir auch die nicht gehabt. Wenn wir zum Krämer um Brot kamen und kein Geld hatten, so wurde uns gesagt: »Wir borgen euch nichts, ihr könnte es ja doch nicht bezahlen.« Ich mußte immer trachten, ein paar Kreuzer mitzuverdienen durch Wollelesen, Strümpfenähen etc. Sehr oft habe ich für eine halbe Räucherwurst und einen Morgenkaffee eine große Gaststube gewaschen. Mit 13 Jahren kam ich in eine Fabrik zum Fleckellesen; das ist eine der ekligsten Arbeiten, verbunden mit sehr viel Staub und Schmutz. Mit 14 Jahren arbeitete ich bei einem »Reißwolf«, das ist eine Maschine, zu der ein Mann gehörte; ich aber war ein 14jähriges Kind. Mein Vater sagte immer: »Zu einer Krempel kommst du nicht, da hätte ich keine Ruh'.« Daß die Maschine, die ich jetzt bediente, ebenso gefährlich war, wußte er nicht; ich glaube, er hätte mich trotz unseres Elends nicht dort gelassen. Als ich 16 Jahre alt war, starb mein Vater; nun kamen sechs noch schwerere Jahre. Denn schwer suchte die Krankheit meine Familie heim. Da wir einigemal keine Miete bezahlen konnten, ließ der Hausherr und Schmiedmeister in einer Person – mein Vater ließ bei ihm die ganzen Schmiedearbeiten machen – uns alle pfänden, was wir noch besaßen: ein Pferd, einen Wagen und einen Schlitten. Hätten wir das alles verkaufen können, wir hätten wahrscheinlich das Doppelte bekommen und uns helfen können. Meine Mutter ging nun auch in eine Fabrik, und sie wollte, daß ich in dieselbe gehen sollte, damit wir gemeinsam zu Mittag essen und auf diese Weise billiger auskommen könnten. In der ersten Fabrik verdiente ich bei einer Arbeitszeit von 7 Uhr früh bis 9 Uhr abends fl. 5,30 in der Woche. Jetzt mußte ich von 6 Uhr früh bis 10 Uhr abends, manchmal 12 Uhr, arbeiten, Samstag die ganze Nacht hindurch, dabei verdiente ich 8 bis 10 fl. in 14 Tagen. 2½ Jahre harrte ich aus. Aus dieser Zeit weiß ich vom Leben gar nichts. Früh aufstehen, waschen, anziehen und in die Fabrik; abends spät nach Hause und ins Bett. Sonntags half ich der Mutter bei den häuslichen Arbeiten, Wäsche waschen u.s.w., dann war ich müde. Ohne an ein Sonntagsvergnügen auch nur gedacht zu haben, war wieder Schlafenszeit. Einmal, Samstag früh, kam der Meister und sagte: »Heute wird die ganze Nacht durch, bis Sonntag zu Mittag gearbeitet.« Ich gab ihm zur Antwort, daß ich das nicht tun werde, und meine Nachbarin sagte dasselbe. Das erfuhr sofort der Direktor. Da mußte der Meister von einer Arbeiterin zur anderen laufen und fragen, ob sie arbeiten wollen. Und alle beriefen sich auf uns, wenn wir nicht bereit seien, dann auch sie nicht. Ich war die erste, die sich geweigert hatte, war also die »Aufwieglerin«, und der Meister drohte mir, daß ich entlassen werden würde. Gerade diesmal war der Lohn sehr mager ausgefallen, wir waren alle unzufrieden und gingen deshalb zum Direktor. Die anderen schwiegen alle. Ich mußte das Wort führen, sagte ihm, er müsse sich verrechnet haben, wir haben doch die letzten 14 Tage mehr gearbeitet als sonst und trotzdem erhielten wir einen geringeren Lohn. Der Direktor fragte mich nach meinem Namen, und als er ihn hörte, rief er aus: »Ach, Sie sind wohl die, die mir die Arbeiterinnen aufgehetzt hat, damit sie Sonntags nicht arbeiten?« Später arbeitete ich in der Abteilung, in der meine Mutter tätig war. Jetzt verdiente ich bei einer Arbeitszeit von 6 Uhr früh bis 6 Uhr abends mehr als bei der früheren endlosen Schanzerei. Dafür wurde mir aber auf andere Weise mein Aufenthalt verleidet. Der Meister sah in mir nicht nur die Arbeiterin, sondern auch das Weib. Und kein Mittel schien ihm zu gering, um die Befriedigung seiner Gelüste zu erreichen; selbst mit meiner und der Mutter Entlassung drohte er. Mit Schaudern dachte ich an eine Zeit der Arbeitslosigkeit. Dann versprach er mir wieder schöne Kleider, schöne Hüte und den doppelten Lohn. Als ich mir nicht mehr zu helfen wußte, beschwerte ich mich beim Direktor und verlangte einen anderen Arbeitsplatz. Den erhielt ich aber nicht, weil die Arbeit, die ich jetzt zu verrichten hatte, die dringendste war. Durch die Dazwischenkunft des Direktors hatte ich dann endlich Ruhe. Alle diese Erfahrungen hatten mich zum Nachdenken angeregt. Durch meinen Onkel kam ich in den Bildungsverein und bekam dort Bücher zu lesen. Auch mußte ich manchmal sozialdemokratische Zeitungen, die damals erschienen, von einem Genossen zum anderen tragen, mit dem Bemerken, mich von niemand sehen zu lassen, denn es galt damals als ein Verbrechen, eine solche Zeitung zu lesen. Ich tat es aber doch getreulich, und las andächtig jede Nummer, bevor ich sie weitergab, und fand alles gerecht und natürlich, was darin enthalten war; ich wunderte mich nur, warum das nicht alle Menschen wissen durften. Noch mehr wunderte ich mich, als man Hausdurchsuchungen veranstaltete, und jene Genossen, bei denen man einige Bücher und Zeitungen fand, in Ketten nach Prag schleppte, ich kannte sie doch alle persönlich als sehr gute Menschen, die nur wollten, daß es den Armen und Unglücklichen besser gehen solle. Diese Zeit ging an mir nicht spurlos vorüber. Später lösten sich einige Bildungsvereine freiwillig auf und verteilten ihre Bibliotheken; auch ich bekam einige Bücher zur Aufbewahrung. Als ich sie las, fand ich heraus, daß es der Staat ist, der die Herrschenden vor den Arbeitern schützt und diese am Kampfe um eine bessere Existenz zu hindern sucht. Als die Verfolgten von Prag zurückkamen, deren Familien unterdessen die bitterste Not gelitten hatten, scharten sie sich wieder zusammen und begannen den Kampf aufs neue. Es wurden wieder Vereine gegründet, denen auch eine große Anzahl Frauen und Mädchen beitrat. Auch die Volksversammlungen, welche im Jahre 1889 wieder begannen, wurden von vielen Frauen besucht. Dann kam der 1. Mai 1890, wo wieder frisches Leben in die Partei kam. Diesmal lief alles gut ab. Jeder Fabrikant gab freiwillig den Tag frei, kein Bauer traute sich auf seinem Feld zu arbeiten. Da die Herren sahen, daß alles ruhig ablief, ging am nächsten 1. Mai der Kampf los. Unsere Genossinnen standen immer mit in den ersten Reihen, wurden gemaßregelt und waren wochenlang arbeitslos. Das hinderte sie aber nicht, immer wieder von neuem anzufangen ...

Dann kam der Maistreik bei *Lederer u. Wolf.* 11 Genossinnen wurden gemaßregelt, sie waren angeblich daran schuld, daß die Hälfte der Arbeiter den 1. Mai gefeiert hatte. Die übrigen Arbeiter erklärten sich solidarisch, und so wurde ein sechswöchiger Streik daraus. Der Bezirkskommissär Kost ließ außer dem Vertreter der Gewerkschaft niemand an den Streikversammlungen teilnehmen. Das Komitee aber lud mich ein, und so war es mir gestattet, an allen Versammlungen teilzunehmen und mitzuberaten. Einmal kam der Kommissär und sagte, wenn wir die Arbeit wieder aufnehmen, werden nur 7 Arbeiterinnen gemaßregelt. Das lehnten natürlich alle ab. Als er sah, daß alle Vorstellungen nichts halfen, trieb er uns die Lokale ab. Den Gastwirten sagte er, daß allen, die uns noch Lokale zur Verfügung stellen, die Konzession entzogen würde. Durch dieses Vorgehen wurde die Bevölkerung immer mehr gereizt. Niemand sollte mehr auf der Straße stehen, sogar miteinander zu reden wurde ihnen verboten. Aber immer wieder sammelten sich Indifferente und zogen abends in Scharen zur Fabrik, die von vielen Gendarmen bewacht war. Als sich eines Abends die Leute nicht zurückdrängen ließen, wurde in die Masse geschossen. Es gab Tote und Verwundete, unter ihnen waren auch Frauen und Kinder. Daraufhin wurde die Fabrik 8 Tage geschlossen. Die Gendarmen hatten weniger Arbeit, sie brauchten die Streikbrecher nicht mehr nach Hause begleiten. Auch der kleine Ausnahmezustand wurde über Eichicht verhängt; nach 8 Uhr abends durfte sich niemand mehr auf den Straßen sehen lassen und alle Türen mußten gesperrt sein. Die Firma verhandelte mit den Arbeitern, der Magistrat bewilligte uns eine Versammlung, damit das Komitee Bericht erstatten konnte. Die übrigen Forderungen, die die Arbeiter stellten, wurden abgelehnt, nur die elf Gemaßregelten wurden wieder aufgenommen. Die Firma setzte dann den Betrieb wieder in Gang. Viele wären nicht mehr zu halten gewesen und wir hätten dann alles verloren. Trotzdem konnten uns gar viele Arbeiterinnen nicht verzeihen, daß wir nachgegeben hatten ...

(Marie Sponer: »Aus Nordböhmen«. In: »Gedenkbuch. 20 Jahre österreichische Arbeiterinnenbewegung«. Hrsg. von Adelheid Popp. Wien, 1912)

Ottilie Baader:
Unter dem Sozialistengesetz (1878)

>»Das Anwachsen der sozialdemokratischen Gefahr, die jährliche
>Vermehrung der bedrohlichen Räuberbande, mit der wir gemein-
>sam unsere größeren Städte bewohnen, drängt den deutschen Für-
>sten, ihren Regierungen und allen Anhängern der staatlichen Ord-
>nung eine Solidarität der Notwehr auf.«

(Brief Fürst Bismarcks an den König von Bayern, 1878)

Als dann 1878 das Sozialistengesetz erlassen wurde, wandte sich
das Interesse immer weiterer Kreise des Proletariats politischen Fragen zu. Die Ausweisungen von Familienvätern, die Unterdrückung
der sozialistischen Agitation überhaupt bewirkte, daß viele Proletarier erst von dieser Partei und ihrer Tätigkeit Kenntnis erhielten. Eine Partei, deren Angehörige heldenmütig solche Leiden er-
trugen, mußte von hohen Idealen erfüllt sein. Es war fast wie bei
den ersten Christenverfolgungen. Je mehr Sozialisten ausgewiesen
wurden, um so stärker wuchs im geheimen die Schar der Anhänger.
Das ist die werbende Kraft der reinen Ideale.
Auch den Frauen erstand in dieser Zeit ein Wecker und Rufer zum
Kampf. August Bebel gab sein Buch »Die Frau in der Vergangenheit, Gegenwart und Zukunft« heraus. Für mich war dieses Buch
aber nicht das erste an sozialistischen Schriften, die ich in die Hand
bekam, sondern Marx' »Kapital«, das ebenfalls in dieser Zeit erschien. In welchem Abhängigkeitsverhältnis die Frauen, auch die
arbeitenden Frauen, damals noch zu ihren männlichen Familienan-
gehörigen standen, habe ich am eigenen Leibe erfahren. Trotzdem
ich nun schon lange die alleinige Erhalterin unseres kleines Haushaltes war, blieb ich für meinen Vater die Tochter, die keine eigene
Meinung zu haben brauchte, die sich in allem unbedingt nach ihm
zu richten hatte. Ich war von Natur nachgiebig und fügte mich,
konnte aber schließlich, als die Zeiten auch für uns immer ernster

wurden, meine Gedanken nicht ganz unterdrücken. Da wir den ganzen Tag aufeinander angewiesen waren, ergab es sich von selbst, daß wir auch über die Tagesereignisse sprachen. Der Vater hatte, wie ich schon erzählte, eine gute Schulbildung gehabt und er hat mir dadurch das Verständnis für manche Zusammenhänge geöffnet, das ich mir sonst wohl mühsamer hätte suchen müssen. Er fing dann auch an, mir bei der Arbeit vorzulesen und es war im ganzen doch eine schöne Zeit bei allem Ernst und bei allem Streit, den wir manchmal miteinander hatten.

Aus der Landeskirche sind wir 1877 ausgeschieden, von da an gehörten wir der Freien Gemeinde an. Hier sind wir dann öfter mit Menschen zusammengekommen, die sich schon Sozialdemokraten nannten. Aber erst ein Zufall hat uns in die Bewegung hineingebracht. Es sollte eine neue Wohnung gesucht werden, und der Vater sah sich danach um. Er fand eine, aus der die bisherigen Mieter sehr schnell ausziehen mußten, weil der Mann als Sozialist ausgewiesen wurde. Der Vater kam mit diesen Leuten näher in Berührung und lernte dabei erst die Bedeutung des Sozialistengesetzes für die Arbeiterklasse verstehen. Denn es handelte sich um ordentliche Leute, die absolut nichts getan hatten, als daß sie eben Sozialdemokraten waren und keinen Hehl daraus machten. Von da an interessierten wir uns für alle die Fragen, die damit zusammenhingen, und kauften uns häufig sozialistische Zeitungen. Es kam schließlich soweit, daß der Vater auch ab und zu Artikel für das »Volksblatt« schrieb, trotzdem wir uns noch lange nicht zur Partei rechneten.

Auch von Bebel hatten wir öfter gelesen, und eines Tages war eine Versammlung, in der er sprechen sollte, angekündigt. Mein Vater ging hin. Diese Versammlung wurde aufgelöst, der Vater kam sehr empört nach Hause. Bebel aber hatte ihm gefallen. »Das ist ja so ein ganz einfacher Mann, ein schlichter Handwerker.« Als ich dann selbst auch mitzugehen verlangte in solche Versammlungen, war mein Vater zuerst nicht dafür zu haben und suchte es mir auszureden: es wären keine Frauen da, und man würde gar nicht hereingelassen. Ich erreichte es aber dann doch, daß er mich mitnahm.

Die beiden Bücher, die ich schon nannte, August Bebels »Frau« und Karl Marx' »Kapital«, erregten gerade in der Zeit des Sozialistengesetzes das allergrößte Aufsehen. Beide Werke wurden sofort als staatsgefährlich verboten, aber trotzdem viel und eifrig gelesen und diskutiert. Da harte Strafe auf die Verbreitung der Werke angedroht war, mußte man bei der heimlichen Beschaffung recht vorsichtig sein. In dieser Zeit, in der das öffentliche Leben so in Fesseln geschlagen war, haben sich viele durch das Studium dieser Bücher in der Stille zu Sozialisten herangebildet. Auch wir mußten diese Bücher haben. Und wir verschafften uns zuerst das »Kapital« von Marx. Bekannte aus der Freien Gemeinde, die schon Sozialdemokraten waren, besorgten es uns. Wir gingen dabei ganz vorsichtig zu Werke, die Frau trug das Buch, den ersten Band, unter das Kleid geknöpft auf dem Körper. Heimlich gingen wir beide an einen stillen Ort, und als wir den stillschweigend wieder verließen, da war das Buch unter mein Kleid geknöpft. Auf diese Weise haben wir dann noch öfter Bücher gekauft. Nun ging zu Hause das Lesen an. Der Vater las vor, und wir sprachen darüber, während ich nähte. An Marx' »Kapital« haben wir im ganzen ein Jahr gelesen. Bebels »Frau« habe ich dann später aber allein gelesen.

(Ottilie Baader: »Ein steiniger Weg. Lebenserinnerungen«. Stuttgart – Berlin, 1921 – Nachdruck mit Erlaubnis des Verlages J. H. W. Dietz, Bonn)

Sophie Jobst:
Erlebnisse auf der Agitation (1891–1900)

> »Alle Zeugnisse über die Anfänge der sudetendeutschen Arbeite-
> rinnenbewegung bestätigen diesen Schluß: sie erzählen uns von Fa-
> briksarbeiterinnen, führen uns in Industriezentren mit starker pro-
> letarischer Bevölkerung und nennen als Erwecker den bereits orga-
> nisierten Vater, den von der Wanderschaft zurückkehrenden Bru-
> der, einen aufpulvernden Streik, einen eindrucksamen Ersten Mai
> … und je nachdem dieser zündende Funke hier und dort in war-
> tenden Seelen fiel, erstanden dem Neuen rein durch Zufalls Gna-
> den die ersten Bekennerinnen und Werberinnen, den roten Pionie-
> ren die ersten Kampfgefährtinnen.«

> *(Alfred Kleinberg / Fanni Blatny: »Das Denkmal der unbekann-*
> *ten Proletarierin«. Karlsbad, 1937)*

Unser Haus war die Zufluchtsstätte aller gemaßregelten und verfolgten Parteigenossen. Daher lernte ich frühzeitig den Sozialismus
kennen. Als ich im Jahre 1891 aus der Schule trat, mußte ich schon
immer § 2-Zettel schreiben. Abends kamen immer Arbeiter, die Parteigenossen waren, zu uns und ich mußte vorlesen. »Freigeist«,
»Volksfreund«, »Volkstribüne« und »Arbeiterstimme« waren der
Lesestoff. Als im Jahre 1892 mein Bruder den Fachverein für Textilarbeiter für Asch gründete, trat ich bei und übte verschiedene
Funktionen aus. Auch als 1893 in Forst bei Asch der Arbeiter-Bildungsverein gegründet wurde, nahm ich eine Funktion an. Ich
wurde auch zu allen Parteiarbeiten zugezogen und verkaufte Broschüren, Zeitungen, Lieder und sonstige Druckschriften. Ich lernte
viele sozialistische Gedichte auswendig und, wenn eine Versammlung aufgelöst wurde oder wenn eine Versammlung aus irgendwelchen Gründen nicht abgehalten werden konnte, trug ich im Verein
mit Genossen Jäckl, dem derzeitigen Sekretär der Maurer in Asch,
Gedichte vor. War Geld für Streiks oder für den Preßfonds notwendig, dann ging die Sofie, wie ich in Asch genannt wurde, von

Haus zu Haus sammeln. Und sonntags sangen Genossin Engelkraut, heute eine Funktionärin der politischen Frauenorganisation in Asch, und ich Lieder, um Geld für Parteizwecke zu bekommen.

Im Jahre 1894 bei der ersten Maifeier in Asch waren 2000 Personen anwesend. Mein Bruder, der Redakteur beim »Volkswille« war, hielt die Festrede und ich trug das prächtige Gedicht vom Schiller-Seff vor: »Die Weber«. Die Worte: »Denn selbst ein Hund, gebunden an die Kette, hat oft mehr Platz und eine Ruhestätte« füllten die Augen der Weber und Weberinnen. Mein Bruder hatte mich sehr gefördert und meine Entwicklung mit allen Kräften unterstützt. Er hoffte, wie er sich zu Freunden äußerte, aus mir werde, wenn ich 20 Jahre sein werde, eine Rednerin, wie er Redner war. Mein geliebter Bruder konnte mir leider nicht lange eine Stütze sein, denn viel zu früh wurde er mir durch den Tod entrissen.

1898, am 9. Mai, sprach ich zum erstenmal in einer Volksversammlung über die »Stellung der Frau im öffentlichen Leben«. Nach dieser Versammlung reichten wir die Statuten zur Gründung eines Arbeiterinnenvereins für das Königreich Böhmen ein. Ich wurde mit der Leitung betraut. Da mein Vater überzeugt war, daß ich wegen der Tätigkeit meines Bruders in keiner Fabrik Arbeit bekommen würde, ließ er mich Nähen lernen. Bis zum 15. Mai 1898 nähte ich für die Firma Christian Wagner. An diesem 15. Mai sagte mir die Kontoristin mit Tränen in den Augen, daß sie mir keine Arbeit mehr geben dürfe, weil ich in der Volksversammlung gesprochen habe. Würde ich nicht mehr öffentlich sprechen, so könnte sie mir wieder Arbeit geben. Ich ging nun wochenlang auf Agitation. In Nord-, Süd- und Westböhmen kam ich herum. Wenn ich auf 2 und 3 Wochen wegfahren mußte, hatte ich nicht Geld genug für die Eisenbahnfahrt. Mein Vater und Genosse Schiller, ein Zimmermann, borgten mir oft ihren ganzen Wochenlohn, den ich ihnen dann zurückschickte, wenn ich das Geld beisammen hatte. Damals war die Agitation nicht nur eine nervenaufreibende Arbeit, wie sie es noch heute ist, sie war damals auch mit vielen Entbehrungen, mit Dürftigkeit und Not verbunden. Es wurden Tellersammlungen veranstaltet und von deren Ergebnis hing es ab, ob die verausgabten Fahrtspesen und die unumgänglichen Bedürfnisse gedeckt werden konnten.

In Bischofteinitz sprach ich so wie in Mies oder Plan über die »Ziele

der Sozialdemokratie und die Gründung einer Lokalorganisation«.
In der Versammlung waren Bürger, Lehrer, Gerichts- und Post-
beamte, Bauern und sogar der Landesgerichtsrat anwesend. Die Tel-
lersammlung ergab 25 Gulden, 5 davon hatte der Landesgerichtsrat
allein hergegeben. Davon wurde meine Fahrt bezahlt, dann 2 Gulden für meine Zeit und auf Kost und Quartier, der größere Teil
wurde für den Ausbau der Lokalorganisation verwendet. In Süd-
böhmen waren die Arbeiter so arm, daß man ihnen lieber gegeben
hätte, anstatt zu nehmen; wie oft waren da Fußwege von 8 bis
10 Stunden zu machen. Einen Wagen konnte man sich nicht leisten,
daran dachte gar niemand. Müde, von Regenwetter oder Schnee-
gestöber durchnäßt, Schuhe und Strümpfe oft gefroren, zu anderer
Jahreszeit wieder erschöpft von der großen Hitze, kam man an,
hatte den ganzen Tag fast nichts oder nur wenig gegessen und doch
hieß es, 2 Stunden zu reden.

Hatte ich keine Versammlungstour, so nähte ich im geheimen, ohne
Wissen der Fabrikanten, Strümpfe für einen kleinen Meister. Die
Meistersfrau selbst brachte mir, wenn es dunkel war, die Arbeit.
Unter Lachen erzählte mir die Frau, daß der Fabrikant, für den die
Strümpfe gehörten, immer sagte: »Warum lassen Sie nicht alle
Strümpfe bei dieser Näherin nähen?« Dies als Beweis, daß auch
eine sozialdemokratische Rednerin eine gute Arbeiterin sein kann.
Hätte der Fabrikant gewußt, wer diese Arbeiterin sei, dann hätte
der Meister keine Arbeit mehr bekommen.

In Erinnerung ist mir der große Bergarbeiterstreik vom Jahre 1900.
Ich sprach damals am 26. Jänner in Brüx. Aus dem ganzen Revier
war die Arbeiterschaft gekommen samt Frauen und Kindern. Brüx
glich damals einem belagerten Orte. In allen Straßen war Militär
aufgestellt; es war das Gerücht herumgegangen, nach der Versammlung werde die Bruderlade, so heißt die Krankenkasse der Bergarbeiter, gestürmt und ausgeraubt werden, da in der Streikkasse kein
Geld mehr wäre. 3 Regierungsvertreter waren aus Teplitz erschienen, um die Versammlung zu überwachen. Die Fenster des Saales
waren ausgehängt und Frauen standen, mit kleinen Kindern am
Arm, im Fenster. Als die Frauen die Regierungsvertreter kommen
sahen, schrie alles: Pfui! Als jedoch die 3 Herren den Saal betra-
ten, war es, als wenn eine Revolution ausbrechen wollte, und Genosse Zaidler und ich konnten lange die Masse nicht beruhigen. Ich

habe damals sehr aufreizend gesprochen wie nie wieder in meinem Leben; aber die Herren Regierungsvertreter rührten sich nicht und waren selbst ganz ängstlich. Ich glaube, sie zitterten wie Espenlaub vor der erbitterten Menge.

An demselben Tage legte sich meine liebe Mutter auf ihr Kranken- und Sterbebett. Der Vater wollte es mir nicht schreiben, und ich sprach noch in einer Anzahl von Versammlungen. Am 2. Februar kam ich nach Hause und am 11. Februar beerdigten wir unsere gute Mutter. Eine Deputation streikender Bergarbeiter erschien mit Kränzen und nahm am Begräbnis teil. Es war das erstemal, daß am katholischen Ascher Friedhof nach der Einsegnung Arbeiter sprachen.

Ich ging wieder auf Agitation. Die Versammlungen wurden aufgelöst, wir mußten daher immer in einem nächsten Gasthaus in einer § 2-Versammlung fortsetzen, um den Leuten das Wichtigste sagen zu können. Auch diese wurden wieder aufgelöst. Die Einberufer konnten nicht alle Leute kennen, was bei auf geladene Gäste beschränkten Versammlungen gefordert wird, und das veranlaßte den Regierungsvertreter, der mit 2 Gendarmen und einigen Polizisten kam, aufzulösen. So gefährlich war eine § 2-Versammlung!

(In: »Gedenkbuch. 20 Jahre österreichische Arbeiterinnenbewegung«. Hrsg. von Adelheid Popp. Wien, 1912)

Adelheid Popp:
Meine Erinnerung an den Wahlrechtskampf (1895)

»Selten war ein geschichtlicher Kampf von so starker Leidenschaft und so klarem Zielbewußtsein getragen. Auf jede Tücke der Koalition folgte sogleich die schlagende Antwort, jeder Ausfall wurde sieghaft zurückgeschlagen, immer kleinlauter verkrochen sich die Herren vor den Argumenten der Straße, und trotzdem sie die Presse knebelten, das Vereins- und Versammlungsrecht unterdrückten, die Arbeiter durch ihre Polizisten auf der Straße überfallen ließen und ihnen das Heimgehen von den Versammlungen durch blutige Säbelhiebe verwehren wollten, trotz ungezählter Arrest- und Kerkerstrafen und Existenzvernichtungen schwoll das Heer der Wahlrechtskämpfer immer stärker an, und immer drohender und immer allgemeiner erscholl der Ruf: Nieder mit der Koalition!«

(Wilhelm Ellenbogen: »Wie wir unser Wahlrecht erobert haben«. In: »Mai-Festschrift 1897, Wien, 1897)

Friedrich Stampfer, der langjährige Chefredakeur des Berliner »Vorwärts«, hat anläßlich der Kämpfe um das preußische Dreiklassenwahlrecht im »Vorwärts« ein Feuilleton geschrieben mit der Behauptung, Polizeipferde seien nicht gefährlich. Vielleicht hatte er Recht, denn ich erinnere mich nicht, daß bei den zahlreichen Attacken, die die Wiener Polizei auf proletarische Demonstranten unternommen hat, durch die Pferde Unglücksfälle hervorgerufen wurden.

Zu meinen persönlichen Erinnerungen gehört der Zusammenstoß mit der Polizei zur Zeit der Koalitionsregierung Windischgrätz 1895. Diese Regierung war eine Gesellschaft zur Verhinderung des allgemeinen, gleichen und direkten Wahlrechtes. Ihre Stellung war sehr aggressiv und hochmütig. Die Partei beschloß, in die Volkshalle des Neuen Rathauses eine Versammlung einzuberufen. Die Massen strömten zahlreich herbei. Die Sommerhitze war so groß, daß Tausende von Menschen auf dem Rathausplatz standen. Mein Mann präsidierte in der Versammlung; ich war auf der Straße. Mit dem Buchhändler Hugo Heller und einem bekannten Wiener Rechtsanwalt kamen wir auf die Idee, dem Fürsten Windischgrätz in der Herrengasse eine Katzenmusik zu machen. Genügend Bundesgenossen hatten wir bald gefunden und so setzten wir uns der Herrengasse zu in Bewegung. Eine Kette von Wachleuten hatte die Herrengasse abgesperrt. Wir 3 besser gekleidete Menschen fanden aber Gnade, der Kordon öffnete sich und – wir waren in der Herrengasse. »Uns nach, Genossen!« wurde gerufen, und nun gab es kein Halten mehr. Der Kordon wurde im Nu durchbrochen, die Massen ergossen sich in die Herrengasse und ohrenbetäubendes Pfeifen, vermischt mit den Rufen: »Abzug, Windischgrätz!« – »Heraus mit dem allgemeinen Wahlrecht!« brandeten auf. Schreckensbleiche Gesichter erschienen an den Fenstern der Paläste, die Tore wurden geschlossen. Als wir zur Freiung kamen, war es mit unserer schönen Aktivität auch schon zu Ende. Die Reiterei kam uns entgegen, das Fußvolk der Polizei hatten wir im Rücken. Wir stoben auseinander, jeder ängstlich besorgt, nicht unter die Hufe der Pferde zu kommen und nicht mit dem geschwungenen Säbel Bekanntschaft zu machen.

Eine andere denkwürdige Demonstration war es, als der Wiener Bürgermeister Dr. Karl Lueger eine aufreizende Rede gehalten und in welcher er die Wiener Arbeiter »Lumpen und Lausbuben« beschimpft hatte. Darauf gaben sich die »Wiener Lausbuben« ein Rendezvous auf der Ringstraße. Die Polizei war sehr schneidig und wollte die Demonstration auseinandertreiben. Wir sangen das Lied »Der Staat ist in Gefahr«. Da kam ein Reitertrupp herbeigesprengt, geführt von einem der feurigsten Reiter. Das Riesenungetüm, auf dem er saß, drängte uns gegen die Bäume der Ringstraßenallee. Mir war – trotz der schon bekannten Anschauung des Genossen Stampfer – nicht wohl zumute. Obwohl mir der Reiter nichts tat, war ich durch das Pferd so an den Baum gepreßt, daß ich nicht schreien konnte; der Atem schien mir auszugehen.

Eine andere Demonstration auf der Feuerwehrwiese, die von der Polizei aufgelöst wurde! – Als die Berittenen kamen, säbelschwingend, rannte alles davon. Ich sah mich plötzlich mit der Genossin Anna Reumann, der Frau des späteren ersten sozialdemokratischen

Bürgermeistes von Wien, allein auf weiter Flur. Hinter uns hörten wir Hufschläge. Ein Reiter kam, den Säbel hoch in der Hand schwingend. Da außer uns niemand zu sehen war, konnte dieses Manöver nur uns gelten. Gott, wie sind wir damals gerannt! Vielleicht hätte uns der Reiter gar nichts getan, aber mir erschien er wie der – Kara Mustapha mit dem Türkensäbel . . .

(Adelheid Popp: »Aus vergangenen Tagen«, Ein Ausschnitt aus einem unveröffentlichten Manuskript, geschrieben in Wien, Dezember 1933)

Marie Koch:
. . . und immer Demonstrationen (1897–1905)

> Marie Koch stammt aus einer »zerrissenen Familie«: der Vater war
> ein Liberaler, sie eine fanatische Kaisertreue und ihre Schwester
> eine Bismarckanhängerin. Als Heimarbeiterin, als Krawattennähe-
> rin und als Schneiderin erfuhr sie an sich die Not und die Ausbeu-
> tung. Sie beobachtete, zog die Folgerungen und bekannte zuletzt:
> Mich hat der Sozialismus zum Menschentum erst erweckt, mir hat
> er das Leben erst lebenswert gemacht.

Mit Allgewalt hatte mich die Wahlbewegung 1897 in ihren Bann
gezogen. Durch Zufall geriet ich mit einer jüngeren Schwester an
einem Sonntagvormittag in eine Wählerversammlung im Prater.
Der Kontrast zog uns an. Frühlingsluft und werdendes Grün im
Freien, im Saal aber Hunderte und Hunderte von Menschen, die
alle von einem Frühlingsahnen für die Völker Österreichs durchdrungen waren. Hatte doch die Sozialdemokratie das erstemal
Kandidaten aufgestellt und alle Arbeitenden hofften, daß sie trotz
des elenden Kurienwahlrechtes einige Arbeitervertreter in das Parlament bringen würden. Begeisterung und Siegesbewußtsein bei jedem einzelnen; man kannte eben die Hinterhältigkeit und die
Handhabung des gesamten Wahlapparates durch die Christlichsozialen noch nicht.
Dort erfuhren wir von einer Frauenversammlung in der Brigittenau. Unvergeßlich blieb sie mir. Was ich von der Rednerin hörte,
war ja das dumpf Gefühlte, das mir die ganzen Jahre, wenn ich
um mich blickte, so wahnsinnig wehe tat, und das ich nicht in Worte
fassen konnte. Und die es so überzeugend sagte, kam mir doppelt
heilig vor, sie war eine werdende Mutter und verfocht die Rechte
der Unterdrückten. Ich kaufte mir eine »Arbeiterinnen-Zeitung«. Bei
Laternenschein, spät abends, las ich sie . . .
Erst nach der Wahlbewegung im Jahre 1897 ließ ich mich im 2. Bezirk im Arbeiter-Bildungsverein einschreiben und lernte hier den

Sozialismus kennen. Was ich früher unbewußt fühlte und als Arbeiterin tat, bekam jetzt System und Notwendigkeit; ich las die Parteiliteratur; jeden Abend kaufte ich mir um 5 Kreuzer eine Zervelatwurst, aß mein Stück Brot dazu und rannte essend zu den Vorträgen oder ins Privatlokal des Vereines. Bald wurde ich Ausschußmitglied und Leiterin der Unterrichtssektion. Da hatte ich nun freies Feld zu lernen und andere mithineinzuziehen.

Einen unauslöschlichen Eindruck machte die Badeni-Demonstration im November 1897 auf mich, als nach einer aufgelösten Versammlung im Prater eine unabsehbare Menge durch den Prater und die Landstraße auf den Ring vor das Parlament zog. Die Polizei wartete am Praterstern, um uns zu zerstreuen, und wir kamen auf Umwegen unbehelligt auf den Platz. Der Anblick des mit Polizei umgebenen Parlaments war geradezu aufreizend, doch wohl diszipliniert marschierten die ungeheuren Massen vorüber, Kampflieder singend. Wir hatten zwar zu Hause Verdruß, weil wir das Mittagessen versäumten, wir kränkten uns aber nicht, denn Badeni war gefallen...

Unvergeßlich wird mir der Gesamtparteitag 1901 sein, dem ich das erstemal als Delegierte mitmachte und wo ich »unseren Bebel« kennen lernte. Sein bahnbrechendes Buch »Die Frau und der Sozialismus«, das meine Bibel schon seit 1898 war, ist es ja gewesen, das mich so innig und fest an den Sozialismus kettete.

Und noch einen Gesamtparteitag wohnte ich bei, der überwältigend wirkte; es war der im Jahre 1905. Ein Telegramm aus Rußland, das meldete, daß unsere geknechteten Brüder im offenen Kampf das Wahlrecht errungen hatten, gab den Anlaß, den Parteitag früh nachmittags abzuschließen und die Massen Wiens zu einer Wahlrechtsdemonstration am selben Tage aufzurufen. Sie ist glänzend gelungen. Vom Favoritener Arbeiterheim eilten die Delegierten in ihre Bezirke, von Fabrik zu Fabrik, auch ich leistete da meinen Teil, und abends marschierten wir über den Ring zum Parlament. In langen Reihen geschlossen, mit den Parteitagsdelegierten an der Spitze, kamen wir bis zur Burg. Es war finster und lautlos, ohne Liederklang kamen wir dorthin. Plötzlich ertönte durchdringendes Geschrei und der Ruf: »Die Polizei!« Schauerlich erklang das Säbelrasseln auf dem Pflaster, das Pferdegetrappel und das Ächzen der Verwundeten. Im Nu war die Rettungsgesellschaft da und im

Café »Kaisergarten« wurden die Verletzten verbunden. Ich ging in den vorderen Reihen, wurde aber beim Anrücken der reitenden Polizei fortgeschleppt in ein Haus in der Elisabethstraße. Wie ich nach Hause kam, ist mir heute noch nicht klar, nur das eine weiß ich, daß ich vor Empörung über die Rohheit der Polizei nicht einschlafen konnte.

Am 28. November 1905, bei der großen Wahlrechtsdemonstration, konnte der 2. und 20. Bezirk schon eine große Zahl Frauen zu dem gemeinsamen Zug stellen. Herd und Kinder hatten diese Frauen verlassen, um für das Wahlrecht der Männer zu demonstrieren. Wohl kein Teilnehmer wird jemals den feierlichen Vorbeimarsch vor dem Parlament vergessen. Mäuschenstill war diese ungeheure Menschenmenge, den Blick fest aufs Parlament geheftet, mit bloßem Kopf, so ging alles vor dem Kurienparlament vorüber. Der einzige Laut, der in der Umgebung desselben zu hören war, war der feste und sichere Schritt der Arbeiterbataillone. Das Aufgebot der Enterbten war ja nicht umsonst, nur die Ärmsten, die Frauen, tragen noch die politischen Sklavenketten . . .

(Aus »Werden« von Marie Koch. In: »Gedenkbuch. 20 Jahre österreichische Arbeiterinnenbewegung«. Wien, 1912)

Annelise Rüegg: Auf Erden hat jedes seinen
von Gott bestimmten Platz (um 1900)

»Wir lernen in diesen schlichten, aber lebendig und anschaulich geschriebenen und wahrheitsgetreuen Aufzeichnungen den äußern und innern Werdegang einer schweizerischen Proletarierin kennen. Die Tragik, die in dem Widerstreit zwischen regem, geistigem Streben und Bedürfen einerseits und einer Leib und Seele gefährdenden Berufsarbeit anderseits liegt, wird uns offenbar«, schreibt der sozialdemokratische Pfarrer Paul Pflüger im Vorwort.

Ich wollte nicht mehr servieren und entschloß mich, aufs Geratewohl nach London zu reisen. Zwei nette, junge Töchter schlossen sich mir an.
Nelly wurde dank ihrer musikalischen Bildung Gesellschafterin; Sophie kam durch ihre guten Schulzeugnisse in eine Privatschule als Lehrerin. Und ich kam durch Empfehlung einer mir bekannten englischen Familie in ein Pfarrhaus als Erzieherin.

Da nach Wellney noch keine Eisenbahn ging, wurde ich an der 2 Stunden entfernten Bahnstation im Wagen abgeholt. Der Kutscher behandelte mich mit einem solchen Respekt, daß ich heimlich lachen mußte.
Im Pfarrhaus empfing man mich ebenfalls mit einer Würde und Güte, die mir fremd waren. Das Schlafzimmer, in das man mich führte, brachte mich ganz aus dem Gleichgewicht. Im Kamin knisterte ein Feuer, das natürlich meinetwegen gemacht worden war. Das hübsche Zimmermädchen brachte mir eine Tasse Tee und bat mich, in einer Stunde zum Nachtessen zu erscheinen.
Bei Tische war die Frau Pfarrer die Herzlichkeit selbst, und der Herr Pfarrer zeigte sich in jeder Beziehung als Gentleman. Auch Ethel, mein Schützling, war schön und intelligent, wenn auch sehr verwöhnt.
Wenn diese Liebe und Güte so anhält, bleibe ich wenigstens 2 Jahre bei euch, dachte ich im Stillen.

Aber ich hielt es kaum ein halbes Jahr aus. Nicht etwa, weil die äußern Herrlichkeiten abnahmen. Nein, man war immer wie am ersten Tage mit mir. Um 8 Uhr morgens brachte man mir eine Tasse Tee ins Bett, um 9 Uhr war im Eßzimmer Morgenandacht. Dann wurde gefrühstückt: Tee, Eier, Schinken, Butter und Konfitüre. Wenn es das Wetter erlaubte, machte ich mit Ethel einen Spaziergang oder spielte zu Hause mit ihr.

Nachmittag wurde genäht oder geschrieben. Nach dem Nachtessen saß ich in einem Lehnstuhl neben der Frau Pfarrer am Kamin und ruhte von den Tagesarbeiten aus. Ich speiste immer mit der Herrschaft und wurde wie sie von Hatty, dem Zimmermädchen, bedient.

Nie gab man mir ein böses Wort. Im Haus, im Dorf, überall war ich das Fräulein, dem man mit Höflichkeit entgegenkam.

In meiner Zufriedenheit war ich mit jedermann freundlich, besonders mit der Dienerschaft, die uns durch ihr Arbeiten das Leben so schön gestaltete. Eines Abends, als Herr und Frau Pfarrer im Whistklub waren, wollte ich nicht, daß Hatty sich meinetwegen so viel Mühe machte.

»Liebe Hatty, lassen Sie das großartige Tischdecken, ich möchte gerne einmal an Eurem Tische essen.«

Der Zufall wollte es, daß gerade an jenem Abend eine Freundin der Frau Pfarrer ins Haus kam. Ich hatte keine Ahnung, daß diese Person sich wegen meiner Freundschaft zu den Angestellten aufregen könnte. Sie war jedoch empört über das, was sie sah, und sie klagte es ihrer Freundin, der Frau Pfarrer. Und der Frau Pfarrer tat es sehr leid, mir einen Vorwurf machen zu müssen; sie sagte:

»Ich bin ja sonst sehr zufrieden mit Ihnen, aber ich muß Ihnen sagen, daß wir nicht mehr zuschauen können, wie Sie mit unseren Dienstboten verkehren. Nicht genug, daß Sie mit dem Zimmermädchen Freundschaft haben, daß Sie Miß Ethel im Dorfe mit den gewöhnlichsten Kindern sprechen lassen, mit der Köchin und mit dem Kutscher haben Sie sich an ein und denselben Tisch gesetzt. Kennen Sie den Unterschied zwischen Lady und Servant nicht besser?«

Die Frau Pfarrer rang nach Atem. Ich benutzte diese Gelegenheit und sagte ruhig und entschieden: »Nein, ich kenne keinen Unterschied. Wir sind alle Kinder eines Vaters.«

»Wie sagen Sie? Ja, im Jenseits werden wir eine Herde sein, aber hier auf Erden hat jedes seinen von Gott bestimmten Platz; der eine im Schloß, der andere in Villen, und wieder andere in Hütten.« Frau Pfarrer suchte nach weiteren Beispielen. Ich half ihr und rief: »Und noch andere haben auf Erden überhaupt keine Heimat, und zu diesen gehörte der König aller Könige. Der Nazarener, der sich zu Zöllnern und Sünderinnen setzte.«

Ich wollte die Frau Pfarrer wieder zu Wort kommen lassen, sie fand es aber nicht. – – –

Nun wird die Herrlichkeit zu Ende sein!

Never mind.

Man war nach wie vor freundlich mit mir, nur fehlte der aufrichtige Ton. Damit sie ja nicht glaubten, ich bereue meine Worte, setzte ich mich in der Sonntagspredigt neben die Köchin. Der Herr Pfarrer predigte von Liebe und Gehorsam.

In Gedanken kam ich an den Mississippi und hörte jenes Negerweib rufen:

> »Wie soll das Wort ich glauben,
> Wohnt es nicht in euern Seelen?«

(Annelise Rüegg: »Erlebnisse einer Serviertochter / Bilder aus der Hotelindustrie«. 2. Auflage, Zürich, 1914)

Annelise Rüegg:
Wer nicht kuscht, der fliegt (um 1906)

Als Vater Rüegg das Saufen aufgab und ordentlich wurde, starb er. Die Witwe schuftete, auch die Kinder mußten früh in den Arbeitstrott. Annelise wurde mit 14 Jahren Fabriklerin; sie verlor eine Stelle nach der anderen, weil sich ihr Gerechtigkeitssinn gegen den Armeleute-Rat ihrer Mutter stellte: »Arbeite, nimm alles auf dich, du gewöhnst dich daran, und schweige ...« Als Serviertochter erging es ihr nicht anders. Ob in Italien, in Deutschland, in England oder in ihrer Heimat: überall bekam sie es zu spüren, daß der, der arbeitet, wie ein Ding behandelt wird ...

Ich war Obersaaltochter im Hotel »Viktoria«. Zwei fleißige hübsche Zürcherinnen waren meine Saaltöchter. Als erste Angestellte durfte ich an einem besonderen Tisch essen. Daß aber meine Saaltöchter nur zusammengeschütteten Kaffee, hartes Brot, saure Fleischreste, an denen manchmal noch Würmer wimmelten, zu essen bekamen, konnte ich nicht mitansehen.

Ich ging aufs Bureau und verlangte, daß meine Saaltöchter in Zukunft an meinem Tisch essen dürfen. Der Herr Direktor schaute mich fragend an, die Frau Direktor antwortete: »Sie wollen eine Obersaaltochter sein und kommen mit solch' einem Verlangen; niemals! Wenn Sie nicht wissen, was sich schickt, so wissen wir es. Auch ist mir neu, daß Angestellte befehlen dürfen.«

Sie sprach von oben herab, warf zornige Blicke auf ihren Mann und rief: »Findest du wieder keine Worte? Muß immer ich den frechen Angestellten den Standpunkt klar machen.«

Eingeschüchtert stand der Herr Direktor auf und fing an:

»Fräulein, es tut mir leid, ich kann Ihr Verlangen nicht befolgen, es war immer so im Hotel ›Viktoria‹!«

»Und bleibt so«, ergänzte gereizt die Frau Direktor.

Wir mußten aber das schöne Schuls doch nicht verlassen. Der holländische Direktor vom »Belvedere« engagierte uns. Ich kam ins Restaurant und Rietli in den Saal. Das Essen war, wenn der Küchenchef nicht guter Laune war, noch schlechter als im Hotel »Viktoria«. Zu oberst unterm Dach des Türmchens, welches zur Zierde des Hotels gebaut war, standen fünf armselige Betten, und ein langer, aus zwei Sägeböcken und einem ungehobelten Brett hergestellter Tisch mit fünf Waschschüsseln. Die strenge Hausregel und eine Anzahl rostige Nägel waren der ganze Wandschmuck. Kästen und Stühle gab es keine, eine Türe auch nicht. Das war unser Schlafgemach. Der einzige Luxus war die großartige Aussicht, denn nicht nur zum Fensterchen hinaus konnte man sehen, auch durch die Spalten des Fußbodens konnten wir andere Angestellte gehen und schlafen sehen ...

Rietli bekam von seiner Tante eine große Zuckerwähe (Kuchen), die wir heißhungrig verschlangen.

Dem armen Abwaschmädchen, das seit zwei Tagen krank war, wollte ich auch ein Stück bringen. Als ich dasselbe unter dem Dach nirgends fand, erkundigte ich mich nach seinem neuen Zimmer und fand dasselbe nach langem Suchen unten im Keller. Ich weinte vor Zorn und Mitleid.

»Ist der Arzt schon hier gewesen?« fragte ich Urseline.

»Ja, aber nicht lange«, antwortete mühsam die Kranke.

Natürlich, beim Kurarzt fängt der Patient erst beim Hotelgast an. Was will er sich um ein armes Abwaschmädchen bemühen; damit könnte er es höchstens mit dem Herrn Direktor verderben ...

Ich nahm mir vor, jedem, der heute in mein Restaurant komme, von Urseline zu erzählen.

Zuerst kam der »Chef de Réception«, des Direktors Freund, den ich nicht leiden konnte. Ich sagte ihm: »Wenn Sie nicht dafür sorgen, daß die kranke Urseline ein anständiges Zimmer bekommt, so erzähle ich allen, warum Sie nachts bis zuletzt in meinem Restaurant bleiben.«

»Fräulein, seien's doch vernünftig. Jetzt, in der Saison, können wir uns nicht um ein Abwaschmädchen kümmern, noch viel weniger ein Fremdenzimmer hergeben. Wenn ich Zeit finde, will ich mit der Gouvernante darüber sprechen.«

»Fräuleinchen, einen Chartreuse«, befahl mir ein eintretender Gast.

Mit zusammengebissenen Lippen schenkte ich dem nach Parfüm duftenden Herrlein ein. In mir kochte eine Wut, in der ich die ganze Gegend hätte verohrfeigen mögen.

»Na, Mademoisellchen, warum so ernst heite? Schrieb der Schatz nicht?« – »Nehmen's auf meine Rechnung 'nen Benediktiner und lachen's wieder!«

»Wenn Sie gesehen hätten, was ich heute sah, wär's Ihnen auch nicht ums Lachen.«

»Und was war das Schreckliche?«

»Urseline, eine Bündnerin, die sonst von morgens 6 bis abends 10 Uhr Geschirr reinigte, liegt krank an einer Blutvergiftung in einem Zimmer, wo weder Licht noch frische Luft hinein kann.« –

»Na, Fräuleinchen, das müssen's nicht so tragisch nehmen. So Mädchen sind an nichts Besseres gewöhnt. Und wer braucht sich mit Geschirr zu plagen? Wenn sie hibsch is, soll es zu uns nach Frankfurt kommen.«

Der Herr Direktor ließ mich auf sein Bureau rufen.

»Wo waren Sie heute mittag, warum sah man Sie nicht bei Tisch?«

»Ganz einfach, weil ich mich gefahrlos mit Zuckerwähe sättigte.«

»Geben Sie mir Antwort, daß ich Sie verstehe.«

»Wenn der Herr Direktor nicht weiß, was und wie gut eine Zukkerwähe ist, kann er mich natürlich nicht verstehen.«

»Dummes Maul, heute noch verlassen Sie den Dienst und in der ›Hotel-Revue‹ werde ich meine Kollegen warnen, Sie zu engagieren.«

Ich ließ mich nicht aus dem Gleichgewicht bringen und sagte ruhig: »Tun Sie das, so sind Ihre Herren Kollegen und ich in Zukunft voreinander sicher.«

Hierauf sprang der große Holländer in die Höhe, und wie ein wütend gewordenes Tier sprang er auf mich zu und schlug mir ins Gesicht.

Ich entfloh und schrie wie wahnsinnig: »Helft, helft!«

Oben im Estrich saß ich zitternd vor Aufregung auf einem Bett. Rietli kam und tröstete mich, während sie meine und ihre Sachen einpackte.

(Annelise Rüegg: »Erlebnisse einer Serviertochter / Bilder aus der Hotel-Industrie«. Zürich, 1914)

Else Opitz:
Ilses Eintritt in die Fabrik (1923–1935)

Sei brav, gehorche und erfülle deine Pflicht: das war damals – und nicht nur in den Zwanzigerjahren – die Anweisung der Eltern an schulentlassene Kinder, die in das Berufleben treten. Als Christen bekannte Brotgeber wurden als Lehrherren bevorzugt, als ob die Grundsätze der Bergpredigt das Betriebsklima bestimmten. Mit der Erfahrung, daß dem nicht so sei, sondern daß der Herr, auch wenn er christlich gesinnt, Herr sei und der Knecht eben Knecht, kam zwangsläufig der Zweifel an der gottgewollten Ordnung. Dann war man schon so zermürbt, daß die Flucht aus einem solchen Betrieb als die einzige Lösung angesehen wurde.
Die Verkleidung der Person (Ilse = Else) und die Darstellung nicht in der bei den frühen Autobiographien geübten Ich-Rolle nehmen nichts von der Glaubwürdigkeit der Erfahrung im Arbeitskampf, im Gegenteil, die Erfahrung, hier gleichsam entpersönlicht, wird als die der Arbeitenden überhaupt empfunden.

Früher träumte sie öfter davon, dann strich die Zeit mit ihren gütigen Händen darüber hin. Als sie aber nach Jahrzehnten wieder weinend und ausgehöhlt aus der Finsternis eines solchen Traumes erwachte, versuchte sie die Linien nachzuziehn, die von einer glücklichen Kindheit in das Gestrüpp eines schweren Berufslebens verliefen. Vielleicht hätte es nicht dunkel sein müssen, nicht so dunkel, wenn der Himmel oder die »Vorgesetzten« einen Sinn für junge Menschen hätten, die eben erst aus den Träumen ihres Kindseins wachgerüttelt wurden.
Ilse war 14 Jahre alt, als sie einem kleinen Fabrikbetrieb anvertraut wurde, dessen Inhaber sehr christlich und darum ihren Eltern vielversprechend erschienen. Es war nicht direkt die Fabrik, sondern das Büro dieses Werkes, in dem sie als Lehrmädchen ihre erste Arbeitsstelle fand.
Die Zeit damals war von der Willkür des Einzelnen gezeichnet, da diese Generation eine arbeitslose und ausgehungerte war, deren

Weltbild in bezug auf das Soziale durch den verlorenen Krieg zerrüttet und entmachtet war. Einzig gültig war der Verdienst und das Brot. Wie und wo man es bekam, unter welchen Umständen, blieb unwichtig. Häufig durch Demütigungen, unbezahlte Überstunden und harte Worte. Von einem Jugendschutzgesetz wußte man nichts.

Die Frau des Chefs war in diesem Betrieb alles: Der Direktor, der Betriebsleiter, der Oberaufseher, das fast allein bestimmende Organ und nicht darum, sondern um ihrer Arglist und Tücke willen ebenso gefürchtet wie gehaßt.

Sie sagte: Du bist nun Lehrmädchen in einem Büro, dein Kleid hat einen Flicken am Ellbogen, sage deiner Mutter, das geht nicht an.

Sie sagte: Ich habe beobachtet, daß du mit den Arbeitern gehst und sprichst, das will ich nicht mehr sehn, du bist Angestellte.

Sie sagte: Du wirst jeden Samstagnachmittag für mich einkaufen und jeden Sonntagmorgen frische Milch bringen.

Sie sagte: Du bist in einem christlichen Betrieb und darum werde ich dich jede Woche einmal am Abend in unsere Kirche, die eine andere ist als die deine, mitnehmen, damit du deine Fehler und Sünden erkennst und ein brauchbarer und guter Christ wirst.

Sie sagte: Du bist in Handarbeiten sehr geschickt, so habe ich erfahren. Ich werde dir Decken, Kissen und Garn mit nach Hause geben. Der Erlös deiner Arbeiten wird der christlichen Mission unserer Kirche zu Gute kommen.

Sie sagte (nach einem Jahr): Du kannst nun Maschinenschreiben und Stenographieren. Mein Mann wird dich bald zum Diktat einsetzen. Das ist eine Bevorzugung, merke dir das.

Sie sagte und befahl noch vieles!

Ilse befolgte alles. Ihr Vater war arbeitslos.

Mutter kaufte ihr von dem geringen Haushaltsgeld ein neues Kleid.

Ilse sprach nur noch heimlich und ganz selten mit den Arbeitern.

Samstag kaufte sie ein und brachte Sonntags frische Milch. Einmal in der Woche ging sie in ihre Kirche und weinte dort viel, denn es wurde fast nur von Sünde und Bekehrung gesprochen.

Halbe Nächte saß sie über der Stricktrommel. Ohne daß ihre Eltern es wußten, fertigte sie Handarbeiten in dem guten Glauben, einmal fertig zu werden. Sie wurde nie fertig.

1791/92:
Beginn der Frauenemanzipationsbewegung in Frankreich

Olympe de Gouges (1748–1793). Mutmaßlich zeitgenössische Darstellung (Foto: Stefan Amsüss/Graz)

Théroigne de Méricourt (1762–1817). Kupferstich von Cheneau nach einem Gemälde von Fouquet, 1792 (Foto: Stefan Amsüss/Graz)

Ausschnitt aus Olympe de Gouges' »Les Droits de la Femme«, Paris 1791. Aus dem Bestande der Bibliothèque Nationale, Paris, Sign. E 5568 (vermittelt von Jérôme Radwan, Asnières)

DÉCLARATION DES DROITS DE LA FEMME ET DE LA CITOYENNE,

A décréter par l'Assemblée nationale dans ses dernières séances ou dans celle de la prochaine législature.

ARTICLE PREMIER.

La Femme naît libre et demeure égale à l'homme en droits. Les distinctions sociales ne peuvent être fondées que sur l'utilité commune.

II.

Le but de toute association politique est la conservation des droits naturels et imprescriptibles de la Femme et de l'Homme : ces droits sont la liberté, la propriété, la sûreté, et sur-tout la résistance à l'oppression.

III.

Le principe de toute souveraineté réside

A 4

L'EMANCIPATION
DE LA FEMME
ou
LE TESTAMENT DE LA PARIA

ouvrage posthume

De Mme **FLORA TRISTAN**

COMPLÉTÉ D'APRÈS SES NOTES ET PUBLIÉ

PAR A. CONSTANT

Les progrès sociaux et changements de périodes
s'opèrent en raison du progrès des femmes vers la
liberté, et les decadences d'ordre social s'opèrent
en raison de la decroissance de la liberté des
femmes.... En resumé *l'extension des privilé-
ges des femmes est le principe general de
tous les progrès sociaux*.

FOURIER.

PARIS

AU BUREAU DE LA DIRECTION DE *LA VÉRITÉ*

Passage Choiseul, 39,

1846

links oben: Flora Tristan (1805–1844)
(Foto: Stefan Amsüss/Graz)
rechts oben: Titelseite der 1845 erschienenen posthumen Ausgabe
unten: Zeitgenössische Karrikatur auf
die Revolution 1848 in Deutschland:
»Revolutionäre« Bürger schon auf der
Flucht vor der anmarschierenden Reaktion

1848: Bruch zwischen Bourgeoisie und Arbeiterklasse – getrennte Frauenemanzipationsbewegungen

Die Begründer der Arbeiterbewegung
von Anfang an für die Emanzipation der Frau

von links nach rechts: Victor Adler (1852–1918), Karl Marx (1818–1883), August Bebel (1840–1913). (Holzschnitte von Victor Th. Slama im »Arbeiterjahrbuch 1928«, Bodenbach a. E.)

Die erste Versammlung arbeitsloser Frauen 1892 in Wien. – Das »Interessante Blatt« vom 22. 12. 1892 schreibt zum obigen Titelbild (Foto: Stefan Asmüss/Graz): «Adelheid Dworschak, die Einberuferin der Versammlung, entwickelte von der Rednerbühne herab die Prinzipien der sozialistischen Partei, deren treueste Anhängerin sie ist. Das kaum zwanzigjährige Mädchen, das noch bis vor kurzer Zeit als Arbeiterin in einer Korkfabrik gegen einen Wochenlohn von 6 Gulden arbeitete und von demselben ihre alte Mutter ernährte, hat sich durch fleißiges Selbststudium zur Leiterin der ›Arbeiterinnen-Zeitung‹ emporgeschwungen . . .»

Die Presse als Waffe
Arbeiterinnen leiten Zeitungen

oben: Gertrude Guillaume-Schack (Foto: AdsD) gründet 1885 «Die Staatsbürgerin»

Emma Ihrer (1857–1911) begründet – kurz vor Adelheid Popp für Österreich – 1891 in Deutschland die sozialdemokratische Wochenschrift »Die Arbeiterin«, ab 1892 bei J. H. W. Dietz unter dem Namen »Die Gleichheit«, von Clara Zetkin bis 1917 redigiert (Foto: AdsD)

Probenummer.   **2. Jahrgang.**

Die Gleichheit.

Zeitschrift für die Interessen der Arbeiterinnen.

Herausgegeben von Emma Ihrer in Velten (Mark).

Die „Gleichheit" erscheint alle 14 Tage einmal. Preis der Nummer 10 Pf., durch der Post bezogen beträgt der Abonnements-Preis vierteljährlich ohne Bestellgeld 55 Pf.; unter Kreuzband 85 Pf. Inseratenpreis der zweigespaltenen Petitzeile 20 Pf.

Stuttgart
Samstag, den 28. Dezember 1891.

Zuschriften an die Redaktion der „Gleichheit" sind zu richten an Fr. Klara Eißner (Zetkin), Stuttgart, Rotebühl-Straße 147? IV. Die Expedition befindet sich in Stuttgart, Furthbach-Straße 12.

An die Leser!

Mit dieser Nummer tritt „Die Gleichheit" an die Stelle der vielen liebgewordenen Zeitschrift „Die Arbeiterin." Wer „Die Arbeiterin" bisher und unter schwierigen Verhältnissen am Werk gesehen, der kennt mithin auch das Programm, das sich „Die Gleichheit" stellt, die prinzipielle Grundlage, auf der ihre Haltung sucht.

Allein in Folge veränderter äußerer Umstände hoffen wir, den Wirkungskreis des Blattes beträchtlich zu erweitern, und für die neu hinzukommenden Leser dürften einige Worte der Erklärung nicht überflüssig sein.

„Die Gleichheit" tritt für die volle gesellschaftliche Befreiung der Frau ein, wie sie einzig und allein in einer im Sinne des Sozialismus umgestalteten Gesellschaft möglich ist, wo mit der ökonomischen Abhängigkeit eines Menschen von einem andern Menschen ein Ende nimmt. In diesem Kampfe aber sind die ausgedehntesten politischen Rechte — die Arbeiterbewegung hat dies bewiesen — vorzügliche und unentbehrliche Waffen.

Die wohlhabende Frau bedarf zu ihrer Emanzipation, ihrer Befreiung bloß der rechtlichen Gleichstellung mit dem Manne.

Die Frau des Proletariats dagegen bleibt, auch wenn sie ihre rechtliche Gleichstellung mit dem Manne errungen, noch unfrei, abhängig vom Kapitalisten. Sie muß deshalb alle Bestrebungen unterstützen, welche darauf abzielen, die Macht der Kapitalistenklasse zu beschränken, die Macht der Arbeiterklasse dagegen zu erweitern; sie muß der Bourgeoisie alle die Konzessionen abzuringen suchen, welche geeignet sind, das Proletariat körperlich, geistig und sittlich zu heben.

„Die Gleichheit" vertritt in erster Linie die Interessen der Proletarierinnen, ohne Unterschied, ob dieselben dem Proletariat der Kopfarbeit oder dem der Handarbeit angehören. Zwar sind sich die Ersteren ihrer oft in gefälligere Formen gehüllten, aber um so schwerer lastenden Klassenlage vielfach nicht bewußt oder wollen dieselbe nicht eingestehen. Allein wir sind davon überzeugt, daß ihnen allen, den Lehrerinnen, Buchhalterinnen, Schrift-

Schicksal der Arbeiterklasse unteilbar:
auch die Frau
als Arbeiterin und Mutter in totaler Abhängigkeit!

oben: Gleich dem Manne arbeitet sie »unter Tag«: eine Kohlenschlepperin, halbnackt wegen der Hitze (um 1820)

rechts: Lange Lohnkämpfe ohne Mithilfe der Ehefrauen nicht durchführbar: Aufklärungswelle der SPD im Hamburger Hafenstreik 1893

rechts unten: Arbeitslosigkeit oder Tod des Ernährers treibt die Familie in Not. (Ausschnitt aus »Städtisches Obdachlosenasyl« von Käthe Kollwitz)

Mittwoch, den 9. Dezember, Nachmittags 3 Uhr:

Zwei große
Oeffentliche Versammlungen
der Frauen streikender Arbeiter
in Koppelmann's Salon, Gr. Rosenstr., Altona,
im „Hammonia-Gesellschaftshaus",
Hohe Bleichen, Hamburg.

Tages-Ordnung: Der Generalstreik im Hamburger Hafen.

Mit Unmuth hat das prozenthafte Unternehmerthum den schiedsgerichtlichen Ausgleich des gegenwärtigen Kampfes zurückgewiesen.
Frauen der kämpfenden Arbeiter, erleichtert Euren Männern den Kampf.
Feststehen, ist jetzt die Parole!

links: Krieg 1914/1918. Die Frau als Munitionsarbeiterin steht gleich dem Manne unter dem Kriegsdienstleistungsgesetz (Aufnahme aus der Wöllersdorfer Munitionsfabrik)

Der erste Frauenstreik in Wien 1893, organisiert von Amalie Ryba. (Titelzeichnung des »Neuigkeits-Welt-Blattes« vom 9. Mai 1893)

Arbeiterinnen im Kampf: Erste emanzipatorische Schritte

links: Arbeiterinnen demonstrieren 1907 um die politische Gleichberechtigung, um das Frauenstimmrecht

unten: Demonstrationen für den Achtstundentag in Favoriten von der Exekutive mit blanker Waffe »aufgelöst«. (Titelzeichnung des »Interessanten Blattes« vom 31. 8. 1893)

DER TAG DER FRAUEN UND SEINE VORKÄMPFERINNEN

2. Reihe von links nach rechts: Ottilie Baader (1847–1925), Luise Zietz (1865–1922)
3. Reihe von links nach rechts: Luise Schroeder (1887–1957), Clara Bohm-Schuch (1879–1936)

Österreichisches Frauenreichs- und n. ö. Frauenlandeskomitee 1917. Sitzend von rechts nach links: Marie Schuller, Anna Boschek, Therese Schlesinger, Amalie Seidel, Adelheid Popp, Gabriele Proft. Stehend von rechts nach links: Josefine Deutsch, Marie Münzker, Amalie Pölzer, Marie Bock, Emma Freundlich, Olga Hönigsmann, Anna Grünwald, Mathilde Eisler

Stehend ganz links: Fanny Blatny; Frauenreihe sitzend von links: Anna Altmann, Anna Perthen und als übernächste Adelheid Popp.

SOZIALISMUS

FRAUENTAG

MÄRZ 1928

WIR DEMONSTRIEREN:
FÜR DEN FRIEDEN
FÜR JUGENDFÜRSORGE UND JUGENDERZIEHUNG
FÜR ALTERS- UND INVALIDENVERSICHERUNG
FÜR DIE GLEICHSTELLUNG DER FRAU IM FAMILIENRECHTE
FÜR DIE REFORM DES EHERECHTES
FÜR DIE INTERNATIONALE SOLIDARITÄT

GEGEN DEN § 144 IM NEUEN STRAFGESETZ
GEGEN DEN ABBAU DES MIETERSCHUTZES

Das allgemeine Stimmrecht ist der Gradmesser der Reife der Arbeiterklasse

Noch in ihrer Lehrzeit wurde sie zur Stenotypistin erhoben, nicht ohne ihr bisheriges Arbeitspensum – Registratur, Aufträge ausschreiben, Provisionen ausrechnen und anderes – zu vernachlässigen.

Alles war zu wenig!

In ihren Träumen gab es damals nur Qualgestalten, keinen Himmel, keine Worte, endlose Tunnels, deren Dunkelheiten wie würgende Hände nach ihr griffen. Vor ihren Eltern verbarg sie geschickt, was sie durchzustehen hatte. Nur Mutter sagte manchmal: »Du bist so blaß, hast du nicht verweinte Augen?« Ilse hatte es ihr meist lächelnd ausgeredet und, wenn sie doch einmal in Tränen ausbrach, gab sie Kopf- oder Leibschmerzen vor. Mutter sollte neben ihren Sorgen nicht auch noch jene haben, daß sie es in ihrer Stelle nicht aushielt.

Dennoch, sie war jung und lebte in der großen Selbsttäuschung, glücklich zu sein. Natürlich war sie es für Stunden zu Hause oder unter Freundinnen, aber sie lebte in steter Angst vor dem nächsten Tag, denn hinter jedem Wort dieser Frau stand ein Drohung, hinter jedem Lob eine Forderung.

Irgendwie fing es damals schon an, daß sie zerrissen wurde; sie hatte sich verdoppelt und verdreifacht in ihrem Tun und fühlte sich bestätigt darin, gebraucht zu werden. Dieses Leben von der Substanz, dieses Nicht-nein-sagen-Können, war ein Teil ihrer Schuld in diesen Jahren. Aber ein Wehren oder Aufbäumen wäre einer Kündigung gleichgekommen.

So hielt sie es 12 Jahre durch, bis eine Ohnmacht und ein Nervenzusammenbruch dem allen ein Ende setzte. Heute noch sieht sie sich zitternd vor diese Frau hintreten und sagen: »Hier habe ich eine Vorladung zum Gesundheitsamt, um 15 Uhr, bitte, kann ich weggehen?«

Sie sagte: »Während der Arbeitszeit, das fehlte gerade noch, ich werde anrufen.« (Sie tat das nicht im Büro, sondern in der Wohnung.) Dann: »Ich habe es mit dem Arzt besprochen. Sie können um 18 Uhr auch noch kommen!«

Nach der Untersuchung am Abend sah der Arzt Ilse mitleidig an und sagte: »Sie sind sehr krank, und nicht ein Landaufenthalt, wie ihr Hausarzt meinte, sondern ein Sanatorium ist notwendig. Und noch etwas: Das sage ich nur, um ihnen die Augen zu öffnen. Die

Frau ihres Chefs hat mich angerufen und gesagt: ›Da kommt heute abend nun eine meiner Angestellten zu ihnen, die gerne ein wenig krank spielen und Urlaub machen möchte. Ich sage ihnen, sie ist kerngesund und sie kann arbeiten wie eine Wilde, alles nur Verstellung!‹«

Der Arzt sah, wie Ilse erblaßte. Er beruhigte sie sofort und sagte: »Ich schreibe sie ab heute krank und gebe ihnen den einen Rat: Kündigen sie sofort diese Stellung! Krankheit und Sanatorium gilt als Kündigungszeit, und sagen sie dieser Frau, ob ein Mensch krank ist oder gesund, hat nicht sie, sondern der Arzt allein zu entscheiden. Und – – – gehen sie nie wieder zurück in diese Firma, sonst würde auch der Aufenthalt im Sanatorium vergeblich sein.«

Von all dem, was der Arzt noch sagte, hörte Ilse immer nur eines: »Nie mehr zurück, nie mehr!«

An diesem Abend erzählte sie ihren Eltern alles. Ihr Vater sah sie entsetzt an und sagte: »O Kind, gerade dies wollten wir dir ersparen, da wir dich zu christlichen Leuten in ein Büro gaben!«

Ilses spätere Anstellung in einem größeren Betrieb entschädigte sie für alles. Menschlichkeit und Anerkennung wurden ihr zuteil. Die Arbeit wurde zur Freude.

Es gibt Menschen, die halten sich für die Inquisitoren des Lebens, nur weil ihr Kassenschrank sie anscheinend ermächtigt, dem Anderen, dem Kleinen, den Schierlingsbecher zu reichen.

(Originalbeitrag)

2. Exkurs: Der Taumel 1914

Es wäre ja alles nicht so schwer,
wenn nur die brennende Scham nicht wär.

Sie gehen für dich in die Kugeln hinein –
du liest es abends beim Lampenschein.

Sie schlafen, in nasses Gras gestreckt –
dir steht dein gutes Bett gedeckt.

Du weißt deine Liebsten zum Greifen dicht –
sie sehen im Sterben ein fremdes Gesicht.

Und all dein Lieben und all dein Leid,
dein heißestes Wünschen reicht nicht so weit,

daß es einem da draußen in würgender Schlacht
die letzte Stunde leichter macht.

*(Andrea Frahm: »Zu Hause«. Zitiert nach »Die deutschen Dichter und der
Krieg« von Josef Luitpold. In: »Das Sternbild«, Band IV, Wien, o. J.)*

Droht der Ausbruch eines Krieges, so sind die arbeitenden Klassen und deren parlamentarische Vertreter in den beteiligten Ländern verpflichtet, unterstützt durch die zusammenfassende Tätigkeit des Internationalen Sozialistischen Büros, alles aufzubieten, um durch die Anwendung der ihnen am wirksamsten erscheinenden Mittel den Ausbruch des Krieges zu verhindern, die sich je nach der Verschärfung des Klassenkampfes und der allgemeinen politischen Situation naturgemäß ändern.

Falls der Krieg dennoch ausbrechen sollte, sind sie verpflichtet, für dessen rasche Beendigung einzutreten und mit allen Kräften dahin zu streben, die durch den Krieg herbeigeführte wirtschaftliche und politische Krise zur Aufrüttelung des Volkes auszunutzen und dadurch die Beseitigung der kapitalistischen Klassenherrschaft zu beschleunigen.

(Aus der Resolution des Internationalen Sozialistischen Kongresses, Stuttgart 1907)

Das Bewußtsein der proletarischen Solidarität kann in den Strömen von Blut und in dem nervenzerreißenden Grauen dieses Krieges nicht erstickt werden. Um auch noch in diesem Meere von Ungeheuerlichkeit das gemeinsam Menschliche, wo immer nur möglich, zu retten, zu verstärken, zu erhalten, sind alle sozialistisch Denkenden unermüdlich am Werke. Und die Internationale? Ihre Stimme ist heute vom Donner der Kanonen übertönt, ihre Hand gelähmt, ihr Band unsichtbar und unwirksam geworden. Aber die Internationale ist keineswegs tot, wie höhnende Feinde und kleinmütige Freunde meinen. Sie wird sich geltend machen als Wille zum Frieden, und sie wird wieder zum Wirken und zur Tat erwachen. Denn wenn dieser Krieg die Tatsache der Klassenherrschaft nicht aus der Welt schafft, so wird es auch dann ein Proletariat geben, das nur leben, kämpfen und siegen kann in jener weltumfassenden Solidarität, in deren Zeichen die Arbeiterklasse endlich *ihren* Krieg und *ihren* Sieg erfechten wird, im Zeichen der Internationale.

(Victor Adler in: Mai-Festschrift 1915. Wien, 1915)

Käthe Leichter:
Die »patriotische Welle« bei Kriegsausbruch (1914)

»Grundlegend ist: Deutschland war bei Kriegsausbruch eine ›tiefzerrissene Nation‹, worüber der Taumel der Augusttage bis zum heutigen Tag hinwegtäuscht. Der Patriotismus der Volksmassen meinte alles andere als die Verteidigung der bestehenden Ordnungen. Im Gegenteil erwarteten die unteren Schichten vom Krieg einen Wandel der Verhältnisse. Als Lohn für erwiesene Staatstreue, hoffte man, werde die ›tiefe Kluft‹ zwischen den Klassen‹ zugeschüttet. Die Arbeiterschaft hatte sich in Protestversammlungen von ›erschütternder Ohnmacht‹ gegen den Kriegseintritt gewehrt. Die Sozialdemokratie war traditionell international und pazifistisch gesinnt gewesen. Die Arbeiter marschierten und die Partei bewilligte die Kriegskredite, weil sie im Sinne der Kriegslehre von Marx und Engels wähnten, mit diesem Krieg dem Ziel der ›Menschwerdung‹ einen großen Schritt näher zu kommen ... Die imperialistischen Motive lagen auf der anderen Seite der Kluft: bei Schwerindustrie, ostelbischem Landjunkertum, beim Militäradel, dem norddeutschen Großhandel und nicht zuletzt dem ›gebildeten‹ Bürgertum, das von kulturmissionarischen Zwangsvorstellungen beherrscht war.«

(Wolfgang Rothe: »Schriftsteller und totalitäre Welt«. Bern 1966)

Krieg! Seit 40 Jahren hatte man keinen gekannt. Den russisch-japanischen, die Balkankriege hatte man mit jenem Behagen verfolgt, das ausgelöst wird, wenn fern die Völker aufeinanderschlagen. Kam die gesellschaftliche Stagnation, der Sumpf, das Sich-Klammern an das Bestehende, das uns Jungen für die Erwachsenengeneration so symptomatisch schien, nicht vielleicht von dem langen Frieden? Würde ein Krieg nicht die träge Gewordenen aufreißen, das Blut auffrischen, würden nicht bestehende gesellschaftliche Vorrechte in ihm fortgeschmolzen werden und würde er nicht zu einer Erneuerung der Gesellschaft mit besserer Auslese führen? Würde nicht vor allem dem Leben der Jugend, der suchenden, auseinanderstrebenden, haltlosen, problematischen Jugend, endlich ein Sinn gegeben werden? Mit seinem Leben und seiner ganzen Persönlichkeit eintreten und eine neue Gesellschaft aufbauen – das waren Gedanken, die mich und andere Junge in diesen Tagen bewegten.

Ich erinnere mich, mit meiner Schulfreundin Thilde auf dem Balkon unserer Wohnung gesessen zu sein und ihr auseinandergesetzt zu haben, daß die Hauptsache doch sei, daß endlich einmal Bewegung, pulsierendes Leben, an die Stelle der bisherigen Starrheit trete. Thilde aber hatte Brüder, die vor dem Einrücken standen und anscheinend die Dinge anders betrachteten. Denn sie sagte zu mir: »Wie kannst Du nur diesen mit Absicht fabrizierten Quatsch so gedankenlos nachreden?« Das machte mich wohl nachdenklich, aber die Stimmung und Bewegtheit um mich herum sagten mir zu. Was der Sehnsucht so vieler Jungen entsprach, konnte doch nicht »künstlich fabriziert« sein?

Ich hörte eifrig herum, verschlang die Zeitungen. Da kam das Ultimatum an Serbien und machte mich stutzig. Zu stark war mein natürliches Gerechtigkeitsempfinden, als daß mich der Druck, der auf das kleine Land ausgeübt wurde, nicht für Serbien eingenommen hätte. Durfte ein Krieg, der für Recht und Erneuerung geführt werden sollte, so beginnen? Irregemacht durch solche Vorstellungen, atme ich mit anderen auf, als das Ultimatum von Serbien angenommen, der Krieg abgewehrt scheint – bis dann am Abend alles wieder anders ist. Es wird doch Krieg. Und stecke in den Massen, die schreiend, singend, jubelnd durch die Straßen ziehen, denen ich mich angeschlossen habe.

(Das in der Haft verfaßte Manuskript ist hier unvollständig)

Zwei Ereignisse sollten mich in diesen Tagen aus einer zögernden zu einer überzeugten Kriegsanhängerin machen. Das eine war der Eintritt Rußlands in den Krieg. Rußland, das war der Zarismus, das war das Dunkel, die Unterdrückung jeder freiheitlichen Regung, das waren die Kosaken, Sibirien, Peter-Paul-Festung, Katorga, Galgen. Krieg gegen Rußland, das war der Kampf gegen den Zarismus, das war ein Freiheitskrieg, noch größer als der gegen Napoleon gewesen war. Hatte nicht der alte Bebel im deutschen Reichstag erklärt, wenn es gegen den Zarismus gehe, selber die

Flinte auf den Buckel zu nehmen? Hatten nicht die sogenannten Demokraten des Westens und ihr Bündnis mit Rußland bewiesen, daß es ihnen nicht um Demokratie und den Kampf gegen den Militarismus, sondern nur um ihren von der deutschen Industrie bedrohten Profit ging? Nun war der noch zögernd abwartenden Haltung vieler der Inhalt gegeben: Es ging gegen den Zarismus und damit gegen die schwärzeste Reaktion.

Das zweite Ereignis war die Ermordung Jaurès'. Wie so viele hatte auch ich gehört und erwartet, daß die sozialdemokratische Internationale den Krieg verhindern würde. Ich wußte, daß Jaurès die stärkste Kraft im Kampf für den Frieden war. Und nun war er in Paris ermordet worden – die Franzosen wollten also nicht, daß man für den Frieden eintrat, und töteten den Mann, der den Frieden retten wollte. War es nicht sinnlos, an diesen Willen zum Frieden auf der anderen Seite noch zu glauben? Wie gut, dachte ich damals, daß ich mich bisher persönlich nicht hatte entschließen können, mich für die Sozialdemokratie festzulegen. Es mußte doch schmerzlich sein, zu sehen, daß diese so vielgerühmte Internationale nicht bestand, wie ihre stolzeste Partei, die deutsche und gleich ihr die vieler anderer Länder, die Kriegskredite bewilligten, wie der Burgfrieden an die Stelle des von ihnen gepredigten Klassenkampfes trat. War es nicht wirklich eine Volksgemeinschaft, die der Krieg zusammenschmolz, gab es jetzt im verbündeten Deutschland nicht wirklich keine Parteien mehr, nur noch Deutsche? War der Tag dieses Ausspruches nicht sogar im Leitartikel des Wiener Zentralorgans als ›Tag der deutschen Nation‹ gepriesen worden? Nein, dieser Krieg mußte eine gute Sache sein, und es galt jetzt, sich mit all seinen Kräften und aller Leidenschaft in all das Neue zu werfen, das er brachte.

War es wirklich möglich, so oberflächlich, so blind, so kurzsichtig zu sein, werden mich viele fragen. Und doch ist es so, wie mir, Hunderttausenden gegangen und solchen, deren Weltanschauungen fester begründet waren als die meinen, solchen, die nicht nur achtzehn Jahre alt waren. Die Komplizierung der Fronten durch den Eintritt Rußlands in den Krieg, das Versagen der deutschen Sozialdemokratie, die geistige Absperrung durch das Aufhören jeder wahren Nachricht aus dem Ausland, vermochten im Augenblick mehr, als alle Propaganda verursacht hätte. Warum aber hätte ich politisch ungeschultes, gutbürgerliches Schulmädel klüger und weitsichtiger sein sollen als so viele langjährig geschulte Sozialdemokraten? Und doch glaube ich heute, daß, wenn ich schon vorher in ihren Reihen gestanden wäre, ich nicht von einem Tag auf den anderen meine Prinzipien so einfach an den Nagel gehängt hätte, wie die meisten von ihnen. Was zu entschuldigen war, wo noch keine feste Weltanschauung vorhanden war, war es nicht dort, wo diese Weltanschauung Lebensprinzip gewesen war. Daß es auch bei ihnen Unerschütterte, Überzeugte gab, die ihr Prinzip gegen eine Welt von Unverständnis hochhielten, wußte ich noch nicht. Es hätte mir sicherlich mehr Eindruck gemacht als das bloße Mit-dem-Strom-Schwimmen.

Bei mir zeigte sich aber, wie bei so vielen intellektuellen Jungen, wie wenig all das geistige Rüstzeug wert war, das uns durch das langjährige Lernen, Lesen und Diskutieren gegeben worden war. Mit dem ersten starken Windstoß brach dieses ganze geistige Gebäude zusammen, untauglich, uns zu einer geschlossenen Auffassung zu verhelfen und geistige Widerstandskraft zu verleihen. Nur daß uns, die wir noch keinen festen Standort hatten, das Renegatentum erspart geblieben ist und wir vielleicht darum den richtigen Weg dann leichter fanden, der für uns kein Weg zurück war. Zunächst aber sahen wir die Dinge genauso oberflächlich, redeten genauso gedankenlos Gemeinplätze nach wie andere, nur daß uns unsere Haltlosigkeit und Maßlosigkeit der Massenpsychose noch stärker unterliegen ließ und das Stahlbad des Krieges in unserem Mund intellektueller verbrämt und damit um so bedenklicher wurde.

(Aus »Lebenserinnerungen. In: Käthe Leichter: »Leben und Werk«. Hrsg. von Herbert Steiner. Wien, 1973 – Nachdruck mit Erlaubnis des Herausgebers und der Europa-Verlags-A.G., Wien)

Hildegard Wegscheider:
Krieg und Hilfsdienst (1914–1917)

»Sie sind Ehefrauen und Mütter, die ihre Gatten und Söhne in den Tod gehen lassen sollen um einer Staatsnotwendigkeit willen, die sie ihrem eigensten Wesen nach nicht begreifen. Und auch sie sind Sozialistinnen, Anhängerinnen eines hohen Ideals der Menschlichkeit. Ja, die Mehrzahl unter ihnen ist wohl eben um dieses Ideals willen der Partei beigetreten. Der Sozialismus begeisterte sie durch den hohen Flug der Gedanken, der der Menschheit nach einer Periode des Klassenkampfs mit der Bourgeoisie eine Welt des Glücks und der Freude, harmonischer Arbeit und edlen Lebensgenusses zu verheißen schien. Geht der Weg dahin notwendig durch eine harte, grausame Wirklichkeit, durch eine Reihe furchtbarer politischer Verwickelungen, an denen sie keinen Anteil nehmen und deren Einzelheiten sie nicht verstehen, so scheint es den meisten eine schönere und dankenswertere Aufgabe, nur den Glauben an jenes letzte Endziel des Kampfes unter ihren Klassengenossinnen zu verbreiten, der bitteren Wahrheit gegenüber die Lehre der Menschlichkeit hochzuhalten, gegen diesen furchtbaren Krieg zu protestieren, selbst dann, wenn sie einsehen, daß er sich in diesem Augenblick durch die Propaganda des Sozialismus nicht hätte vermeiden lassen.«

(Wally Zepler: »Die Frauen und der Krieg«. Berlin, 1916)

Ich war Ende Juni 1914 auf einer Schulreise mit meiner Klasse. Wir hatten Bad Ems mit den Erinnerungen von 1870/71, Diez, Limburg erlebt. Trotz aller Schönheit, die wir um uns sahen, war doch ein politischer Druck da – wenigstens für mich. Als wir dann in Wetzlar auf den Spuren von Werther und Lotte gingen und schließlich zum Bahnhof, um heimzufahren, da kam der Schlag. Die Mädchen sangen ihre hübschen Wandervogellieder, bis einige Bielefelder Herren aus der Bodelschwinghschen Anstalt in Bethel an uns herantraten, uns die Nachricht von dem Attentat in Sarajewo brachten und uns aufforderten, in so ernster Stunde ernste Lieder zu singen; da wurden selbst diese rheinischen fröhlichen Kinder betroffen. Aber wir wußten ja alle nicht, was Krieg hieß! Zwar hatten wir schon im Jahre 1912 unsere Schülerinnen auf Befehl des Ministers zu einem Vortrag über moderne Waffen führen müssen, in dem der Redner die Wirkung des Maschinengewehres und besonders das Hinmähen ganzer Formationen der Gegner durch die kleinsten Einheiten mit Hilfe dieser Waffe anschaulich, begeistert und für uns grauenhaft schilderte. Die populäre Vorstellung von einem Krieg war aber damals wesentlich bestimmt durch das Bild der kurzen Bismarckschen Kriege, auch bei der Arbeiterschaft.

Trotzdem war die Spannung in der Zeit vom 28. Juni, dem Tage des Attentats, bis zum 30. Juli, dem Tage der Mobilmachung, fast unerträglich. Ich werde das Licht der ersten Kriegstage nie vergessen, dieses grauenhafte, überhelle und doch fahle Augustlicht! Unser Schulleiter, die meisten unserer Lehrer, die alle Reserveoffiziere waren, mußten sofort zum Heere. Ich übernahm die Leitung der Schule. Die Schülerinnen, die gerade Ferien hatten, machten unter unserer Aufsicht Bahnhofsdienst, ich nahm mit vielen anderen Frauen noch einen Verbandskurs vom Roten Kreuz für den Bahnhofsdienst. Es gab überall Weh und Abschied und Tränen. Aber wie reich waren wir damals noch: Die Soldaten wurden mit belegten Brötchen, mit Obst, mit Würstchen, mit Kuchen überfüttert. Alles spielte sich sehr ruhig ab, da in diesen Tagen kein Alkohol ausgeschenkt werden durfte, und auf der Strecke lagen die gespendeten Lebensmittel und verkamen.

Natürlich sangen die Soldaten; aber die Stimmung war doch bei ihnen nicht einheitlich. Die meisten Inschriften an den Wagen waren übermütig und siegessicher. Aber ich las doch auch den Vers auf einer Lokomotive:

> Gott schuf Menschen und die Tiere,
> aber auch die Unteroffiziere.
> Diese gottverfluchten Hunde
> schuf er in der Dämmerstunde.

Nach den Ferien hielt ich natürlich eine kleine Ansprache. Unsere Truppen waren schon in Belgien eingefallen, der Kanzler Bethmann-Hollweg hatte schon von Verträgen als von Fetzen Papier geredet. Ich konnte es nicht unterdrücken, ich mußte als einzige und wesentliche Hoffnung für uns darstellen, daß wir Deutschen auf dem Boden des Rechtes gefunden würden. Daraufhin wurde mir die Haltung von Ansprachen während des Krieges untersagt. Das Verbot wurde aber verzuckert. Es wurde davon gesprochen, daß während des Krieges die Religionslehrer die Ansprachen übernehmen müßten. Das war die Schonung, die man nach dem kaiserlichen Wort: »Ich kenne keine Parteien, ich kenne nur noch Deutsche«, auch dem politischen Gegner erwies.

Sehr stark setzte die Hilfstätigkeit ein. Unsere Wohnung war im Hause des Lehrerinnenvereines; in dessen Räumen wurden den Frauen der eingezogenen Soldaten ihre Kriegsarbeit, durch die sie die Familie erhalten mußten, zugeteilt. Hemden und andere Wäschestücke wurden dort im großen von den Zuschneidern zugeschnitten und von Frauen aller Parteien, auch von den gewerkschaftlich organisierten Arbeiterinnen, an die Kriegerfrauen verteilt. Da ich im Hause wohnte, fiel mir ein bedeutender Teil dieser Arbeit zu. Familien, die niemanden im Kriege hatten, luden Kriegerkinder für die Dauer des Krieges zum Mittagessen ein. Für mich, die ich meine Wirtschaft neben der Schule zu machen hatte, war es nicht ganz leicht, dem allen zu genügen. Hilfe im Haushalt war schwer zu bekommen. Ich mußte vor der Schule die Wäsche auf der Leine haben und das Essen in der Kochkiste. In der Schule selbst wurden wir überfüttert mit Anweisungen, wie man im Haushalt zu sparen hätte, wie der Küchenzettel gestaltet werden müsse. Goldsammlungen und ähnliche Dinge wurden zum Teil von den Schulen aus gemacht. Neben den Leitungsgeschäften und meiner vollen Stundenzahl mußte ich auch noch eine nicht unbedeutende Zahl von Vertretungsstunden geben. Und über dem allen lag das Gespenst der Vernichtung. Wir haben in Bonn seine Schatten früh erlebt. Nach der Marneschlacht füllten sich unsere Lazarette mit erschöpften Soldaten und mit Schwerverwundeten. Meine jüngste Schwester kam noch im letzten Augenblick, ehe die Grenze geschlossen wurde, von einer Schweizer Ferienreise nach Bonn. Sie war Bildhauerin, aber der Krieg machte ihr jede künstlerische Tätigkeit innerlich unmöglich. So meldete sie sich als Krankenschwester im Lazarett und blieb da den Krieg über.

Wir hatten gerade damals zwei junge englische Freunde zu Gast, die absolut nicht an die Möglichkeit des Krieges glauben wollten. Es war mir mit viel Mühe gelungen, sie noch rechtzeitig für den allerletzten Transport nach England abzuschieben. Sie waren denn auch die ersten, die nach Friedensschluß mich wieder besuchten, voll Dankbarkeit für meine Energie. Meine Söhne, wie übrigens die meisten Jungen, lebten viel mit den jungen Verwundeten. Sie machten die nötigen Besorgungen für die Soldaten, fuhren wohl auch die Beinamputierten oder Beinkranken in die Stadt oder am Rhein entlang spazieren, brachten ihre so gewonnenen Freunde zu einer Kaffeestunde in unseren Garten; es wurde alles sehr schnell zur Gewohnheit. Aber der Druck wuchs. Saß ich des nachts beim Korrigieren der Hefte, da habe ich oft die Kanonen donnern hören. Die anfänglich sehr große Kriegsbegeisterung bei den Schülern und Schülerinnen wurde stiller. Die Väter und die Brüder waren weg, und die Zeitungen brachten sehr lange Listen von Gefallenen. Als der erste größere Transport englischer Soldaten über den Kanal versenkt wurde, kamen meine Jungen aus der Schule. Der 14jährige Dieter mit männlichem Mut rief schon von der Treppe herauf: 15 000 englische Soldaten sind tot. Der 11jährige Klaus sagte ganz leise und blaß: 15 000 englische Mütter weinen. Da war auch die Freude seines älteren Bruders dahin. Beide kannten ja englische Spielkameraden und ihre Mütter.

Trotzdem wurde es immer schwerer, offen über den Ernst der Lage zu sprechen. Nicht, daß man eigentlich mit Angeberei zu tun gehabt hätte. Aber die Worte der Lehrer wurden doch von den Kindern zu Hause berichtet und von den Eltern debattiert. Das schlimmste aber war, daß wir Unterlagen erhielten, die den Siegesnachrichten der Zeitungen widersprachen, z. B. über die Zahl unserer Unterseeboote. Die Marineleitung hat nicht nur den Reichstag, sondern auch jedes kleine Schulkind mit falschen Zahlen gefüttert und so den unbeschränkten U-Boot-Krieg durchgesetzt.

(Hildegard Wegscheider: »Weite Welt im engen Spiegel. Erinnerungen«. Berlin-Grunewald, 1953)

Bewußtsein von der Veränderbarkeit der Welt

Das ist der Mond, der Blüte bringt
und in der Blüte tief die Frucht –
das ist der Mond, der Sonne trinkt
und Lieder jauchzt und Klarheit sucht.
Sie nannten ihn den Wonnemond,
und Kirschenblüten hat's geschneit ...
wir aber feiern klaren Blicks
den Sonnentag des Völkerglücks,
den Blütenmond der neuen Zeit.

Wir feiern diesen Maientag:
denn laut an unserm Herzen klingt
des Mannesherzen Widerschlag,
der um das Heil der Menschheit ringt.
Wir feiern dieses Frühlingsfest:
wenn tief in unserm Schoße sprießt
die Hoffnung, die den Sieg empfängt,
die Sehnsucht, die zum Lichte drängt,
die Saat, die hoch in Halme schießt.

So feiern wir den ersten Mai,
der blütenstrotzend zieht ins Land:
wir stehn dem Mann im Kampfe bei,
gehn lachend mit ihm Hand in Hand.
Wir nahmen längst das stolze Recht,
das stumpfe Blindheit uns versagt ...
Der Lenz ist da! Die Zeit der Not
versinkt. Wir kämpfen – heiß und rot
der Freiheit Maienmorgen tagt.

*(Clara Müller-Jahnke: »Wir Frauen«. In: »Wach auf!« Letzte Gedichte.
Goslar, 1907)*

Die sozialistische Ideologie weist der unterdrückten und ausgebeuteten Arbeiterklasse einen Ausweg, der aus dem Elend und der Not der kapitalistischen Wirtschaft hinaus und hinaufführt in das Land der Freiheit, Gleichheit und Brüderlichkeit, hinein in die sozialistische Gesellschaftsordnung.

Die von ihren Vorkämpfern entdeckten sozialen Entwickelungsgesetze und treibenden Kräfte geben der Sozialdemokratie die Gewißheit, daß die wirtschaftliche Entwickelung sich in der Richtung zu ihrem Ziel: der sozialistischen Gesellschaft, bewegt; diese hat zur Voraussetzung die Überführung der Produktionsmittel – des Grund und Bodens, der Bergwerke, der Fabriken – aus dem Privatbesitz weniger in das Allgemeingut der Gesellschaft. Die Sozialdemokratie weiß, daß mit dieser Umwälzung die Arbeit von der Ausbeutung befreit, die ausgebeuteten Menschen aus Not und Abhängigkeit erlöst werden und damit erst die Möglichkeit einer freien Entfaltung und Betätigung ihrer Persönlichkeit auf allen Gebieten gegeben ist. Um das Ziel zu erreichen, ruft die Sozialdemokratie alle Abhängigen und Ausgebeuteten, die als Klasse durch ihr gemeinsames Los ein gemeinsames Interesse haben, unter ihre Fahne, organisiert sie und gibt ihrem Kampf gegen den Kapitalismus Richtung und Ziel.

Die Sozialdemokratie, die in ihrem Programm die Gleichstellung der Frau auf allen Gebieten des privaten, des öffentlichen und des politischen Rechts fordert, die seit je für die Erfüllung dieser Forderung in den Parlamenten und draußen im Volke gekämpft hat, sie ist dieser konsequente Vorkämpfer geworden, dank ihrer geschichtlichen Einsicht und einem stark entwickelten Gerechtigkeitssinn; das Interesse der ausgebeuteten Massen bedingt es, daß sie es künftig mehr denn je sein wird. Die Sozialdemokratie grüßt die Frauen als die willkommenen Kampfgenossen. Wo immer ihre Fahnen entfaltet werden, wird auch um Frauenrechte und Frauenschutz gekämpft.

(Luise Zietz: »Die Frauen und der politische Kampf«. Berlin, 1912)

Wilhelmine Kähler:
Lebenserinnerungen einer Arbeiterin (um 1880)

Eine unter den 81800 Arbeiterinnen in der Bekleidungsindustrie war Wilhelmine Kähler, die schon in den Siebzigerjahren sich der sozialdemokratischen Arbeiterbewegung angeschlossen hat. Sie litt wie alle anderen unter dem Saisoncharakter der Konfektionsarbeit: 8 bis 9 Monate Tag für Tag 14 bis 18 Stunden an der Nähmaschine, 3 bis 4 Monate Arbeitslosigkeit, Hunger und Kräfteverfall. Nicht umsonst erklärte eine Unternehmerin: »Nach Ablauf von 10 Jahren ist eine Maschinennäherin für das Hospital reif.«

(Nach: »Die Hausindustrie der Frauen in Berlin« von Dr. Clemens Heiss. Aus: »Dokumente der Frauen«. Wien, 1. November 1899)

Feiertagsstimmung. Das Klappern der Maschinen hat aufgehört und die Fabriktore sind geschlossen. Reges Leben herrscht in den verschneiten Straßen, durch welche Arbeiter und Arbeiterinnen hastig heimeilen.

In einem kleinen, notdürftig möbliertem Stübchen einer Mietskaserne steht einsam ein Weib, die arbeitsharten Hände auf einen Kasten gestützt. Mit allerlei Tand ist er gefüllt: welken Blumen, vergilbten Briefen, bunten Bändern und phantastischen Bleigebilden, wie sie in der ersten Stunde der Neujahrsnacht in manchen Gegenden noch immer von Männlein und Weiblein gegossen werden, teils des Scherzes halber, teils aus Aberglauben.

Sinnend ruht der Blick der Frau auf all dem Tand. Ein herbes Lächeln spielt um ihre scharf gezeichneten Mundwinkel; ihr bisheriges Leben zieht an ihr vorüber.

Ihr welken Blumen, ihr habt mir einst von Liebe und Jugendlust gesprochen; ihr, bunte Bänder, schmeicheltet meiner Eitelkeit, und euch, ihr Bleigebilde, betrachtete ich als Orakel. Das Herz voller Hoffnungen, die Brust geschwellt von Wünschen, begann ich jedes neue Jahr und an seinem Schlusse übertrug ich all die unerfüllten Hoffnungen und Wünsche dem folgenden Jahre.

Freudlos, entbehrungsreich war meine Jugend. Früh schon mußte ich der Mutter, die als Mantelnäherin Heimarbeit für eine große Firma hatte, helfend zur Seite stehen. Ich war die dritte von sieben Geschwistern, und ach, der Verdienst des Vaters reichte bei weitem nicht aus, die vielen Mäuler zu stopfen. Kaum aus der Schule entlassen, in die Tretmühle der Fabrikarbeit gespannt, für wenige Pfennige schwere Arbeiten verrichten: das war mein Los. Tagaus, tagein harte Fron für eine ärmliche Existenz und dabei die Seele voller Sehnen und Hoffen. Endlich mußte doch das Glück kommen, und es kam!

Ein höherer Angestellter im Geschäft fand an meiner Jugend, an meinem Frohsinn Gefallen. Unerfahren, wie ich war, traute ich seinen zarten Huldigungen, nahm Blumen und Geschenke aus seiner Hand und gab mich ganz den beseligendem Gefühl dieser Liebe hin. Zu den Glücklichsten aller Sterblichen zählte ich mich. Es verflossen etliche Monate. Theater, Spiel, Tanz, schöne Kleider, alles konnte ich haben, was das junge, lebensfrohe Herz begehrte. Doch ach! das Glück war nur von kurzer Dauer. – Bald war mir die Gewißheit, daß Mutterglück mich erwartete. Ich zögerte nicht, diese Entdeckung meinem Herzensschatz mitzuteilen, wähnte ich doch, sie müsse auch ihn mit der höchsten Freude erfüllen. »Aber, Kind, so habe ich es nicht gemeint, heiraten – ja, heiraten kann ich dich nicht.« Wie ein Todesurteil klang mir seine Antwort. Ich kam dem Wahnsinn nahe. Von Eltern und Geschwistern zurückgestoßen, der Verzweiflung überantwortet, erfaßte mich Ekel gegen alles. Verbittert und mit aller Welt grollend zog ich in einen anderen Ort.

Das Kind kam zur Welt, starb aber nach wenigen Minuten. Nun ging's in die alte Fron zurück.

Ich sah, wie meine Mitarbeiter gleich mir litten. Zweifel an den Worten des Pfarrers erfaßten mich, der so schön von der göttlichen Liebe und den himmlischen Freuden predigte. Muß es denn sein, so fragte ich mich wieder und wieder, daß Wenige in Überfluß leben und alle Genüsse bis zur Neige kosten, während viele Millionen Arbeiter und Arbeiterinnen am Hungertuch nagen, von der Wiege bis zum Sarge die schwarze Not und das graue Gespenst der Sorge als getreuen Begleiter haben? Ich betete inbrünstig zu Gott, mich auf den rechten Weg zu führen und mir zu helfen. Doch vom Beten wurde ich nicht satt und nicht frei, nicht ruhig und nicht glücklich. Ich spürte, wie die Ausbeutung an meinen Kräften zehrte. Ich sah, wie sie rings um mich Arbeiterinnen und Arbeiter aufbrauchte. So vergingen die Jahre, das Sehnen und Drängen nach Glück blieb. Schlägt denn nie die Erfüllungsstunde?

Der Schlag der Mitternachtsglocke hallt durch die Luft, kündend, daß das alte Jahr zu Ende ging. Wie viele Hoffnungen werden wohl mit ihm zu Grabe getragen, wie viele Flüche ihm nachgeschickt? Nun danket alle Gott, erschallt es von den Türmen. Einer alten Gewohnheit folgend, greift das Weib zum Bleitiegel.

Plötzlich erbrausen nebenan mächtige Klänge. »Wir Männer in der Bluse sind's, im Herzen treu und schlicht«, wird beim Flurnachbar gesungen. Die verhärmte Frau schrickt auf, lauscht immer gespannter und wirft endlich den Bleitiegel weit von sich. Schritt für Schritt treibt es sie der Türe zu. Noch ein kurzes Besinnen und Zögern, und sie steht mitten unter der kleinen Gesellschaft von Männern und Frauen, die beim Nachbar vergnügt Sylvester feiern. Von allen Seiten strecken sich Hände zum Willkommen entgegen. Freundliche Worte und Wünsche tönen ihr ins Ohr und finden den Weg zum Herzen. Bald weicht die Befangenheit, welche die Seele der Vereinsamten anfänglich in Bann hält. Die Frau fühlt sich daheim, fühlt sich als Glied einer Gemeinschaft. Sie hört von Leiden, die ihre eigenen Leiden sind, sie hört aber auch von Hoffnungen, die sie nicht mehr zu denken wagte. Mit leuchtenden Blicken folgt sie den Gesprächen, die sich um die Kämpfe der Arbeitenden drehen, die von der Überzeugung des Sieges, der Befreiung durchweht sind. Ein längst nicht mehr gekanntes Gefühl des Geborgenseins, stiller Befriedigung ergreift Besitz von ihr und weckt den Entschluß, für Freiheit und Glück zu kämpfen.

(In: »Die Gleichheit«. Stuttgart, 1903/Nr. 2)

Ottilie Baader:
Der erste Weltfeiertag der Arbeiter (1890)

Ein Jahr später schreibt Wilhelm Liebknecht darüber: »Das ›Maifest der Arbeit‹ – ›der sozialdemokratische Weltfeiertag‹, wie unsere Feinde es nennen – war begründet. Vergebens bot die Kapitalistenklasse voriges Jahr ihr Äußerstes auf, um die Feier zu hintertreiben. Die Arbeiter ließen sich durch keine Drohungen einschüchtern, in keine Falle sich locken. Tausende hatten unter der niedrigen Rachsucht einzelner Kapitalisten zu leiden, die mit der Arbeitskraft auch den Geist und die Überzeugung des Lohnsklaven gekauft zu haben wähnten – das arbeitende Volk aber führte den Kongreßbeschluß durch, der ihm aus dem Herzen gefaßt war. Und die deutsche Bourgeoisie, die am 1. Mai 1890 ihre Revanche für den 20. Februar haben wollte, hatte eine neue Niederlage, die deutsche Arbeiterschaft einen neuen Triumph zu verzeichnen«.

(Wilhelm Liebknecht: »Das Maifest der Arbeit«. In: Mai-Festschrift 1891. Wien, 1891)

Es war am Donnerstag, dem 1. Mai 1890. Man sah bereits in den frühen Vormittagsstunden sonntäglich gekleidete Gruppen von Arbeiterfamilien hinausziehen ins Freie. Wie war das nur möglich? An einem Arbeitstag wagten die Proletarierscharen nicht zu arbeiten, dem Unternehmer damit den Profit zu kürzen? Sie wagten zu feiern an einem Tag, der nicht von Staat oder Kirche als Feiertag festgelegt worden war?

Jawohl, die Arbeiter hatten es gewagt, sich selbst nach eigenem Willen einen Feiertag zu schaffen, und nicht nur die Arbeiter Berlins waren so vermessen, sondern die der ganzen Welt. Auf dem Internationalen Sozialistenkongreß zu Paris im Juli 1889, dem Hundertjahrstage der großen Französischen Revolution, war der 1. Mai als Weltfeiertag der Arbeit eingesetzt worden.

Dieser Feiertag war dazu angetan, in gleichem Empfinden und Denken das Proletariat der ganzen Welt zu einigen. Auf dem Pariser

Kongresse war man zu dem Ergebnis gelangt, daß auf dem ganzen Erdenrund das Proletariat zwar graduell verschieden, doch überall gleich unterdrückt und schutzlos ausgebeutet wurde. Es war daher vereinbart worden, daß in allen Ländern an die Regierungen und gesetzgebenden Körperschaften Forderungen zum Schutze der Arbeiter gestellt und mit Nachdruck vertreten werden müssen. Die Arbeitszeit sollte verkürzt, Kinderarbeit verboten werden und anderes mehr. Dann erst würde der Arbeiter sich seiner Familie widmen können und dann endlich einmal auch Zeit finden, an seiner geistigen Fortbildung zu arbeiten. Ferner sollte dieser Feiertag dazu dienen, in der ganzen Welt einmütig gegen den immer mehr überhandnehmenden Militarismus Front zu machen.

Welch herrlicher Gedanke, zu wissen, daß die Ausgebeuteten, die Unterdrückten der ganzen Welt an diesem Tage seelisch miteinander verbunden sind, daß sie mit allen zu Gebote stehenden Mitteln ihre Forderungen an die Regierenden stellen.

Welchen Schrecken dieser erste Weltfeiertag aber der herrschenden Klasse bereitete, zeigt die Tatsache, daß an diesem Tage das Militär in den Kasernen gehalten wurde, damit es gegebenenfalls einschreiten könne. Auch wurden viele Bahnhöfe durch Militär »gesichert«! Einige vernünftige Bahnhofsvorsteher hatten aber auf Anfragen das Militär abgelehnt, da sie keine Gefahr erblickten und den Arbeitern vertrauten.

Die Arbeiterbevölkerung Deutschlands, befreit vom Druck des Sozialistengesetzes, jubelte diesem Tag entgegen. Und der Himmel selbst schien im Bunde mit ihr zu sein, denn einen so wunderbar herrlichen ersten Maitag hatten wir seitdem nicht wieder. Warmer Sonnenschein, klarer, wolkenloser Himmel, zartes Maigrün an Baum und Strauch, lebensschwellende Knospen, sprießende Saaten, Vogelgesang, kurz, die wie Leben, Kraft und Schönheit wirkende Natur mußte auch den Menschen neuen Lebensgenuß und Kraft einflößen, mußte sie lehren, alles daranzusetzen, die Schönheiten der Welt auch für sich und die Ihrigen zu gewinnen.

Als ich an diesem ersten Maitag im Kreise lieber Menschen hinauswanderte nach Grünau, war es herzbewegend für uns alle, als wir unsere geliebte Marseillaise von einem Leierkasten ertönen hörten. Die Gaben flossen reichlich, und erfreut darüber sagte der Drehorgelspieler zu seiner alten Lebensgefährtin: »Siehste, Mutterken, daß ich recht hatte.« Er hatte das Stück zu diesem Tage auf den Leierkasten bringen lassen.

Nur wer weiß, daß bis zur Aufhebung des Sozialistengesetzes unsere Lieder verboten waren, und daß wir Liederbücher oder einzelne Blätter mit gedruckten Liedern nur heimlich vertreiben konnten, wird unsere Freude über das Spiel des Leiermannes begreifen.

An den Bestimmungsort angelangt, wurden nun nach Herzenslust unsere Arbeiterlieder gesungen, wenn auch von ungeschulten, so doch von begeisterten Sängern; revolutionäre Gedichte von Heinrich Heine, Freiligrath u. a. wurden vorgetragen. Wohl jeder der mit uns Feiernden gelobte, eifriger noch als bisher für die Erlösung der Menschheit aus Not und Unterdrückung wirken zu wollen, sein Leben in den Dienst unserer großen heiligen Sache zu stellen. Im ganzen Reiche, ja in der ganzen Welt hat wohl dieser erste Weltfeiertag wie eine Erlösung gewirkt und Kampfesmut und Entschlossenheit ausgelöst.

(Ottilie Baader: »Ein steiniger Weg. Lebenserinnerungen«. Stuttgart–Berlin, 1921 – Nachdruck mit Erlaubnis des Verlages J. H. W. Dietz, Nachf., Bonn)

Adelheid Popp: Meine Einstellung hat sich von Grund auf geändert (vor 1890)

Die Frauen müssen sich selbst helfen. Von den Männern ist nicht viel zu erwarten: wer verzichtet auch freiwillig auf seine Privilegien? Aber ein schweres Stück Arbeit ruht auf den Schultern jener Frauen, die es übernommen haben, die große Masse der Frauen aus ihrem Geistesschlafe zu rütteln. Schwer ist es, sie erst schauen zu lehren, schauen namentlich ihre Beziehungen zum Manne von einer anderen Seite als bisher. Ihrer Lebenstätigkeit muß eine ganz andere Richtung gegeben werden, an die Stelle des kleinen jämmerlichen Kampfes um den Mann als Erwerbsquelle soll der Kampf um Gleichstellung und Selbständigkeit treten. Eine Revolution der Geister! Schwer, aber man darf nicht verzagen. Sind die Frauen erst zur Einsicht ihrer Sklaverei gelangt, dann stellt sich der Geist der Unzufriedenheit ein, der Geist, der die Menschheit noch immer vorwärtsgetrieben hat.

(T. W. Teifen: »Ein Wort zur Frauenfrage«. In: »Dokumente der Frauen«. Wien, 1. Mai 1899)

Obwohl ich mich soviel mit Sozialismus beschäftigte, war ich noch immer in keiner Versammlung gewesen, ich verfolgte aber mit brennendem Interesse alle Berichte und wußte die Namen aller Redner. Endlich wollte ich aber doch einer Versammlung beiwohnen. Als zufällig an einem Sonntag eine Versammlung stattfand, bei der der bekannteste und hervorragendste Führer sprechen sollte, bestürmte ich meinen Bruder, mit mir hinzugehen. Es war im Dezember, und eine trockene Kälte hatte seit Wochen geherrscht. Viele Leute waren arbeitslos, und sehnsüchtig wurde der Himmel beobachtet, ob denn noch immer kein Schnee zu erwarten sei. »Auch der Herrgott vergißt die armen Leute!« konnte man sehr oft aussprechen hören. An diesem für mich wichtigen Sonntag war der ersehnte Schnee gefallen. Man mußte sich förmlich durch die Schneemassen durcharbeiten. Die Versammlung war in einem großen Saale eines entlegenen Arbeiterbezirkes. Als wir kamen, standen die Men-

schen schon Kopf an Kopf; sie rieben sich die Hände und stampf-
ten mit den Füßen, um sich zu erwärmen. Ich hatte Herzklopfen
und spürte, wie mein Gesicht glühte, als wir uns durch diese Menge
drängten, um in die Nähe der Rednertribüne zu gelangen. Ich war
das einzige weibliche Wesen im Saale, und alle Blicke, als wir uns
durchdrängten, richteten sich erstaunt auf mich. Den Redner konnte ich nur undeutlich sehen, denn er war in eine Wolke von Tabak-
und Zigarettenrauch gehüllt. Er sprach über: »Die kapitalistische
Produktionsweise«.
Und wieder waren es neue Offenbarungen für mich. Was ich instinktiv gefühlt hatte, aber noch nicht auszudenken vermochte,
hörte ich hier klar und überzeugend vortragen. Der Redner begann
mit dem Hinweis auf den Schneefall und beleuchtete daran das
Verkehrte und Sinnlose der ›gegenwärtigen Gesellschaftsordnung‹.
»Das, was in einer vernünftigen Gesellschaft als Elementarereignis
und Verkehrshindernis angesehen würde, wird heute als ein Glück
gepriesen, durch das hunderte Menschen vor dem Verhungern be-
wahrt werden; Menschen, die keine Arbeit haben, nicht, weil sie
nicht arbeiten wollen, sondern deshalb, weil durch die wahnsinnigen Gesellschaftseinrichtungen und eine kurzsichtige Gesetzgebung
andere Menschen so lange arbeiten müssen, bis sie vor Erschöpfung
zusammenbrechen.«
Diese Einleitung blieb in meinem Gedächtnis haften, und meine Gedanken arbeiteten daran weiter. Die zweite Versammlung besuchte
ich am Weihnachtstag; dort waren außer mir noch zwei Frauen anwesend. Der Redner sprach über »Klassengegensätze«. Er sprach
gut, wirkungsvoll, hinreißend. Ich hörte die leidensvolle Geschichte
meiner eigenen Weihnachtsfeste schildern und, im Gegensatz zu den
Entbehrungen der Armen, den Überfluß der Reichen. In mir drängte
alles, hinzurufen: »Das weiß ich auch, das kann ich auch erzählen!«
Aber noch wagte ich kein Wort, nicht einmal den Mut hatte ich,
Beifall zu spenden. Das hielt ich für unweiblich und nur den Männern zukommend. Auch wurde in den Versammlungen nur für
Männer gesprochen. Keiner der Redner wendete sich auch an die
Frauen, die allerdings nur sehr vereinzelt anwesend waren. Aber
es schien alles nur Männerleid und Männerelend zu sein. Ich empfand es schmerzlich, daß man über die Arbeiterinnen nicht sprach,
daß man sich nicht auch an sie wandte und zum Kampfe aufrief.

Die dritte Versammlung, die ich besuchte, und die ich ihres Charakters wegen noch anführe, war eine Wählerversammlung. Die Polizei duldete keine Frauen in diesen politischen Versammlungen und doch wollte ich so gerne einer beiwohnen. Einmal gelang es meinen flehentlichen Bitten, die Ordner zu überreden, mich einzulassen, doch mußte ich ganz rückwärts in einer Ecke bleiben. Zum ersten Male hörte ich hier vom sozialdemokratischen Standpunkt über den Militarismus reden. Und wieder fiel ein Teil meiner früheren Anschauungen in Trümmer. Bis dahin hatte ich den Militarismus als etwas Selbstverständliches und Unentbehrliches angesehen. Daß meine Brüder des »Kaisers Rock« getragen, hatte mich mit Stolz erfüllt, und der war mir nicht als rechter Mann erschienen, der diese patriotische Pflicht nicht erfüllt hatte. Wenn ich mir in meinen Mädchenträumen den Mann vorstellte, der mein Gatte werden würde, dann gehörte auch die militärische Tauglichkeit zu den Eigenschaften, die er besitzen mußte. Und jetzt fiel auch dieses Ideal.

Als Volksbelastung wurde der Militarismus geschildert. Der Krieg, ein Menschenmorden, nicht zur Verteidigung der Landesgrenzen vor einem bösen wilden Feind, sondern im Interesse der Dynastien, diktiert von Ländergier oder eingefädelt durch diplomatische Intrigen.

Alles, was ich hörte, kam mir so natürlich vor, daß ich mich nur wunderte, warum so wenige Menschen diese Dinge verstanden.

Mir war durch die Versammlungen eine neue Welt erschlossen worden, und alles in mir drängte nach eigener Betätigung. Ich wollte mithelfen und mitkämpfen und wußte doch nicht, wie ich das anfangen sollte. Unter all diesen Einflüssen war ich aber eine ganz andere geworden . . .

Kurz nachher hielt ich meine erste öffentliche Rede. Es war an einem Sonntagvormittag in einer Branchenversammlung. Ich sagte niemandem, wo ich hinging, und da ich auch sonst öfter am Sonntagvormittag allein fortging, so fiel mein Fortgehen nicht auf. Die Versammlung war von 300 Männern und von 9 Frauen besucht, wie ich nachher aus dem Fachblatt erfuhr. Da in der betreffenden Branche die Frauenarbeit eine bedeutende Rolle zu spielen begann und die Männer das Angebot der billigeren weiblichen Kräfte schon spürten, so sollte in der Versammlung die Bedeutung der gewerkschaftlichen Organisation besprochen werden. Dazu war eine besondere Agitation unter den Arbeiterinnen entfaltet worden, und obwohl Hunderte in einer einzigen Fabrik arbeiteten, waren im ganzen 9 Frauen gekommen. Als der Einberufer das mitteilte und der Referent darauf Bezug nahm, fühlte ich große Scham über die Gleichgültigkeit meiner Geschlechtsgenossinnen. Ich nahm alle Ausführungen fast persönlich und fühlte mich davon getroffen. Der Redner schilderte das Wesen der Frauenarbeit und bezeichnete die Rückständigkeit, die Bedürfnislosigkeit und die Zufriedenheit der Arbeiterinnen als Verbrechen, die alle anderen Übel nach sich ziehen. Auch über die Frauenfrage im allgemeinen sprach er, und von ihm hörte ich zum erstenmal August Bebels Buch: »Die Frau und der Sozialismus« erwähnen.

Als der Referent geschlossen hatte, forderte der Vorsitzende auf, die Anwesenden möchten sich zu der wichtigen Frage äußern. Ich bildete mir ein, alle Augen seien auf mich gerichtet, man warte, was ich zur Verteidigung meines Geschlechtes zu sagen habe. Ich hob die Hand und bat um das Wort. Man rief schon »bravo«, ehe ich noch den Mund aufgetan hatte, so wirkte der Umstand, daß eine Arbeiterin sprechen wollte. Als ich die Stufen zum Rednerpult hinaufging, flimmerte es mir vor den Augen, und ich spürte es würgend im Halse. Aber ich überwand diesen Zustand und hielt meine erste Rede. Ich sprach von den Leiden, von der Ausbeutung und von der geistigen Vernachlässigung der Arbeiterinnen. Auf letztere wies ich besonders hin, denn sie schien mir die Grundlage aller anderen rückständigen und für die Arbeiterinnen selbst schädigenden Eigenschaften zu sein. Ich sprach über alles das, was ich an mir selber erfahren und an meinen Kolleginnen beobachtet hatte. Aufklärung, Bildung und Wissen forderte ich für mein Geschlecht, und die Männer bat ich, uns dazu zu verhelfen.

Der Jubel in der Versammlung war grenzenlos, man umringte mich und wollte wissen, wer ich sei; man hielt mich zuerst für eine Branchengenossin und forderte mich auf, so, wie ich gesprochen habe, solle ich für das Fachblatt einen Artikel an die Arbeiterinnen schreiben. Das war nun freilich eine böse Sache. Ich hatte ja nur 3 Jahre die Schule besucht, von Orthographie und Grammatik hatte ich keine Ahnung, und meine Schrift war wie die eines Kindes, da ich ja nie Gelegenheit gehabt hatte, sie zu üben. Doch versprach ich, mich zu bemühen, den Artikel zustande zu bringen.

Ich war wie in einem Taumel, als ich nach Hause ging. Ein unnennbares Glücksgefühl beseelte mich, ich kam mir vor, als hätte ich die Welt erobert. Kein Schlaf kam in dieser Nacht in meine Augen. – Den Artikel für das Fachblatt schrieb ich; er war klein und nicht gewandt im Ausdruck. Er lautete:

»Zur Lage der in Fabriken beschäftigten Arbeiterinnen.

Arbeiterinnen! Habt Ihr schon einmal über Eure Lage nachgedacht? Leidet Ihr nicht alle unter der Brutalität und Ausbeutung Eurer sogenannten Herren? Viele Lohnsklavinnen arbeiten vom grauenden Morgen bis in die späte Nacht, während Tausende ihrer Mitschwestern arbeitslos die Tore der Fabriken und Werkstätten belagern, weil es ihnen nicht möglich ist, soviel Arbeit zu erhalten, um sich vor Hunger zu schützen und ihren Körper notdürftig zu bekleiden. Und wie weit reicht der Lohn selbst für so lange anhaltende Arbeit?

Ist es der unverheirateten Arbeiterin möglich, ein menschenwürdiges Dasein zu führen? Und erst die verehelichte Arbeiterin? Ist es ihr möglich, trotz anstrengender Arbeit für ihre Kinder in erforderlicher Weise zu sorgen? Muß sie nicht hungern und darben, um für diese das Notwendigste herbeizuschaffen? So ist die Lage der weiblichen Arbeiter, und wenn wir da müßig zusehen, wird sie sich nie zum Besseren wenden, im Gegenteil, wir werden immer mehr getreten und ausgesaugt.

Arbeiterinnen! Zeigt, daß Ihr noch nicht gänzlich versumpft und geistig verkümmert seid. Rafft Euch auf, erkennt, daß sich männliche und weibliche Arbeiter zum gemeinsamen Bunde die Hände reichen müssen. Verschließt Euer Ohr nicht dem Rufe, der an Euch ergeht. Tretet der Organisation bei, die auch die Frauen zum wirtschaftlichen und politischen Kampfe erziehen will.

Besucht Versammlungen, leset Arbeiterblätter, werdet ziel- und klassenbewußte Arbeiterinnen in den Reihen der Sozialdemokratischen Arbeiterpartei.«

(Adelheid Popp: »Die Jugendgeschichte einer Arbeiterin. Von ihr selbst erzählt«. Wien, 1964)

Anna Boschek:
Wenn alle zusammenhielten ... (1891)

Die Kleiderarbeiterin Marie Grubinger, Mitbegründerin des 1890 konstituierten »Wiener Arbeiterinnen-Bildungsvereines«, am 17. August 1891: »So lange die Frauen nicht in der Bewegung sind, werden die Männer nicht viel oder gar nichts erreichen«.

(Nach Dr. Richard Wagner: »Geschichte der Kleiderarbeiter in Österreich«, Wien 1913)

Nach zweiwöchiger Arbeitslosigkeit, wo ich von Fabrikstor zu Fabrikstor vergeblich um Arbeit nachgefragt, wurde ich durch eine Annonce in einer Zeitung auf die Kneippsche Trikotfabrik im 16. Bezirk aufmerksam gemacht. In der Annonce wurde »gute Bezahlung für leichte Arbeit« in Aussicht gestellt; ich war daher voll Hoffnungen und Freude, als ich hier aufgenommen wurde. Doch schon nach wenigen Stunden konnte ich sehen, daß Annoncen viel versprechen, was in Wirklichkeit nicht eingehalten wird. Die Arbeit war erstens keine leichte, es mußten meterlange Garnsträhne auf ebensolche Haspeln gespannt und auf kleine Spulen abgespult werden. Jede Arbeiterin stand bei einer Maschine mit 12 solchen Haspeln. Und es mußte schon emsig zugegriffen werden, sollten alle Haspeln in Gang gesetzt werden. Dazu war das Material ein sehr schlechtes, das Garn riß sehr leicht, und die Arbeiterinnen waren den ganzen Tag wie gejagt und konnten nicht eine Minute ruhig stehen.

Diese Firma verfuhr aber besonders grausam mit ihren Arbeiterinnen, sie gab das schlechte Material in Akkord. Auch mir wurde nach 2 Tagen erklärt, die Arbeit müsse im Akkord gemacht werden, nur einige Tage zum Anlernen werden im Wochenlohn bezahlt. So erging es allen neu aufgenommenen Arbeiterinnen, man rechnete mit ihrer momentanen Not durch längere Arbeitslosigkeit, und zwang sie so, eine Zeitlang im Akkord zu arbeiten. Und die Firma ersparte damit viel Arbeitslohn; die geübtesten Arbeiterinnen verdienten bei dieser Arbeit kaum 4 Gulden wöchentlich, bei täglich elfstündiger Arbeitszeit.

Eines Tages erhielt ich ein besonders schlechtes Material zum Verarbeiten. Die Fäden rissen fortwährend, so daß alle meine Haspeln stillstanden; ich mühte und plagte mich furchtbar. Kaum hatte ich die Fäden angeknüpft, so waren sie im nächsten Moment wieder gerissen oder blieben hängen, und die Strähne zogen sich so zusammen, daß sie nur mit Mühe und mit Garnverlust wieder aufgelöst werden konnten. Das so verworrene Garn wurde den Arbeiterinnen vom Lohn abgezogen. Das drohte nun auch mir. Der Werkführer kündigte es mir mit Geschimpfe an. Ich fürchtete, für diese Woche gar keinen Lohn zu bekommen, was mich nach der 14tägigen Arbeitslosigkeit um so schwerer getroffen hätte.

Als ich mir gar keinen Rat mehr wußte, fing ich zu weinen an; auf einmal stand meine unmittelbare Arbeitskollegin, ein freundliches, blondes Mädchen, bei mir, nahm meine schlechteste Strähne auf ihre Maschine und suchte selbe noch zurechtzubringen. Nachdem ihr das gelungen, gab sie mit Ratschläge, durch die ich dann leichter arbeiten konnte. Als ich mich dann bei ihr bedankte und es abwehrte, daß sie noch weiter für mich arbeite, wodurch sie doch ihren eigenen Verdienst einbüßen müßte, gab sie mir zur Antwort: »Es ist Pflicht jeder Arbeiterin, daß sie der anderen beistehe, und wenn alle Arbeiterinnen zusammenhalten würden, könnten sie sich auch bessere Löhne erringen.«

Mit größter Bewunderung blickte ich ob solcher Rede und Handlung auf meine junge Kollegin, die keine andere als Marie Krasa war.

Am Heimweg ging Marie Krasa mit mir, sie tröstete mich so mütterlich, obwohl sie nur um wenige Jahre älter war als ich, aber ihre Worte taten mir so wohl, und ich bekam wieder Mut. Sie erzählte mir einiges aus ihrem Leben und fügte hinzu: »Es wird alles besser werden. Die Arbeiterschaft muß nur einig vorgehen.« Sie erzählte dann, daß sie mehreren Arbeitervereinen angehöre und forderte mich auf, auch einmal mit ihr in den Arbeiterinnenverein zu kommen.

(Aus: »Vor siebzig Jahren.« Gewerkschaftskalender 1963. Verlag des österreichischen Gewerkschaftsbundes. Wien, 1963)

Aurelia Roth:
Eine Glasschleiferin II (1888–1908)

Es kommt zur Aktivierung der Glasschleifer. Erste Verbesserungen werden durch einen Streik erkämpft: Ventilatoren, Reinigung, Krankenversicherung. Dennoch: In diesem Glasindustriebezirk wurden um 1895 noch immer »an 18.000 Arbeiter der Tuberkulose in die Arme getrieben, darunter 6.726 erwachsene Arbeiterinnen, 2.500 Mädchen unter achtzehn und rund 1.000 unter vierzehn Jahren«.

(In: »Arbeiterinnenzeitung«. Wien, 15. 3. 1895)

Meine Mutter hatte sich wieder verheiratet und ich hatte dadurch meinen Arbeitsplatz gewechselt. In der Schleifmühle, wo ich jetzt arbeitete, bei meinem Stiefvater, dort war es etwas anders. Nicht andere Verhältnisse, aber andere Leute. Dort wurde sehr viel darüber gesprochen, daß es nun nicht mehr länger so fortgehen könne. Es müsse etwas unternommen werden, wodurch diesem Treiben ein Halt gesetzt würde. Die Löhne waren derart gesunken, daß der beste Arbeiter fast nicht mehr verdiente als 8 bis 10 Gulden in 14 Tagen. Arbeiterinnen mußten sehr oft mit 4 bis 5 Gulden in derselben Zeit vorlieb nehmen. Auch wurde darüber gesprochen, daß die Kinder nicht mehr mitgebracht werden sollen.
Alles das interessierte mich. Ich gab auch manchmal ein Wort dazu, wenn es angepaßt war. Nun kam ein anderes Leben in mich. Einmal hörte ich, wie ein Mann sagte, wenn die Sozialdemokratie nicht Hand anlegt, besseren Verhältnissen Platz zu machen, so wird es nicht lange dauern und der Hungertyphus wird ausbrechen. Dadurch erwachte in mir die Vorstellung, daß es die Ideen des Sozialismus seien, anderes Leben, bessere Verhältnisse zu schaffen. Von da an war ich in Gedanken Sozialdemokratin, nur getraute ich mich nicht, es zu sagen. Ich hatte auch schon einigemal über Sozialismus gelesen, wußte aber immer nicht klar, was dies eigentlich sei. Es

dauerte auch gar nicht lange, so fanden Versammlungen statt. Da fehlte ich in keiner. Meine Sympathie für diese Bestrebungen stieg immer mehr. Man beschäftigte sich damit, einen Fachverband zu gründen, auch sollte ein Fachblatt herausgegeben werden, um den Leuten dadurch Aufklärung zu geben, wie notwendig es sei, sich zu organisieren. Im Jahre 1889 erschien dann der »Glasarbeiter«. Im selben Jahre kam bei uns das Krankenversicherungsgesetz zur Durchführung, das unter anderem vorschreibt, daß versicherungspflichtige Frauen erst 4 Wochen nach der Niederkunft die Arbeit wieder aufnehmen dürfen. Dann wurden in den Werkstätten Ventilatoren angebracht und andere der Gesundheit zuträgliche Einrichtungen getroffen. Es begann sich einigermaßen zu bessern. Die Statuten zur Gründung einer Ortsgruppe wurden ausgearbeitet und für die Festsetzung von Minimallöhnen wurde gearbeitet. Wenn auf der ganzen Linie alles vorbereitet sein würde, sollten diese Minimallohnlisten den Unternehmern vorgelegt werden. Dies alles war im Jahre 1889.

Im Jahre 1890 sollten die Minimallöhne in Kraft treten. Die Herrn Unternehmer hatten unsere Forderungen nicht so ernst genommen, auch gar nicht erwartet, was da kommen würde. Am 3. Jänner begann der Streik. Es dauerte keine halbe Stunde, standen im Orte alle Räder stille. Die Streikenden zogen von einer Werkstatt zur anderen und alle schlossen sich dem Zuge an. Es wurde in die umliegenden Orte gezogen. In einer Schleiferei, wo sich die Arbeiter weigerten, die Arbeit einzustellen, wurde alles kurz und klein geschlagen. Ganze Kisten Glaswaren lagen in Scherben. So ging es einige Tage fort, immer von einem Ort zum anderen. Der Streik sollte ein allgemeiner werden. Als die Unternehmer sahen, daß die Leute nicht mehr länger unter den alten Verhältnissen arbeiten wollten, begannen sie doch zu unterhandeln und bewilligten unsere Forderungen fast durchgehends.

Es kam der 1. Mai. Zum erstenmal wurde dieser als Arbeiterfeiertag in würdiger Weise gefeiert.

Am 14. Mai war die Konstituierung der Ortsgruppe der Glasarbeiter. Ich sowie meine Mutter waren unter den ersten Mitgliedern. Meine Begeisterung stieg immer mehr. Am liebsten waren mir die Versammlungen. Nun getraute ich mich schon ab und zu Fragen zu stellen, auch sprach ich manchmal einige Worte. Die Mitgliederzahl stieg immer mehr, es dauerte nicht lange, so zählte unsere Gruppe über 350 Mitglieder. Die Organisierung war Zwangssache. Kein Meister durfte einen Arbeiter beschäftigen, der nicht organisiert war.

So ging es einige Jahre fort, und durch die rastlose Arbeit waren mit der Zeit doch ganz andere Verhältnisse entstanden: Für strengste Sauberkeit ist zu sorgen, keine alkoholischen Getränke dürfen in den Werkstätten genossen werden, ausreichend ist zu lüften, geeignete Spucknäpfe sind anzubringen usw. Auch Kinder durften nicht mehr mitgebracht werden. Eine förmliche Umwälzung war vor sich gegangen. Auch die Frauen nahmen regen Anteil an der Organisation, sie betätigten sich auch an der Leitung. Als die erste sozialdemokratische Frauenkonferenz in Wien 1898 stattfand, war ich als Vertreterin für das Isergebirge delegiert. Nach dieser Konferenz regte es sich überall unter den Frauen. In 16 kleineren Orten wurde es uns möglich, eigene Sektionen zu gründen. Das war wohl eine sehr anstrengende Arbeit, weil die Gebirgsagitation mit großen Schwierigkeiten verbunden ist. Diese mühevolle Arbeit hatte sich aber sehr schlecht gelohnt. Es war einer einzelnen Person nicht möglich, die Agitation auf die Dauer für ein so großes Gebiet zu besorgen. Krankheit kam dazwischen. So kam es denn, daß alles wieder langsam zugrunde ging. Mich kränkt es noch heute, daß diese mühevollen Errungenschaften zunichte wurden. Wir könnten heute viel weiter sein, auf gewerkschaftlichem sowie auf politischem Gebiet.

Und heute, nach mehr als 20 Jahren, blicke ich zurück auf die Tätigkeit, welche entfaltet wurde. Es wurde viel des Guten geschaffen, es hätte aber viel mehr geschaffen werden können, wenn alle Glasarbeiter ihre Pflicht als klassenbewußte Arbeiter erfüllt hätten.

In dem jahrzehntelangen Kampf um bessere Lebensbedingungen sind auch viele der bravsten und wackersten Genossen und Genossinnen als Opfer gefallen. Gar viele haben es ehrlich mit unserer Organisation gemeint und tüchtig mitgearbeitet, welchen es leider nicht gegönnt war, an den Errungenschaften mit teilzunehmen. Als wir voriges Jahr unser 20jähriges Gründungsfest feierten, da waren nebst mir und meiner Mutter noch 13 Genossen von jenen am Leben, die als Jubilare gefeiert wurden. Unter den anderen hat die Tuberkulose in den Neunzigerjahren furchtbar gewütet.

Seit dem Jahre 1899 sind nicht weniger als 263 Krankenkassenmitglieder dieser tückischen Proletarierkrankheit zum Opfer gefallen, davon waren 158 männliche und 105 weibliche. In den Jahren 1899 bis 1908 waren es 234, und zwar 136 männliche und 88 weibliche. In den letzten 2 Jahren betrug die Zahl 29, davon 12 männliche und 17 weibliche. Die Sterblichkeit ist dank der gebesserten Verhältnisse erheblich zurückgegangen.

Diese Angaben gelten aber nur für die Mitglieder der Krankenkasse. Sollte man die Zahlen für sämtliche Sterbefälle anführen, so würden sie sich um das Doppelte erhöhen.

Am stärksten ist die Kindersterblichkeit. Ich bin jedoch schon jetzt überzeugt, daß, wenn nach 20 Jahren wieder ein Bericht geschrieben wird, die Ziffern auch hier um vieles niedriger sein werden.

Wenn es auch langsam geht, vorwärts geht es doch! Unsere Nachkommenschaft wird wohl über so schreckliche Zustände, wie ich sie hier angeführt habe, nicht mehr berichten können.

Unser ganzes Streben ist ja nur dahin gerichtet, unseren Kindern eine bessere Zukunft zu schaffen. Es ist ein verfehlter Standpunkt, wenn Leute meinen: Ich habe mich kümmern müssen, meine Kinder sollen es auch wieder tun.

Es ist doch der einzige Reichtum, den ein Proletarier seinen Kindern hinterlassen kann, für ihre besseren Lebensbedingungen zu sorgen.

Wenn auch die Mitgliederzahl seit einigen Jahren zurückgegangen ist, so ist doch unsere Tätigkeit nicht erlahmt. Ich will es frei und offen sagen, daß es mir oft schwer gefallen ist, weiterzuarbeiten. Was ich in den 19 Jahren meiner Ehe durchgemacht habe, das ist zu viel, um es niederzuschreiben. Oft wurde ich durch schwere Schicksalsschläge heimgesucht. Von 5 Kindern ist mir ein einziger Sohn am Leben geblieben, auf welchen ich auch meine Gesinnung übertragen habe. Als Abstinent und Förderer der Jugendbewegung arbeitet er für dasselbe Ideal, dem ich all meine Kraft gewidmet habe. So glaube ich sagen zu können, daß ich meine Pflicht erfüllt habe.

Ich werde es auch künftighin tun und mithelfen, daß die politische Frauenorganisation stark und daß die politische Gleichberechtigung der Frauen erkämpft werde.

(In: »Gedenkbuch. 20 Jahre österreichische Arbeiterinnenbewegung«. Hrsg. von Adelheid Popp. Wien, 1912)

Amalie Seidel:
Der erste Arbeiterinnenstreik in Wien (1893)

»Die Maifeier, die so viele Herzen für den Gedanken der Befreiung entzündet hat, hatte auch diese Frauen erweckt und ihnen den Mut gegeben, sich gegen ihre Peiniger aufzulehnen. Ein junges 17jähriges Mädchen, Amalie Ryba (später verehelichte Seidel. Anm. d. H.), war die Rädelsführerin, wie es im Polizeijargon hieß.« Und weiter zum Streikverlauf: »Drei Wochen lang dauerte der Streik. Attacken der berittenen Polizei auf die streikenden Frauen im Garten, in dem sie versammelt waren, Attacken gegen die Streikposten, die vor den Fabriken aufgestellt waren, lenkten die Aufmerksamkeit der Öffentlichkeit immer mehr auf die bedauernswerten Frauen.«

(Adelheid Popp: »Der Weg zur Höhe«. Wien, 1929)

Vor ungefähr 20 Jahren waren die Verhältnisse in den Wiener Textilfabriken erheblich schlechter, als dies jetzt der Fall ist, womit nicht gesagt sein will, daß die Arbeiterinnen heute Grund hätten, zufrieden zu sein. Aber damals, im Jahre 1892, als ich mit 16 Jahren in eine Appreturfabrik kam, war die Arbeitszeit von 6 Uhr früh bis 7 Uhr abends die Regel. Die Arbeiterinnen waren gar nicht organisiert und ließen sich mit Löhnen von 1 Kr. bis Kr. 1,50 abfertigen. Man kann sich vorstellen, auf welcher Höhe die Lebenshaltung der Arbeiterinnen stand. Im Jahre 1893 arbeitete ich in einer Fabrik, wo ungefähr 300 Arbeiter und Frauen beschäftigt waren, von denen die allermeisten nicht mehr als 7 Kr. verdienten. War doch eine der Forderungen, die bei dem folgenden Streik erhoben wurden, die Bezahlung eines Wochenlohnes von 8 Kr. Als Packerin im Magazin hatte ich allerdings die glänzende Bezahlung von wöchentlich 10 Kr. und gehörte mit zu den bestbezahlten Arbeiterinnen. Trotzdem von einer Organisation keine Rede war, gelang es mir doch, den Kolleginnen den Wert der Maifeier begreiflich zu machen und wir erlangten auch die Freigabe des 1. Mai. Natürlich war der Verlauf der Maifeier am anderen Tag der einzige Gesprächsstoff in der Fabrik und ich bemühte mich während der Jausenpause in einem großen Fabriksaal zu beweisen, daß bei entsprechender Organisation auch wir in der Fabrik unsere Verhältnisse verbessern könnten. Im Laufe der Rede und im Eifer des Zuhörens bemerkten wir alle nicht, daß auch der Chef der Fabrik vielleicht schon einige Minuten zugehört hatte. Selbstverständlich folgte die Strafe, respektive die Entlassung. Kaum in mein Magazin zurückgekommen, erfuhr ich, daß mein Arbeitsbuch schon im Comptoir bereit läge. Da ich Überstunden machen mußte, kam ich nicht gleichzeitig mit den anderen Arbeiterinnen aus der Fabrik, die übrigens schon meine Entlassung erfahren haben mußten. Denn als ich in die Gasse kam, wo meine Eltern wohnten, war ich nicht wenig erstaunt, vor dem Haustor Polizei und das Tor selbst geschlossen zu sehen. Dafür war der ziemlich große Hof angefüllt mit den Arbeiterinnen aus der Fabrik, die mich erwarteten und mir stürmisch zuriefen, daß sie meine Entlassung nicht ruhig hinnehmen wollten. Darauf hielt ich vom Hackstock aus eine »Rede«, in der ich den Kolleginnen sagte, daß es ja sehr schön sei, wenn sie nicht still sein wollten, doch sollten sie, wenn sie schon streiken wollten, mehr verlangen als bloß meine Wiederaufnahme. Was wir verlangen sollten, wußten wir alle miteinander nicht, aber streiken wollten wir! Vereinbart wurde bloß, daß ich am nächsten Tag (den 3. Mai) zur Fabrik kommen solle; bis dahin wollten die Arbeiterinnen sich über die Forderungen geeinigt haben, eventuell auch über die Kolleginnen, die der Firma die Wünsche der Arbeiterinnen übermitteln sollten. Ich sollte vor den Fenstern auf das Resultat warten. Dies geschah alles; die Forderungen aber: Verkürzung der Arbeitszeit von zwölf auf zehn Stunden täglich und meine Wiederaufnahme wurden von der Firma abgelehnt. Und momentan, so wie die Arbeiterinnen gingen und standen, barfuß, der großen Hitze wegen, die in manchen Arbeitsräumen herrschte, nur halb bekleidet, am Arm die Kleider, in der Hand die Körbchen mit dem dürftigen Mittagessen oder die Kaffeekannen, so verließ alles die Fabrik. In einem nahegelegenen Gasthausgarten machten die Frauen Toilette, während ich zur Genossin Dworschak (Popp) stürzte, um ihr die Streiknachricht zu überbringen. Nachmittags schon war die erste Versammlung auf einer Wiese in Meidling, der bald andere folgten. Auch die

Arbeiterinnen von drei anderen Fabriken schlossen sich an, so daß nach einigen Tagen gegen 700 Frauen und Mädchen im Streik standen. Da dies der erste Frauenstreik war, machte er natürlich Aufsehen; auch die bürgerliche Presse beschäftigte sich damit, natürlich um darüber zu klagen, daß nun auch die Arbeiterinnen »aufgehetzt« werden. Es gab auch Ausnahmen. So schrieb der Korrespondent einer englischen bürgerlichen Zeitung, daß »die Streikenden, die die 14 Tage hauptsächlich zu ihrer Erholung in frischer Luft benützten, am Ende des Streiks bedeutend besser aussähen als früher«. Es war ja auch kein Wunder! Denn bei 12 bis 13 Stunden täglich arbeiten in Räumen, wo manchmal bis zu 54 Grad Hitze herrschte, oder in der Bleicherei, die von Chlorgestank erfüllt war, oder in der Färberei, wo auch liebliche Düfte das Atmen zu einer Qual machten, konnten ja die Frauen nicht gut aussehen. Dank der Solidarität der Arbeiterschaft konnten die Streikenden so ausreichend unterstützt werden, daß sie nicht viel weniger hatten als sonst in der Fabrik. Daß die Streikenden nicht nachgeben, sondern ausharren wollten, war ganz selbstverständlich. Und so wurden nach einer Streikdauer von 14 Tagen die Forderungen durchgesetzt. Verlangt wurde: Zehnstündige Arbeitszeit, Bezahlung eines Minimallohnes von 8 Kr. wöchentlich, Freigabe des 1. Mai und bei der Firma Heller, wo ich entlassen worden war, auch noch meine Wiederaufnahme ...

(In: »Gedenkbuch. 20 Jahre österreichische Arbeiterinnenbewegung«. Hrsg. von Adelheid Popp. Wien, 1912)

Marie Beutelmeyer:
Wie man mit dem Hammerl disputiert (1894)

Sie war das Kind eines Landmädchens – der Vater, ein Finanz-
respizient, sorgte nicht für seine Tochter – und trat mit 13 Jahren
in eine Fabrik ein. Als Dienstbote in Wien, erlebte sie die 1. Maifeier 1890 und las ab nun alle erreichbaren Arbeiterzeitungen. Sie
trat 1893 dem Arbeiterverein in Linz bei und agitierte an ihrem
Arbeitsplatz in einer Dampfsäge. In ihren Erinnerungen hebt sie
ihre erste Aktion besonders hervor.

Es war der 1. Mai 1894. Durch die verschiedenen Versammlungen
und Zeitungsartikel die Bedeutung dieses Tages schon erkennend,
wollten auch wir diesen 1. Mai mit einer besonderen Tat begehen.
Unser Ansuchen um Freigabe des Tages wurde von der Direktion
der Dampfsäge ganz ignoriert. Wir waren zirka 80 Arbeiterinnen
(die Männer waren damals, mit Ausnahme der Tischler, welche
schon dem Fachverein angehörten, noch zu gar nichts zu haben).
Schnell wählten wir eine Deputation, bestehend aus 3 Arbeiterinnen. Ich war die Sprecherin; wir gingen zum Direktor und ersuchten
um Lohnaufbesserung. Vor ungefähr 4 Jahren war den Arbeiterinnen vom Akkordlohn ein Abzug gemacht worden.
Es ergab sich bei Geltendmachung unserer Forderung folgende
Situation: In dieser Dampfsäge wurden unter anderem auch die
Kistchen für den Franck-Kaffee erzeugt. Die Holzteile wurden mit
kleinen Drahtnägeln durch einen Schlag mit einem kleinen Hammer
zusammengefügt. Es bedurfte einer großen Gewandtheit, um etwas
zu verdienen. Durch diese Übung hatte jede Arbeiterin, Nagle-
rin genannt, das Hammerl beständig in der Hand. Wenn man
Wassertrinken ging oder sonst seinen Arbeitsplatz schnell verließ,
immer hatte man das Hammerl in der rechten Hand. Und als wir
zum Herrn Direktor gingen, hielten wir auch nach gewohnter Weise unser Hammerl. Ein Zufall, der uns bei dieser Gelegenheit sehr
zustatten kam. Die übrigen Arbeiterinnen warteten unterdessen im

Arbeitssaal auf die Antwort. Die Auseinandersetzungen dauerten eine längere Zeit, und wie beim Warten die Zeit nicht vergehen wollte, so waren die Arbeiterinnen schon ungeduldig. Und flugs, jede ihren Hammer in der Hand, postierten sie sich vor den Fenstern der Direktion. Da haben die Männer wohl Augen gemacht! Ich machte die Kanzleitür auf, als ich meine Arbeitskolleginnen draußen sah. Und aus allen Kehlen tönte es: »Bitte, den alten Lohn!« Dann gingen wir ruhig zu unserer Arbeit zurück.

In ungefähr 10 Minuten kam der Werkführer und teilte mit, daß wir das Verlangte erhalten. Das war ein halber Kreuzer. Die Kolleginnen veranstalteten rasch eine Sammlung, ich glaube, es kamen 1,60 Gulden zusammen, um mich für den Verdienstentgang zu entschädigen, da ich ja den ganzen Tag nicht arbeiten konnte, ob der wichtigen Sache, die wir durchführten. Meine Kolleginnen wußten, daß ich sehr arm war.

An diesem Tage habe ich die Freude kennengelernt, welche jeder empfindet, wenn durch Zusammenwirken ein Erfolg erzielt wird.

(In: »Vor siebzig Jahren«. Gewerkschaftskalender 1963. Wien, 1963)

Anna Mosegaard:
Streik (um 1900)

»Nun ist aber der Streik namentlich durch den Einfluß der immer mehr anschwellenden industriellen Reservearmee zu einer Waffe geworden, von der man nur nach reiflicher Überprüfung aller hierbei in Betracht kommenden Faktoren Gebrauch machen darf. Der Arbeiter verfügt in den meisten Fällen über sehr geringe Mittel, indessen der Kapitalist längere Zeit Widerstand zu leisten in der Lage ist, unter Umständen den Betrieb ganz oder teilweise einzustellen ... und im Laufe weniger Tage ganze Armeen von Streikbrechern in die Streikgebiete zu dirigieren:
Der Streik ist aber ein Kampfmittel und der Arbeiter hat sogar die Pflicht, es zu gebrauchen, um die Arbeitsverhältnisse aufzubessern und somit die Widerstandsfähigkeit der Arbeiter gegenüber dem Kapital zu stärken.«

(C. V. Schmidt: »Die Allgemeine Arbeitslosigkeit, ihre Ursachen und Beseitigung«. Berlin, 1905)

Noch sehr jung war ich damals, als ich einen Streik miterlebte und so in seiner vollen Bedeutung kennenlernte. Was wußte ich bis dahin von einem Streik! Weltfremd, fast klösterlich erzogen, meine ersten Jugendjahre in strenger Abgeschiedenheit verbringend, hatte ich keine Ahnung von den Kämpfen, die sich ringsum in der Welt der Arbeit abspielten. Wohl hörte ich hin und wieder das Wort Streik in Verbindung mit »Faulheit«, »Frivolität«, »Begehrlichkeit«, mitunter auch von »Überfall« und »Straßenkrawallen« nennen. Das war aber auch alles. Wie sollte sich jedoch dieser Wirrwarr von halbverstandenen Worten in einem siebzehnjährigen Kindskopfe zu einem klaren Begriff fügen!

Das wurde erst anders, als ich selbst in das Heer der Fabriksklaven einrückte.

Den ersten Tag zu schildern, den ich als Arbeiterin in der Kautabakfabrik verbrachte, ist mir allerdings nicht möglich. Kaum war ich eingetreten, mußte ich mich krank melden. Die ganze Nacht noch hörte ich das Rasseln der Maschinen, sah die Hunderte von Arbeiterhänden auf den Arbeitstischen herumwirtschaften, fühlte, wie das Getöse der Maschinen sich in meinem Kopf in einem dumpfen Hämmern verlor, atmete die dicke, beißende Tabaksluft und übergab mich zum Erbarmen. Irgend jemand stand an meinem Bett und lachte: »Ach, das geht vorüber! So ists auch uns ergangen; morgen ist alles wieder gut.«

Und es ging vorüber.

Mit Angst und Grauen betrat ich am andern Tag den Arbeitssaal. Die Schwäche machte sich wieder bemerkbar. Ich ging ein paarmal hinaus an die frische Luft, das half. Doch als ich zusehen mußte, wie eine bleiche Frau mit ihren von der Tabaksauce schwarzen Händen ihr Brot in kleine Stücke schnitt, diese auf den Arbeitstisch legte und hastig ein Stück nach dem andern in den Mund steckte, bekam ich heftigen Brechreiz. Und als man mir erzählte, daß die Ärmste doch nicht zum Vergnügen während der Arbeitszeit esse, sondern die Frühstückspause dazu benutze, um heim zu eilen zu ihren Kindern – in, sage und schreibe, fünfundzwanzig Minuten die Kleinen ankleide, sie zur Schule ausrüste und wieder davon zur Fabrik jage, da machte ich große Augen und starrte die Frau an wie ein Wundertier. Jedenfalls machte ich nun die Augen auf und sah um mich. Und täglich entdeckte ich Neues.

So hatte ich herausgefunden, daß in meiner unmittelbaren Nähe drei lungenkranke Arbeiter standen. Im ganzen Arbeitssaal gab es deren 14; fünf davon waren schon in einer Lungenheilanstalt gewesen.

Weiter hatte ich festgestellt, daß mehr als 20 Frauen im Arbeitssaal waren, die ein Kind unterm Herzen trugen. 10 Stunden täglich atmeten sie die verpestete Luft, 10 Stunden standen sie ununterbrochen am Arbeitstisch! Konnten sie beim besten Willen nicht mehr stehen, dann priesen sie sich glücklich, wenn sie Sitzarbeit bekamen, um nur arbeiten zu können, so lange als möglich.

Mir gegenüber stand ein junger Mensch, hager, bleich, lang aufgeschossen; auf seinen Wangen brannten hektisch rote Flecken. Wenn er eine Stunde angestrengt gearbeitet hatte, mußte er sich niedersetzen, um zu ruhen. Nach Monaten nur noch war seine Zeit bemessen, er aber glaubte, dem Leben noch ein paar Jahre abtrotzen zu können. Sobald er sah, daß wir ihn beobachteten, versuchte er, uns durch sein Lachen Kraft und Gesundheit vorzutäuschen. Ein siegesfrohes Lachen der Jugend sollte es sein, es kam aber nur zu einem wehmütigen Abschiedslächeln. Er selbst sah es ja nicht, wie schmerzlich dieses Lächeln war. Ein lustiges Liedchen pfeifend stand er auf und ging wieder an die Arbeit, bis ein Hustenanfall das gemachte Lächeln von seinem Gesicht vertrieb und den jungen Körper rüttelte und schüttelte.

Ein schmächtiges Mädchen eilte herbei, den Liebsten zu stützen. Angstvoll starrten die tiefliegenden großen Augen des Jünglings, angstvoll schmiegte die Kleine sich an ihn, und hinter den beiden höhnte ein untersetzter widriger Mensch, des Kranken Rivale, der sich von der Kleinen einen Korb geholt hatte und, nebenbei gesagt, später Streikbrecher wurde: »Der Sarg is balde fertig.«

Eines Tages ereignete sich auch ein schweres Unglück. Die Seile hatten sich ineinandergeschlungen. Ein Knirschen, Bersten, Krachen, Schreien; Spinnhaspeln wurden in die Höhe gerissen und sausten wieder herunter. Ein Lehrling, fast ein Kind noch, wurde mit emporgezogen und mehrere Male um die Transmission geschleudert. Er kam, wenn auch schwer verletzt, mit dem Leben davon; seine Fingernägel fand man später zwischen dem Rohtabak. –

Ja, das alles sah ich und begann darüber nachzugrübeln, welch stilles Märtyrertum in diesen Räumen umging. Aber ich war jung, lebenshungrig. Ich suchte Freundschaft zu schließen mit gleichaltrigen Arbeiterinnen.

In der Frühstücks- und Vesperpause saßen wir dann gewöhnlich im Kreise herum, lachten, scherzten und schwatzten dummes Zeug. Dabei vergaßen sich die Schreckensszenen. Wir schimpften über das karge Frühstück, nicht weiter bedenkend, daß daran doch eigentlich nicht unsere Logismutter Schuld war. Was durfte man denn für 4 Mark, die für Kost und Logis bezahlt wurden, verlangen! Wir verdienten im Höchstfall 7,20 Mark und konnten darum nicht mehr bezahlen. Wir mußten uns doch anständig kleiden!

Hinter der Fabrik lag eine Allee, und in dieser Alle stand eine Bank. Dort saß regelmäßig zur Vesperzeit eine junge Mutter und stillte ihr Kind; ein altes Weiblein brachte den Säugling der Mutter. Wir albernen Geschöpfe kicherten und lachten darüber, wir sahen die Größe dieser Arbeiterin nicht; dachten nicht einmal daran, daß auch uns vielleicht das gleiche Los beschieden sei. Nein, soweit dachten wir noch nicht. Wir merkten auch nicht, daß es schon seit Wochen unter den Arbeitern gärte und kochte wie in einem siedenden Kessel. Wohl sahen wir die verbissenen Gesichter, sahen, wie immer mehr Lehrlinge angestellt wurden. Sobald ein Mann ging oder gehen mußte, stand ein eben aus der Schule entlassener Junge auf seinem Platz. Und es gingen sehr viele in dieser Zeit. Es war gerade, als wartete man darauf, einem Arbeiter bei dem geringsten Vorkommnis die Kündigung überreichen zu können. Dabei war das Material dermaßen schlecht, daß die Arbeiter, die ausschließlich im Akkord arbeiteten, bald nicht mehr soviel verdienten, um ihre Familien vor dem Hunger zu schützen.

An einem der ersten Tage im Mai kochte der Kessel über.

Es lag in der Luft: Streik.

Wo war das Wort gefallen? Wer hatte es ausgesprochen?

Es war da.

Eine von den Arbeitern gewählte Kommission verhandelte mit dem Fabrikanten im Kontor.

Erwartungsvoll standen wir an den Fenstern und wischten an den Scheiben, um hinübersehen zu können nach der Tür, hinter der die drei Männer verschwunden waren.

Da merkten wir erst, wie blind die Scheiben waren; wie spärlich nur die Sonne hindurchscheinen konnte. Ja, wir sahen eigentlich erst jetzt, daß draußen die Sonne lachte. Goldig und klar. Echte Maiensonne! So standen wir wohl eine halbe Stunde.

Alles war Erwartung, niemand dachte an Arbeit. Da traten die drei heraus. Bleich das Antlitz, ein düsteres Feuer im Auge. Sofort wurden sie umringt. Was gesprochen wurde, drang nicht bis zu uns. Wir sahen nur, wie sie einmütig die Arbeitsschürzen ablegten, nach den Mützen griffen und ruhig und geordnet die Fabrik verließen.

Die Maschinen surrten weiter, aber die Arbeitstische standen leer, bis auf 3 und die, an denen die Lehrlinge arbeiteten.

Der Fabrikant stürmte herein. Aufgeregt kommandierte er: »Weiter arbeiten!«

Und die Zurückgebliebenen setzten wortlos ihre Arbeit fort. Über manches jugendliche Gesicht huschte Zweifel und Verwunderung. Wir Mädchen, die wir an leeren Tischen standen, wurden zu anderer Arbeit abgerufen. Wir mußten Rohtabak dämpfen. Und draußen vor der Fabrik stand die Schar der Kämpfer. Sie debattierten heftig, dazu lachte die Maiensonne freundlich vom Himmel herab. Unwillig gingen wir an unsere Arbeit. –

In den nächsten Tagen schon traf ein Trupp Arbeitswilliger ein. Von der Straße, von den umliegenden Dörfern kamen sie. Wer weiß, wie man sie entdeckte!

Und immer größer wurde die Zahl.

Da begriffen wir: was diese taten, war nicht recht. Unsere Mitarbeiter kämpften um Besserung ihrer traurigen Lage, und diese da fielen ihnen heimtückisch in den Rücken.

Da stand es fest bei uns: sie dürfen keine geübten Hilfskräfte haben – das wird sie zu Fall bringen.

Und wir gingen. Wohl 50 an der Zahl.

Die anderen aber, die nicht begreifen konnten, blieben stehen. Das war unser Verhängnis. Hätten alle Frauen und Mädchen einmütig die Arbeit niedergelegt, dann hätten die Rausreißer nicht viel ausrichten können. Aber so klein unser Häuflein war, wir hielten aus. Eine ganz neue Welt tat sich uns auf.

Wir nahmen an den Beratungen der Streikenden teil, wir besuchten die Versammlungen und vertieften unser Wissen. Wir sahen jetzt mit klaren Augen, daß das, was gekommen war, hatte kommen müssen. Die Zustände waren haltlos gewesen.

Ganz neu war uns, zu sehen, wie die Arbeiter aller Berufe zusammenhielten und ihre Scherflein einsandten, so daß sie anschwollen zu einer großen Summe und uns Streikunterstützung ausgezahlt werden konnte.

Aber wir sahen auch mehr.

Wir sahen, wie schön die Welt ist im Maien!

Wie schön unsere Heimat war!

Bis dahin hatten wir ja keine Zeit gehabt, uns der Schönheit zu freuen. Sonntags waren wir meist von der Arbeit der Woche zu müde, auch gab es zu stopfen und zu flicken, so daß uns kaum Zeit zu einem kleinen Spaziergang blieb. Anders jetzt!

Des Morgens vor Sonnenaufgang wanderten wir frisch und gekräftigt hinaus in die herrlichen Harzwälder, kletterten mit Jauchzen auf die höchsten Berge, machten Rast im schattigen Tale, schliefen auch wohl um die Mittagszeit ein Stündchen im Hochwald unter rauschenden Eichen. Ein Stück Fettbrot war unser ganzer Proviant, und doch röteten sich unsere Wangen, unsere Lungen atmeten freier, unser Körper wuchs und dehnte sich.

»Nein, seht doch nur, wie hübsch unsere Anlegerinnen sind!« sagten die Kollegen.

Und wahrhaftig, dieser Sommer ist manchem unvergeßlich geblieben!

Indessen spitzte sich die Lage immer mehr zu. Hatten die Arbeiter unserer Firma die Arbeit niedergelegt, so sperrten all die anderen Firmen jetzt einfach aus, um uns so zur Ergebung zu zwingen.

Aus dem Häuflein wurde jetzt eine stattliche Schar Arbeitsloser. Und immer höher schlugen die Flammen der Begeisterung. Immer kampfesmutiger standen wir zusammen.

Ein großer Teil reiste auch ab, sowie sich ihnen Arbeitsgelegenheit bot. Auch ich verließ meine Heimat, um mich in der Welt umzusehen. Und was sah ich? Überall das gleiche Los. Bedrückung, Not und Entbehrung.

Eifrig verfolgte ich in der Ferne den Streik meiner Landsleute. 26 Wochen hielten sie aus. Da kam der Winter, die Not wurde größer. Längst füllten Arbeitswillige die Fabriken. Unter ihnen spielten gerade die Frauen eine große Rolle. Frauen arbeiteten sich in das Fach der Männer ein, und der Fabrikant hatte den Vorteil der billigen Arbeitskraft. Und es kam, wie es kommen mußte: die Ausständigen nahmen die Arbeit wieder auf, da unter diesen Verhältnissen an einen Sieg nicht mehr zu denken war.

Auch mich zogs wieder nach der Heimat.

Da stand ich wieder am Arbeitstisch und hielt Umschau auf dem Kampfplatz. Viele Plätze waren leer, an anderen sahen fremde Augen mich groß an. An dem Tische, an dem der kranke Jüngling gestanden hatte, behauptete jener widrige Mensch, dessen Prophezeiung in Erfüllung gegangen war, jetzt seinen Platz. Aber das Mädchen hat er nicht bekommen. Die Kleine ist nicht mehr zurückgekehrt zur Fabrik; sie hat den Tod des Geliebten nicht verschmerzen können. –

Ja, ein verlorener Streik wars gewesen. Aber wir hatten nicht nur verloren, wir hatten auch etwas gewonnen. Nämlich Erkenntnis.

Mit sehenden Augen standen wir jetzt gerüstet da, um vereint, wenn die Stunde noch einmal schlagen sollte, in den Kampf zu ziehen.

Keine Schranke stand mehr zwischen uns.
Ob Weib, ob Mann, alle waren erfüllt von dem einen Gedanken:
arbeiten, säen, damit die Saat einst tausendfältige Früchte bringe.
Und die besiegten Sieger haben ihr Wort gehalten.

*(Anna Mosegaard: »Im Jahre 2000 und andere Skizzen«. Düsseldorf,
1914 – Nachdruck mit Erlaubnis von Hans Mosegaard, dem Sohne der
Autorin)*

Berta Selinger:
Jetzt zeigt, was ihr könnt! (1906)

»Bertas Vater war Vertrauensmann, als ich zum erstenmal in einer
großen Niemeser Versammlung sprach. Nach meiner Rede wurde
mir die vierzehnjährige Berta, die mit glänzenden Augen und glühenden Wangen der Rede gelauscht hatte, vorgestellt. Ich fragte
sie, was sie werden wolle. ›Das, was Sie sind‹, antwortete sie, ohne
zu zögern. Und sie ist Rednerin und Schriftstellerin geworden,
nachdem sie das harte Leben einer Proletarierin in allen Stadien
kennengelernt hatte. Sie schildert, wie es war, als die Arbeiter noch
nicht gewöhnt waren, Frauen als Mitarbeiterinnen in der Fabrik
als gleichwertig anzusehen. Das ganze schmerzvolle Leben der
österreichischen Proletarierin der kaiserlichen Zeit wird dargestellt.«

*(Aus einer Besprechung ihres Buches »Der Rachen« von Adelheid
Popp. In: »Die Frau«, XXXVIII. Jahrgang, Nr. 8. Wien, 1929)*

Bozena trat, ohne das Herein abzuwarten, in das Privatkontor,
wo der junge Chef mit dem Ledernen und ein paar Meistern den
Kopf zusammensteckte. »Der Petzold is, kein andrer«, hörte sie den
gestreiften Kahmann schnarren und sah eben noch das sozialdemokratische Blatt verschwinden. Sie raspelte ihren Auftrag herunter
und drückte sich, der »Gestreifte« schnaufend hinter ihr her. Den
Spitznamen hatte er, weil er bis vor kurzem noch ein knallroter
Sozialdemokrat gewesen war, eifrig für die gute Sache, sofern sich
nur für ihn ein nährhaft Süpplein dabei kochen ließ. Er wäre ein
rechter Bonze geworden, es war daneben geglückt. So wechselte er
die Farbe, wurde Liebkind bei den Chefs und Streikbrecher und
zum leuchtenden Dank Obermeister und kam an die neue »Windsbraut«.
Bozena belauerte er, wo sie ging und stand, schlimmer noch als der
alte Saupe. Der haßte sie nur persönlich, wollte sie aus den Augen

haben; der Gestreifte aber hätte sie gern in den Schmutz gezerrt, wo er selber war.

Sie wußte, was vorging. Das Arbeiterblatt hatte einen Artikel gebracht über die Zustände bei Willich, hatte den tauben Fabrikinspektor an die sausenden Druckpressen heranstoßen wollen, seine blinden Augen nach den taghell erleuchteten Fabrikfenstern gewendet. Fast täglich fiel eine oder mehrere der abgehetzten Arbeiterinnen ohnmächtig um, und das Blatt hatte gefragt, ob erst eine in die Transmission fallen müsse, ob erst ein paar junge Hände vom wirbelnden Zylinder zermalmt sein müßten, bevor der Herr sich bemühen wolle. Hatte ihn gebeten, einmal *unangemeldet* die Reibestuben sich anzusehen, wo die Ventilation mit Lumpen verstopft war, weil mit der Heizung derart gespart wurde, daß die Frauen frostklappernd jeden Luftzug abwehren mußten. Und nun sollte also der Petzold dran glauben. Sieh, sieh! wie schlau sie doch waren!

»Nun rennt das tumme Schwein schon zum elftenmal nach Wasser«, schimpfte der alte Saupe. »Ich bin eben nicht wasserscheu wie andere Leute!« gab Bozena zurück, nahm ihren Topf und zuckste nach der Leitung hin, wo Petzold sich eben die Hände wusch. Immer war wer dazugekommen, jetzt war er allein.

»Sie sollen rausfliegen!« warf sie ihm zu. Er wandte seine großen Dorschaugen nach ihr: »Soo, – warum denn?« »Für den Artikel. Und Sie haben ihn doch gar nicht geschrieben.« »Nee, aber woher wissen Sie denn das?« »Daß Sie rausfliegen, habe ich eben im Kontor gehört. – Wer den Artikel geschrieben hat, weiß ich, aber ...« »Vorsicht!« Er trat ihr hart auf den Fuß und ging gleichgültig seiner Wege.

Der Gestreifte lauerte hinter seiner »Windsbraut« und grinste höhnisch herüber und nickte zustimmend zum alten Saupe hin: »Ja, wenn die Saumenscher nur een Stückchen Kerl hab'n, daß se sich een bissel rumschmieren könn'n.« Und dann machte er einen Strich auf einem Zettel an der Wand, wo schon viele Striche waren unter den Namen der Arbeiterinnen. Dazu hätte sich nicht einmal der alte Saupe hergegeben. Da wurde alles vermerkt – wie oft und wie lange sie auf dem Abort waren, wie lange sie beim Bogenausbreiten auf dem Boden waren.

»Ja, die pass'n gut zusamm', eens so rot wie's andre«, schrie Saupe hinüber und Kahmann grinste. »Na, so rot wie Sie doch nicht« – Bozena sah auf seinen brandigen Kopf, und er las ihr das Wort Judas von den Lippen. Warum sollte sie sich ducken? Hier würde sie ja doch nicht alt werden.

Am Abend wartete sie offen auf Petzold, aber er ging frostig an ihr vorbei. Als sie ein Stück vor der Stadt war, überholte er sie. »Ich wollt nicht mit Ihnen gehn, sonst fliegen Sie auch noch«, lachte er gutmütig. »Aber Petzold, Sie fliegen doch nicht, wenn Sie den Artikel nicht geschrieben haben. Glauben Sie, ich werd' einen andern ausfressen lassen, was ich eingebrockt hab?«

Er stutzte, sah sie an und lachte wieder sein gutmütiges Lachen: »Das paßt ja fein, das wird ein Gaudi!« Er rieb sich die Hände. »Na, die wolln wir doch richtig einseifen und mit der Nase auf'n Boden titschen, daß sie schnuppern könn'n, wo der Wind herkommt. Hör'n Sie mal zu, Genossin und Landsmännin«, er war ein Reichenberger, »mich haben sie seit'n Streik sowieso auf'n Piek, flieg ich nicht jetzt, flieg ich später. Der Kahmann ruht nicht, bis er mich rausgebissen hat, und ich wollte doch wieder mal rüber nach Böhmen. Also laß sie mich doch fressen mit Haut und Haar, und wohl bekomms dem Herrn! Sie bleiben drinne, solange wie's eben dauert und arbeiten weiter. – Jetzt, wo Sie so fein im Gang sind mit'n Hilfsarbeiterverband.«

Am Montag, schon vor dem Tore, steckte es eine der anderen: »Der Alte geht wieder um!« »Na, da könne mir uns gefreu, – wär er doch verreckt, dar Schweinkarl«, zischelten sie erregt und sahen dabei ängstlich um den Weg.

Als Bozena vom obersten Boden kam, mit einem schweren Packen beladen, schob ein widerliches Gespenst auf sie zu. Lang und schlottrig mit einem scheußlich verwüsteten Gesicht. Hätte sie ihn nicht gesehen, hätte sie ihn doch riechen müssen, durch allen Farb- und Terpentinbrodem hindurch. Er dunstete, als habe er monatelang im vollen Weinfaß gelegen. »Ei, gucke da, eine Neue, ein hübscher Bissen, ein hübscher Bissen«, gurgelte er und griff mit langem Arm nach ihr. Sie tat erschrocken einen Satz beiseite und sah noch, wie er weggepufft wurde, die zornfunkelnden Augen des Jungen.

»Ja, Hübsche, jetzt könne mir was derlabe«, nickten die andern auf ihren Bericht, und beim Frühstück kramten sie widerliche Geschichten aus: »Jo, do drob'n, do hott schon manche dran glauben müssen, fragt nur die stille Lisie, die war noch een Kind.« »Und auf die jungen Mädel war er immer scharf, aber jetzt is noch schlimmer mit dem alten Schwein, weil er die Krankheit hott, jetzt darf er nich mehr zu seiner Frau.« »Na, vor dem üblen Bock is noch nich mal eene Großmutter sicher, – jo, dos iş wahr, der nimmt, was er in die Klauen kriegt«, stimmten sie zusammen.

Seit der Alte umging, lag es wie ein Alb auf ihnen, auch die frechsten wurden kleinlaut; die sonst gar zu gern auf den Böden sich zu schaffen gemacht – es gab genug schummrige Winkel da droben, hinter den Stapeln von altem Fließpapier – auch sie wollten nicht mehr allein hinauf, selbst das wüste Schimpfen Kahmanns brachte sie nicht dazu.

Und – war es die dunkle Angst, die noch schmerzhafter an den gepeinigten Nerven riß, war es der ach, wie oft, niedergetretene Stolz, der sich erhob, die Menschenwürde – war es die Witterung der neuen Gefahr, die sie zueinander trieb – sie ließen sich eine um die andere in den Verband aufnehmen, saßen zusammen und lasen ihre Zeitung, ließen sich erklären, was sie nicht verstanden, und freuten sich, daß ihnen das alles gar nicht so fremd und abgeriegelt war, wie sie gemeint hatten.

Im Maschinensaal waren sie bald alle organisiert bis auf ein gutartiges Idiotlein, und zum offenen Hohn für den Gestreiften wurde seine Anlegerin in den Vorstand gewählt. »Das tränk ich dir Luder schon noch ein!« rief er zu Bozena hinüber, aber sie lachte nur; sie fühlte sich so warm und glücklich in der neuen Arbeit! Von den Älteren in den oberen Sälen waren schon manche durch ihren Mann aufgerüttelt, hatte nur bisher den Mut nicht gefunden. Nun traten auch sie auf den neuen Weg, nur wurmte es sie ein klein bissel, daß das »Kroppzeich« ihn zuerst gegangen.

Bozena fühlte sich sicher, noch schützte sie die Laune des jungen Chef. Er sah wohl stirnrunzelnd herüber, wenn Kahmann ihm eifrig ihre Sünden ins Ohr zischelte. Aber er stand wieder bei ihr an der Maschine, plauderte und neckte sie und schickte sie sogar unter einem Vorwand – als eine Art Kalb mit zwei Köpfen – zu seiner Mutter ins Wohnhaus, wo sie erzählen mußte, wo sie her sei und dafür mit Kaffee und Kuchen traktiert wurde – in der Küche natürlich.

Ansonsten nahm er die Sache nicht recht ernst. »Die Hilfsarbeiter?

Na – was die schon wollen!« Und sie wußte, daß ihr nicht allzuviel Zeit mehr blieb und nutzte sie aus. Die Hilfsarbeiter? Ja – was die schon wollen!

Die kleine Ida, vom Streik her voller Rachgier, denn sie hatte nicht nur selber gehungert und zuletzt, wie sie sagte, »ihren eigenen Magen gefressen«, sie hatte auch den alten, verkrüppelten Vater hungern lassen und die kleine Schwester – im gläubigen Vertrauen auf einen guten Ausgang.

Und dann hatte sie wochenlang im Kontor betteln und winseln müssen – und sie hatten sie beileibe nicht einfach hinausgeworfen; denn sie war eine unvergleichliche Arbeiterin, kannte die Arbeit in allen Sälen und konnte immer einspringen, wo Not am Mann war. Nein – sie hatten sie nur immer wieder lächelnd auf morgen vertröstet und sie dann wieder betteln und winseln lassen und wieder gelächelt und sie auf morgen vertröstet. Fort konnte sie ja nicht mit dem alten Krüppel und dem hilflosen Kind; sie hatte keinen heilen Faden auf dem Leibe, das bissel Hausrat war verschleudert, die letzte morsche Kiste in den Ofen gewandert. In ihrem Stübchen war nichts als die nackten Wände und das eiserne Kanönchen, nun auch erkaltet.

Und so hatten sie sie lächelnd erniedrigt und bespien und ihr dann gnädig einen Strohhalm gereicht. Sie durfte zu dem Lohn wieder beginnen, den die Anfängerinnen bekamen.

Sie dampfte förmlich vor Haß, das hielt sie noch aufrecht. Und die Lithographen und Setzer gingen gern in weitem Bogen um sie herum, denn sie nahm sich wahrlich kein Blatt vor den Mund. Und just ihr mußte das lüsterne Scheusal in den Weg laufen.

Er hatte schon oft oben gelungert und geschnüffelt, aber die Mädel waren auf ihrer Hut, immer zu zweien und dreien und warnten einander und konnten ihm leichtfüßig entweichen. Nun aber hatte er sich ein paar Tage nicht blicken lassen, und sie hofften, er läge wieder im Rausch, und wurden schon wieder sorglos.

So war die Ida, um sich die Treppen zu sparen, aus den Reibestuben hinüber gesprungen, um ihre Bogen umzulegen, und schon war der Unhold über ihr. Sie war klein und zart und ausgemergelt, er groß und kräftig wie ein Waldmensch. Wie es ihr gelungen war, sich seiner Gier zu entwinden, das blieb ein Rätsel. Aber sie war auf seinen Leib gesprungen und hatte mit ihren Holzpantoffeln aus aller Kraft darauf herumgetrampelt, und es hieß, sie habe ihm auch ein Auge ausgeschlagen.

»Ganz racht wär es ihm gewesen«, sagte manch eine, und die anderen dachten es im stillen.

– – Sie rotteten sich in den Sälen und nicht einmal Kahmann wagte, sie an die Arbeit zu treiben. Da kam die Ida aus dem Kontor, noch ganz verrauft, den Lohnzettel und ein paar Mark in der Hand.

»Sie fliegt raus, die Ida fliegt raus!« Alle stürzten ihr entgegen und umringten sie. »Sie fliegt raus«, hieß es nur, ungläubig, verwundert, aber plötzlich rief die stille Lisie: »Nun jetzt zeigt was Ihr könnt!« und schon schoben sie sich die Treppe hinauf und standen in der Schreibstube und drängten unbeirrt ins Kontor.

»Schließt die Türe zu! Rammelt die Türe zu!« kickste der Lederne, aber sie waren schon an ihm vorbei im Zimmer des Chefs. »Was wollt ihr hier, schert euch an die Arbeit!« schrie der Junge sie unbeherrscht an.

Lisie und Bozena, die Hände fest ineinander verkrampft, drängten nach vorn: »Herr Willich, fliegt die Ida raus?« – »Jawohl, fliegt sie raus! Das freche Stück, die ist ja ganz gemeingefährlich!« »Dann gehn wir alle, wie wir hier sind.« »Das ist nicht allzuviel«, höhnte er, doch schon etwas unruhiger, »draußen sind mehr.« »Der ganze Maschinensaal und die Hälfte aus den anderen Sälen; und wir setzen es in die Zeitung, in alle Arbeiterblätter, wie's hier zugeht.«

»Ja!« schrie die stille Lisie auf und schnellte nach vorwärts und schüttelte ihre winzigen mageren Fäustlein: »In die Zeitungen solls, alle Schande, alles soll ans Licht! So viele hat er verschweint, ich war noch een Kind, und man mußte es leide. Alles soll in die Zeitung, alle Schande soll ans Licht!«

Er stand ganz fahl hinter seinem Pult und versuchte, sich ein gerechtes Ansehen zu geben. »Also gut, die Ida kann bleiben.« »Und sie soll ihren alten Lohn wieder haben«, verlangte eine aus dem Hintergrunde. »Sie soll ihren alten Lohn«, bestätigte er.

(Berta Selinger: »Der Rachen. Querschnitt durch ein Leben.« Berlin, 1936 – Nachdruck mit Erlaubnis des Verlages J. H. W. Dietz, Nachf., Bonn)

Verena Conzett:
Die Macht des gesprochenen Wortes (1904)

»Eia popeia, nun schlaft ihr Rangen,
die Mutter ist wieder versammeln gegangen;
Eia popeia, o bleibt mir gesund,
die Mutter hält Reden, der Vater den Mund!«

Dieser Spottvers aus Berlin wurde 1883 anläßlich der Fahnenüber-
gabe an die Zürcher Sektion durch die Gründerin der schweizerischen Arbeiterinnenvereine und Frauenrechtskämpferin, Gertrud
Guillaume-Schack, wieder mit Wonne in der bürgerlichen Presse
nachgedruckt. Verena, die knapp zuvor die Ehe mit dem sozialdemokratischen Parteiführer Conrad Conzett eingegangen war, ist
verbittert über die ständige bösartige Verspottung des Kampfes
der Frauen um ihre rechtliche und berufliche Gleichstellung. Sie
vollzieht nun das, was ihre Lebenserfahrung schon im 12. Lebensjahr vorbereitet hat: den Eintritt in den Arbeiterinnenverein. Von
da ab bis zu ihrer Erkrankung 1908 alarmiert sie die Öffentlichkeit
wegen des traurigen Loses der Arbeiterinnen und Arbeiterfrauen
und agitiert für ein geschlossenes Auftreten der Arbeiterklasse.

Den mühseligen Vorträgen in schweren Zeiten sind erfolgreiche
freudigere gefolgt. Ich hielt sie zum größten Teil bei den Textil-
arbeitern; dort fand ich noch die gleichen Verhältnisse wie 30 Jahre
früher, als ich, zwölfjährig, meine Laufbahn als Fabrikarbeiterin
begonnen hatte. Ich fand noch den gleichen Deckelkorb mit einem
großen Stück Brot darin, das für den ganzen Tag reichen mußte;
und ich fand auch noch die gleiche elfstündige Arbeitszeit, nur daß
sie in vielen Fabriken zeitweise durch Überstunden noch verlängert
wurde. Nur eines fand ich anders: die Arbeiterinnen selbst. Oder
hatte ich mit meinem fröhlichen Kindersinn die fahlen Wangen, die
trostlosen Augen, die müden Bewegungen damals nicht gesehen?
Oder waren die Arbeiterinnen während der drei Jahrzehnte so zer-
arbeitet und zermürbt worden? Ein Wunder wäre es nicht. Ein gro-

ßer Teil der Arbeiterinnen hatte vor und nach der langen Arbeitszeit an den Maschinen, die ihre ganze Aufmerksamkeit forderte,
noch einen weiten Heimweg. Zu Hause waren die Kleinen schon im
Bett; die größern halfen rasch das Nachtessen bereiten und abwa-
schen, dann krochen auch sie unter die Decke. War Ruhe eingetreten,
begann die Arbeit von neuem. Es mußte aufgeräumt, Kleider und
Wäsche geflickt und für den andern Tag noch gekocht werden.
Nicht einmal der Sonntag brachte die wohlverdiente Ruhe; da
wurde geputzt, gewaschen und gebügelt. So verlief das Leben der
Fabrikarbeiterin, Tag für Tag, Jahr für Jahr, ohne einen Hoff-
nungsschimmer, daß es einmal besser werde.

Trotz der spärlichen Freistunden, die ihnen zur Verfügung standen,
erschienen doch viele der abgehärmten Frauen in den Versammlungen; sie wollten hören, wie eine Sozialistin das Leben der Fabrikarbeiterin auffasse. Sie hörten meinen Ausführungen fast teilnahms-
los zu. Erst als ich ihnen erklärte, daß durch festen Zusammenschluß der Arbeiter und Arbeiterinnen die Arbeitszeit auf 8 Stunden verkürzt und der freie Samstagnachmittag erreicht werden
könne, leuchtete ein Verstehen in ihren Augen auf. Und wenn ich
ihnen ausmalte, wie der freie Samstagnachmittag auch der Fabrikarbeiterin einen Sonn- und Ruhetag bringe; wie mit dem Achtstundentag etwas Gemütlichkeit und ein warmer Glücksschimmer
das Heim und die Familie durchdringen; wie die Kinder sich den
ganzen Tag auf den Abend freuen, da die Mutter auch für sie Zeit
findet, wie Mann und Frau beim rauchenden Pfeifchen, bei Strik-
ken und Flicken plaudernd beisammensitzen können, dann hingen sie mit glückhungrigen Augen an meinen Lippen, damit ihnen
ja kein Wort von dem Feierabendglück entgehe. Und wenn sie
gar hörten, daß der freie Samstagnachmittag in verschiedenen
Fabriken zur Freude der Arbeiterschaft und zur Zufriedenheit
des Fabrikherrn eingeführt sei, strahlten nicht nur ihre Augen,
es strahlte das ganze Gesicht. Dann hätte ich jubeln mögen vor
Freude, daß es mir gelungen war, Hoffnung in ihr armes, hartes Leben zu bringen, ohne die es trostlos und freudearm ist.
Ohne Hoffnung bringt der Arme die Tatkraft nicht auf, für
Besserstellung und Glück zu kämpfen. Ich erklärte ihnen, daß
es im Leben sei wie in der Natur: man müsse erst säen und die
Früchte reifen lassen, bevor man ernten könne. Sie dürften den Mut

nicht verlieren, wenn ihre Wünsche nicht so bald in Erfüllung gingen. Was die Ältern nicht mehr erlebten, falle als Ernte den Kindern zu; das sei das schönste Erbe, das sie ihnen hinterlassen könnten.

(Verena Conzett: »Erstrebtes und Erlebtes. Ein Stück Zeitgeschichte«. Zürich, 1929 – Nachdruck mit Erlaubnis des Manesse Verlages, Zürich)

Erna Haberzettl:
Klänge, die erwecken ... (1921)

Aus der Lebengeschichte der aus der Nähe von Bischofteinitz stam-
menden Förstertochter Erna Haberzettl wissen wir, daß sie 1920
als Krankenschwester in das Krankenhaus von Neudek im Erzgebirge gekommen ist und von hier zur Arbeit in eine Wollspinnerei
zog. In diese Zeit fällt ihr Eintritt in die sozialdemokratische Partei. Ein Erlebnis wurde ihr zum Anstoß, entschied ihr Schicksal. Es
ist in ihrem Tagebuch niedergeschrieben.
Ihren Kampf zur Durchsetzung der Ziele der Arbeiterbewegung
hat sie unbeirrbar geführt; unzählige Gedichte legen hierfür Zeugnis ab. Als sie im aktiven Widerstand gegen den Hitlerfaschismus
nicht genügend Kraft zu haben meinte, unter der Folter der Gestapo Namen von Gesinnungsgenossen bei sich zu behalten, entschied sie sich – es war am 3. März 1945 in Wien – für den
Freitod.

Ich blättere in meinem Tagebuche. Meine Blicke bleiben an einer
Stelle hängen; und immer wieder muß ich sie lesen. Da sind oben
am Rande einige gepreßte Blümchen aufgeklebt und darunter steht:

N ... Pfingstsonntag 1921
Ein herrlicher Tag liegt hinter mir; ein Tag, der mich unendlich
reich gemacht, der mir gegeben hat, dessen ich bisher entbehrte; ein
Tag, der mir den Glauben an die Schönheit, die verborgen in der
Tiefe eines jeden Menschenherzens schlummert, geschenkt hat. –
Ein langer Weg lag hinter uns. Wir hatten einen Ausflug ins Erzgebirge unternommen. Viel Herrliches, Wunderbares hatten wir gesehen hoch droben auf den Bergen, in den nachtdunklen Wäldern,
auf den träumenden, blumigen Wiesen. Wir hatten den Untergang
der Sonne betrachtet, und meine Seele war voll tiefer, inniger An-
dacht.
So gingen wir hinunter in das Tal.

Unser Weg durchquerte ein kleines Dörfchen. Wir waren hungrig und durstig und hielten in einem Gasthause Einkehr. Rauch, Lärm und Alkoholgeruch schlug uns entgegen. Hier versammelten sich des Sonntagabends die Einwohner des Dörfchens, hier saß das Volk der Arbeit, Männer, Frauen, junge Burschen und Mädchen, um sich nach einer durcharbeiteten Woche zu vergnügen. Rauhe, grobe Gesichter waren es, mit gefurchten Stirnen und hageren Wangen; und über all den Gesichtern lag ein grelles Licht, das sie noch rauher, noch gröber scheinen ließ. Die Gemüter waren erhitzt vom Alkohol; ein junger Bursche faßte ein Mädel am Arm und riß es mit sich fort zum Tanze. Ein Schimpfwort flog auf, ein Bierglas sauste klirrend zu Boden; im Nu war die niedere Wirtsstube durchwogt von einem Chaos rasender Menschenkörper. Männer stürzten sich mit geballten Fäusten aufeinander, Weiber suchten ihre Ehegatten zurückzureißen, Mädchen flohen kreischend dem Ausgange zu. –

Ein wüstes, häßliches Bild.

In mir stieg dumpfe, schmerzende Verzweiflung auf: »Was sich hier durcheinanderballt, was hier flucht und rauft – was ist das? Sind das noch Menschen? – Nein, das ist eine ekle Masse, in der Menschlichkeit, Schönheit und Güte längst erstorben ist!« – Öde Leere breitete sich aus in meinem Herzen.

Da plötzlich begann die Musik zu spielen; über die tobende, graue Masse wogten die Klänge der »Internationale«. – Einer horchte auf, ließ die Brust des Gegners los, riß seinen Hut herunter und stand eine Sekunde lang starr, überlegend; ein Zweiter tat dasselbe, ein Dritter, ein Vierter ... In zwei Minuten standen alle still, unbeweglich, mit noch bebenden Nasenflügeln und sahen einander stumm fragend an. Einer begann zu singen; ein Zweiter, ein Dritter, ein Vierter. –

Minuten voll heiliger Weihe.

In mir war ein Gefühl der Erlösung; ich atmete auf – ich versuchte mitzusingen; da würgte etwas in meiner Brust – heiß brannten meine Augen – ich lief hinaus in die sternige Nacht und preßte die Hände vor das Gesicht. –

Als ich mich dann am Heimwege befand, da war es so still geworden in mir; da wußte ich, daß mir viel gegeben worden war. Da wußte ich, daß Schönheit, Menschlichkeit und Güte noch nicht gestorben seien, daß sie, nur erstarrt, noch atmeten in all den rauhen, verkümmerten Menschenherzen, daß sie nur der Klänge harrten, die sie erwecken sollten aus gefahrbringendem Schlafe.

Hinter mir erstarb der Gesang. Vereinzelt drangen Musikklänge herüber ...

Internationale! – hohes, heiliges Lied – ich glaube an Dich, ich glaube an Deine Worte, die nun tief in meiner Seele wurzeln. In mir ist's ruhige, klare Gewißheit: »Die Internationale wird die Menschheit sein!« ...

(Erna Haberzettl: »Aus meinem Tagebuche«. In »Opfergang«. Gedichte. Hrsg.: Seliger-Gemeinde, Stuttgart. Selbstverlag, 1973 – Nachdruck mit Erlaubnis von Ernst Paul, dem Vorsitzenden des Seliger-Archivs, Stuttgart)

Maria Kahle:
»Ohne uns werdet ihr nicht fertig ...« (um 1925)

Maria Kahle ist, wenn man so sagen darf, ein weiblicher Wallraff der Zwanzigerjahre: als Frau mit tradierten Grundsätzen geht sie in die Industrie, wird Akkordarbeiterin und will alles mit dem Proletariat teilen: die Arbeit, ein rußiges Vorstadtviertel, ein Zimmer in einer Mietskaserne, vielleicht gar als »Schlafgängerin«. Ihre Erlebnisse als Akkordarbeiterin sind für Soziologen sicher interessant; wichtiger ist jedoch ihre Erfahrung an der Arbeiterin Berta, die den Klassengegensatz verdeutlicht und die Erkenntnis einbringt, daß das Proletariat sich nur selber helfen kann.

Die Arbeiterinnen (hingegen), mit denen ich heute in der Fabrik zum ersten Male zusammenkam, haben keine ausgesprochen politische Haltung. Immerhin kann ich nach Ablauf eines Tages mir noch kein Urteil bilden. Sie haben mich unbefangen aufgenommen, als mir der Meister am Packtisch der Lebensmittelfabrik meinen Platz anwies. In einer Gruppe von 10 oder 12 Akkordarbeiterinnen muß ich nun von 7 Uhr morgens bis 1/2 5 bei einer Stunde Mittagspause Keks einrollen. An und für sich eine leichte Beschäftigung, doch ermüdend durch die Hast und Hetze der Akkordarbeit. Berge von runden Keks sind in der Mitte des Tisches ausgeschüttet; flinke Hände breiten das bedruckte Verpackungspapier aus, legen auf ihm die dreimarkstückgroßen Keks nebeneinander, ein Griff, und die Rolle ist fertig und an beiden Enden mit roten Reklamemarken zugeklebt. Kinderleicht! – Ich greife nach Papier und Keks, baue die runden Dinger schön geordnet nebeneinander, ein Griff nach dem Papier – und meine Dreimarkstücke kullern auseinander! Hilflos lasse ich die Hände sinken – um mich Gelächter. Aber sofort ist meine Nachbarin Klara, ein bleiches blondes Mädchen, hilfsbereit. Obschon sie dadurch Zeit verliert, kommt sie an meinen Platz, zeigt mir die Handhabung; die anderen geben gute Ratschläge, wie das Einschlagen am schnellsten zu bewerkstelligen ist,

»damit Sie von Anfang an jeden überflüssigen Griff vermeiden« –
»Klara, zeig es ihr gleich richtig, sonst kommt sie nie auf den Akkord.« Nach zwei Stunden schmerzt mein Rücken, ein scheußliches
Stechen wie von hundert glühenden Nadeln breitet sich immer mehr
aus. Wir haben Pappschachteln neben uns stehen, in die gleich versandfertig die Rollen eingepackt werden, hundert Rollen in jede
Schachtel. Für die fertig gepackte Schachtel gibt es 50 Pfennig
Lohn. (In den ersten Wochen des Einarbeitens erhält man Stundenlohn.) Bis zur Mittagspause hat jede der Arbeiterinnen 4, 5 oder 6
Schachteln gefüllt. Ich habe noch immer die erste neben mir stehen
und sehe kläglich die Fixheit der anderen. Klara tröstet: »Das lernt
sich alles. Wir haben es im Anfang grad so gemacht.«

Wortführerin in der Unterhaltung an unserem Tisch ist die 21jährige
Berta, Tochter eines Sozialdemokraten. Berta spricht zuweilen sehr
frivol, fast zynisch, sie macht die derbsten Witze, hat die häßlichsten Ausdrücke, aber ich glaube, sie tut es aus einer Art seelischer
Kraftmeierei heraus. Wie ein Junge benimmt sie sich, wild, ungeberdig (sic!), dabei selbstbewußt. Nichts Mädchenhaftes ist an ihr, aber
auch nichts Verstecktes, Lüsternes, Verlogenes. Sie ist wahrhaftig
und gesund, steht mit festen braunen Beinen (am liebsten ohne
Strümpfe) keck auf dem Boden der Wirklichkeit, behängt sich nicht
mit billigen Seidenfähnchen, sondern trägt ein blaues Indanthrenkleid. Der dunkle Bubikopf ist kurzgeschoren, das Mädel ist braun
von Sonne, Luft und Wasser. Sie turnt, schwimmt und ist Sonntags
mit einer Horde Paddelbooten unterwegs. (Ihr wird die Industriewelt physisch nicht beikommen!)
Berta gehört nicht der Kirche an, ist betont atheistisch erzogen. Sie
hat einen Leichenzug auf dem Friedhof gesehen und spricht von
Pfaffentheater und Getue, über die sie hätte lachen müssen, zitiert
Bibelstellen mit blasphemischen Zweideutigkeiten.
Sie verlacht Gefühlsseligkeit und freut sich, wenn sie die Sentimentalen entsetzen kann. Aber sie spricht mit großer Liebe von ihrer
jüngsten Schwester. Auf ihre Mutter ist sie stolz. (...) Sie ist gerecht. Die übrigen am Tisch, mit Ausnahme von Grete allesamt älter
als Berta, geben viel auf ihre Meinung. Sie ist gewissermaßen die
»Autorität« in der Gruppe.
»Berta, als ich dich erst kennenlernte«, sagte Klara, »da meinte ich,

du wärest stolz.« »Ich auch«, ruft Grete. »Ich mochte dich erst gar nicht leiden.« »Stolz!« lacht Berta auf. Dann sehr bestimmt: »Stolz bin ich nicht. Was ihr mit Stolz meint, hochmütig ist das. Aber ich bin anders stolz, daß muß man auch sein: ich halte was auf mich. Ein Mädchen muß was auf sich halten.«

Ehrlich ist sie. Sie sagt Tilla ins Gesicht: Du lügst. Du bist mal wieder am Aufschneiden.

Die anderen wollen einen Pfusch mit der fertigen Arbeit machen. Berta soll dafür Wortführerin beim Meister sein. Sie sagt kurz: »Das tue ich niemals. Da mache ich nicht mit.«

Ich glaube es ihr, wenn sie lachend sagt: »Ich habe keinen ›Freund‹, ich habe nur stille Lieben.« Ein paar Freundinnen hat sie, mit denen sie dumme Streiche macht.

Die häßlichen Redensarten, die sie und die anderen gebrauchen, vor denen ich mich im Anfang entsetzte, sind ihnen etwas immer Gehörtes und Gewohntes. Mir scheint fast, sie haben darin ein anderes Sprachgefühl als wir; sie verwenden Ausdrücke und Wortbilder, wie Lieselotte von der Pfalz sie in ihren Briefen gebraucht, mit einer unschuldigen Derbheit.

Berta verspottet etwas geringschätzig Tilla, die sich nur im Kaffeehaus und beim Tanz wohlfühlt, die ganz ärgerlich ist, weil ihr neuester Verehrer am Sonntag mit ihr wandern will. »Du mit deinen hohen Absätzen, wandern!« Tilla ist unglücklich. »Was zieh ich da an? – Es ist so langweilig draußen! In die Heide will er mit mir. Gibt es da Blumen? Blüht jetzt die Heide? (Anfang Juni.) Wie ist das, wenn die Heide blüht? Sind das Sträucher?« Berta höhnt!

Berta sagt: »Früher, als ich noch nicht in unserem Verein war, da hab ich Sonntags immer bis 11 Uhr geschlafen, und dann war ich auch noch müde. Jetzt freue ich mich schon Samstags auf das Wandern. Sonntags um fünfe raus, das ist gar nichts! Und wenn wir dann mit dem Boot auf dem Wasser sind, Mensch, das ist fein!«

Berta hat mir geschrieben. Auf der letzten Seite ihres Briefes heißt es: »Liebe Maria, Sie schreiben, Sie sind überzeugt, daß sich in den nächsten Jahrzehnten viel in dem Dasein der Arbeiterschaft bessern wird. Wir wollen's hoffen, aber – woher nehmen Sie die Überzeugung? Es sind doch so gar keine Aussichten da. Bei dieser Arbeitslosigkeit! Was nützt dem Arbeiter das Selbstbewußtsein, wenn er auf der Straße liegt. Mit der Zeit wird es aber doch kommen, daß Wert auf gute Arbeit gelegt wird, daß dann wenigstens die gelernten Arbeiter ihre Stellung behalten und nicht wie leider in so vielen Fällen von den Ungelernten verdrängt werden, weil sie ja billiger arbeiten. Der Arbeiterschaft kann meiner Ansicht nach nur geholfen werden, wenn sie sich einig wird und wenn sie in ihre Verbände und Parteien geht. Dann können wir die Zügel in die Hand nehmen und bestimmen, so soll es sein. Ohne uns werdet ihr nicht fertig. Maria, in Jahrhunderten vielleicht gibt es keine großen Privat- oder A.-G.-Fabriken mehr, dann gehen die Aufträge vom Staat aus, dann verdient der Arbeiter soviel Geld, wie er braucht, in verkürzter Arbeitszeit, damit alle arbeiten können. Jetzt hab ich mich schon ganz in Begeisterung hineingeschrieben. Was Sie mir schreiben von dem deutschen Bildungshochmut, finde ich ganz richtig; der Handarbeiter hat den Kopfarbeiter ja selbst hochmütig gemacht. Es wird ja von uns aus zum Beispiel zum Kontorpersonal heraufgeschaut, als wenn's der Chef selber wäre. Und da will man es ihnen noch verdenken, wenn sie sich schließlich was einbilden.«

(Maria Kahle: »Akkordarbeiterin. Aus meinem Tagebuch«. Gladbach–Rheydt, 1929)

Paula Wallisch:
»Kämpfe du weiter für die Befreiung« (1934)

»Vier Tage und vier Nächte dauerte der ungleiche Kampf zwischen den Verteidigern der Demokratie und ihren Gegnern. Die Taktik des Gegners, unterstützt von Fehlentscheidungen im Konzept der Republikaner, bewährte sich: Von allem Anfang an in der Defensive, durch Rundfunkmeldungen verwirrt und verleumdet, großteils schon der führenden Köpfe beraubt, trug der Schutzbund allein die Last des Kampfes ... Die Massen konnten nicht mehr eingreifen, die Demokratie konnte sich nicht mehr in einem vom Volkszorn getragenen Aufstand erwehren; totgeweiht lieferte sie ein letztes Rückzugsgefecht.

Noch während anderswo die Kämpfe tobten, erlebten gefangene Schutzbündler oder selbst auf Verdacht hin verhaftete Arbeiter, Greise, Frauen und Kinder die Grausamkeit einer aufgeputschten, auf diesen Tag hin trainierten faschistischen Soldateska und einer feindlichen Exekutive. Aber erst nach der Niederwerfung der Februarkämpfer zeigte der Faschismus seine ganze Brutalität gegenüber den wehrlosen Gegnern. Die Standgerichte, die nur Todesurteile fällten, begannen zu arbeiten: An neun Angehörigen des Schutzbundes wurden die Todesurteile vollstreckt. Tausende wanderten in die Gefängnisse oder ins Anhaltelager Wöllersdorf.«

(Karl R. Stadler: »Opfer verlorener Zeiten. Geschichte der Schutzbund-Emigration 1934«. Wien, 1974)

Als ich vom Arzt zurück- und an Kolomans Zellentür vorbeigeführt wurde, wollte ich meinem Mann wenigstens einen Gruß zurufen, wurde aber sofort weggerissen. In meiner Zelle stand ich an der Türe und horchte, horchte. Ich hörte, daß man Koloman einmal aus der Zelle führte, dann wieder zurück, dann nocheinmal hinaus und hinein. Ich stand und horchte. Als es Mittag wurde, vermochte ich trotz größtem Hunger nichts zu essen; mir war, als hätte sich mein Magen bis in den Hals hinaufgedrängt. Die Mithäftlinge sprachen auf mich ein, beschworen mich, doch etwas zu essen – ich wehrte ab. Ich stand den ganzen Nachmittag über an der Zellentür und horchte, horchte auf jedes Geräusch, auf jede Stimme, aus deren Klang ich schließen konnte, wie es meinem Mann erging, was mit ihm geschah. Meine Beine zitterten, Angst würgte mich, namenlose Angst. Wird man ihn zum Tode verurteilen? Wird man vielleicht doch menschlich sein? Der Aufseher Materna, der später wegen seiner Brutalität avancierte, hatte gerade Dienst. Als er merkte, daß ich an der Tür stand und horchte – er schaute alle Augenblicke einmal durch das Guckloch in die Zelle, glaubte er, sich ein besonderes Bravourstückchen leisten zu müssen, und schrie draußen auf dem Gange so laut, daß ich es unbedingt hören mußte: »Was ist's denn, sind die Totensärge für den Wallisch und den Ruhs schon fertig?« Ich begann heftig zu weinen und die Frauen – »Verbrecherinnen«, jede menschlicher, gütiger, mitleidsvoller als all die Ordnungshüter – versuchten mich durch sanften Zuspruch zu trösten. Es wurde Abend. Nachtmahl wurde gebracht, ich aß nichts. Wir legten uns nieder, aber niemand schlief. Plötzlich erschien der Aufseher und befahl, alle Messer abzugeben. Die Frauen hockten auf den Pritschen und sahen mich mit erschrockenen Augen an. Bald darauf wurde die Tür geöffnet und in die Zelle gerufen: »Frau Wallisch, kommen Sie heraus!« Ich taumelte zur Tür hinaus, wurde in die Zelle Nr. 6 geführt und fand nun meinen Mann inmitten des kleinen Raumes stehend. Auf einem Stuhl saß mein Bruder und weinte. Einen Augenblick stockte ich, dann fuhr es mir durch den Kopf: Abschied nehmen! Ich stand wie besinnungslos – brüllte auf – dann schrie ich meinen Bruder an: »Georg sag, daß es nicht wahr ist! Sag! Sag!« Er aber ächzte weinend: »Ja, leider!« Nun nahm mich Koloman in seine Arme und sprach begütigend mit sanfter Stimme auf mich ein:

»Ruhe, Ruhe! Du warst immer mein tapferes Weib, ich war immer so stolz auf Dich! Du hast so viel mit mir durchgemacht, aber Du bist die Frau eines Rebellen und mußt noch einmal tapfer sein! Oder soll ich zusammenbrechen? Sollen diese Halunken über mich triumphieren? Sollen sie?« fragte er eindringlich und hob meinen Kopf zu sich empor. »Nein!« erwiderte ich und versuchte, stark zu sein. »Na, siehst Du!« sagte Koloman. »Ich möchte auch noch gerne leben, ich fühle noch Tatendrang in mir, ich möchte noch kämpfen, aber ich muß sterben. Du trägst meinen Namen, ich übergebe im Geiste das Kampfschwert Dir, kämpfe Du weiter für die Befreiung des Proletariats!«

Koloman berichtete dann von seiner Verhandlung und erzählte, daß bei der Verhandlung viele Brucker Bürger anwesend waren, die nach der Urteilsverkündigung ihre Freude nicht laut genug bekunden konnten. Koloman erzählte auch, daß er an seine Schwestern und an meine Eltern Abschiedsbriefe geschrieben habe. Sein Verteidiger habe nach Wien um Begnadigung telegraphiert, er aber wolle von Dollfuß, Schuschnigg, Starhemberg und Fey keine Gnade. Auch sie werden einmal sterben und kein Mensch wird mehr an sie denken, da wird unsere Idee noch leben! ... Koloman sagte schließlich noch: »Ich bin Dir so dankbar für alles, was Du mit mir und meinetwegen mitmachen mußtest, besonders aber dafür, daß Du mich im Heustadel daran gehindert hast, mich zu erschießen! So konnte ich den Herren doch noch so manches in die Ohren schreien, was ihnen unangenehm war, und ich kann dem Proletariat als letztes Opfer bringen, daß ich als Märtyrer für das Proletariat sterbe. Und jetzt habe ich eine letzte Bitte an Dich: Wir haben uns die ganze Zeit unserer Ehe so lieb gehabt, wir waren so glücklich miteinander, erfülle den letzten Wunsch, sei stark, mache mir den Abschied nicht schwer!«

Ich sah ihn entgeistert an: »Muß ich schon gehen?« »Nein, noch nicht, aber bald, ich brauche noch Zeit zur Sammlung.« Ich preßte mein Taschentuch in den Mund und biß hinein, damit ich nicht schreien konnte. Noch hoffte ich doch, daß er begnadigt werde, trotz seinem Widerspruch. Da kam der Verteidiger Dr. Wagner in die Zelle und berichtete, daß das Gnadengesuch abgelehnt worden sei. »Das hätten Sie sich ersparen können, Herr Doktor!« sagte Koloman. Auf dem Tisch stand eine Flasche mit Sodawasser und eine Flasche mit Wein. Koloman goß ein Glas zu drei Viertel mit Wasser und einem Viertel Wein voll und trank. Dann wandte er sich wieder mir zu. Ich küßte sein Gesicht ab, seinen Hals, seine Hände, immer wieder, dann küßte auch er mich, drückte mir nochmals die Hände und schob mich sachte zur Tür hinaus.

Ich wollte ihm den letzten Wunsch erfüllen – ich mußte, mußte es! Ich blieb stark, ich schrie nicht, ich gab keinen Laut von mir, ich ließ mich zur Zelle Nr. 2 zurückführen. Tränen rollten über meine

Wangen. Irgend jemand sagte, einen rohen Scherz machend: »Aber weinen Sie nicht! Sie sind ja noch jung. Sie können wieder heiraten!« Und er sagte das so laut, daß es mein Koloman noch hören mußte! Es ist nicht wahr, daß ich, wie einige Zeitungen berichtet haben, chloroformiert worden bin. Ich war bei vollem Bewußtsein.

Ich hörte später, daß sich Koloman auch noch von Brucker Kameraden verabschiedet hat, und ich hörte, daß er so mutig und so ruhig, wie er während der Verhandlung war, zur Richtstätte gegangen ist. In ganz Leoben fand sich kein Zimmermann oder Tischler, der bereit gewesen wäre, den Galgen aufzustellen. Man zwang Sträflinge dazu, im Hofe den Schnee wegzukehren, ein Loch zu graben und den Pflock aufzurichten. Aber auch das hat man mir erzählt – oh man hat mir jede gute und jede böse Kleinigkeit berichtet! –, daß der Henker, der Wiener Fleischhauer Spitzer, der schon am Nachmittag in den Leobner Wirtshäusern geprahlt hatte, er werde Wallisch hängen, einige Stunden nach dem Tode meines Mannes, als der Leichnam in den Sarg gelegt wurde, eine spöttische Verbeugung machte und höhnend sprach: »Herr Wallisch, bei Ihnen war es mir ein ganz besonderes Vergnügen.«

Koloman ist als Held gestorben. Im Kreisgerichtsgefängnis waren einige hundert gefangene Schutzbündler eingesperrt. Sie konnten von den Zellenfenstern aus in den Hof sehen, sie konnten hören, was geschah. Der Hof lag im Scheinwerferlicht. Eine militärische Abteilung bildete ein Karree. Koloman ging festen Schrittes zum Galgen. Als ihm die Schlinge um den Hals gelegt wurde, rief er aus: »Es lebe die Sozialdemokratie! Hoch! Freiheit!«

(Paula Wallisch: »Ein Held stirbt«. 2. Auflage: Graz, 1946)

Erna Künast:
Inmitten von Gewalttätigkeit (1938)

»Aus Schnauhübel im nordöstlichen Böhmen stammt Erna Künast. Dort, wo die Lausche und der Tannenberg den Blick weit ins böhmische Land und nach Sachsen locken und wo die schroffen Felsen des Elbesandsteingebirges dem Strom zuneigen, ist sie aufgewachsen. Die Volksschule des Dorfes gab ihr ein bescheidenes Wissen auf den Weg. Dann landete sie in einer Strumpffabrik, wurde Repassierin und schlug sich mit Kunststopfen durchs Leben.

Die Textilarbeiterin Erna Künast wurde in früher Jugend von der sozialistischen Arbeiterjugend erfaßt. Ihre ersten Verse druckte Josef Hofbauer, der sie auch zu weiteren Arbeiten ermunterte. Als der nazistische Ungeist ihr geliebtes Nordböhmen überzog, wurde ihr die Heimat verleidet; sie wollte lieber im fremden Land neu beginnen als zuhause ohne Freiheit leben.«

(Aus dem Vorwort von Ernst Paul in Erna Künasts: »Stille Stunde«. München, 1967)

Die Flut des Fanatismus, die Deutschland überschwemmte, brach auch über die Grenzen der Tschechoslowakei. Um sie aufzuhalten, kämpften die Gegner einen verzweifelten Kampf. Die sudetendeutschen Gebiete, heimgesucht durch wirtschaftliche Not, waren ein guter Boden für den aufstrebenden Nationalsozialismus.

Kundgebungen und Demonstrationen belebten oft das sonntägliche Bild der Städte. Zusammenstöße zwischen Leuten der sich bekämpfenden Parteien waren nicht selten. Die Stimme der Vernunft fand wenig Gehör. Unverstand, Mißtrauen und Haß standen in Blüte. Die warnende Stimme der Sozialdemokraten und ihrer Anhänger verwehte im Wind.

Durch Zufall wurde Liselott Zeuge, wie ein alter jüdischer Geschäftsmann, der, solange sie ihn kannte, ein angesehener Bürger war, von Nationalsozialisten mit Schimpf überhäuft wurde, weil er Jude war. Jude! Dafür konnte er doch nicht! Warum machte man es ihm zur Schuld?

Eine Empörung, über die sie fast die Gewalt verlor, schäumte in ihr hoch. Wie niedrig sie sich benahmen! Man schämte sich, gleicher Nationalität zu sein! Es drängte sie mit jeder Faser, diesem geschmähten Manne die Hand zu drücken, ihm tröstende Worte zu sagen.

»Nein!« Ihre Absicht erratend, hielt sie Friedrich am Handgelenk fest. »Du machst es nicht nur schwerer für ihn, sondern auch für dich!« – Er zog sie mit sich fort. Tränen des Zornes rollten über ihre Wangen. Daß man so machtlos war!

Erst, als sie in stillere Straßen kamen, ließ er sie los.

»Du mußt dich zusammennehmen! Es ist sinnlos, sich aus solchem Grunde ihrem Haß auszusetzen! Du kannst mehr als helfen, wenn man deine Einstellung nicht kennt!« – Auch er war aufgewühlt.

Als sie eine Woche später zur Arbeit ging, fielen ihr die Menschenansammlungen auf, die sich überall auf den Straßen bildeten. Es muß etwas geschehen sein. Neugierig gesellte sie sich zu der nächsten Gruppe. Sie kannte niemanden davon, wurde aber sofort wie eine Bekannte begrüßt. »Hitler ist in Österreich einmarschiert!« – Wie ihre Gesichter strahlten!

Sie ging weiter. Scheu näherte sie sich einer anderen Gruppe. Dieselben Worte, derselbe Jubel. Wieder passierte sie einige Leute. Ein Blick auf ihre Gesichter ließ sie stehen bleiben. Gesprächsfetzen wehten ihr zu: »Sicher haben sie schon die meisten verhaftet! Wo wollen sie denn hin? – hier können sie nicht lange bleiben, denn daß es nächstens uns an den Kragen geht, ist zweifellos.« – Sie sprachen von den österreichischen Hitlergegnern.

Auch in der Fabrik war alles in Aufruhr. Diskutierend standen die Arbeiter beisammen. Begeisterung, Bestürzung, Furcht. Die politische Einstellung ließ sich leicht aus den Gesichtern lesen.

Schon beim Öffnen der Saaltür sah Liselott das Hakenkreuz aus weißer Kreide auf ihrem Arbeitsplatze. Auch der Stuhl war bemalt. Nun fing es also an! Ein junger Bursch stellte sich neben sie.

»Hübsche Sache, nicht?« – Sie überhörte die Herausforderung. Statt einer Antwort, holte sie einen nassen Hader. Gründlich wusch sie Tisch und Stuhl.

»Es gefällt dir wohl nicht?« – – »Nein.« – »Warum?«

Zorn flammte in ihr hoch, Vergessen waren die Mahnworte Friedrichs. Stolz warf sie den Kopf zurück: »An diesen Zeichen klebt Blut! Ich will nichts damit zu tun haben . . .«

»Hüte dich!« zischte er. »Du wirst noch bitten, daß wir dich aufnehmen. Verlaß Dich drauf!«

Wütend ging er weg.

»Wie kannst du nur so dumm sein!« Ihre Arbeitskollegin rief es ihr leise zu. »Mach lieber mit! Ich meine nur scheinbar. Dann hast du Ruhe. Ich bin auch aus der Partei ausgetreten, damit man mir keine Schwierigkeiten macht.«

Liselott hielt mit der Arbeit inne.

»Du bist nicht mehr bei den Sozialdemokraten? – Aber du warst doch mehr als 15 Jahre dabei!«

»Ja, weißt du, wie es jetzt aussieht, ist es am besten, man hält sich neutral.«

Liselott war fassungslos. Jetzt, wo es gefährlich wurde, wo es auf Gesinnungstreue ankam, zog sie sich zurück. Sie sah auf die gebrechliche Gestalt und suchte zu verstehn. Nicht alle waren zu Kämpfern geboren, aber so wie sie dachten wahrscheinlich viele. Die Sache überschattete den Zwischenfall mit dem Hakenkreuz. Den ganzen Tag kam sie nicht ab davon. Statt nach Hause zu gehn, besuchte sie nach Arbeitsschluß den Vorsitzenden der Sozialdemokratischen Partei, den sie durch Friedrich kannte. Verwundert hörte er den Grund ihres Kommens.

»Bist du dir klar, was das bedeutet? Die Zeiten sind sehr ernst. Du mußt mit allem rechnen. Willst du trotzdem bei deinem Entschluß bleiben?« frug er eindringlich.

»Ja. Ich will Parteimitglied werden.« – Es klang wie ein Schwur.

Die Besetzung Österreichs durch deutsche Truppen war lange das Tagesgespräch. Immer größer schien die Kriegsgefahr, immer lauter wurden die Stimmen der Nationalsozialisten, die bei den letzten Gemeindewahlen die Mehrheit erlangt hatten. Im Mai wurden plötzlich einige Jahrgänge unter die Waffen gerufen. Bedeutet das Krieg? – Die Gerüchte überstürzten sich. Henlein, der Führer der sudetendeutschen Nationalsozialisten in der Tschechoslowakei, forderte für seine Landsleute die Autonomie. Wurde sie verweigert, würde Hitler eingreifen. Schon hatten die Tschechen Verteidigungslinien gebaut. »Kommt es zu etwas, so sind wir erledigt!« Geängstigt sprach man die Worte weiter. Gerade hier, in diesem Stück Grenzland, würde die Front laufen ...

Auf dem Arbeitsplatze kam es täglich zu heftigen politischen Auseinandersetzungen. »Heim ins Reich!« riefen die Henlein-Anhänger und verlangten den Anschluß an Deutschland. Es war September 1938. Mehr denn je sprach man von Kriegsgefahr.

Liselott erwachte durch wilden Tumult unter ihrem Fenster.

Nationalsozialisten sangen Kampflieder mit bis zur Ekstase gesteigertem Stimmaufwand. Danach folgte ein Sieg-Heil-Rufen, das die Scheiben zittern machte.

Gilt das mir? frug sie sich erschreckt. Es fiel ihr ein, daß vor wenigen Tagen beschlossen worden war, zur Hitler-Rede zu illuminieren. Auch die Gegner sollten es tun, damit man sie nicht so leicht lokalisieren konnte. Und sie hatte darauf vergessen. Gerade an jenem Abend war sie zeitig ins Bett gegangen.

Ihre Fenster waren die einzigen in der ganzen Straße, die dunkel blieben. Die Wirtin hatte ihr deshalb mit Kündigung gedroht. – Du liebe Zeit! Waren die Menschen auf einmal närrisch geworden?

Der Lärm ebbte ab. An ein Einschlafen war nicht zu denken.

Kaum, daß sie am folgenden Morgen die Arbeit begonnen, kommt ein Bekannter zu ihr. Seine Worte überstürzen sich: »Hast du gehört! Heute nacht war ein Grenzüberfall. Man sagt, 40 Zivilisten gegen die paar Leute Staatsverteidigungswache. Und die hatten den Befehl, nicht zu schießen!«

»Und was geschah?«

»Mitgenommen hat man sie! Ja, über die Grenze. Zwei konnten sich retten. Einige sollen verwundet sein. Das waren bestimmt Henlein-Leute! Es sind doch so viele nach Deutschland geflohen. Sie wollen eine Sudetendeutsche Legion bilden. – Vorhin sah ich einen offenen Lastwagen mit Männern im Stahlhelm. Sie hielten das Maschinengewehr im Anschlag – Tschechen waren es keine, das sah ich an der Uniform. Was hatten denn die vor der ersten Verteidigungslinie zu tun?«

Aufgeregt ging er weiter. Liselott vergaß auf die Arbeit, und den anderen ging es ebenso.

Die Maschinen wurden abgestellt. Man stand in Gruppen beisammen. Unruhe lag auf den Gesichtern, sprach aus dem Klange der Stimmen, schwebte unsichtbar in der Luft. Immer neue Gerüchte gingen von Mund zu Mund. Niemand hatte Lust, die Arbeit aufzunehmen. Welchen Schicksalen gingen sie entgegen? Würde es zum

Krieg kommen? Selbst die Henlein-Leute hatten ihr Siegerlächeln verloren. Vorgestern hatte die tschechische Regierung ihre Partei aufgelöst, und jetzt standen auch sie auf unsicherem Boden.

Plötzlich brachte man die Nachricht, daß die Arbeiter der anderen Betriebe geschlossen die Fabriken verließen.

»Da gehen wir auch!« rief jemand. Diese Worte pflanzten sich fort. Wie auf Befehl strebten alle dem Ausgange zu.

»Wir sind verkauft!« Ein alter Sozialdemokrat stand vor ihr. Seine Augen flammten. »Dieses Gebiet wird an Deutschland abgetreten, es kommt zum Kriege – du wirst es sehn!«

Er war schon wieder fort, bevor sie den Mund öffnen konnte. Liselott wunderte sich über die Ruhe in ihr. Eine schwere, dumpfe Ruhe, von der es wie Erstarrung ausging. Auch wenn es nicht zum Kriege kam, würde der Anschluß an Deutschland Trauer und Sorge in viele Tausende Familien tragen. Die Zahl der Hitler-Gegner war groß. Fanatismus aber hält sich nicht an die Grenzen der Gerechtigkeit, kennt keine Gnade, nicht einmal Erbarmen.

Die Straßen waren schwarz von Menschen. Ernst und schweigend wie ein riesenhafter Trauerzug bewegten sie sich vorwärts.

Hinter einer Kreuzung begegnete Liselott der Mutter Herberts. Seit dessen Tode hatten sie sich wenig gesehen. Es quälte sie die Anklage in den Augen der vergrämten Frau.

Heute schien die Vergangenheit vergessen zu sein. Freundlich streckten sie sich die Hände entgegen. »Wohin, Liselott?« frug sie ernst. »Wissen Sie, daß wir verkauft sind? Dieses Gebiet wird an Deutschland abgetreten, ich habe es aus verläßlicher Quelle. Und wissen Sie, daß aus Ihrem Fenster eine Hakenkreuzfahne hängt? Ich habe es selber vor einer halben Stunde gesehen.«

Liselott erwachte aus ihrer Benommenheit.

»Aus meinem Fenster? Das ist unmöglich! Oder sie haben die Türe aufgebrochen.«

»Ich würde Ihnen raten, nicht in die Wohnung zu gehn. Ich hörte, daß Sie provoziert haben. Seien Sie vorsichtig!«

Unschlüssig ging Liselott weiter. Einem Impuls folgend, bog sie von dem gewohnten Wege ab und schlug sich auf Gassen und Gäßchen durch die Vorstadt. Es verlangte sie nach den Freunden im Waldhause. In der Stille da draußen würde sie vielleicht die Klarheit finden, die sie jetzt nötig brauchte. Die Fahne in ihrem Fen-

ster gab zu denken. Das war ein klarer Bescheid. Wenn man sie ver-
haften würde – aber dazu war doch kein Grund. Sie schauerte.
Einsperren – das wäre furchtbar. Beengte sie doch schon ein niedriger Raum, geschweige eine Zelle. Sie würde den Verstand verlieren, das war todsicher. Der Kopf schmerzte. Müde schleppte sie sich
weiter.

Auch im Waldhaus war man voll Unruhe.

Die Freundin sah unglücklich aus. »Wie soll das nur enden, Liselott! Siehst du, wir sind alt. Wir wollen unsere Ruhe haben. Deshalb gaben wir auch nach und gingen zur Partei. Was blieb uns
schon übrig, es kam doch jede paar Tage jemand von den Henlein-
Funktionären und bearbeitete uns. Aber mit dem Herzen gehören
wir nicht dazu.«

Als Liselott von der Fahne in ihrem Fenster erzählte, fuhr sie
impulsiv auf: »Da bleibst du hier. Vater kann heute abend mit dem
Rade vorbeifahren. Vielleicht war es doch ein anderes Fenster und
wenn nicht, ist es vielleicht möglich, daß er dir einige Sachen holen
kann. Wir denken das noch durch. Jetzt ist es am besten, du läßt
dich nicht sehen, bis wir genaueres wissen . . .«

Gegen Abend klopfte es an die Tür. Auf einen Wink verschwand
Liselott in den Keller. Lauschend blieb sie auf der untersten Stufe
stehen. – Das war doch Friedrichs Stimme! Er schien allein zu sein.
Rasch ging sie wieder nach oben. Er war es. Blaß und müde stand
er vor ihr.

Fragend sah er von ihr auf die Hausfrau.

»Wir haben keine Geheimnisse voreinander. Was ist geschehen?«

»Aber kommt doch wenigstens in die Küche. Setzt euch doch!« Die
Freundin wollte sie allein lassen. Liselott hielt sie zurück.

»Setz dich, Friedrich. Du siehst krank aus.«

»Ich habe dich schon überall gesucht. Fürchtete bereits . . .«

»Sag doch, was los ist!« stieß sie hervor. Er dämpfte die Stimme.

»Bist du für den Emigranten über die Grenze gegangen?«

Überrascht hob sie den Kopf. Dann nickte sie.

»Da mußt du fort! Noch heute, man ist hinter dir her!«

»Aber wieso denn?«

»Man behauptet, du hättest illegale Arbeit geleistet. Ich habe es
durch Zufall erfahren. Auch wenn es nicht wahr ist, wirst du sie
kaum überzeugen können.«

Liselott rührte sich nicht. Sah ihn nur unverwandt an. Da schüttelte er sie an den Schultern. »Begreifst du denn nicht? Es geht um deine Freiheit, vielleicht um noch mehr!«

»Aber noch gehören wir wohl nicht zu Deutschland! Noch haben sie kein Recht!«

»Recht? – Was redest du! Die Stadt hängt voll Hakenkreuzfahnen, durch die Straßen fahren bewaffnete Henlein-Leute. Liselott« – er nimmt ihre Hände in die seinen. »Liselott, denke nach. Willst du ihnen in die Hände fallen? Noch gehen Evakuierungszüge. Hinter der ersten Verteidigungslinie bist du vorläufig sicher. Ich habe dir etwas Geld mitgebracht – doch, nimm es.«

Er drückt einige Scheine in ihre abwehrenden Hände. Fast bittend sieht er sie an.

»Aber Mutter – ich kann doch nicht nur –«

»Doch, du mußt! Ich werde es ihr erklären. Dafür hat sie Verständnis. Sie würde sich ewig Vorwürfe machen, wenn man dich ihretwegen erwischte.«

»Heute geht kein Zug mehr!« Der Hausherr mischt sich in das Gespräch. »Aber habt nur keine Sorgen. Ich bringe dich gut unter. Und morgen steigst du auf einer entlegenen Station zu.«

Träumte sie? Liselott streicht sich über die heiße Stirn. ›Illegale Arbeit‹ sagt man. Weil sie den Revolver (für den Emigranten von drüben) holte, und nun sollte sie fliehen? Wo wußten sie es denn her? Hatte man ihn geschnappt?

»Liselott!« Sie hört die Sorge in der Stimme des Bruders, sieht die Augen der drei Menschen auf sich gerichtet. Endlich wird es klar in ihrem Kopf. Sie kann wieder ruhig denken.

Es gab nur einen Weg, und den würde sie gehn. Besser frei in der Fremde, als gefangen in der Heimat.

(Aus: »Liselott. Ein Leben im Schatten zweier Kriege.« Roman von Erna Künast. Erstdruck in der Wochenzeitung »Die Brücke«, München, vom 25. 5. bis 5. 10. 1974. – Nachdruck mit Erlaubnis von Ernst Paul, dem Vorsitzenden des Seliger-Archivs, Stuttgart)

Marie Günzl:
»Freundschaft« (1938)

»Am Abend kam ich in Graslitz an, freilich noch zu früh, um jetzt schon Maria Günzl, die einstige Frauensekretärin unserer sozialdemokratischen Partei, aufzusuchen. Etwa gegen ein Uhr morgens klopfte ich an die Tür, und Maria Günzl fragte nicht lange. – Sie hatte ein schweres Schicksal hinter sich, und die Spuren vergangener Leiden prägten ihr Antlitz. Gleich nach der Abtretung des Sudetenlandes an das Dritte Reich im Herbst 1938 war sie verhaftet und in das Konzentrationslager Ravensbrück gebracht worden. Erst im Frühjahr 1942 erfolgte die Entlassung mit der ausdrücklichen Verpflichtung, keinerlei Bindungen zu früheren politischen Freunden zu unterhalten. – Maria Günzl war erstaunlich gut unterrichtet; sie sah das Kriegsende kommen, und ohne Zögern erklärte sie sich bereit, mitzutun, unsere Leute auf dem laufenden zu halten und Kontakte mit Persönlichkeiten aufzunehmen, von denen man annehmen könnte, sie würden von großem Nutzen sein. Sie wußte von der Gefährlichkeit des Unternehmens, von seinem tödlichen Risiko.«

(Aus Albert Exler: »Das große Wagnis«. Schriftenreihe des Seliger-Archivs. Stuttgart o. J.)

Als ich 1938 von der Gestapo in Karlsbad zur Einvernahme geholt wurde, standen im ersten Raum, den ich betrat, schon ungefähr zehn Männer mit den Fußspitzen und den Nasen an der Wand. Beim Aufruf meines Namens zuckten sie zusammen, und einige machten eine Kopfbewegung, als wollten sie sich nach mir umdrehen. Ein großer starker Gestapo-Mann, der dies bemerkte, versetzte allen diesen Männern einen Stiefeltritt ins Gesäß, so daß den Nichtsahnenden sofort das Blut aus den Nasen kam, denn der Tritt war so heftig, daß die Männer mit dem Kopf hart an die Wand stießen.

Ich wurde dann in einen zweiten Raum gerufen. Der brutale Gestapo-Mann war nun auch der, der mich vernahm. So hatte ich also nichts Gutes zu erwarten. Zunächst aber erschrak ich sehr, denn im Raum standen die Möbel aus dem Zimmer des »Volkswille«-Redakteurs, unseres Eugen de Witte. Sofort brüllte der Gestapo-Mann: »Willst wohl auch einen Tritt in den Hintern haben?« Nachdem meine Personalien von einem SS-Mann aufgenommen waren, befahl mir der Gestapo-Mann zu erklären, daß meine Partei ein Sauhaufen war. Als ich dies verneinte, bekam ich den ersten Schlag ins Gesicht. Dies wiederholte sich noch zweimal. Ich blieb bei meinem „Nein"! Als er wieder zuschlagen wollte, sagte der SS-Schreiber: »Jetzt hör aber auf«, und das Verhör ging ohne nochmalige Schläge weiter. Gegen vier Uhr nachmittags wurde ich dann ins Karlsbader Gerichtsgefängnis abtransportiert. Hinter mir gingen die Männer. Man brüllte uns an, wir sollten uns ja nicht unterstehen, einmal umzudrehen. Die Gehsteige waren voll von Menschen. Diese brüllten fortgesetzt: »Schafft sie auf den Schlachthof, bringt sie doch gleich um« und anderes mehr. Diese Menschen benahmen sich wie wilde Tiere. Sie spuckten uns ins Gesicht und auf unsere Kleidung. Die SS hinderte sie aber daran, uns anzugreifen. Plötzlich erklang irgendwoher aus einer tief gequälten Brust unser Gruß – »Freundschaft«!

Das Karlsbader Gerichtsgefängnis steht am Fuße eines dichtbewaldeten Berges. Gleich hinter den Gefängnismauern führen Spazierwege hin und her. Am anderen Tage um die Mittagszeit hörte ich dauernd »Marie«-Rufe. Ob sie mir gelten, wollte ich wissen. Ich zog mich am vergitterten Fenster hoch und tatsächlich: Unten am Spazierweg standen zwei Genossinnen und ein Genosse. Sie deuteten mir an, daß ich etwas bekomme. An ihrem Händereiben sah ich, daß es Seife und ein Waschlappen sein könnte. Aber außer diesen war es noch ein Nachthemd und allerlei zum Essen und ein Krug mit warmer Mahlzeit. Im Henkel des Emaille-Kruges steckte ein Zettelchen »Erster Freundschaftsgruß – weitere folgen!« Der Gefängniswärter, der mir die Sachen, die Tür leise aufsperrend, ganz stumm hereinreichte, hatte sichtlich Angst. Er tat mir leid, ich wollte ihn nicht gefährden und bat ihn, als er den Krug abholte, er möge meinen Freunden sagen, daß ich dies nicht will. Aber er brachte täglich Essen, manchmal sogar dreimal von meinen Freunden. Einmal sagte er zu mir: »Sagen Sie doch Ihren Freunden, sie sollen sich besprechen, daß nicht auf einmal so viel gebracht wird, denn ich kann das nicht mehr machen.« Ich bat ihn, er möge es meinen Freunden sagen, da ich dies vom Fenster aus nicht tun könne. Eines Tages erklärte er mir, er könne es nicht mehr machen, daß er mir das Essen hereinbringe. Ich nickte verständnisvoll. Wieder hörte ich leise Rufe, stieg zum Zellenfenster empor, unten standen weinend meine Freunde mit ihren Essenskrügen in den Händen und beteuerten mit Gesten, wie leid es ihnen täte, daß sie mir nun nicht mehr helfen könnten. In der Nacht desselben Tages lag ich lange wach, da hörte ich vom Walde herkommend das Lied: »Freiheit und Freundschaft, das sei unser Gruß...« Ich war sehr erschrocken, weil ich Angst hatte, daß, wenn man unsere Leute erwischte, es ihnen noch schlechter erginge als mir. Aber was sollte ich tun? Voll Angst wälzte ich mich auf meinem Strohsack am Boden hin und her – da auf einmal – ich erschrak noch mehr – erklang aus einer Zelle als Antwort auf den Gesang von draußen »Die Internationale«. Es war eine jugendliche Stimme, ich bangte und zitterte, was nun geschehen würde. Doch es blieb ruhig, als der Gesang verstummte.

Diese schlaflose Nacht mit dem Gesang aus bedrängten Herzen vergesse ich nicht. Ebenso kann ich die vielen Beweise inniger Freundschaft in größter Bedrängnis nicht vergessen.

(Aus Marie Günzl: »Erlebtes Leben. Aus der Geschichte der westböhmischen Frauenbewegung.« In: Schriftenreihe der Seliger-Gemeinde. München, 1971 – Nachdruck mit Erlaubnis der Autorin)

Käthe Leichter:
Gläubig für die Zukunft bis zum bitteren Ende (1942)

Rosa Jochmann, die kurze Zeit nach Käthe Leichter in das KZ Ravensbrück gebracht wurde und mit ihr ständig beisammen war, erzählte von den Begegnungen: »Dann sah ich Käthe im Lager wieder. Sie wußte, daß ich Blockälteste des politischen Blocks werden würde und sie gab mir gleich am ersten Tag drei goldene Ratschläge: ›Du darfst nicht vergessen, daß Du hier kein Betriebsrat bist, Du mußt immer so tun, als ob Du alle Anordnungen befolgen würdest, denn immer hat die SS recht, aber Du mußt auch alles tun, um zu sabotieren und die SS zu täuschen und die Häftlinge zu schützen. Du mußt immer so tun, als ob Du blöder wärst als unsere Peiniger, denn sie sind fast alle primitiver als primitiv.‹«
Käthe mußte die schwerste Straßenarbeit verrichten und Ziegel auf die Schiffe auf der Havel verladen. Ihre Hände waren blutig, eiterten und waren zerrissen. So entstand das Gedicht ›Kleiner roter Ziegelstein‹ und später das Gedicht ›An meine Brüder‹, das von einer jungen Kommunistin auswendig gelernt wurde und so erhalten blieb.

(Aus: »Im Konzentrationslager Ravensbrück«. In: Käthe Leichter: »Leben und Werk«. Wien, 1973)

Bruder, schreckst auch du des Nachts empor aus wirren Träumen,
sind es Bilder, tags bewußt, die nachts den Schlaf umsäumen?
Warst du heute Nacht bei Weib und Kind?
Ich war bei meinen Kindern. Deckte beide zu und sprach:
»Mutter kommt bald, brav sein und nicht weinen!«
Die Lampe warf ihr Licht auf Buch und Sofaecke,
wir saßen still, mein Mann und ich, daß nichts die Kinder wecke.
Da schreckt' ich auf. Fahl schien der Mond auf eiserne Gestelle.
Und da lieg ich unter vielen und doch so einsam und so kalt.
Ich in Ravensbrück, du in Sachsenhausen, in Dachau oder in
        Buchenwald.

Bruder, stehst du des Morgens frierend beim Appell?
Wir stehen stumm in Zehnerreihen, im Osten wird es langsam hell.
Steil ragt der Wald, wir atmen Luft in vollen Zügen,
Kräfte zu sammeln für den schweren Tag,
denn keiner von uns darf, will je unterliegen.
Da flammt's in Osten seltsam auf, als stünde die Welt in
      Flammen.
Wir nehmen es als gutes Zeichen. Bricht wirklich bald alles
      zusammen?
Und dann stehen wir stumm, nur die Fäuste geballt,
ich in Ravensbrück, du in Sachsenhausen, in Dachau oder in
      Buchenwald.

Bruder, stehst du auch des Tags mit der Schaufel in der Hand,
wird es nicht Mittag? Nimmt denn kein End' der Sand?
Oder schleppst auch du wie ich große schwere Steine?
Schmerzt auch dich der Rücken, brennen die Beine?
Sieh, du bist doch ein Mann, gewohnt an's harte Schlagen,
ich bin schwächer und mein Leib hat schon Kinder getragen.
Wie denkst du über unsrer Kinder Leben?
Werden Schläge, Strafblock, stets als Drohung schweben?
Und dann geht es weiter doch, im Herzen Hoffnung und Halt:
Ich in Ravensbrück, du in Sachsenhausen, in Dachau oder in
      Buchenwald.

Oh, Bruder, einmal kommt der Morgen, wo uns kein Appell
      mehr hält!
Wo weit offen die Tore, und vor uns liegt die große, freie Welt.
Und dann werden wir KZler auf der breiten Straße wandern.
Doch auf uns warten noch die andern.
Und wer uns sieht, sieht die Furchen, die das Leid uns in das Ant-
      litz geschrieben,
sieht Spuren von Körper- und Seelenqualen, die uns ein bleibendes
      Mal geblieben.
Und wer uns sieht, sieht den Zorn, der hell in unseren Augen blitzt,
sieht den jauchzenden Freiheitsjubel, der ganz unsere Herzen
      besitzt.
Und dann reihen wir uns ein, in die letzte große Kolonne,

dann heißt es zum letzten Male: Vorwärts, marsch!
Und jetzt führt der Weg zum Licht und zur Sonne.
Oh, Bruder, siehst du gleich mir diesen Tag, du mußt doch denken:
     Er kommt bald!
Und dann ziehen wir aus Ravensbrück, aus Sachsenhausen, aus
     Dachau und auch Buchenwald.

(Aus: »Im Konzentrationslager Ravensbrück«. In: Käthe Leichter: »Leben und Werk.« Hrsg. von Herbert Steiner. Wien, 1973 – Nachdruck mit Erlaubnis des Herausgebers und der Europa-Verlags-A.G., Wien)

Zur Geschichte und über die operative Wirkung der Arbeiterautobiographien

I.

Selbstdarstellungen von Arbeitern und Arbeiterinnen – gleichgültig, ob sie weite Lebensstrecken oder nur ein einziges Ereignis zum Inhalt haben, und ebenso gleichgültig, ob sie von der Gattung her als Roman, Erzählung, Skizze, Reportage, Bericht oder Erinnerung klassifiziert werden können – sind seit eh und je und unbestritten, also anders als bei der Arbeiterdichtung zurückliegender und jüngster Zeit, unter dem Sammelbegriff *Arbeiterautobiographie* zusammengefaßt.

Auch ihre Herkunft, als von Arbeitern und Arbeiterinnen geschrieben, wird als eindeutig verstanden. Weder erfolgt eine Eingrenzung auf Industrie-, Heim-, Transport-, Land- und Hilfsarbeiter, auch Lohnabhängige aus Handel, Handwerk und Gewerbe, subalterne Beamte, Dienstboten und Gelegenheitsarbeiter sind einbezogen; noch wird getüftelt, ob ein sozialer Aufsteiger vorher wohl lange genug den Status eines Arbeiters besessen hat; und schließlich wird auch nicht eine weitlingsche, lassalleanische, sozialdemokratische oder marxistische Gesinnung als alleinbestimmendes Merkmal angenommen – nein, das entscheidende Kriterium ist die *Zugehörigkeit zur Arbeiterklasse*, die den Arbeiter – ohne sein Dazutun – zum Benachteiligten der Gesellschaft stempelt und in der er – aus sich heraus, aus der Solidarität der Not oder von der Arbeiterbewegung geistig geweckt und geschult – als Gegner des Privilegienstaates lebt und kämpft.

Die individuelle Erfahrung des Arbeiters im Arbeitsprozeß und in der Gesellschaft und seine dadurch ausgelöste und beispielhaft wirkbare Re-Aktion, die er in seinen autobiographischen Texten aufzeichnet, analysiert und in Signale umsetzt, decken sich mit den Erfahrungen und den Verhaltensweisen der Arbeiterklasse, deren Not und Hoffnungen er teilt.

Arbeiterautobiographien repräsentieren demnach die gesellschaftliche Lage und die politische Bewußtwerdung der Arbeiterklasse.

II.

Es ist eine Eigenart der wissenschaftlichen Forschung in Deutschland und entspricht auch der vorherrschenden Mentalität, ein neues literarisches Ereignis nicht einfach als neu und als eben jetzt nur eintretbar anzusehen, sondern unermüdlich nach seinen Wurzeln zu graben und Vorläufer aufzuspüren, auch wenn diese – trotz anscheinender Parallelitäten – unter anderen und nicht vergleichbaren Verhältnissen gelebt und geschrieben haben. Dennoch: möglicherweise davon ausgehend, daß Armut und gesellschaftliches Außenseitertum auch Gegenstand von Arbeiterautobiographien seien, wurde und wird zurückgegriffen auf den *»Armen Mann im Tockenburg«* und auf die Selbstdarstellungen der von Meistern malträtierten, von zünftlerischer Macht um Recht und Aufstieg gebrachten und »auf der Walz« zumeist ins Elend gestoßenen Handwerkergesellen. *Handwerkerautobiographien,* wie die etwa von Johann Gotthilf *Probst,* Benjamin *Riedel* und Paul *Barsch,* bezeugen zwar, daß es im Feudalabsolutismus auch Mächtige und Ausgebeutete gegeben hat, aber der oft sehr laute Aufschrei der Verfasser, wie etwa der von Johann Eberhard *Dewald* und Carl *Neumann,* gegen Noterleiden und obrigkeitliche Gewalttätigkeit geht ohne weiteres in ein volles Einverständnis mit der herrschenden Gesellschaftsordnung über, wenn eine florierende Werkstatt und ein eigenes Heim winken und damit dem außenseiterischen Los ein gutes, ja, ein idyllisches Ende gesetzt wird: eine Verhaltensweise, die das Integrieren in die herrschende Gesellschaft betreibt und nicht deren Veränderung vom Grunde auf. Solche in Handwerkerautobiographien anzutreffenden Aussagen einzelner werden immerhin gedeckt durch die Zielsetzungen häufig aufflammender Handwerkeraufstände, bei denen es im allgemeinen darum gegangen ist, einen freieren Zugang zu den Zünften zu erhalten, nicht um sie aufzulösen und ein neues Recht dafür zu setzen.

Die *Handwerkerautobiographien* des 18. und bis tief in die zweite Hälfte des 19. Jahrhunderts hinein, geschrieben zur Darstellung eines individuellen Schicksals und höchst selten zur Befreiung aus ihm und kaum über den eigenen Zunftkreis hinausreichend, *sind keine Vorläufer der Arbeiterautobiographien.*

III.

Arbeiterautobiographien sind in Entstehung und Aussage eindeutig an jenen Entwicklungsabschnitt der industriellen Revolution gebunden, in dem diese eine weiträumige und tiefgreifende Veränderung der gesellschaftlichen und ökonomischen Landschaft herbeigeführt und als Gegenkraft eine schon autonome Arbeiterbewegung angetroffen hat: in Deutschland Ende der Sechzigerjahre des vorigen Jahrhunderts, in Österreich und in der Schweiz etwas später.

Es wäre notwendig, diesen langwierigen und vielfältigen Prozeß eingehend aufzuzeigen. Es müßte nämlich gesprochen werden: über das Einsetzen der Industrialisierung und über das durch sie bedingte Anwachsen des Industrieproletariats und die Folgen seiner Zusammenballungen; über die kapitalistische Produktionsweise als Ursache für die Einebnung der heterogen zusammengewürfelten Lohnarbeiter; über die Entstehung eines als Klasse handlungsfähigen Proletariats als Folge der Ausstrahlung des »Kommunistischen Manifests«; über seine Organisierung und Ideologisierung durch die sich nur langsam entfaltende, weil durch Rückschläge von außen und innen lange bedrohte sozialistische Arbeiterbewegung; über die Sogkraft der auf Selbst- und Soforthilfe bedachten freien Gewerkschaftsbewegung – jedoch, darüber liegt eine umfangreiche Literatur vor.

Auch wäre es notwendig, auf die Handlungsfähigkeit des Arbeiters selber und auf das Vorhandensein fester Vorstellungen über Art und Ziele der von ihm angestrebten Ordnung, der klassenlosen Gesellschaft, als unabdingbare Voraussetzung für sein Artikulieren einzugehen – jedoch, darüber liegt ebenfalls Literatur vor, allerdings nicht so umfangreich und vor allem nicht so eindeutig.

Die hier kumulativ aufgezählten Fakten lassen erkennen, wie groß und wie vielphasig der von den Arbeiterorganisationen eingeleitete und vorangetriebene Aufklärungs- und Bildungsprozeß gewesen sein muß, die wirtschaftlich schwächsten und geistig vernachlässigten Gruppen der Bevölkerung, das städtische und das ländliche Proletariat, aus dem Indifferentismus aufzurütteln und sie zu einer geistigen und politischen Aktivität zu erziehen.

Hören wir dazu eine Aussage Wenzel *Holeks*, des bekannten und seinen Aufstieg klug analysierenden Arbeiterautobiographen:

241

»Der Nachschub der ungelernten Arbeiter verteilt sich auf Fuhr-
wesen, Handel, Baugewerbe, Ziegeleien, auf die Fabriken usw. als
Hilfsarbeiter. Des Kutschers Arbeitszeit beträgt heute noch 14 bis
15 Stunden, ebenso ist es bei dem im Handel beschäftigten Hilfs-
personal; auch der Ziegelei-, Steinbruch-, Straßen-, Bau- und Fabrikarbeiter verbraucht bei seiner Arbeit täglich 12 bis 13 Stunden.
Natürlich sind in diesen Stunden die Pausen mit inbegriffen; aber
sie gelten doch der Arbeit ganz. Zu ihnen muß aber auch der Weg
in und aus der Arbeit gerechnet werden, der oft eine Stunde und
noch mehr in Anspruch nimmt. Rechnet man noch knapp $1^1/_2$ Stunden hinzu, die der Arbeiter zum Frühstücken und nach der Heim-
kehr von der Arbeit zum Abendessen braucht, dann kommen im
günstigsten Falle 14 bis 15 Stunden heraus, die von der Arbeit
allein aufgesaugt werden. Was soll nun der von diesen Arbeiter-
kategorien noch am günstigsten stehende Arbeiter mit den 9 oder
10 ihm übriggebliebenen Stunden zuerst angehen? Ausruhen, schlafen oder ein Buch lesen? Ich muß aus eigener Erfahrung sagen,
daß man schon einen der Spannung eines Dampfkessels gleichenden
Trieb haben muß, um sich, an allen Gliedern müde, hinzusetzen
und ein Buch zu lesen oder gar studieren zu wollen.
Aber auch mit starkem Wissenstrieb ausgestattete und zähe Persönlichkeiten stoßen oft auf Hindernisse, deren Macht sie sich entweder beugen oder gegen die sie jahrelang kämpfen, ehe sie das
erreichen, nach dem sie strebten. Arbeitslosigkeit – da hat man
keine Lust zu lesen und zu studieren; lange Arbeitszeit, von früh-
rot bis abenddunkel, zwang mich, die Bücher immer wieder in den
Kasten zu schieben; ein Jahr, zwei Jahre vergingen, dann ward
mir wieder vergönnt, die Bildungsmittel, die ich mir angeschafft
hatte, herauszuholen und an mir selbst zu arbeiten. Doch dies war
nicht das letzte Hindernis! Die paar Stunden, die ich dem Schlafe
stehlen mußte, und meine Freude wurden mir wieder von der materiellen Not, von dem Wohnungselend verdorben, indem meine
Frau mit auf die Arbeit gehen mußte, bis abends spät mit der
häuslichen Arbeit zu tun hatte und die Räume, die halbwegs zu
entbehren gingen, an Aftermieter vergeben waren, so daß auch für
die geistigen Bedürfnisse nur die Küche zur Verfügung stand. Mit
dem Leucht- und Brennmaterial mußte natürlich auch sehr gespart
werden.
Auf diesem hindernisvollen Wege dauerte es mehr als 25 Jahre,
ehe ich, wenigstens einigermaßen, das erreichte, was in meinem Be-
streben lag« (In: »Der Bibliothekar«, Wien, 1912 / Heft 11).

Der hier angeführte Einzelfall, von Wenzel Holek 1912 niedergeschrieben, spiegelt sich in jeder Arbeiterautobiographie wider:
lange Arbeitszeiten, völlig unzureichende Wohnverhältnisse, materielle Not, ungesicherte Existenz treten zur aus verschiedenen
Gründen unzulänglichen Schulbildung – kein Wunder, daß sie »bei
der einseitigen körperlichen Arbeit auch noch zum großen Teil verloren geht, wie die Sprache arm an Worten klingt, wie selbst das
Schreiben verlernt wird«.

Das sind Gründe, die den Umfang und die Höhe der kulturellen
Kraft der Arbeiterklasse mitbestimmen. Dagegen spricht die Auffassung der bürgerlichen Literaturwissenschaft, und selbst kundige For-
scher irren, wenn gesagt wird, die Arbeiterklasse habe in ihrer
mehr als hundertjährigen Geschichte nur eine Handvoll Schriftsteller hervorgebracht: je nach Kenntnis und politischem Standort fallen Zahlen, die zwischen 30 und um 200 liegen. Selbst die Zahl
500 – »so viele Arbeiterdichter, -schriftsteller, und -biographen sind
im deutschen Sprachraum nachgewiesen«, hieß es in jüngster Zeit –
ist auch nicht mehr als eine falsch verstandene Zitierung. Eine
systematische Erforschung der Literatur der Arbeiter wurde niemals betrieben, ist auch heute nicht im Gange. Als neuester Stand,
der auch nicht Anspruch auf Vollständigkeit erhebt, ist jedoch zu
vermelden:

1 037 Arbeiter und Arbeiterinnen haben in der Zeit zwischen 1860
und 1975 selbständige Publikationen oder Texte in regelmäßiger
Folge in Zeitschriften und Zeitungen der Arbeiterbewegung ver-
öffentlicht, davon 316 Arbeiter und Arbeiterinnen, deren autobio-
graphische Publikationen und Texte uns zu interessieren haben.

IV.

Wenn Moritz Th. W. *Bromme* seine Lebensgeschichte 1905 mit der
Feststellung enden läßt:

> »Gleichwohl betrachte ich mich durchaus nicht als einen Märtyrer
> besonderer Art. Ich weiß genau, daß ich hunderttausende von Lei-
> densgenossen habe, denen es ebenso schlecht geht als mir, und daß
> es aberhunderttausend gibt, die noch schlimmer und schwerer mit
> dem Dasein zu kämpfen haben als ich«,

und wenn Adelheid *Popp* die Niederschrift ihrer Jugenderlebnisse
1909 so begründet:

»Ich schrieb die *Jugendgeschichte einer Arbeiterin* nicht, weil ich sie als etwas individuell Bedeutsames einschätzte, im Gegenteil, weil ich in meinem Schicksal das von hunderttausenden Frauen und Mädchen des Proletariats erkannte, weil ich in dem, was mich umgab, was mich in schwere Lagen brachte, große gesellschaftliche Erscheinungen wirken sah«,

und wenn schließlich Anna *Altmann* in ihrer autobiographischen Skizze 1895 den Grund für ihren politischen Einsatz in einer eindeutigen Kurzformel angibt:

»Ja, sehen Sie mich nur an, ich gehöre auch zu diesen ›Aufhetzern‹, das heißt, ich suche Wissen und Aufklärung unter die Proletarier zu tragen, die gleich mir von der Gesellschaft als Stiefkinder behandelt werden«,

wird es deutlich, warum Arbeiter und Arbeiterinnen sich mitteilen wollen. Es ist nicht in ihrer Absicht, eine Widerspiegelung ihres Lebens vorzunehmen, um Lesern ihre Not und Hilflosigkeit als ein individuelles Schicksal zu verdeutlichen; es ist auch nicht in ihrer Absicht, den Gang ihrer Entwicklung aufzuzeigen, um ihn als Beispiel für die Möglichkeit eines individuellen Aufstieges, der die Not des einzelnen beendet, anzubieten; und es ist ebenso nicht in ihrer Absicht, sich selber und die Leser dazu zu verleiten, vor den Aufgaben des Tages auszuweichen, indem man sich mit der Darstellung und an dem Erlebnis an ihr abreagiert.

Im Gegenteil. In den Arbeiterautobiographien wird als Zweck deutlich: Bewußtwerdung und Bewußtmachung des Schicksales jedes Angehörigen der Arbeiterklasse als ein kollektives Schicksal; Aufzeigen der eigenen menschlichen und politischen Entwicklung als Beispiel dafür, daß durch gleiches Verhalten aller die Handlungsfähigkeit der Arbeiterklasse erreicht wird; Aufforderung zur Veränderung der kapitalistischen Gesellschaftsmacht, die Ausbeutung, Rechtlosigkeit und Unfreiheit für alle Arbeiter bedeutet; Aufruf zum Zusammenschluß aller Arbeiter, um gemeinsam eine humanere Arbeitswelt und eine gerechtere Gesellschaftsordnung herbeizuführen.

Arbeiterautobiographien sind in erster Linie Agitations- und Lerntexte, schreibbar erst bei Bewußtwerden der eigenen Situation, die mit der Klassenlage des Proletariats korrespondiert.

V.

Es wäre falsch zu meinen, Arbeiterautobiographien müßten schon deshalb, weil sie auf einen ganz bestimmten Zweck hin ausgerichtet sind, vom Inhalt her uniform erscheinen und zuletzt nur noch Klischeevorstellungen vermitteln. Das Temperament des Verfassers, der ihm eigene sprachliche Ausdruck und der jeweilige Anlaß geben den autobiographischen Texten Farbe und die regional, sozio-ökonomisch zeitlich unterschiedlichen Ereignisse, die literarische Aussagen provozieren, bedingen einen Inhalt, der der Weite der proletarischen Existenz und der Vielfalt des Emanzipationskampfes der Arbeiterklasse entspricht.

Ein großer Teil der Arbeiter und Arbeiterinnen, die mit Selbstdarstellungen hervorgetreten sind, hat sich den Arbeiterorganisationen als Funktionäre, Agitatoren und Vertrauenspersonen zur Verfügung gestellt. Es ist noch zu wenig untersucht, ob und in welchem Umfang Arbeiterautobiographien auf die Willensbildung innerhalb der Führung der Arbeiterbewegung gewirkt haben, jedoch war es zweifelsohne so, daß herrschende Auffassungen und Zielvorstellungen der Arbeiterbewegung ihren Niederschlag in den Selbstdarstellungen der Arbeiter und Arbeiterinnen gefunden haben. Die häufig anzutreffenden Hinweise, daß das Studium marxistischer Literatur, die Informationen durch die Parteipresse, die bei Festen (besonders: 1.-Mai-Feier, Gedenken an die März-Gefallenen, Karl-Marx-Feier) und bei Kundgebungen ausgegebenen Parolen eine Verwandlung der bisherigen Apathie in eine Entschlossenheit zum Sozialismus herbeigeführt hätten, weisen deutlich aus, daß von den im Abschnitt I aufgezählten Möglichkeiten einer Aktivierung jene über Aufklärung und Schulung durch die Arbeiterbewegung die vorherrschende, wenn nicht überhaupt die einzige war. Selbst in jenen autobiographischen Texten, die einen *sozialen Tatbestand* wiedergeben, bleibt es häufig nicht bei der Schilderung einer trostlosen Kindheit, einer traurigen Familiensituation und einer die Ausbeutung kennzeichnenden Arbeitserfahrung, sondern die Darstellung enthält die Tendenz, in den Lesern, die in einer gleichen Situation sich befinden, den Wunsch zu wecken, die Beseitigung dieses Elends und dieser Ungerechtigkeiten herbeiführen zu helfen. Die Einbeziehung des *Privilegienstaates*, also die Auseinandersetzung mit der herrschenden Gesellschaftsmacht, die sich im Arbeitgeber und Auf-

245

seher ebenso repräsentiert wie in Schule, Kirche, Exekutive und Regierung, führt nicht bloß zur Darstellung von empörenden Vorfällen, die man nicht lesen kann, ohne eine Veränderung zu verlangen, sondern fördert auch die Solidarisierung der Unterdrückten. Sie macht deutlich, wer der Feind der Arbeiterklasse ist und wer sich ihrer Emanzipation entgegenstellt. Der soziale Tatbestand und die vom Privilegienstaat erzeugte und geförderte Ungerechtigkeit und Unfreiheit erzeugen in Arbeitern und Arbeiterinnen die Triebkräfte, die das *Bewußtsein von der Veränderbarkeit der Welt* in Handlung umsetzen: Zusammenschluß, Selbsthilfe, Streik, Demonstration als Maßnahme zur Reformierung der Lage, die eine Erleichterung herbeiführt. Sie lösen aber auch Aktionen mit utopischer Stoßrichtung aus, die sich gegen die entmenschlichende Wirkung des Kapitalismus richten, die Veränderung der herrschenden Gesellschaft von Grund auf betreiben und für den Aufbau einer neuen Ordnung eintreten. Und diese neue Ordnung sehen sie geprägt von den sozialistischen Zielsetzungen Freiheit, Gleichheit, Gerechtigkeit und Friede.

Die Arbeiterautobiographien sind Aussagen mit operativer Wirkung. Sie wollen bewußt machen, daß es der Sozialismus sei, der ein anderes Leben, bessere Verhältnisse und ein gerechteres Funktionieren des Staates herbeiführt.

VI.

Eine Literatur, die operativ wirken will, muß die Leser erreichen, für die sie geschrieben wird. Ein Großteil wichtiger autobiographischer Romane von Arbeitern und Arbeiterinnen ist in bürgerlichen Verlagsanstalten erschienen, wurde von zwar sozial denkenden, aber der bürgerlichen Gesellschaft verhafteten Herausgebern eingerichtet, »lesbar« gemacht und ediert. Die Feststellung zahlreicher Kritiker, daß solcherart behandelte und herausgebrachte Arbeiterautobiographien die Arbeiter, für die sie bestimmt sind, gar nicht oder nur unzureichend erreichen, ist – so heißt es – nicht widerlegbar. Jedenfalls ist das kein Gegenbeweis, wenn Verfasser von autobiographischen Texten fast mit Regelmäßigkeit anführen, sie wären zu einer Niederschrift durch andere Arbeiterautobiographien angeregt worden, denn der Bekanntschaftsgrad solcher Selbstdarstellungen wird dadurch noch nicht fixiert, es wird damit nur ausgesagt, daß sie bekannt gewesen sein mußten. Auch Zahl und Höhe der Auflagen lassen nicht von vornherein einen präzisen Schluß auf den Verbreitungsgrad dieser Literatur in Arbeiterkreisen zu.

Es muß hier ausgesprochen werden, daß die Parteiverlage zur Zeit der frühen Arbeiterautobiographien nicht über die Mittel verfügt hatten, ihre Herstellung und Verbreitung zu übernehmen, und daß sie dann, als der materielle Hindernisgrund weggefallen war, die Notwendigkeit der Förderung einer sozialistisch-operativen Belletristik nicht eingesehen hatten oder erkennen wollten. So ist im J. H. W. Dietz-Verlag (gegründet 1881), im Verlag der Buchhandlung »Vorwärts« (gegründet 1891) und im Verlag der Wiener Volksbuchhandlung sowie in den zwei sozialdemokratischen Buchgemeinschaften »Büchergilde Gutenberg« und »Der Bücherkreis« tatsächlich nur ein Bruchteil der immerhin rund 150 Titel umfassenden Arbeiterautobiographik erschienen.

Dieser offensichtliche Fehler der Parteiverlage ist von den Arbeiterorganisationen erkannt und mehr als ausgeglichen worden. Sie hatten sich neben der Arbeiterlyrik besonders der Arbeiterautobiographien und der autobiographischen Texte von Arbeitern und Arbeiterinnen angenommen und ihnen einen hohen Bekanntschafts- und Verbreitungsgrad gesichert. Das ist, wenn auch nur auf indirektem Wege, eindeutig nachweisbar:

a) Es wurde regelmäßig und in einer in die Augen springenden Form in Arbeiter-Kalendern, Festschriften, politischen Broschüren, die in Massenauflagen den Arbeiterhaushalt erreicht haben, und in der titelreichen und durchschlagskräftigen Parteipresse mittels Inserate und durch redaktionelle Hinweise an die Leser appelliert, die für die Aufklärung und Agitation ebenfalls wichtige sozialistisch-operative Belletristik zu kaufen. Diese Werbekampagnen machten keinen Unterschied, ob die zu fördernden Titel in Parteiverlagen oder in bürgerlichen Verlagshäusern herausgekommen sind.

Wer die Willigkeit der Leser damals ins Kalkül zieht, auf Aufrufe und Hinweise der Arbeiterorganisationen positiv zu reagieren, wird zugeben, daß in jener Zeit eine Werbung für Buch und Broschüre, zumal der Bildungshunger der Arbeiter erwiesen ist, zu Ankäufen geführt hat.

b) Zur Bekanntmachung und Verbreitung sozialistisch-operativer Literatur bedienten sich die Parteiorganisationen mit Erfolg des

Vertrauensmännerapparates. Die Vertrauenspersonen betrieben nicht allein Mundpropaganda, sondern sie brachten auch partei-wichtige Publikationen »ins Haus«, vor allem die sogenannten »Organisationsausgaben« zu herabgesetzten Preisen. (Anmerkung dazu: Die in jüngster Zeit aufgekommene und immer wieder un-kontrolliert kolportierte Auffassung, die sozialdemokratischen Ar-beiterorganisationen hätten im Gegensatz zur KPD der späten Wei-marer Zeit wenig oder gar nichts unternommen, Arbeiterautoren in ihren Kreisen zu verbreiten, stimmt jedenfalls nicht. Zu einer sol-chen Falschmeldung ist es gekommen, weil die Forschung die Pra-xis dieses Teiles sozialdemokratischer Kulturarbeit nicht untersucht hat und sich nicht der Mühe unterzieht, die vielen Jahrgänge der kaum überschaubaren Arbeiterpresse auf Buchwerbung, Buchbe-sprechung und Buchangebot zu überprüfen.)

c) Vor allem aber spricht für eine bewußte und gezielte Verbrei-tung sozialistisch-operativer Belletristik durch Arbeiterorganisatio-nen der häufige Nachdruck u. a. auch von Ausschnitten aus umfang-reicheren Arbeiterautobiographien und von abgeschlossenen auto-biographischen Texten in den Zeitschriften und in der Presse der sozialdemokratischen Arbeiterbewegung. Der Nachdruck – vor allem dann, wenn er solche Texte aus der bürgerlichen Produktion vermittelte – ist zumeist ohne Quellenangabe und unter Verwen-dung anderer und wechselnder Titelüberschriften erfolgt, was die Erfassung erschwert. Die zahlreich festgestellten Erstdrucke auto-biographischer Texte von Arbeitern und Arbeiterinnen, ihre Nach-drucke und ebenso jene aus umfangreichen Arbeiterautobiographien rechtfertigen die Annahme, daß darin eine bewußte Steuerung sei-tens der Arbeiterorganisationen vorgelegen hat, und können außer-dem als Nachweis dafür gewertet werden, daß bei den Beziehern und Käufern der Arbeiterpresse ein Bedürfnis nach diesem Teil der Arbeiterliteratur bestanden haben muß.

Die Wirkungsgeschichte der Arbeiterautobiographie ist bei weitem nicht erforscht. Sich mit dem Hinweis zu begnügen:

>Fast ein Bestseller wurde auch Adelheid Popps erster Erinne-rungsband, von dem nach einem Jahr bereits die 3. Auflage er-schien und der offenbar auch viele Arbeiterinnen erreichte, wie ›zahlreiche Zuschriften‹ an sie belegen. Die Autobiographien von Bromme, Holek (hier folgte allerdings 1921 noch ein zweiter Band),

Rehbein und den meisten anderen genannten Autoren sind dagegen kaum über die erste Auflage hinausgekommen. Das bürgerliche Interesse war erlahmt, die Arbeiterschaft wurde kaum erreicht«,

kann daher nicht als ein belegter Befund über Verbreitung und operative Wirkung dieses Teiles der Arbeiterliteratur hingenommen werden.

Arbeiterautobiographien, in denen das dargestellte Arbeiterleben und die Mitwirkung beim Emanzipationskampf der Arbeiterklasse nach August Bebel »ein Beispiel der Nachahmung für viele« ist, *haben innerhalb der Arbeiterorganisationen weite Verbreitung gefunden. Als ein Mittel zur Aufklärung, Agitation und Revolutionierung wurden sie von der Arbeiterpresse zielstrebig und ständig (in Deutschland bis 1933, in Österreich bis 1934, im Sudetenland bis 1938) eingesetzt und sind daher zu einem »Instrument der proletarischen Bewegung« geworden.*

VI.

Die von Arbeiterinnen verfaßten Autobiographien und noch mehr ihre zahlreichen autobiographischen Texte sind in Vergessenheit geraten. Lediglich Adelheid *Popps* »Jugendgeschichte einer Arbeiterin« (1909) und Ottilie *Baaders* »Der steinige Weg« (1921) werden genannt und behandelt, wenn Arbeiterautobiographien zur Diskussion stehen. Beide, Popp und Baader, haben übrigens mit der Niederschrift ihrer Selbstdarstellungen erst beginnen können, nachdem sie den Arbeitsplatz mit dem Schreibtisch einer Funktionärin der sozialdemokratischen Arbeiterinnenbewegung vertauscht hatten. Auch die Verfasserinnen autobiographischer Romane und in Buchform veröffentlichter Erzählungen (Verena *Conzett,* Anna *Mosegaard,* Erna *Künast,* Berta *Selinger* und Doris *Viersbeck* etwa) hatten erst lange nach der von ihnen beschriebenen Erwerbstätigkeit an die Abfassung der Manuskripte denken können.

Das ist symptomatisch für die Situation der Frauen der Arbeiterklasse. Die doppelte Bürde, im Erwerbsleben zu stehen und dann noch dem Haushalt und den Kindern zu dienen, hat bis zur Einführung des Acht-Stunden-Tages die Freizeit der Arbeiterinnen praktisch auf Null gestellt. Kamen sie dennoch zum Schreiben, zogen sie die kleine Form vor: Gedicht, Bericht, Reportage, Skizze und Erzählung. Ihre Texte wurden in der »*Gleichheit«,* in der »*Arbeiterin-*

nen-Zeitung« und in den Frauenbeilagen der Parteipresse regelmäßig gedruckt und erschienen auch in Zeit- und Festschriften, in Anthologien und Kalendern der Arbeiterbewegung. Darüber hinaus nahm Adelheid *Popp*, die jede agitatorische Möglichkeit gut zu nützen verstanden hat, die Feier zum zwanzigjährigen Bestand der sozialdemokratischen Frauenbewegung Österreichs zum Anlaß, in einem »Gedenkbuch« die autobiographischen Texte der wichtigsten Wegbereiterinnen der Arbeiterinnenorganisation zu sammeln und für die politische Organisierung der Frauen einzusetzen. Clara *Zetkin*, die langjährige Redakteurin der »Gleichheit«, und Adelheid *Popp*, die die »Arbeiterinnen-Zeitung« 1892 begründet und bis zu ihrem Verbot 1934 geleitet hatte, waren sich von Anbeginn an bewußt, daß die von Arbeiterinnen verfaßten autobiographischen Texte für Frauen von weitaus größerer Bedeutung sind als jene der Arbeiter.

Denn: *nur die von Arbeiterinnen geschriebenen Erlebnisse aus ihrem Alltag waren für Frauen mit- und nacherlebbar und auch nachprüfbar,* also erschienen sie ihnen *authentisch* und daher *glaubwürdig.*

Die einem Politisierungsprozeß nur schwer zuführbaren Frauen erfuhren aus diesen Arbeiterinnenautobiographien erstmals:

– daß sie, am Arbeitsplatz und ebenso im Haushalt ohne Stimme, in Versammlungen gehen, als Minderheit in Diskussionen eingreifen und auch vor Männern in freier Rede ihre Auffassungen vertreten können;

– daß sie im Betrieb, zusammen mit den Männern oder im Verein mit anderen Frauen, auf ihr Recht in Fragen der Arbeitsordnung und der Entlohnung bestehen können und vom Betriebsinhaber und seinen Aufsichtspersonen angehört werden müssen;

– daß sie mit den Männern, aber auch als Gruppe von Frauen, einen Streik führen und an Demonstrationen auf der Straße teilnehmen können;

– daß sie auf Gleichstellung im öffentlichen und bürgerlichen Recht beharren und dafür eintreten können.

Das waren, wenn sie sich dazu aufrafften, die *ersten Emanzipationsschritte* der Frauen und Mädchen aus der Arbeiterklasse.

Sie erfuhren ebenfalls aus den Arbeiterinnenautobiographien, daß ihre eigene Lage im Erwerbsleben sich in nichts von der der Männer unterscheide und eine Änderung nur herbeiführbar sei, wenn sie zusammen mit den Männern das alle in gleicher Weise bedrückende kapitalistische System und die auf sie alle in gleicher Weise lastende Gesellschaftsordnung beseitigen. Dieses übermittelte und an sich selber erfahrene Wissen machte sie gegen die bürgerliche Ideologie immun, nach der sie ihr Recht auf Eigenpersönlichkeit nur im Kampfe gegen den Mann zu suchen hätten. Und weil sie es zu verspüren bekamen, daß keine andere Gesellschaftsgruppe, keine andere Partei und ebenso wenig eine Religionsgemeinschaft ihnen das Recht auf Arbeit, den Anspruch auf Gleichstellung und die Möglichkeit zur Mitsprache in öffentlichen Belangen einzuräumen gewillt war, öffneten sie sich dem Sozialismus als Lehre und Partei.

Die Arbeiterinnenautobiographien waren demnach ein Mittel für die Führung des Emanzipationskampfes der Frauen und Mädchen der Arbeiterklasse, und zwar nach der Parole von Clara Zetkin: »Die Emanzipation der proletarischen Frau kann nicht das Werk sein der Frauen aller Klassen, sondern ist allein das Werk des gesamten Proletariats ohne Unterschied des Geschlechts.«

Eines der zahlreichen Beispiele für die gezielte Buchpropagierung der sozialdemokratischen Arbeiterbewegung mit Hinweisen auf sogenannte verbilligte »Organisationsausgaben« – ein Beleg zu den Ausführungen auf den Seiten 247 und 248.
(Quelle: Rückseite der Massenbroschüre »Arbeiterinnenschutz« von Emmy Freundlich, Wien, 1913)

Teil 2: Abhandlungen / Berichte / Dokumente (1848-1944)

Anna Blos:
Das Kommunistische Manifest und die Frauen (1848)

Das historische Dokument, auf dem die Geschichte der gesamten Arbeiterbewegung beruht, ist das Kommunistische Manifest. »Zur Zeit, als es erschien«, schreibt *Kautsky*, »war noch das hervorragendste Charakteristikum des Proletariers seine Degradation, das Sinken seines Lohnes, die Verlängerung seiner Arbeitszeit, sein physisches, oft auch moralisches und intellektuelles Verkommen, kurz sein Elend. Von den drei großen Klassen, welche die Masse des Volkes bildeten: Bauern, Kleinbürgern und Lohnarbeiter, standen die letzten in jeder Beziehung am tiefsten. Arm, gedrückt, hilflos, an Zahl und ökonomischer Bedeutung (außer in England) hinter den beiden anderen Klassen zurückstehend, waren sie für die meisten uninteressierten Beobachter nur ein Objekt des Mitleids. Es bedurfte des ganzen ökonomischen und historischen Wissens und der ganzen Denkkraft eines Marx und Engels, um im Klassenkampf des Proletariats die stärkste Triebkraft in der sozialen Entwicklung der kommenden Jahrzehnte zu entdecken, damals, wo die Nachfolger der großen Utopisten das Proletariat noch als hilflose Masse betrachteten, der nur von den oberen Klassen Hilfe kommen könnte, und die Revolutionäre alles von ›Volk‹ erwarteten, also im wesentlichen von Kleinbürgern und Bauern, als deren Anhängsel der Lohnarbeiter erschien, der geistig, gesellschaftlich, vielfach ökonomisch von ihnen abhängig war.«

Das Kommunistische Manifest erschien im Jahre 1848. *Marx* und *Engels* erhielten im November 1847 auf dem in London abgehaltenen Kongreß von dem »Bund der Kommunisten«, einer internationalen Arbeiterverbindung, die unter den damaligen Verhältnissen eine geheime sein mußte, den Auftrag, ein für die Öffentlichkeit bestimmtes ausführliches theoretisches und praktisches Parteiprogramm zu entwerfen.

Im Kommunistischen Manifest nehmen Marx und Engels auch Stellung zur Frauenfrage. Sie erklären: »Der Bourgeois sieht in seiner Frau ein bloßes Produktionsinstrument. Er hört, daß die Produktionsinstrumente gemeinschaftlich ausgebeutet werden sollen, und kann sich natürlich nichts anderes denken, als daß das Los der Gemeinschaftlichkeit auch die Weiber treffen wird.

Er ahnt nicht, daß es sich eben darum handelt, die Stellung der Weiber als bloße Produktionsinstrumente aufzuheben.

Übrigens ist nichts lächerlicher als das hochmoralische Entsetzen unserer Bourgeois über die angebliche offizielle Weibergemeinschaft der Kommunisten. Die Kommunisten brauchen die Weibergemeinschaft nicht einzuführen, sie hat immer existiert.

Unsere Bourgeois, nicht zufrieden damit, daß ihnen die Weiber und Töchter ihrer Proletarier zur Verfügung stehen, von der offiziellen Prostitution nicht zu sprechen, finden ein Hauptvergnügen darin, ihre Ehefrauen wechselseitig zu verführen.

Die bürgerliche Ehe ist in Wirklichkeit die Gemeinschaft der Ehefrauen. Man könnte höchstens den Kommunisten vorwerfen, daß sie an Stelle einer heuchlerisch versteckten eine offizielle, offenherzige Weibergemeinschaft einführen wollten. Es versteht sich übrigens von selbst, daß mit Aufhebung der jetzigen Produktionsverhältnisse auch die aus ihnen hervorgehende Weibergemeinschaft, das heißt die offizielle und nichtoffizielle Prostitution, verschwindet.«

Mit diesen Sätzen des Kommunistischen Manifests rüttelten die Verfasser nicht nur an den Grundlagen, auf denen sich bis dahin die Stellung des weiblichen Geschlechts aufgebaut hatte. Es ergab sich auch daraus, daß die Frauenfrage zum erstenmal offiziell in ein Parteiprogramm aufgenommen wurde.

Das Jahr 1848, das Jahr, in dem das Kommunistische Manifest erschien, sah den Zusammenbruch der bürgerlichen und den Beginn der proletarischen Revolution, sah die ersten Versuche des Zusammenschlusses der Arbeiterschaft, die in ihrem »Sendschreiben an alle Verbrüderten« verkündeten, »daß Arbeiterinnen unter gleichen Verpflichtungen gleiche Rechte« besitzen sollten.

(Aus: »Die Geschichte der sozialdemokratischen Frauen Deutschlands«, von Anna Blos. In: »Die Frauenfrage im Lichte des Sozialismus«. Herausgegeben von Anna Blos. Dresden, 1930)

Petition:
Hohes Haus der Abgeordneten! (1878)

Gestützt auf das dem Volke durch die Staatsgrundgesetze gewähr-leistete Petitionsrecht erbitten sich die Gefertigten die Aufmerk-samkeit des hohen Hauses für einige Augenblicke, um ihre Gedan-ken in Bezug auf eine, für das arbeitende Volk sehr wichtige Sache darlegen zu können.

Das Bedürfnis des arbeitenden Volkes, sich an den Wahlen der ge-setzgebenden Körperschaften des Reiches beteiligen zu können, ist allgemein vorhanden und kann, da die Gleichheit aller Staatsbürger vor dem Gesetze in unsere Staatsgrundgesetze aufgenommen wor-den ist, auch kaum als unberechtigt, als dem Gerechtigkeitsprinzipe zuwiderlaufend, verneint werden, ohne dieses Prinzip selbst seines höchsten Schmuckes, der Wahrheit, zu entkleiden.

Das Wahlrecht ist nach den bestehenden Gesetzen an eine gewisse Zahl Steuergulden, mit anderen Worten, an den Besitz gebunden, während der besitzlose Teil der Bevölkerung, also erwiesenerma-ßen die Volksmehrheit, von diesem Rechte ausgeschlossen ist.

Die Armut hat hier gleichsam eine Rechtlosigkeit zur Folge, und das kann gewiß als kein geeignetes Mittel anerkannt werden, die Armut erträglich zu machen. Wäre die Intelligenz einzig und allein nur an den Besitz gebunden, so könnten Gründe der Klugheit die teil-weise Außerachtlassung des oben angedeuteten Prinzips rechtferti-gen, so aber gehen Besitz und Intelligenz nicht immer Hand in Hand, also liegt dieser Nichtgewährung des wichtigsten aller Rechte nicht die Absicht allein zu Grunde, die Gesetzgebung in die Hände der entwickelsten, begabtesten Männer des Vaterlandes zu legen.

Der intelligente Arme darf seine Stimme nicht in die Wagschale werfen, während der ungebildete Begüterte seine, möglichen Falles, verschrobene Ansicht, die dem Interesse des Vaterlandes diametral entgegengesetzt sein kann, durch Abgabe seines Stimmzettels für alle Vertretungskörper bis zu einem gewissen Grade zur Staatsma-xime erheben kann.

Da dieses Recht an den Besitz gebunden ist, so kommt und geht dieses Recht auch mit demselben; es ist demzufolge eigentlich ein Recht, das an den Sachen, aber nicht an den Personen haftet; die Personen, denen die Sachen zustehen, haben, bildlich gesprochen, nur die Vollmacht, dieses Recht auszuüben.

Ein Weiteres, durch das die Allgemeinheit des Wahlrechtes begründet wird, sind die Pflichten, welche von allen, unterschiedslos, dem Staate geleistet werden müssen. In erster Reihe ist es die Wehrpflicht, welcher alle, deren Körperzustand es gestattet, nachkommen müssen, ob sie nun nichts besitzen oder viel besitzen, ob sie vor Maschinen stehen oder sie bedienen oder von der Kopfarbeit leben.

Hierin kennt der Staat keinen Unterschied, ausgenommen die kürzere aktive Dienstpflicht der einjährigen Freiwilligen, und es entspricht dem Rechte auch vollkommen, daß an der Verteidigung des Vaterlandes alle tauglichen Söhne desselben teilzunehmen haben.

Diese Pflicht, gegebenen Falles für das Staatsinteresse mit dem Leben einstehen, das Blut dafür vergießen zu müssen, bedingt aber auch anderenteils wieder das Recht, über das Wohl und Wehe des Staates mitbestimmen zu dürfen, soweit der Einzelne durch Abgabe seiner Stimme bei den Wahlen für die gesetzgebenden Körperschaften dies zu bewerkstelligen vermag.

Wenn einesteils das Staatsinteresse die allgemeine Wehrpflicht erheischt, so gebietet anderenteils das Volksinteresse, alle gesetzlich erlaubten Mittel in Anwendung zu bringen, um das allgemeine, gleiche und direkte Wahlrecht zu erlangen; die Gewährung desselben dürfte dem Staatsinteresse keineswegs zuwiderlaufen, sondern es fördern, da der Erfahrung gemäß die aktive Teilnahme der Gesamtbevölkerung an einer Institution die Liebe und Opferwilligkeit für dieselbe steigert, nicht aber vermindert.

Auch ist, sofern der Pflichten erwähnt wird, welche das Volk dem Staate gegenüber zu entrichten hat, zu berücksichtigen, daß die Hälfte der Steuern auf indirektem Wege eingehoben werden.

Da diese indirekten Steuern zumeist auf Verbrauchsartikel gelegt sind, die keiner, selbst der Ärmste, entbehren kann, so trägt auch der ärmste Mann zur Erhaltung des Staates, sowie zur Förderung des Staatszweckes seinen Teil bei, also entspräche es nur der Billigkeit, insofern die Gewährung des Wahlrechtes als Gegenleistung der von den Staatsbürgern erfüllten Pflicht angenommen, wenn auch seine Stimme gehört würde, wenn man auch ihm jenen Teil politischer Macht zukommen ließe, der dem Wahlrechte innewohnt.

Es sind ihrer nicht wenige, welche heute von den Wahlen ausgeschlossen, mithin in des Wortes richtigster Bedeutung in den gesetzgebenden Körperschaften unseres Reiches unvertreten sind, es ist die Mehrzahl des Volkes und zwar der Teil, durch dessen Fleiß und Tätigkeit das Wohl des Ganzen bedingt wird; denn alle Kultur hat sich nur auf den breiten Schultern der Arbeit entwickelt.

Es sind sehr taugbare Glieder der Gesellschaft, sehr opferfähige und auch opferwillige Staatsbürger, denen bis jetzt das Recht der Teilnahme an der Gesetzgebung unseres Staates noch nicht zuerkannt worden ist, und die heute mehr denn je das Fehlen dieses Rechtes empfinden, da ihr Interesse die denkbar möglichste Berücksichtigung erheischt; diese Berücksichtigung ist jedoch nur möglich, wenn sie Männer ihres Vertrauens in den Reichsrat sowie in die Landtage entsenden können.

Durchdrungen von dem Gedanken, daß durch die Gewährung des gleichen und direkten Wahlrechtes mit geheimer Abstimmung für den Vertretungskörper des Reiches, wie auch für die der einzelnen Kronländer an jeden Staatsbürger, welcher das 21. Lebensjahr überschritten, unser, sowie das Staatsinteresse wesentlich gefördert würde, erlauben sich die Gefertigten an das hohe Haus der Abgeordneten die Bitte zu richten: Dasselbe möge das zur Begründung dieser Bitte oben angeführte in Erwägung ziehen und dahin wirken, daß die bestehenden Wahlgesetze in der von uns angedeuteten Art und Weise abgeändert werden.

Reichenberg, am 6. Oktober 1878

Die Herausgeber des »Arbeiterfreund«

(Für diese Petition, von einer sozialdemokratischen Parteikonferenz am 17. und 18. August 1878 auf dem Jaberlicher Berge, nahe Reichenberg beschlossen, wurden trotz behördlicher Verfolgung 35 131 Unterschriften gesammelt – 15 741 in Böhmen, 11 308 in Nieder- und Oberösterreich, 3 767 in Mähren und Schlesien, 2 915 in Steiermark, 900 in Tirol und 100 in Kärnten – und das gesamte Konvolut dem Reichsratsabgeordneten Dr. Kronawetter übergeben. Dieser brachte die Petition am 20. Februar 1879 vor das Parlament und erreichte gegen die Stimmen der Liberalen, daß sie im hohen Hause verlesen werden durfte.)

Offener Brief
an alle Genossinnen und Genossen! (1889)

Es wird beklagt, daß die Arbeiterinnen sich von den öffentlichen Versammlungen der Genossen fernhalten. Niemand bemüht sich, die Ursache dieser Erscheinung klarzulegen.

So sei es denn mir, einer zielbewußten Arbeiterin, gestattet, diese zu erörtern, so weit ich sie zu verstehen glaube. Um es kurz zu sagen, uns fehlt in erster Linie die Organisation, und damit der Mut, aus jener letzten Linie, in die uns die heutige Gliederung der Gesellschaft gewiesen, herauszutreten.

Während die Angehörigen der einzelnen Gewerbe ihre Fachvereine besitzen, und im Fortbildungsvereine auch diejenigen, welche keinem bestimmten Gewerbe angehören, ihre weitere Ausbildung finden können, ist uns Arbeiterinnen dieses Glück geistiger Erhebung versagt.

Mit geringer Schulbildung (ein Mädchen braucht nichts zu lernen, ist ja leider eine noch sehr verbreitete Ansicht) kommen wir, kaum halbwüchsig, in die Fabrik, oder in irgend eine Lehre.

Die einzigen Hilfsarbeiterinnen, die bis jetzt einen genossenschaftlichen Verband haben, sind die Modistinnen und Kleidermacherinnen, doch selbst diese haben keine Fortbildungsschule.

Sollen wir wirklich tüchtige und würdige Genossinnen der Männer, welche mit ihrem Leben für die gute Sache einstehen, werden, so müßt Ihr, werte Genossen, uns die Wege bahnen.

Lasset uns an Euren Studien teilnehmen, errichtet Unterrichtskurse für Arbeiterinnen, bemüht Euch, die Euch bekannten Arbeiterinnen dafür zu interessieren, und Ihr werdet bald uns nicht nur zahlreich bei Euren Versammlungen erscheinen, nein, in Euren Reihen mutig kämpfend sehen.

Eine Arbeiterin

(»Gleichheit«. Wien, 8. März 1889)
(Die Verfasserin war die spätere Funktionärin der Wiener Arbeiterinnen-organisation Viktoria Kofler)

Das Kapital und die Frauenemanzipation (1890)

Wer A sagt, muß auch B sagen. Wer die von der ökonomischen Entwicklung absolut notwendig gemachte Kameradschaft und Kampfgenossenschaft zwischen Arbeitern und Arbeiterinnen zugibt, der muß auch, wenn er sich nicht in Widerspruch zu sich selbst stellen und den erfolgreichen Ausgang des Emanzipationskampfes verzögern will, für die sozialpolitische Gleichstellung der Frauen eintreten. Alle jene gesellschaftlichen Rechte, welche in Folge der wirtschaftlichen Entwicklung mit Fug und Recht heute jeder Mann auf Grund seines Geschlechtes zur Verteidigung und Wahrung seiner Interessen beanspruchen darf, müssen deshalb auch ohne Unterschied auf das weibliche Geschlecht ausgedehnt werden. Sie konnten diesem mit einem Schein der Berechtigung vorenthalten werden, solange die Interessen von Frau und Mann sich in verschiedenen Sphären konzentrierten, solange erstere mit allen Wurzeln und Fasern ihrer Existenz der Familie haftete, nur durch Vermittlung des Mannes am Leben der Gesellschaft teilnahm, während dieser selbst direkt in der Gesellschaft lebte und webte. Die modernen Wirtschaftsverhältnisse werfen aber wie den Mann so auch die Frau auf den Markt der Öffentlichkeit. Es ist also nur recht und billig, daß sie auch alle jene Rechte erhält, welche angetan sind, ihre Interessen auf diesem Markte zu schützen und zu fördern.

Die Beobachtung lehrt heutzutage, daß die Interessen der großen Mehrzahl der Frauen gegenwärtig nicht mehr vom Manne an und für sich, als Oberhaupt der vaterrechtlichen Familie, abhängen, sondern vom Kapitalisten. Obgleich die männliche Herrschaft in der Familie, dem Buchstaben des Gesetzes nach, noch voll in Kraft steht, so ist sie doch für die breiten Schichten des Volkes – wo sie auch früher nicht in ihrer ganzen Schärfe existierte – tatsächlich sehr erschüttert, sobald es die Entwicklung der Produktionsverhältnisse nicht nur der Frau, sondern auch den halbwüchsigen Kindern erlaubte, eigenem, selbständigem Erwerb außerhalb der Familie nachzugehen. Aber diese tatsächliche Loslösung von der absoluten

Gewalt der vaterrechtlichen Familie konnte, von verschwindend wenigen Ausnahmefällen abgesehen, stets nur erkauft werden, indem die Frau Berufsarbeiterin ward, sich mithin unter die Herrschaft des Kapitalisten beugte. Er ist es, der mit möglichster Berücksichtigung der Harmonie zwischen den Marktverhältnissen und seinem Profitstreben die fundamentalsten, nämlich die wirtschaftlichen Interessen der Proletarierin so regelt, wie es seinem Vorteile frommt.

Die Herrschaft des Mannes in der Familie über die Frau ist heutzutage, wenn diese nicht aus ererbter oder anerzogener Unterwürfigkeit widerstandslos ist, meist nur noch eine löschpapierene Theatersouveränität. Der wahre, über Wohl und Wehe der arbeitenden Frau entscheidende Herr und Gebieter ist der Kapitalist, welcher ihr Arbeit gibt, oder besser gesagt, von ihr Arbeit nimmt, und der dank der gesellschaftlichen Verhältnisse mit dem größten Absolutismus in ihr Leben eingreift.

Es ist deshalb ungemein töricht und naiv und spricht für eine kindlich oberflächliche Auffassung der Gesellschaft, wenn gewisse Frauenrechtlerinnen für die soziale Emanzipation des weiblichen Geschlechtes eintreten, indem sie voller moralischer Entrüstung gegen den männlichen Egoismus poltern und in ihm den Urheber alles Übels erblicken. Die Befreiung der Frau kann nun und nimmermehr das Werk eines Kreuzzuges gegen die Männerwelt und deren Vorrechte sein, sie steht und fällt vielmehr einzig und allein mit der Emanzipation der Arbeit vom Kapital.

Gerade so töricht ist es auch, wenn hin und wieder Arbeiter in Nichtachtung der vollzogenen gesellschaftlichen Umwälzungen den Ausschluß der Frauen aus der Industrie, ihre Rückkehr zu der alten häuslichen Tätigkeit fordern, in ihnen nur Konkurrentinnen, nicht aber Schicksals- und Kampfesgenossinnen sehen. Nicht der Kampf zwischen den Geschlechtern, sondern nur die volle und bewußte Betätigung im Klassenkampf kann beiden Seiten Hilfe schaffen, die Frau wie den Mann von der letzten Herrschaft, der Herrschaft des Kapitals, befreien.

Die Interessen der Frauen fallen mit den verschiedenen Klassen der Gesellschaft zusammen, denen sie angehören. Die Interessen der Frauen der arbeitenden Klasse, der Regel nach selbst Arbeiterinnen, oder wie die Mehrzahl der Kleinbürgerinnen bestimmt, Arbeiterinnen zu werden – sind am tiefgehendsten und ausschlaggebendsten nicht durch den Umstand beeinflußt, daß sie Frauen, sondern daß sie Proletarierinnen sind. Nicht das Geschlecht, sondern die Klassenlage gibt den tatsächlich bestimmenden Ausschlag für die Gestaltung der Existenz. Die Frauen der Bourgeoisie, ja auch die des Kleinbürgertums können sich momentan über die Tatsache täuschen. Sie, die nicht der Abhängigkeit vom Kapitalisten unterworfen sind, empfinden nur die Herrschaft des Mannes, die für sie, soweit sie nicht durch die Sitte und individuelle Verhältnisse gemildert ist, noch in Kraft steht, weil sie sich noch nicht ökonomisch durch ihre Arbeit von ihm emanzipiert haben. Die Idee, den Kampf um die soziale Gleichberechtigung des weiblichen Geschlechtes im Namen des moralischen Gleichheits- und Gerechtigkeitsprinzips gegen den männlichen Egoismus, die männlichen Privilegien – vom Wahlrecht an, bis zum Recht, Hosen zu tragen, Zigarren rauchen usw. herab – zu führen, konnte nur vom Gehirne der Groß- und Kleinbürgerinnen ausgeheckt werden, welche die moderne Klassengesellschaft ausschließlich von ihrer angenehmen Seite her, als Herrschende und Genießende, kennen lernten. Die Frau des werktätigen Volkes dagegen, die von Jugend auf in das moderne Wirtschaftsleben hineingerissen wird, lernt sehr bald unterscheiden, wo sie der Schuh drückt. Die Tatsachen drängen die Herrschaft des Mannes über sie sehr entschieden in den Hintergrund, wogegen die Abhängigkeit vom Kapitalisten um so stärker hervortritt. Es gibt keine Seite ihrer Existenz, kein Verhältnis ihres Lebens, in dem sie nicht mit dem Willen und der Macht des Kapitalisten zu rechnen hätte.

Nicht sie, der Kapitalist entscheidet in letzter Instanz über die Wahl des Berufes, die Industriebranche, der Kapitalist bestimmt die karge Zahl ihrer Feiertage und Feierstunden, er regelt die Höhe ihres Verdienstes, er ist verantwortlich für die in der Fabrik herrschenden Arbeitsbedingungen, er verlangt nicht nur ihre Kraft und Zeit, auch ihre Unterwerfung, ihren bedingungslosen Gehorsam usw. So kategorisch, wie der Jehovah des Moses, kann der Kapitalist zur Arbeiterin sprechen: »Du sollst keinen anderen Herrn haben neben mir.« Deine Muskelkraft, Deine Fähigkeit und Geschicklichkeit, Deine Jugend und Gesundheit, Deine Tage und Nächte, alles was Du bist, hast und kannst, mußt Du in meinen Dienst stellen, damit ich Alles, wenn es mir gefällt und wenn es meine Renten vermehrt, bis auf das letzte Atom ausnütze. Freilich die Verheißung, »damit Du lange lebest und es Dir wohlergehe auf Erden«, fehlt. Der Kapitalist ist ein bedächtiger Mann und ein Mann von Wort. Er fesselt die Arbeiterin nicht durch solche Verheißungen an seinen Dienst, er geht vielmehr »mit einem freien Menschen (!) einen frei bewilligten und abgeschlossenen Arbeitskontrakt ein«. Laut dieses »freien Kontraktes« verpflichtet die Frau sich, ihm alle Arbeit, Zeit und Kraft zu geben, die er nur von ihr nehmen will, er verpflichtet sich dafür, ihr den von den »Machtverhältnissen geregelten«, d. h. den möglichst niedrigen Lohn zu geben, der nicht einmal zum Leben hinreicht.

Es ist also nur die logische Folge der wirklichen Verhältnisse, daß die Frau des Volkes den Schwerpunkt des Kampfes für ihre gesellschaftliche Befreiung auf ein durchaus anderes Terrain verlegt als die bürgerliche Frauenrechtlerin, daß sie nicht gegen den Mann, daß sie gegen den Kapitalisten in die Schranken tritt. Der Kampf um die soziale Gleichberechtigung des weiblichen Geschlechtes fällt für den bei weitem größten Teil desselben mit dem Klassenkampf zusammen. Die Stunde der Frauenbefreiung wird mit der Stunde der allgemeinen proletarischen Emanzipation zusammenfallen.

Gerade weil sich die wichtigsten Interessen der großen Masse der Frauen im Gegensatze zu der jetzigen Gesellschaftsordnung befinden, halten die Besitzenden und Herrschenden unserer Tage daran fest, das weibliche Geschlecht in seiner sozialpolitischen Rechtlosigkeit zu belassen. Anscheinend tun sie dies in grenzenlosem Unverständnis der durchaus veränderten Verhältnisse, unter denen die Frau in der modernen Gesellschaft lebt und tätig ist. In letzter Instanz ist es jedoch nur das mehr oder weniger bewußte Klasseninteresse, das aus ihrer Haltung spricht. Zumal das liberalisierende, sich so gern mit seiner Erhabenheit über alle Vorurteile brüstende Bürgertum kann Niemandem ein X für ein U vormachen, wenn es in seiner Verlegenheit an den alten Kirchensatz: »Die Frau schweige in der Gemeinde« appelliert, um das Gespenst der weiblichen sozialen Emanzipation zu bannen. Der Klerikalismus seinerseits hat bisher noch nie vor der Intervention von Frauen in öffentlichen Angelegenheiten zurückgeschreckt, sobald dieselben nur ihren Einfluß ad majorem Dei, zum Ruhme und zum Vorteil der Kirche, geltend machten. Man denke nur, mit welchem behaglichen Schmunzeln die

Hierarchie zugesehen, wenn sich die großen Kurtisanen der Könige und Herren in die Staatsgeschäfte mengten, sobald sie nur »rechtgläubige Töchter der rechtgläubigen Kirche« waren.

Aber das weibliche Geschlecht schlägt man, die Proletarierin meint man. Kein einziger Reaktionär fürchtet, daß die bestehende Gesellschaftsordnung über den Haufen falle, wenn etliche Hunderttausende von Kleinbürgerinnen und Zehntausende von Großbürgerinnen durch Verleihung der sozialpolitischen Rechte Anteil am öffentlichen Leben bekommen. Die sozialpolitische Betätigung dieser beiden Schichten von Frauen wird sicher nicht so groß sein, daß sie einen Umschwung der bestehenden Verhältnisse bewirken könnte. Die Kleinbürgerinnen sind im allgemeinen zu stumpfsinnig, die Großbürgerinnen sind zu genußsüchtig, als daß sie einen umfassenden und energischen Gebrauch von neuen gesellschaftlichen Rechten machen würden. Dazu kommt noch ganz besonders, daß sie durch ihre Interessen darauf angewiesen sind, für die Erhaltung der bestehenden Ordnung einzutreten.

Gerade umgekehrt aber würde sich die Sache bei den Arbeiterinnen entwickeln. Ihre Klassenlage rüttelt sie aus der Stumpfsinnigkeit empor und läßt sie auch nicht Gefahr laufen, ihre Kräfte in Genußsucht zu verzetteln. Die Gesamtheit ihrer materiellen Interessen zwingt sie geradezu, einen möglichst aktiven Anteil am öffentlichen Leben zu nehmen, möglichst entscheidend in dessen Gestaltung einzugreifen. Sie müssen notwendig nach dem Aufbau einer neuen sozialen Ordnung, wie sie durch die Entwicklung der Produktionsverhältnisse geboten ist, streben. Die sozialpolitische Emanzipation der Arbeiterinnen muß also notwendigerweise für die existierende kapitalistische Gesellschaft verhängnisvoll werden, so gut wie es die sozialpolitische Emanzipation des Arbeiters geworden ist. Da sich nun unter heutigen Verhältnissen die politische Mündigkeitserklärung des weiblichen Geschlechts als Ganzes und nicht mehr nach den Klassen vollziehen kann, wie dies für die Männerwelt geschehen, und da die Mehrzahl der Frauen Proletarierinnen sind, so haben die Anhänger der kapitalistischen Gesellschaft alles Interesse daran, sich der Gleichberechtigung der Frauen zu widersetzen. Dieselbe muß den Zusammenbruch der alten Ordnung bedeutend beschleunigen, nicht, weil sie die Frau überhaupt, sondern weil sie die Proletarierin emanzipiert, sie mit den gleichen Waffen wie den Proletarier für den Kampf gegen den Kapitalismus ausstattet, wodurch die Macht des Proletariats bedeutend verstärkt und gehoben wird.

In Anbetracht dieser Umstände ist es auch klar, daß die sozialpolitische Gleichberechtigung des weiblichen Geschlechts nun und nimmer von der Einsicht, dem Wohlwollen usw. der gegenwärtigen Gesellschaft zu erwarten ist. Sie wird errungen werden durch die Macht, welche der zunächst an ihr interessierte Teil, die Arbeiterinnen selbst, repräsentieren, und durch die Stärke, mit der auch die Arbeiter im Interesse des gesamten Proletariats für die Forderungen eintreten. Sie wird sich aller Wahrscheinlichkeit nach auch nicht mit einem Schlage in ihrer Gesamtheit vollziehen. Die Frauen, d. h. in erster Linie die Arbeiterinnen, werden wohl nach und nach den Männern auf verschiedenen Gebieten des öffentlichen Lebens gleichgestellt werden. Zunächst dürfte jedenfalls ihre Gleichberechtigung innerhalb solcher Institutionen erfolgen, die wie Gewerbeschiedsgerichte und Handelsgerichte, Arbeitsräte, Arbeiterkammern, Fabrikinspektion usw. in unmittelbarstem Zusammenhang mit dem wirtschaftlichen Leben stehen. Hier wird die Gleichberechtigung des weiblichen Geschlechts zum Schutze der Interessen aller Arbeitenden überhaupt dem Kapital gegenüber eine unumgängliche Notwendigkeit. Die politische Emanzipation, die Verleihung des Wahlrechtes zum Parlament, wird folgen.

(In: »Sozialdemokratische Monatsschrift«, II. Jahrgang, 9. Heft. Wien, 1890)

Laura Lafargue:
Der erste Mai (1893)

Nach der Überwindung der Wildheit und der Barbarei befindet sich die Menschheit im Zustande der Zivilisation; und nie, niemals waren die Massen mehr ausgebeutet, nie unglücklicher als heute.

Wenn die Menschen zur Zeit der Wildheit, der Barbarei übel daran waren, wenn es ihnen an Lebensmitteln mangelte, so notwendigerweise deshalb, weil nicht die genügende Masse herbeigeschafft werden konnte; und *alle* waren davon in gleicher Weise betroffen.

Heute, mitten in der Zivilisation, bei einem schreienden, unbändigen Luxus, bei einer wahnsinnigen Überproduktion, bei einem Überfluß an allem – da entbehren Alles die Massen, die unter Leiden Produkte erzeugen, die Arbeiter und Arbeiterinnen, die sich bei der Arbeit aufreiben; und sie sterben, wenn nicht an Hunger, so doch an Entbehrungen. Sie führen ein Leben des Leidens und Elends, während die Wucherer und Ausbeuter sich mästen und schlemmen.

Aber es gibt einen Fortschritt trotz alledem!

Denn die Sklaven waren nichts als Sklaven; die Leibeigenen waren nur Leibeigene: die Arbeiter, unglücklicher als die Sklaven, tausendmal mehr unterjocht als die Leibeigenen, sie sind keineswegs nur Arbeiter; sie sind auch, und vor allem, Empörte und Empörer.

Sind sie die Frucht der Vergangenheit, die Nachkommen der Sklaven und Leibeigenen (die Natur verabscheut das Leere und die Geschichte die Sprünge), so tragen sie auch anderseits das Banner, auf dem die Forderung nach den Rechten steht, die der leidenden Menschheit geraubt wurden; und sie stehen auf und sie kämpfen, und sie werden eben so notwendig siegen, wie sie notwendig leiden mußten.

Deshalb erhebt sich am ersten Mai aus der Brust der Arbeiter aller Länder ein Freudenchor, ein Gesang, einmütig angestimmt von allen Ausgebeuteten, nicht achtend die Grenzen und den Unterschied der Sprachen.

(In: »Zum Mai 1893«. Mai-Festschrift. Wien, 1893)

Resolution zum Frauenwahlrecht (Wien 1893)

In Erwägung, daß die Arbeiterinnen unter derselben ökonomischen Unterdrückung zu leiden haben wie die arbeitenden Männer;

in weiterer Erwägung, daß dieser entwürdigende und für die Gesellschaft gefährliche Zustand auf ökonomischem Gebiet auch in der politischen Rechtlosigkeit seinen Ausdruck findet;

in weiterer Erwägung, daß nur die Eroberung der politischen Macht diesem System ein Ende bereiten kann und zur Erreichung dieses Zieles gemeinsamer Kampf gegen gemeinsame Ausbeutung notwendig ist,

fordert die am 1. Oktober 1893 tagende Versammlung der Arbeiterinnen:

als vornehmstes Kampfmittel das aktive und passive, allgemeine, gleiche und direkte Wahlrecht für alle Vertretungskörper, für alle Staatsbürger ohne Unterschied des Geschlechtes vom 21. Lebensjahre an und erklärt, mit aller Kraft, aller Entschiedenheit und allem Opfermut im begonnenen Kampf mitzustreiten und ihn bis zum endgültigen Siege durchzuführen.

(Angenommen von etwa 1000 Frauen und vielen Männern anläßlich der ersten soziademokratischen Frauenwahlrechtsversammlung am 1. Oktober 1893 in der »Penzinger Au«. Zitiert nach: Adelheid Popp: »Der Weg zur Höhe«. Wien, 1929)

Resolution zum Frauenwahlrecht (Berlin 1895)

In Erwägung, daß es keinen sichtbaren Grund gibt, der ein mündig gewordenes menschliches Wesen von Bürgerrechten und Freiheiten ausschließt, wie das dem weiblichen Geschlecht geschieht;
in Erwägung, daß die Frauen nicht gewillt sind, diesen Zustand der Entrechtung, in welchem sie im Laufe der Zeiten versetzt wurden, ferner zu ertragen;
in weiterer Erwägung, daß namentlich die täglich sich immer mehr zuspitzenden Gegensätze innerhalb der bürgerlichen Gesellschaft auch die sehr große Mehrzahl der Frauen in immer schlimmere soziale und wirtschaftliche Verhältnisse versetzt und eine Hebung und Verbesserung dieser Verhältnisse ein Gebot der dringendsten Notwendigkeit ist, aber ohne den Besitz politischer Rechte und Freiheiten nicht herbeigeführt werden kann,
fordern die Frauen nachdrücklichst
die gleichen bürgerlichen und politischen Rechte
wie die Männer und besonders
die Gewährung des allgemeinen, gleichen, direkten und geheimen Wahlrechts.

(Diese von der Berliner Frauenagitationskommission unter Emma Ihrer erarbeiteten Resolution wurde am 5. und 6. Februar 1895 in vier überfüllten Volksversammlungen nach Reden von August Bebel, Wilhelm Liebknecht, Emma Ihrer und Ottilie Baader einmütig beschlossen. Sie wurde dann von der sozialdemokratischen Fraktion unter Führung August Bebels noch im gleichen Monat im deutschen Reichstag eingebracht, verlesen und begründet und – mehrheitlich abgelehnt)

Erklärung des IV. Internationalen Sozialistenkongresses in London zur Frauenfrage (1896)

1. Der Platz der proletarischen Frauen, welche ihre Befreiung erringen wollen, ist in Reih und Glied des kämpfenden Proletariats und nicht in den Reihen der bürgerlichen Frauenrechtlerinnen.

2. Zum Zwecke ihrer Beteiligung am proletarischen Klassenkampfe auf politischem Gebiete sind die Proletarierinnen einzubeziehen in die politischen Organisationen der Arbeiterklasse, wo die Vereinsgesetze dies gestatten. Dort, wo diese Gesetze die gemeinsame politische Organisation von Männern und Frauen unmöglich machen, ist kräftig für die nötige Reform der einschlägigen Bestimmungen einzutreten.

3. Zum Zwecke der Beteiligung am proletarischen Klassenkampfe auf wirtschaftlichem Gebiete, die durch die Rolle der Frau in der modernen Industrie täglich nötiger wird, sind die Proletarierinnen einzubeziehen in die Gewerkschaftsorganisationen ihrer männlichen Berufsgenossen, wo Männer und Frauen in dem gleichen Gewerbe tätig sind. Wo dies nicht der Fall ist, sind die selbständigen Gewerkschaftsvereine der Arbeiterinnen den Organisationen der verwandten Berufsgenossen anzugliedern.

Der Internationale Sozialisten- und Gewerkschaftskongreß zu London erklärt ferner: daß es sowohl im Interesse der männlichen wie der weiblichen Proletarier liegt, mit aller Energie für die Verwirklichung der obigen Forderungen einzutreten, sowie für die volle politische Gleichberechtigung des weiblichen Geschlechts als für eine Reform, welche dem weiblichen Proletariat die unbehinderte Beteiligung am Kampfe seiner Klasse ermöglicht.

(Ausgearbeitet wurde diese Resolution von Clara Zetkin, Emma Ihrer, Eleanor Marx-Aveling und Adelheid Popp, die dann vom Kongreß einstimmig als seine Erklärung beschlossen wurde)

Resolution über »Die politische Betätigung der Frauen« auf der 2. Konferenz der sozialdemokratischen Frauen Österreichs (1903)

Berichterstatterin: Therese Schlesinger

Die Vertreterinnen der deutschen Sozialdemokratinnen Österreichs erklären, mit besten Kräften dahin wirken zu wollen, daß das Klassenbewußtsein immer weitere Kreise von Arbeiterinnen und Arbeiterfrauen erweckt und ihnen Verständnis für die Vorgänge des öffentlichen Lebens vermittelt werde. Sie wollen die Frauen wie bisher und, wo dies möglich ist, in höherem Maße als bisher aneifern, an allen politischen Tagesfragen Anteil zu nehmen und insbesondere die männlichen Genossen in ihren Wahlkämpfen wirksam und opferfreudig zu unterstützen.

Zugleich aber erklären sie es für dringend notwendig, daß die proletarischen Frauen ihre eigenen politischen Rechte in Anspruch zu nehmen lernen und bereit seien, bei jeder Gelegenheit für die Forderung nach der rechtlichen Gleichstellung beider Geschlechter und insbesondere nach dem Wahlrechte der Frauen einzutreten. – Die Konferenz spricht zugleich die Erwartung aus, daß die sozialdemokratischen Männer in höherem Maße als bisher die Frauen in dieser Aufgabe unterstützen und bei jeder Gelegenheit für die rechtliche und politische Gleichstellung der Geschlechter eintreten werden, wie das Programm der sozialdemokratischen Partei in Österreich es von ihnen verlangt und wie sie es wiederholt auf unseren Parteitagen beschlossen haben.

Nur wenn alle Parteigenossen ohne Unterschied des Geschlechtes ihre volle Kraft einsetzen, wird es uns gelingen, das, was bisher an unseren prinzipiellen Forderungen toter Buchstabe geblieben ist, in lebendige Tat umzuwandeln.

(Aus: »Was fordern die Arbeiterinnen Österreichs?« Bericht über die zweite Konferenz der sozialdemokratischen Frauen Österreichs, Wien, am 8. November 1903)

Victor Adler: Diskussionsbeitrag zur Frauenstimmrecht-Resolution der 2. Konferenz der sozialdemokratischen Frauen Österreichs (1903)

Nun handelt es sich um die schwierige Frage des Frauenwahlrechtes. Die Sozialdemokraten aller Länder haben es von jeher als grundlegenden Satz des Programmes angesehen, daß die politischen Rechte für Mann und Frau gleich sein müssen. Es hat niemals eine Sozialdemokratie gegeben, die nicht das Frauenwahlrecht als eine ebenso notwendige Sache angesehen hätte wie das der Männer. Es wurde hier gesagt, daß sich die Männer vor den klerikalen Frauen fürchten. Wir haben die klerikalen Männer auch zu fürchten, und es fällt uns gar nicht ein, etwa zu sagen, daß die Frauen noch nicht reif seien für das Wahlrecht. Wir wissen genau, daß auch viele Männer noch lange nicht reif sind, ihr politisches Recht so auszunützen, wie es ihr politisches und ihr Klasseninteresse verlangt (Beifall). Aber es fragt sich, ob *die politische Lage reif ist, um einen Feldzug für das Frauenwahlrecht zu unternehmen.* Und da sage ich Ihnen rundweg, in Ländern, wie Österreich, Belgien usw., wo das Männerwahlrecht noch nicht einmal erkämpft ist, wo wir alle Kraft auf diesen Punkt konzentrieren müssen, wäre es eine politische Torheit, diesen Kampf abzulenken auf einen Punkt, der voraussichtlich erst später zu erreichen sein wird. Von diesem Standpunkte der politischen Taktik muß ich sagen: Wir müssen bei jeder Gelegenheit erklären, daß wir für das Frauenwahlrecht sind, daß wir auch den ersten Schritt auf diesem Gebiete machen wollen, aber daß der letzte Schritt erst gemacht werden kann, wenn der erste Schritt gemacht ist, und der ist: die Erkämpfung des Wahlrechtes für die Männer.

(Aus: »Was fordern die Arbeiterinnen Österreichs?« Bericht über die zweite Konferenz der sozialdemokratischen Frauen Österreichs, Wien, am 8. November 1903)

Clara Zetkin:
Vollem Menschtum entgegen (1904)

Wo immer die werktätigen Massen Deutschlands dieses Jahr am 1. Mai ihre Feldzeichen aufpflanzen und ihren Willen bekunden, der kapitalistischen Gesellschaft den Achtstundentag abzutrotzen, da sollten sie auch dieser eindringlichen Lehre des heldenhaften Kampfes der Crimmitschauer Textilarbeiter gedenken: ohne seine Frauenwelt vermag das Proletariat seine großen Schlachten für Reform und Revolution der Gesellschaft nicht schlagen. Das zähe Ringen um die bescheidene Abschlagszahlung auf den Normalarbeitstag – und das ist für die Arbeiterklasse der Achtstundentag – wäre unmöglich gewesen, hätten nicht die Crimmitschauer Proletarierinnen, von Klassenbewußtsein erfüllt, vom sozialistischen Gedanken erhoben, geschult und gekräftigt, gewerkschaftlich zusammengeschlossen, mit unvergleichlicher Tapferkeit und Begeisterung den Kampf mitgetragen.

Gewiß: die Lehre ist alt und wird kaum noch bestritten. Aber wie oft wird ihre Bedeutung in der Praxis unterschätzt, und wie schwer und unvollständig setzt sie sich in den Verhältnissen durch. Wäre dem nicht so, unsre Gewerkschaften müßten hunderttausende Arbeiterinnen umschließen, welche vom Bewußtsein ihrer Klassenlage, ihrer wirtschaftlichen und sozialen Bedeutung durchdrungen, zu Schutz und Trutz wider die kapitalistische Ausbeutung mit ihren Berufsgenossen zusammenständen. Wäre dem nicht so, den drei Millionen sozialistischer Wähler müßten mindestens ebensoviel proletarische Frauen und Mädchen zur Seite stehen, in deren Leben der Sozialismus zur Macht geworden, welche mit der unwiderstehlichen Kraft eines religiösen Bekenntnisses hinaushebt über die graue Not, die bittere Sorge, die materielle und kulturelle Enge des Alltags, welche in Arbeit und Kampf den Blick von den mühsam zu erreichenden Gegenwartsetappen auf der Zukunft herrliches Ziel lenkt. Warum vollzieht sich so langsam, so schwer, was so einleuchtend, so selbstverständlich scheint: die Revolutionierung des Kopfes und Herzens von Millionen Proletarierinnen, die in dieser Gesellschaftsordnung zwiefache Bürdenträgerinnen sind und mit leidenschaftlicher Inbrunst nach Erleichterung ihres Loses, nach voller Befreiung trachten müßten? Wer wollte leugnen, daß das ersehnte Vorwärts von einem Feind aufgehalten wird, dem jährlich Millionen im Liede den Krieg erklären:

>»Der Feind, den wir am tiefsten hassen,
Der uns umlagert, schwarz und dicht,
Das ist der Unverstand der Massen,
Den nur des Geistes Schwert durchbricht.«

Leider sitzen nicht nur am spießbürgerlichen Stammtisch und auf Ministerbänken Männer, die von zopfigen Vorurteil befangen erklären, daß der Frau der politische, der soziale Kampf nicht anstehe. Leider erscheint auch viel zu vielen Frauen noch immer als unweibliches Beginnen, was ihre Pflicht und Ehre sein sollte: aufgeklärt und organisiert am Kampfe der Arbeiterklasse für sonnigere Gestaltung der Gegenwart und Eroberung voller Kultur für alle in der Zukunft teilzunehmen.

Jedoch neben dem Vorurteil reckt sich ein andres schweres Hindernis für die gewerkschaftliche und politische Betätigung der Proletarierinnen dräuend empor. Das ist der *Mangel an Zeit*. Der Mangel an Zeit! Diese vier trockenen Worte schließen eine überquellende Fülle von Mühen, Sorgen, Kämpfen und Schmerzen der proletarischen Frau ein.

Schier unerträglich drückt der Mangel an Zeit vor allem die Proletarierinnen, die als Berufsarbeiterinnen unmittelbar im Dienste fremden Reichtums zinsen und fronden müssen. Das ausbeutende Kapital kennt keine Rücksicht auf ihr Geschlecht und die vielerlei daraus erwachsenden Aufgaben. Es rechnet nur mit den billigen Händen des Weibes, seiner Fügsamkeit und »verdammten Bedürfnislosigkeit«, nicht mit seinem schonungsbedürftigen Organismus, der das künftige Geschlecht austrägt, gebiert und nährt, nicht mit den verantwortungsvollen Pflichten der Gattin und Mutter, in treuem Walten ein Heim aufzubauen, welches dem Manne Ruhe, Anregung und Kraft gibt, den Kindern eine liebebehütete Schutzstätte ist, in welcher ihre Jugend gesund und fröhlich gedeiht. Shylock gleich besteht es auf seinem Schein, dem »freien« Arbeitsvertrag, mittels dessen die Arbeiterin sich unter den Geißelhieben der

Not in die Lohnsklaverei verkaufte. Müde, abgehetzt kehrt die berufstätige Proletarierin aus Fabrik und Laden oder vom Felde zurück; der Arbeitstag der Heimarbeiterin aber hat in dem zur Arbeitsstatt, zur Ausbeutungshöhle entweihten Hause kaum eine Grenze. Und doch heißt es für die eine und die andre zur Erwerbsarbeit den großen Pflichtkreis der häuslichen Verrichtungen zu fügen, und die Stimme des Blutes, die Stimme der Liebe gebeut, auch hier die ganze Kraft einzusetzen. Sogar der ledigen Arbeiterin – mag sie allein stehen oder in ihrer Familie leben – wartet nach Feierabend noch mancherlei häusliche, weibliche Arbeit, die dem Manne erspart bleibt. Für die verheiratete Arbeiterin aber tritt zu dem Arbeitstage im Joche des Kapitals nur zu oft die Arbeitsnacht zu Nutz und Frommen der Ihrigen. Und die verhältnismäßig glücklichere Arbeiterfrau, welche durch das Gespenst des Hungers noch nicht vom häuslichen Herd gescheucht wurde? In der Regel ist auch sie mit Mühen bebürdet und überbürdet. Dafür sorgt die kärgliche Entlohnung des Mannes; die Auswucherung seiner Kraft durch die Erwerbsarbeit, die ihn versklavend aus einem Mithelfer im Familienleben zu einem Pflegebedürftigen verwandelt; schließlich recht oft die große Zahl der Fürsorge und Erziehung heischenden Kinder. *Mehr Zeit!* Wie oft flüstern es nicht schmerzlich bebende Lippen überlasteter proletarischer Frauen und Mädchen. Nicht bloß, wenn des Frühlings lachende Pracht ins Freie lockt; wenn zarte Kinderstimmen flehen: »Erzähl' etwas. Muttchen!«; nein, auch wenn in der Brust sich Sehnsuchtsgewalten regen, die laut und lauter nach einem glücklicheren, reicheren Dasein rufen, nach Bildung für Geist und Charakter, für Gemüt und Sinne; welche nach Betätigung der sich kündenden Kräfte drängen, im Leben der Allgemeinheit. Je stärker die Proletarierin den inneren, zwingenden Drang empfindet, mehr, besseres zu sein als eine gewissenhaft funktionierende Arbeitsmaschine, ein fühlender, denkender Mensch, je schärfer der Stachel äußerer Not ihr die Pflicht zur Erkenntnis bringt, sich und die Ihren gegen die kapitalistische Ausbeutung zu schützen, als Kämpferin der kapitalistischen Gesellschaft den Fehdehandschuh ins frech-brutale Antlitz zu schleudern: um so drückender, quälender wird ihr der Mangel an Zeit mit seinen verderblichen Folgen zum Bewußtsein kommen.

Der Mangel an Zeit – aus der Überlastung mit Arbeitsmühen und

Verpflichtungen geboren – was denn anders bedeutet er, als einen Mangel an körperlicher Frische, an geistiger Spannkraft, an Energie des Willens, kurz an unerläßlichen physischen und geistig-sittlichen Voraussetzungen für ein reiches, tiefes, vielseitiges Innen- und Außenleben der Proletarierin! Die Arbeiterin, die nach Feierabend in ihrer Berufsfron noch stundenlang am Waschfaß stehen oder die dürftige Kleidung für Mann und Kinder zusammenstoppeln muß; das Proletarierweib, das gezwungen ist, vor Tag sich zu erheben, um den Mann für den Gang zur Arbeit zu versorgen, welchem die bunte Vielfalt der Aufgaben als Hausmutter, Pflegerin und Erzieherin der Kinder von früh bis spät abends nicht eine Minute zur Ruhe und Sammlung läßt: sie sind im allgemeinen am Ende ihres harten Tagwerks nur von einem Gefühl beherrscht: einem tiefen Ruhebedürfnis, das mit elementarer Macht sein Recht geltend macht. Sie müssen tagaus tagein das Menschenmögliche, oft mit höchster Willensanstrengung mehr als das normal Menschenmögliche leisten, um den Anforderungen der Pflicht zu genügen. Was Wunder da, daß allmählich die inneren Stimmen verstummen, die zum Auf-sich-selbst-besinnen mahnen, zum Nachdenken, Aufklärungsuchen über Gesellschaft und Welt, daß müde und kraftlos der Drang in sich zusammenbricht, am inneren Leben des Mannes und der Kinder außerhalb der vier Pfähle teilzunehmen, einzutreten in die Reihen der Streiter für das Recht, die Freiheit der Arbeit.

Das Streben, die proletarische Frauenwelt zur Erfüllung ihrer Bürgerpflicht im Emanzipationskampfe ihrer Klasse zu rufen, hat keinen gefährlicheren Feind als den Mangel an Zeit. Er hat mehr Frauen der werktätigen Masse in geistiger Enge und sittlicher Niedrigkeit verkümmern lassen, in beschränktem Aschenputteltum erhalten, zu gedankenlosen Hausfrauen und Müttern herabgedrückt, zu stumpfsinnigen Kreuzesträgerinnen, die nicht einmal ihr Recht auf gestaltendes Eingreifen in die Gesellschaftsordnung zu denken wagen: als alles Vorurteil, alle Rückständigkeit der Auffassung von dem, was dem Weibe geziemt und nicht geziemt.

Mehr Zeit, das ist eine unumgängliche Vorbedingung, daß die proletarischen Frauenmassen sich aus den stickigen Niederungen der Interesselosigkeit, ja Feindseligkeit gegenüber dem politischen und gewerkschaftlichen Kampfe ihrer Klasse erheben, daß sie aus Hindernissen desselben zu tragenden und treibenden Kräften werden.

Mehr Zeit, daher Verkürzung der täglichen Arbeitspein! *Heraus mit dem Achtstundentag!*

Der Achtstundentag der Arbeiterinnen schenkt oder richtiger spart den erwerbstätigen Proletarierinnen in Gestalt einiger freien Tagesstunden körperliche und geistige Kräfte, die sie dem gewerkschaftlichen und politischen Ringen für Brot, Bildung und Freiheit zu widmen vermögen. Der Achtstundentag der Arbeiter gibt den Mann für eine Spanne des Tages dem Familienleben zurück. Als beratender Freund und politischer Lehrer kann er nun das Interesse seiner Lebensgefährtin für das öffentliche Leben wecken und läutern, kann er sie zur Pflegerin und Hegerin seiner Ideale heranbilden. Als Vater nimmt er sein Teil am Erziehungswerk der Kinder, so daß es der Frau ermöglicht wird, ihrerseits als Kampfgenossin an seine Seite zu treten.

Den *Achtstundentag,* und wir werden den »Massenschritt« gewerkschaftlich organisierter Arbeiterinnen hören! Den Achtstundentag, und wir werden Millionen von Frauen und Mädchen des werktätigen Volks auf dem Blachfeld des proletarischen Befreiungskampfes sehen, Märtyrinnen und Heldinnen zugleich, mit heiliger Begeisterung den Kampfesmut der Männer stärkend und sich selbst mit ganzer Seele dem Dienste der Freiheit weihend. Den Achtstundentag, und an unser Ohr wird das liebevolle Wort von Millionen Müttern schlagen, die ihren Kleinen das sozialistische Ideal tief, unausrottbar in die Seele pflanzen, die ein Geschlecht von proletarischen Klassenkämpfern gebären und erziehen, vor dem auch die brutalste Gewalt die Waffen strecken muß.

Den *Achtstundentag,* und die gesteigerte Kampfesfähigkeit und Kampfestüchtigkeit des gesamten Proletariats rückt die Stunde näher, in welcher mit dem Zusammenbruch der kapitalistischen Ordnung die sozialen Vorbedingungen sich durchsetzen, daß die Frau sich als Vollmensch entwickele und betätige, in einem innerlich gefestigten Heim, in dessen Frieden die Persönlichkeit und ihre heilige Dreiheit – Mann, Frau und Kind – ihr kleines, eigenstes Reich baut; in einem reichen Gemeinleben, das der Geist höchster Menschheitssolidarität beseelt und beherrscht.

(In: »Maifeier 1904«. Maifestschrift, Berlin, 1904)

Victor Adler: Diskussionsbeitrag zum Tagesordnungspunkt »Frauenstimmrecht« auf der I. Internationalen sozialistischen Frauenkonferenz in Stuttgart am 24. 8. 1907

Wir in Österreich verdanken den Erfolg des hinter uns liegenden Wahlrechtskampfes in erster Reihe dem Opfermut, der Disziplin, dem Verstand und der Hingabe unserer Genossinnen. Sie haben den Kampf mit uns geführt und haben mit uns gesiegt. Aber sie haben mehr getan. Sie haben sich den taktischen Notwendigkeiten dieses Kampfes freiwillig und selbstverständlich gefügt, sie haben das Verdienst, daß sie soviel politisches Verständnis für unsere Lage gehabt haben, daß sie uns den Kampf nicht erschwert, sondern erleichtert haben. Ihre Situation war eine schwere. Die bürgerlichen Frauen haben Meetings für das Frauenwahlrecht in dem Moment abgehalten, wo das Männerwahlrecht noch sehr in Frage stand, und forderten unsere Genossinnen zur Teilnahme auf. Aber unsere Genossinnen waren einsichtig genug, zu sagen:
Unser Platz ist an der Seite unserer Männer. Wir haben nur eine gemeinsame politische Sache!

August Bebel: Darum politische Gleichberechtigung der Frauen (1910)

Heute liegen die Dinge wesentlich anders. Die ganze Entwicklung, alle Verhältnisse haben sich seitdem mächtig umgestaltet und haben auch die Stellung der Frauen verändert. Sie sind mehr als je mit allen Fasern ihrer Existenz mit dem gesellschaftlichen Entwicklungsgang verbunden und greifen mehr als je auch selbsttätig ein. Wir sehen, wie in allen Kulturstaaten Hunderttausende und Millionen Frauen gleich den Männern in den verschiedensten Berufen tätig sind und die Zahl derjenigen von Jahr zu Jahr wächst, die, auf die eigene Kraft und die eigenen Fähigkeiten angewiesen, den Kampf um die Existenz zu führen haben. Es kann also den Frauen so wenig wie den Männern gleichgültig sein, wie unsere sozialen und politischen Verhältnisse beschaffen sind. Fragen zum Beispiel wie die: Welche innere und welche äußere Politik gehandhabt wird, ob eine solche Kriege begünstigt oder nicht; ob der Staat jährlich Hunderttausende von gesunden Männern ins Ausland treibt; ob die notwendigsten Lebensbedürfnisse durch Steuern und Zölle verteuert werden und die Familie um so härter treffen, je zahlreicher diese ist, und das in einer Zeit, in der die Mittel zum Leben für die große Mehrzahl äußerst knapp bemessen sind, gehen die Frau ebenso nahe wie den Mann. Auch bezahlt die Frau direkte und indirekte Steuern von ihrer Lebenshaltung und aus ihrem Einkommen. Das Erziehungssystem ist für sie vom höchsten Interesse, denn die Art der Erziehung entscheidet in hohem Grade über die Stellung ihres Geschlechts; als Mutter hat sie daran ein doppeltes Interesse.

Ferner sind die Hunderttausende und Millionen Frauen in Hunderten von Berufsarten persönlich sehr lebhaft beteiligt an dem Zustand unserer Sozialgesetzgebung. Fragen, betreffend die Länge der Arbeitszeit, die Nacht-, Sonntags- und Kinderarbeit, die Lohnzahlungs- und Kündigungsfristen, die Schutzmaßregeln in Fabriken und Werkstätten, mit einem Wort der Arbeiterschutz, weiter die ganze Versicherungsgesetzgebung, das Gewerbegerichtswesen usw. sind auch für sie vom höchsten Interesse. Die Arbeiter haben über den Zustand vieler Industriezweige, in welchen Arbeiterinnen ausschließlich oder überwiegend beschäftigt sind, nur eine unvollkommene oder keine Kenntnis. Die Unternehmer haben alles Interesse, Mißstände, die sie verschulden, zu vertuschen, aber die Gewerbeinspektion erstreckt sich vielfach nicht auf Gewerbszweige, in welchen Frauen ausschließlich beschäftigt sind, auch ist sie noch äußerst unzureichend, und gerade hier sind Schutzmaßregeln am notwendigsten. Man braucht nur an die Arbeitslokale zu erinnern, in welchen in unseren größeren Städten Näherinnen, Schneiderinnen, Putzmacherinnen usw. zusammengepfercht werden. Von dort kommt kaum eine Klage und dorthin dringt bis jetzt keine Untersuchung. Auch ist die Frau als Erwerbende an der Handels- und Zollgesetzgebung und dem gesamten bürgerlichen Rechte interessiert. Es kann also gar keinem Zweifel unterliegen, daß sie so gut wie der Mann das größte Interesse hat, Einfluß auf die Gestaltung unserer Zustände durch die Gesetzgebung zu erlangen. Ihre Beteiligung am öffentlichen Leben würde demselben einen bedeutenden Aufschwung geben und eine Menge neuer Gesichtspunkte eröffnen.

Auf solche Ansprüche folgt die kurz abweisende Antwort: Die Frauen verstehen nichts von Politik, sie wollen auch in der großen Mehrzahl nichts davon wissen, auch verstehen sie das Stimmrecht nicht zu benutzen. Das ist wahr und nicht wahr. Allerdings haben bis jetzt noch nicht große Frauenkreise, wenigstens in Deutschland, die politische Gleichberechtigung gefordert. Die erste Frau, die schon Ende der sechziger Jahre in Deutschland dafür eintrat, war Frau Hedwig Dohm. Neuerdings sind es hauptsächlich die sozialdemokratisch gesinnten Arbeiterinnen, die kräftig agitatorisch dafür eintreten.

Mit dem Einwand, daß bisher die Frauen der politischen Bewegung nur schwaches Interesse entgegenbrachten, ist nichts bewiesen. Bekümmerten sich bisher die Frauen nicht um Politik, so ist damit nicht bewiesen, daß sie es nicht *müßten*. Dieselben Gründe, die gegen das Stimmrecht der Frauen angeführt werden, wurden in der ersten Hälfte der sechziger Jahre gegen das allgemeine Stimmrecht der Männer geltend gemacht. Der Verfasser dieser Schrift gehörte selbst noch 1863 zu denen, die sich *gegen* dasselbe erklärten, vier Jahre später verdankte er ihm seine Wahl in den Reichstag. Zehntausenden erging es ähnlich, sie wurden aus einem Saulus zu einem

Paulus. Gleichwohl gibt es noch viele Männer, die ihr wichtigstes politisches Recht entweder nicht benutzen oder nicht zu benutzen verstehen, aber das ist kein Grund, ihnen dasselbe vorzuenthalten, und es kann keiner sein, es ihnen entziehen zu wollen. Bei den Reichstagswahlen stimmen in der Regel ·25 bis 30 Prozent der Wähler nicht, und diese rekrutieren sich aus *allen* Klassen. Und unter diesen 70 bis 75 Prozent, die an der Wahl sich beteiligen, stimmt nach unserer Auffassung die Mehrzahl so, wie sie *nicht* stimmen dürfte, begriffe sie ihr wahres Interesse. Daß sie dieses noch nicht begriffen hat, liegt an dem Mangel politischer Bildung.

Politische Bildung wird aber dadurch nicht gewonnen, daß man die Massen von öffentlichen Angelegenheit fern hält, sondern dadurch, daß man sie zur Ausübung politischer Rechte zuläßt. Ohne Übung keine Meister. Die herrschenden Klassen haben es bisher in ihrem Interesse verstanden, die große Mehrheit des Volkes in politischer Unmündigkeit zu erhalten. Bis zu dieser Stunde war es deshalb die Aufgabe einer klassen- und zielbewußten Minorität, mit Energie und Begeisterung für die Interessen der Allgemeinheit zu kämpfen und die große träge Masse aufzurütteln und zu sich emporzuziehen. So war es aber bisher in allen großen Bewegungen, und so kann es weder verwundern noch entmutigen, daß es auch in der Frauenbewegung nicht anders ist. Die bisherigen Erfolge zeigen, daß Mühe und Opfer belohnt werden, und die Zukunft bringt den Sieg.

In dem Augenblick, in dem die Frauen gleiche Rechte mit den Männern erlangen, wird auch das Bewußtsein der Pflichten in ihnen lebendig werden. Aufgefordert, ihre Stimmen abzugeben, werden sie sich fragen: wozu? für wen? Mit diesem Augenblick werden zwischen Mann und Frau eine Reihe von Anregungen gegeben, die, weit entfernt, ihr gegenseitiges Verhältnis zu verschlechtern, es im Gegenteil wesentlich verbessern werden. Die unterrichtetere Frau wird sich naturgemäß an den unterrichteteren Mann wenden. Daraus erfolgt Ideenaustausch und gegenseitige Belehrung, ein Zustand, wie er bisher in den seltensten Fällen zwischen Mann und Frau bestand. Dies wird ihrem Leben einen neuen Reiz geben. Der unglückliche Bildungs- und Auffassungsunterschied unter den Geschlechtern, der so vielfach zu Meinungsdifferenzen und Streitigkeiten führt, den Mann mit seinen verschiedenseitigen Pflichten in Zwiespalt setzt und das Gemeinwohl schädigt, wird mehr und mehr ausgeglichen. Statt eines Hemmschuhs wird der Mann in der gleichgesinnten Frau eine Unterstützerin erhalten; sie wird, wenn sie selbst durch Pflichten abgehalten ist, sich zu beteiligen, den Mann anspornen, seine Schuldigkeit zu tun. Sie wird es auch in der Ordnung finden, daß ein Bruchteil des Einkommens für eine Zeitung und für Agitationszwecke ausgegeben wird, weil auch ihr die Zeitung zur Belehrung und Unterhaltung dient und weil sie die Notwendigkeit der Opfer für die Agitation begreift, damit erobert wird, was ihr, dem Manne und ihren Kindern fehlt – ein menschenwürdiges Dasein.

(August Bebel: »Die Frau und der Sozialismus«. 15. Kapitel: Die rechtliche Stellung der Frau. 50. Auflage. Stuttgart, 1910)

Resolution über das Frauenwahlrecht auf dem 1. sozialdemokratischen Frauentag in Deutschland am 19. März 1911

Die Forderung des Frauenwahlrechts ist die notwendige Folge der durch die kapitalistische Produktionsweise bedingten wirtschaftlichen und sozialen Umwälzungen, die die Stellung der Frau von Grund aus umgewandelt haben.

Die etwa 10 Millionen Frauen, die im gesellschaftlichen Produktionsprozeß tätig sind, die Millionen Frauen, die als Mütter Gesundheit und Leben aufs Spiel setzen, die als Hausfrauen die schwersten Pflichten übernehmen, erheben mit allem Nachdruck Anspruch auf soziale und politische Gleichberechtigung.

Die Frauen fordern das Wahlrecht, um teilzunehmen an der Eroberung der politischen Macht zum Zwecke der Aufhebung der Klassenherrschaft und Herbeiführung der sozialistischen Gesellschaft, die erst das volle Menschentum dem Weibe verbürgt. Damit gewinnt die Frage des Frauenstimmrechts erhöhte Bedeutung für den Klassenkampf des Proletariats, dem so ein mächtiger Bundesgenosse in seinem Befreiungskampf erwächst.

Die Sozialdemokratie ist die einzige politische Partei, die jederzeit den Kampf für die volle politische Gleichberechtigung des Weibes geführt hat und führt.

Luise Zietz:
Die Pflichten der Frau im politischen Kampf (1911)

Es ist ganz falsch, den Erfolg der politischen Agitation, den Fortschritt der politischen Erkenntnis der arbeitenden Massen, den Grad ihrer politischen Macht lediglich an der Zahl der Mandate der Partei messen zu wollen. Wichtiger als die Zahl der Mandate ist die Zahl der abgegebenen Stimmen und wichtiger als diese ist die Gesamtzahl der Anhänger, Männer und Frauen, die vereint durch das Band gemeinsamer Gesinnung, in einheitlicher Organisation, hinter den Abgeordneten stehen. Politisch rechtlos, heißt deshalb keineswegs politisch machtlos sein. Eingereiht in die politischen Organisationen, in den sozialdemokratischen Vereinen, sind die Frauen ein vollgültiges Glied in der großen Kette der Klassenkämpfer und vermögen sie – außer bei der Wahl – ebenso wie der Mann, in mancher Beziehung besser wie er, den politischen Kampf zu fördern, politische Siege vorbereiten zu helfen.

Ist es eine soziale Lebensnotwendigkeit für die Frau, sich um Politik zu kümmern, einen Einfluß auf sie zu gewinnen, ... so ist es natürlich ihre erste Aufgabe, sich selbst zu bilden, sich politisches Wissen anzueignen. Das ist gewiß keine leichte Aufgabe für die proletarische Frau. Als Kind mußte sie sich begnügen mit den Brocken der Bildung, die von der Reichen Tische fielen. Ja schlimmer noch. Ihr junger, empfänglicher Geist ward durch den kirchlichen und patriotischen Drill der Volksschule mit einem vielverschlungenen Gestrüpp falscher Anschauungen umstrickt, das ihr den offenen Blick für die Orientierung über Welt und Leben, über Natur- und Gesellschaftsentwicklung trübte. Als junges Mädchen nahm schon die Broterwerb ihre beste Zeit und Kraft in Anspruch und belehrende Bücher, Zeitschriften oder gar eine Anleitung zur Selbstbelehrung fehlten. Als Frau wird sie in den Karren der Erwerbsarbeit gespannt und ihr gleichzeitig der Tausenderlei der Hausfrauen- und Mutterpflichten auf die Schultern geladen, so daß ein außergewöhnlicher Fleiß, eine große Tüchtigkeit und die Selbstlosigkeit einer Heldin dazu gehört, standzuhalten. Und doch ist gerade die Erwerbsarbeit, die sie empfänglich macht, sie gewissermaßen prädestiniert für den politischen Kampf. Die Schule des praktischen Lebens läßt sie manches schnell, im Fluge begreifen oder mindestens instinktiv erfassen, wozu sie sonst angestrengter Studien bedurft hätte. Die Versammlungen, die öffentlichen Vorträge, die Tageszeitungen, periodisch verbreitete Flugschriften, alles wendet sich auch an die Frauen, ihr politisches Interesse zu wecken, ihr politisches Verstehen zu fördern. Und die Frauen, sie müssen für den Versammlungsbesuch, für das Lesen der Zeitungs-, Flugblatt- oder Broschürenliteratur sich Zeit nehmen. Ihr persönliches, ihr Familien- und ihr Klasseninteresse erfordert es.

Welch hohe Befriedigung gewährt... das Bewußtsein treuer Pflichterfüllung jenen, die sich frühzeitig in die politischen Kampfesreihen stellten und darin ausharrten. Die in den Organisationen als Mitratende und Mittatende in treuer Waffenbrüderschaft den Genossen zur Seite standen. Mit welchem Interesse wird von ihnen den theoretischen Auseinandersetzungen in den Vereinsversammlungen oder in den Frauenlese- und Diskutierabenden gelauscht und sich daran beteiligt. Wie fühlen sich diese pflichttreuen Frauen als das gleichberechtigte aber auch gleichverpflichtete Mitglied der großen Kampfesgemeinschaft der Partei. Wie griffen sie wacker zu, wenn es heißt: Flugblätter, Handzettel oder Kalender zu verbreiten, wenn es gilt, die verschiedensten Verwaltungsarbeiten auszuführen, den Kassierer, den Bezirksführer zu machen oder wenn es gilt, in den Propagandaversammlungen von Tisch zu Tisch zu gehen, und die Unorganisierten zum Eintritt in die Partei zu ermuntern, Abonnenten der örtlichen Parteipresse oder der sozialdemokratischen Frauenzeitung, der »Gleichheit«, zu werben. Und welche Freude, welcher Jubel, wenn eine stattliche Zahl neuer Mitkämpfer gewonnen ward. Welch glänzende Erfolge haben ferner gerade Frauen bei der Hausagitation erzielt. Vielleicht ist die spezifisch weibliche Art, die nicht nur an den Verstand, sondern auch an das Gefühl appelliert, die deshalb mit fortreißt, die zu schnellerer Entschließung führt. Wie mancher Genosse, wie manche Genossin ist ferner gewonnen durch die mündliche Propaganda, die Frauen entfalten an der Arbeitsstätte, auf dem Wege zur und von der Arbeit, im Familien- und Freundeskreise, bei festlichen Veranstaltungen und wo immer die Gelegenheit sich bot. Es ist eben eine mannigfache Möglichkeit der Agitation gegeben, sei es von der Tribüne in der Versammlung, sei es still im kleinen Kreise, sei es schriftlich oder mündlich, daß alle zur Verfügung stehende Kräfte Verwendung finden, auch wenn wir noch viel mehr hätten, als es der Fall ist. Denn die Zahl der uns Fernstehenden ist gar groß, und wir müssen sie doch alle gewinnen ...

Denn alle die Fernstehenden fehlen uns nicht nur als Kampfesgenossinnen, sie sind vielmehr in ihrer Unwissenheit unsere schlimmsten Gegner. Unter ihrem Schutze gedeiht die Schundliteratur, die die Phantasie vergiftet und den Geist stumpf macht. Sie und ihre Familien lesen die »parteilosen« Blätter, die den politischen Blick trüben, die »politische Brunnenvergiftung« treiben. Oder von ihnen werden gar Blätter bürgerlicher Parteien abonniert, die ihnen Anschauungen vermitteln, durch die das Klassenbewußtsein getrübt und eingeschläfert wird, die sie lehren, gegen ihre eigenen Interessen zu handeln, indem sie den Streikbruch, die Knechtseligkeit, die politische Indolenz als Tugenden der »besonnenen«, »braven« Arbeiter preisen und die Solidarität, das Selbstbewußtsein und den Klassenkampf verunglimpfen ...

Und weiter: Die politisch indifferenten Frauen, die Ziel und Zweck des Klassenkampfes nicht kennen, sie werden ihrem politisch aufgeweckten und tätigen Manne oft das Leben zur Hölle machen, weil sie seinem Streben und seinem Tun verständnislos gegenüberstehen, weil sie in ihrer Unwissenheit von ihm Handlungen oder Unterlassungen verlangen, die einen bösen, schimpflichen Verrat an seinen Kameraden, an der Bewegung bedeuten würden. Und schon mancher Kämpfer hat müde und mutlos die Waffen gestreckt, weil er dem quälenden und verbitternden Kleinkrieg im eigenen Heim nicht gewachsen war.

Wie ganz anders ist die politisch wirkende und tätige Frau, die als Kampfesgenossin dem Manne zur Seite steht, die sein Streben, seine Begeisterung teilt, die für die Verwirklichung der gleichen Ideale kämpft, wie wird sie den Mann zu neuer Tätigkeit spornen, wie wird sie seinen Eifer, seine Tatkraft anfeuern und im edlen Wettbewerb das beste im Dienste der Bewegung zu leisten sich bemühen. Wie wird sich im täglichen Gedankenaustausch ihr beiderseitiges politisches Verständnis vertiefen und ihr kraftvolles Wollen befestigen. Wie wird die zielklare, warmherzige Sozialistin durch ihr ganzes Tun ein Beispiel unermüdlichen Opfermutes, tatkräftiger Begeisterung, nieversagender Solidarität geben und damit gleichzeitig jene Atmosphäre im Hause schaffen, in der auch die Kinder von Gemeinsamkeitsgedanken schon gleichsam eingesponnen werden und mit der Luft, die sie einatmen, das Gefühl der Solidarität in sich aufnehmen. In Herz und Geist ihrer Kinder vermögen die Mütter die Keime aller Entwicklung zu pflanzen. Ein Geschlecht von Sklaven mit verächtlicher, knechtischer Gesinnung wächst empor, wo die Mutter unfrei und knechtselig. Freie, starke, aufrechte Menschen mit weitem Blick, mutigem Geist und warmem Herzen werden heranwachsen, wenn sie starke, selbständige, kluge und liebevolle Mütter ihr eigen nennen. Solche Mütter werden stolz und beglückt uns ihre Kinder zuführen: die jugendkräftigen Träger der Zukunft.

(Luise Zietz »Die Pflichten der Frau im politischen Kampf«. Zitiert nach Luise Zietz: »Die Frauen und der politische Kampf«. Berlin, 1911)

Louise Schroeder: Vorarbeiten der deutschen Sozialdemokratie für die Besserung der Lage der Hausfrau und Mutter (1893–1911)

Wir wissen, daß wir uns nicht begnügen können mit einem Kampf innerhalb der Frauenbewegung, wie ihn Dr. Ilse Reicke lebendig in »Die Frauenbewegung« schildert:

> »Wir suchten eingangs anzudeuten, wie groß die Wandlung der Welt ist, die sich seit der Erfindung der Dampfmaschine mit dem Heraufkommen des technischen Zeitalters vollzogen hat: das Bewußtsein dieser Wandlung und der Wille, sich ihr anzupassen, das ist Frauenbewegung. Sie ist aber auch noch etwas anderes: sie ist der Wille, selbst zu wandeln und diese arme unglückselige Welt verbessern zu helfen . . .«,

sondern darüber hinaus den Kampf aufnehmen müssen gegen die Wirtschaftsform, die nicht nur die Frau, sondern auch den Mann bedrückt, die als Arbeitnehmer in das Räderwerk dieses kapitalistischen Zeitalters geraten. Hier aktiv mitzuwirken, sich nicht einfach anzupassen, mitzuringen um die Gestaltung des Sozialismus, das ist *sozialistische Frauenbewegung,* die in engstem Zusammenhang mit der sozialistischen Bewegung überhaupt steht.

Diese Überzeugung hat seit Jahrzehnten zu dem gemeinsamen Kampf der Geschlechter innerhalb der Sozialdemokratie geführt, der ausging von der im Kommunistischen Manifest enthaltenen klaren Erkenntnis:

> »Die Lebensbedingungen der alten Gesellschaft sind schon vernichtet in den Lebensbedingungen des Proletariats. Der Proletarier ist eigentumslos; sein Verhältnis zu Weib und Kindern hat nichts mehr gemein mit dem bürgerlichen Familienverhältnis . . .«,

eine Erkenntnis, die jahrzehntelang zu den wiederholten Forderungen auf Abstellung der durch das kapitalistische Wirtschaftssystem hervorgerufenen Schäden und darüber hinaus auf Beseitigung der kapitalistischen Wirtschaft sowohl durch die deutschen Parteitage wie die Frauenkonferenzen der deutschen und internationalen Sozialdemokratie führte.

Mit welcher Klarheit die Sozialdemokratie ihren Weg eingenommen hat gerade in bezug auf den Dualismus im Leben der Frau auf der einen Seite, der Hausfrauen- und Muttertätigkeit auf der anderen Seite, ist von der Verfasserin bereits früher nachgewiesen worden. (»Mutter und Säugling in der Gesetzgebung«, von Louise Schröder.) Getreu dem von August Bebel in seinem Buche: »Die Frau und der Sozialismus« aufgestellten Grundsatz, daß »sich in Bezug auf die Frauenarbeit der alte Zustand nicht zurückführen lasse, aber strenge Schutzgesetze das Übermaß von Ausbeutung der Frauenarbeit verhindern müßten«, hat die Sozialdemokratie niemals den Kampf gegen die Frauenarbeit mitgemacht; sie ist aber auch niemals in die Ideologie jener Frauenrechtlerinnen verfallen, die keinerlei Unterschied im Arbeitsrecht für Mann und Frau gelten lassen wollen aus Angst, andernfalls die Frauenerwerbstätigkeit als solche zu erschweren. Wenn anläßlich der Kongresse des internationalen Frauenstimmrechtsverbandes in Paris und Berlin (Jubiläumstagung 1929) die »Open-Door«-Bewegung eintrat für »volle Gleichberechtigung« der Frauen – wie sie es nennt –, so vergessen diese Frauen dabei vollkommen die Belastung der Frau durch die naturgegebene Aufgabe der Mutterschaft. Angesichts dieser Bewegung dürfte es gut sein, daran zu erinnern, wie bereits im August 1893 der Internationale Sozialistische Arbeiterkongreß in Zürich eine Entschließung annahm mit folgender Einleitung:

> »In Erwägung, daß die bürgerliche Frauenbewegung jede besondere gesetzliche Schutzgesetzgebung zugunsten der Arbeiterin zurückweist als einen Eingriff in die Freiheit der Frau und ihre Gleichberechtigung gegenüber dem Manne, daß sie damit einerseits den Charakter unserer heutigen Gesellschaft unbeachtet läßt, die auf der Ausbeutung der Arbeiterklasse – der Frauen sowie der Männer – durch die Kapitalistenklasse beruht, und anderseits die durch die Differenzierung der Geschlechter geschaffene besondere Rolle der Frau verkennt, nämlich ihre für die Zukunft der Gesellschaft so wichtige Rolle als Mutter der Kinder, erklärt der Internationale Kongreß in Zürich ...«

In Konsequenz dieser Auffassung hat sowohl dieser Internationale Kongreß wie auch eine Anzahl späterer Konferenzen und Parteitage Forderungen aufgestellt, die alle dem gleichen Gedankengang entsprangen, nämlich: daß die Erwerbsarbeit der Frau ihr die Mutterschaft nicht unmöglich machen dürfe. Es wurden gefordert: Verbot der Frauenarbeit in allen gesundheitsschädlichen Betrieben, sowie der den weiblichen Organismus gefährdenden Arbeitsmethoden, Verbot der Arbeit von Schwangeren und Wöchnerinnen für eine bestimmte Zeit, Gewährung einer Schwangeren- und Wöchnerinnenunterstützung, freie Gewährung von Hebammen- und Arztdiensten usw.

Für den energischen Kampf der sozialdemokratischen Frauen für einen ausreichenden Mutter- und Säuglingsschutz wollen wir nur noch zwei Beispiele sozialdemokratischer Frauenkonferenzen anführen. So wurde auf der Mannheimer Frauenkonferenz 1906 in einer Entschließung gefordert:

1. Die Frauenarbeit so zu gestalten, daß sie die Frauen nicht daran hindert, gesunde Mütter gesunder Kinder zu werden, und

2. Einrichtungen zu schaffen, die den Frauen die Last der Mutterschaft erleichtern.

Zur Ausführung dieser Grundsätze wurde unter anderem verlangt das Recht der kündigungslosen Einstellung der Arbeit acht Wochen vor der Niederkunft, Ausdehnung des Arbeitsverbots für Wöchnerinnen auf acht Wochen und Einführung einer obligatorischen Schwangerenunterstützung sowie freier Hebammen- und ärztlicher Dienste und Gewährung einer Wöchnerinnenunterstützung und eines Stillgeldes.

Fünf Jahre später wurde in Hinblick auf die Beratung der wichtigen Reichsversicherungsordnung von der sozialdemokratischen Frauenkonferenz in Jena im September 1911 eine Entschließung gefaßt, in der es heißt:

»Die sechste ordentliche Konferenz der sozialdemokratischen Frauen verurteilt auf das schärfste die skandalöse Behandlung, welche die Frage des Mutter- und Säuglingsschutzes anläßlich der Beratung der Reichsversicherungsordnung durch die Regierung und die bürgerlichen Parteien erfahren hat.

Die Ablehnung der sozialdemokratischen Anträge zu dieser Frage bedeutet eine schwere Schädigung von Leben und Gesundheit der Mütter und Säuglinge in den minderbemittelten Schichten des Volkes.«

Nach einer weiteren Einleitung fordert die Entschließung:

Ausdehnung der Krankenversicherung auf alle lohnarbeitenden Frauen, deren Familieneinkommen 5000 Mark nicht übersteigt.

Obligatorische Gewährung einer Schwangerenunterstützung auf die Dauer von 8 Wochen.

Freie obligatorische Gewährung der Hebammendienste und freie ärztliche Behandlung der Schwangerschaftsbeschwerden.

Obligatorische Gewährung der Wöchnerinnenunterstützung für 8 Wochen sowie eines Stillgeldes für 26 Wochen.

Stellten so die Sozialdemokraten den Forderungen bürgerlicher Kreise auf Ausschluß der Frauen von der Erwerbsarbeit einerseits und radikaler Frauenorganisationen auf absolute Gleichstellung von Mann und Frau im Erwerbsleben anderseits ihre Erkenntnis des Rechtes der Frau auf Arbeit, aber gleichzeitig auf den ihr als Trägerin der kommenden Generation zustehenden Schutz entgegen, so traten sie umso energischer ein für den Ausschluß des Kindes aus der Erwerbsarbeit.

Deshalb verlangt die oben angeführte Jenaer Frauenkonferenz deutlich »das gesetzliche Verbot jeder Erwerbstätigkeit schul- und vorschulpflichtiger Kinder im Gewerbe, in der Land- und Forstwirtschaft, in der Heimarbeit, im Boten- und Gesindedienst«.

Jedoch die Frau war und ist auch heute noch zum großen Teil in erster Linie *Ehefrau und Mutter;* nicht aber entspricht ihre Stellung als solche der Bedeutung der darin liegenden Aufgabe. Das muß gesagt werden bezüglich der verehelichten Frau in ihrer Stellung zum Manne und zum Vater ihrer Kinder, besonders aber bezüglich der unehelichen Mutter. Daß die Sozialdemokratie diese Tatsache bereits bei der Schaffung des Bürgerlichen Gesetzbuches erkannte, dafür zeugt der Beschluß des Breslauer Parteitages im Jahre 1895, der die Reichstagsfraktion beauftragt, »bei den bevorstehenden Beratungen über den Entwurf eines Bürgerlichen Gesetzbuches mit aller Energie die Initiative zu ergreifen für die Beseitigung aller gesetzlichen Bestimmungen, welche die Frau dem Manne gegenüber benachteiligen«, und »mit aller Energie einzutreten für die Rechte der unverheirateten Frauen als Mütter sowie für die Rechte ihrer Kinder«.

(Aus: Louise Schröder: »Die proletarische Frau als Hausfrau und Mutter«. In: »Die Frauenfrage im Lichte des Sozialismus«, herausgegeben von Anna Blos. Dresden, 1930)

Emmy Freundlich:
Das Frauenwahlrecht (1912)

Die veränderte wirtschaftliche Stellung der Frau kommt bis nun in unserem Rechtsleben nicht zum Ausdruck. Noch immer bestimmt das bürgerliche Gesetzbuch, daß die Frau lediglich die Pflicht hat, die Familie zu verpflegen und dem Manne gehorsam zu sein; die Pflicht, die Familie zu erhalten, obliegt dem Mann allein. Es heißt im § 91 des bürgerlichen Gesetzbuches: »Der Mann ist das Haupt der Familie. In dieser Eigenschaft steht ihm lediglich das Recht zu, das Hauswesen zu leiten; es liegt ihm auch die Verbindlichkeit ob, der Ehegattin nach seinem Vermögen den anständigen Unterhalt zu verschaffen und sie in allen Vorfällen zu vertreten.« § 92: »Die Gattin erhält den Namen des Mannes und genießt die Rechte seines Standes. Sie ist verbunden, ihm in seinen Wohnsitz zu folgen, in der Haushaltung und Erwerbung nach Kräften beizustehen und, soweit es die häusliche Ordnung erfordert, die von ihm getroffenen Maßregeln sowohl selbst zu befolgen als befolgen zu lassen.«

Und weiter heißt es über die Pflichten der Eltern im § 141: »Es ist vorzüglich die Pflicht des Vaters, so lange für den Unterhalt der Kinder zu sorgen, bis sie sich selbst ernähren können. Die Pflege ihres Körpers und ihrer Gesundheit ist hauptsächlich die Mutter auf sich zu nehmen verbunden.«

Der Mann erhält die Familie und darf sie deshalb beherrschen.

Die Frau aber trägt heute schon selbst in den Kreisen der Bessersituierten sehr viel zur Erhaltung der Familie bei. Sei es nun, daß sie durch ihre Mitgift das Familieneinkommen erhöht, oder sei es, weil sie durch Nebenarbeiten mitverdient.

In dem Moment aber, in dem die Frau die Familie verlassen mußte, um in der Gesellschaft zu arbeiten und ihre wirtschaftliche Arbeit sie aus dem Hause führte, in dem Moment bekam die Frau auch ein ganz anderes Interesse an dem politischen Leben.

Alle Gesetze über die Pflichten und Rechte der Ehegatten werden in den Parlamenten geschaffen. Früher, da die Frau die Sache, das Eigentum des Mannes war, konnte sie nicht mehr Rechte verlangen als eine Dienerin. Heute ist sie aber nicht mehr sein Eigentum, sondern seine Gefährtin.

Trotzdem gibt man ihr heute weniger Rechte an ihren Kindern als dem Mann. Der Vater muß den Einsprüchen, die seine Frau gegen die Bestimmungen, welche er über seine Kinder trifft, erhebt, nicht Beachtung schenken. Wenn der Vater ein Kind zu einer Heirat zwingt, die nach der Überzeugung der Mutter nicht sein Glück ist, so kann die Mutter zwar dagegen Einspruch erheben, aber kein Paragraph gibt ihr die Möglichkeit, die Absichten des Vaters zu vereiteln.

Als Arbeiterin leidet sie unter der langen Arbeitszeit, der mangelnden Sonntagsruhe. Ihr elender Lohn führt sie endlich auch in den gewerkschaftlichen Kampf und in die gewerkschaftliche Organisation. Das Koalitionsrecht, das sie ohne ihr Verlangen bekam, wird für sie ein kostbares Recht. Sie muß trachten, es zu erhalten.

Die Frau ist aber auch Mutter. Deshalb will man immer wieder ihre Ansprüche auf Teilnahme am politischen Leben zurückdrängen. Wie aber soll sie für das Wohlergehen der Kinder sorgen, wenn sie gar nicht die Möglichkeit hat, auf die Gestaltung der gesellschaftlichen Verhältnisse Einfluß zu nehmen? Von dem sechsten Jahr an kommen ja auch die Kinder nur für Stunden nach Hause. Die Familie ist nicht mehr der Mittelpunkt, von dem alle Einflüsse ausgehen. Schon mit vierzehn Jahren verläßt das Arbeiterkind sein Heim und seine Mutter, um als selbständiger Arbeiter sein Brot zu verdienen. Ja, selbst seine Erziehung vollendet nicht die Mutter. Die Schule formt heute den jungen Geist viel tiefgehender, als mütterlicher Einfluß es oft zu tun vermag. Trotzdem hat die Mutter keinen Einfluß auf die Schule.

Wohin die Frau auch immer ihre suchenden Blicke richten mag, sie findet immer wieder, daß sie nicht ihre eigenen Forderungen noch die, die sie im Interesse ihrer Kinder erhebt, zu vertreten vermag, wenn sie auch fernerhin rechtlos bleiben muß. Die Forderung des Wahlrechtes ist für die Frau die notwendige Folge ihrer geänderten wirtschaftlichen Stellung.

Warum aber weigert man den Frauen dasselbe Recht wie den Männern?

Vor allem, weil die Frauen der besitzenden Klassen, nach deren Interessen die Gesellschaft noch immer geleitet wird, nicht wertvoller für die wirtschaftliche Produktion geworden sind, sondern wertloser. Die Arbeiterklasse kann heute aber noch nicht jene Rechtsnormen schaffen, die ihren tatsächlichen Verhältnissen entsprechen. Wo das Proletariat sich selbst seine Gesetze gibt, in den gewerkschaftlichen und politischen Organisationen, dort haben die Frauen heute schon für die gleiche Leistung die gleichen Rechte.

Den besitzlosen Frauen weigert aber der heutige Klassenstaat das gleiche politische Recht vor allem, weil er weiß, daß, wenn die Frauen für die Idee des Klassenkampfes gewonnen sind, das festeste Bollwerk und die sicherste seiner Stützen eingerissen wird. Heute hindert die Rückständigkeit der Frau noch vielfach die Freiheitsbestrebungen der Männer. Das Frauenwahlrecht kann aber auch nicht von oben kommen. Die Frauen selbst müssen zur Erkenntnis kommen, daß sie das Wahlrecht haben müssen. Erst wenn es einer unermüdlichen Agitation gelungen sein wird, die Masse der Frauen aufzurütteln und das leidenschaftliche Verlangen nach dem Wahlrecht in ihnen zu erwecken, dann wird es möglich sein, es zur Tat werden zu lassen.

Auch die Frauen der besitzenden Klassen, und hier wieder die ernstesten und tüchtigsten, empfinden das Puppendasein, das sie führen, als eine drückende Last. Aber sie sind heute nur zu einem kleinen Teil schon von der klaren Erkenntnis durchdrungen, daß sie arbeiten müssen, wenn sie ihr politisches Recht haben wollen.

Die politische Unreife der Frauen ist noch immer das Schlagwort der Wahlrechtsgegner. Nichts aber wird den Frauen eine so gute Schulung geben, wie ein energischer Wahlrechtskampf, den wir gemeinsam mit den Männern des Proletariats führen müssen.

Der Kampf um das Frauenwahlrecht ist aber auch notwendig, damit die Umgestaltung der Gesellschaft schneller vorwärtsgeht. Je schneller die politische Macht des Proletariats erstarkt, um so schneller wird es auch möglich sein, die wirtschaftliche Entwicklung zu fördern. Die arbeitenden Frauen werden überall die Stimmen der Sozialdemokratie vermehren. Eine zielklare Agitation wird die Männer und die Frauen reif für das Frauenwahlrecht werden lassen.

(Emmy Freundlich: »Die Frauenfrage. Zehn Vortragsdispositionen«. Wien 1912)

Wally Zepler: Arbeiterinnenprobleme und bürgerliche Frauenbewegung (1912)

Als sich mit dem wachsenden Kreis des Erreichten die ursprünglichen Aufgaben der Frauenbewegung mehr und mehr einengten, sah sich diese veranlaßt, sich neue Betätigungsgebiete zu erschließen. Das bestimmte wohl einen Teil der bürgerlichen Kämpferinnen, sich auch mit Arbeiterinnenfragen zu beschäftigen, besondere Kommissionen zu deren Studium zu gründen und sie in ihrer Presse wie auf ihren Tagungen zu besprechen. Ich habe schon neulich darauf hingewiesen, daß hier allerdings ein Gebiet liegt, von dem die bürgerlichen Frauen völlig ihre Hand lassen sollten. Man müßte endlich gelernt haben, daß wir über die Zeit der Regelung sozialer Mißstände von oben herab, vom Standpunkt uninteressierter Wohlfahrt ein für alle Male hinaus sind, daß die Arbeiterorganisationen es als ihr Recht wie ihre Pflicht in Anspruch nehmen, nach eigenem Urteil die Wege zu finden, auf denen eine Hebung der Lebenslage für das Proletariat oder einzelne proletarische Schichten erreicht werden kann. Es ist etwas anderes und gewiß zu billigen, wenn die Führerinnen der bürgerlichen Bewegung alle ihre Mitglieder auf die hohe soziale Bedeutung der Arbeiterinnenfrage hinweisen, wenn sie Verständnis und Interesse für Probleme des proletarischen Lebens in ihnen zu wecken und in ihren Diskussionen die Zusammenhänge geistig psychologischer mit wirtschaftlichen Zuständen herauszuschälen suchen. Dadurch bewahren sie die eigene Bewegung vor Enge und Verflachung und bahnen eine vernünftige Abschätzung des Kräfteverhältnisses der verschiedenen Klassen im gesellschaftlichen Leben an, die den bürgerlichen Kampf selbst in vieler Hinsicht klären und in richtige Wege lenken wird. Ebensowenig soll damit gesagt sein, daß es nicht auch für das weibliche Proletariat von Wert sein könnte, wenn sich die geistig durchbildete, akademisch und praktisch in den sozialen Wissenschaften geschulte Frau mit Arbeiterinnenproblemen befaßt und aus ihren Erfahrungen heraus Vorschläge zu Reformen und Verbesserungen entwickelt. Nur darf das eben nicht von außen her, ohne eine Verständigung mit den Arbeiterorganisationen als den berufenen Beurteilern solcher Fragen geschehen; die bürgerlichen Frauen, die glauben, auf diesem Gebiete für die Öffentlichkeit etwas leisten zu können, müssen dann auch den Mut haben, sich einfach auf die Seite der Arbeiterschaft zu stellen und ihre Ideen *mit* ihr, nicht *für* sie durchzuarbeiten. In der Praxis würde das freilich nichts anderes bedeuten als ein Hinübergehen zur proletarischen Frauenbewegung selbst, in der man sicherlich nichts besser gebrauchen könnte als ehrlich überzeugte, tatkräftige, wissenschaftlich gebildete Mitarbeiterinnen, gleichviel ob ihre Tätigkeit dann eine rein literarische oder eine rednerisch-agitatorische wäre.

Nun wird man mir freilich einwenden, es sei nicht jeder überzeugter Sozialdemokrat, der mit ganz ehrlichem Wollen über soziale Materien arbeite. Gewiß. Mögen die reinen Theoretikerinnen, die sich dazu berufen fühlen, theoretische Untersuchungen anstellen; das ist eine wissenschaftliche Arbeit wie jede andere, und die Arbeiterschaft wird ihre Resultate kritisieren und ihre objektiven Ergebnisse im eigenen Sinn verwerten. Nicht dagegen wendet man sich. Wohl aber gegen solche Dinge, wie bürgerliche Arbeiterinnenkommissionen, Arbeiterinnenzeitungen und öffentliche Besprechungen von Arbeiterinnenfachfragen auf bürgerlichen Kongressen, auf denen der Vertretung des weiblichen Proletariats niemals die genügende Gelegenheit geboten ist, Gegenanschauungen geltend zu machen. Das führt tatsächlich negativ höchstens zu einer Entwertung der Frauenbewegung in den Augen der Arbeiterschaft und positiv bei den bürgerlichen Hörerinnen zu dem irrigen Glauben, als könnte man heute noch mit Wohlfahrtsbestrebungen für soziale Fortschritte wirken. Es sind auch gegenwärtig noch bei uns so viele und fruchtbare Aufgaben für die bürgerlichen Kämpferinnen zu lösen (Zulassung zu zahlreichen, den Frauen nach wie vor verschlossenen Ämtern und Berufen, politische Aufklärung der Bürgerlichen, Eroberung des Wahlrechts, umfassende Mitwirkung der Frauen auf kommunalem Gebiet, vor allem: weitere psychologische und geistige Umwertungen), daß die Frauen darauf verzichten sollten, in Tätigkeitsgebiete einzugreifen, in denen sie nur dilletantisch arbeiten können und sich einer berechtigterweise ablehnenden Kritik der Arbeiterschaft aussetzen.

Sollen Bürgerliche und Proletarierinnen in den Forderungen, in denen sich ihre Kreise direkt schneiden, wie in der Wahlrechtsbewegung, gemeinsam kämpfen? Prinzipiell ist kaum ein Grund dagegen einzusehen. Wo die bürgerliche Stimmrechtsbewegung eine nennenswerte Bedeutung erlangt hat (wie in England, den Vereinigten Staaten, in den skandinavischen Ländern), da gingen denn auch tatsächlich die Frauen aller Klassen, Arbeiterinnen, Bürgerliche und Aristokratinnen (unter den erstgenannten natürlich auch die Sozialistinnen), in einer Schlachtlinie vor. In Deutschland ist gegenwärtig die Stimmrechtsbewegung unter den Bürgerlichen noch zu schwach, um zu irgend einer Form der Demonstration beachtenswerte Kampfscharen stellen zu können; die Arbeiterschaft hätte deshalb vorläufig wenig Interesse an einem gemeinsamen Kampf. Sind auf jener Seite erst größere Massen gewonnen, so wäre ein Zusammengehen sicher von Wert, nicht deshalb, weil zahlenmäßig unsere Macht durch die Bürgerlichen sehr verstärkt werden könnte, sondern weil sich die moralische Wirkung eines einheitlichen Wahlrechtskampfes der Frauen für die Öffentlichkeit weit über diese bloße Zahlenvermehrung hinaus steigern würde. Und genau das gleiche gälte für alle anderen gemeinsamen Ziele, deren es im einzelnen sehr wohl noch einige gibt.

(Aus: Wally Zepler: »Bürgerliche und proletarische Frauenbewegung«. In: »Sozialistische Monatshefte«, Berlin, 11. April 1912)

Gabriele Proft: Die »Arbeiterinnen-Zeitung« und der Emanzipationskampf (1888–1914)

Die Voraussetzung für eine Arbeiterpresse ist eine Organisation. Im Juni 1890 wurde der Arbeiterinnenbildungsverein gegründet, ihm folgten andere Vereine in den deutschsprachigen Ländern der Monarchie, die meisten in den Sudetenländern Böhmen, Mähren und Schlesien. Diese Länder waren am meisten industrialisiert, das Elend der Heim- und Fabriksarbeiter groß, die Rechtlosigkeit ebenso. Aber eben deshalb begann es dort sich zu regen. Frauen gingen von Haus zu Haus Geld sammeln, damit sie eine Versammlungsrednerin kommen lassen konnten. Arbeiterinnen borgten sich bei Kollegen einen Wochenlohn aus, um Reisespesen bezahlen zu können. Die nordböhmische Arbeiterschaft war es auch, die im Dezember 1888 eine Arbeiterfrau als Delegierte zum Einigungsparteitag nach Hainfeld senden wollte. Die Anmeldung wurde zurückgewiesen mit der Begründung, man brauche Männer, nicht Frauen. Die Arbeiterschaft selbst war sich damals noch nicht im klaren über das, was Victor *Adler* so ausdrückte: »Unaufgeklärte Frauen sind ein Bleigewicht am Fuße des kämpfenden Mannes.«

Im Frühjahr 1896 veranstaltete ein bürgerlicher Verein, die »Ethische Gesellschaft«, eine Enquête über die Arbeitsverhältnisse der Frauen in Wien. Dort traten schon neben Victor Adler Frauen als Expertinnen auf: Adelheid *Popp,* Anna *Boschek,* Therese *Schlesinger.* Am 1. Jänner 1892 war die erste Nummer der »Arbeiterinnen-Zeitung« erschienen, ein kleines, schmächtiges Blättchen mit vier Seiten, Preis drei Kreuzer. Ab 1893 war ihre Redakteurin Adelheid *Dworschak-Popp.* Als Herausgeber zeichnete Victor Adler. In der »Einführung« heißt es:

»Arbeiterinnen! Nicht um ein gewinnbringendes Unternehmen, nicht um eine Spekulation handelt es sich bei der Herausgabe dieser Schrift. Die ernstesten Interessen der Arbeiterinnen sind es, die diese Schrift vertreten soll. Die gedrückte Lage aller Lohnarbeiterinnen macht es zur dringenden Pflicht, daß endlich ein Mittel gefunden werde, mit welchem es möglich ist, alle gerechtfertigten Klagen der weiblichen Arbeiter in die Öffentlichkeit zu bringen... Und nicht nur dies allein ist es, was sie uns bietet, sie will überhaupt Aufklärung verbreiten, die Frauen auch zum politischen Kampf erziehen, den Geist der Zusammengehörigkeit mit dem ganzen Proletariat pflegen und die Erkenntnis verbreiten, daß wir nicht abseits voneinander stehen sollen, sondern daß wir, männliche und weibliche Arbeiter, uns zum treuen Bunde die Hände reichen sollen.«

So klein die »Arbeiterinnen-Zeitung« damals war – sie hatte in ganz Österreich eine Auflage von kaum 2000 Stück –, so sehr war sie zum Mittelpunkt der aufstrebenden Frauenbewegung geworden. Es gab ja immer und überall eine Menge Schwierigkeiten zu überwinden. Politische Vereine gründen durften Frauen nicht, das war ihnen durch das Vereinsgesetz verboten. Andere Vereine durften sich, wie die Statuten besagten, »... mit allem Wissenswerten befassen, mit Ausnahme von Politik und Religion!« Die Möglichkeiten, unsere Zeitung zu verbreiten, waren also beschränkt, denn einen freien Verkauf auf den Straßen gab es damals ja überhaupt nicht; das war nicht erlaubt. Dafür wurden bei allen Versammlungen und Veranstaltungen unsere Zeitungen verkauft. Die Gewerkschaften hatten noch zuwenig weibliche Mitglieder. Sie gaben ihnen das politische Kampfblatt »Arbeiterinnen-Zeitung« als Mittel für die Gewinnung der Arbeiterinnen. Auch die beiden 1901 neugegründeten Vereine »Zentralverein der Heimarbeiterinnen aller Kategorien und der im Hause beschäftigten Frauen und Mädchen« und »Verein sozialdemokratischer Frauen und Mädchen«, zusammen vierzehn Gruppen, trugen zur Verbreitung der Zeitung viel bei. Auf dem Parteitag in Reichenberg 1909 wurde endlich beschlossen, einheitlich in ganz Österreich die »Freie politische Frauenorganisation« zu gründen, die als Mitgliedschaft zur Sozialdemokratischen Partei anerkannt wurde. Damit stieg die Auflage der »Arbeiterinnen-Zeitung« im nächsten Jahr auf 20.500, bei Ausbruch des ersten Weltkrieges war sie auf 30.000 gestiegen; die Zahl der weiblichen Mitglieder betrug damals 21.000.

(Aus: »Siebzig Jahre sozialistische Frauenzeitung«, von Gabriele Proft. In: »Archiv. Mitteilungsblatt des Vereins für Geschichte der Arbeiterbewegung«, II. Jahrgang, Wien, 1962 / Heft 4)

Luise Zietz:
Aufruf am 24. August 1914

Angesichts der unsäglichen Not und des furchtbaren Jammers, die der Krieg über die Arbeiterfamilien bringt, gilt es, den verzweifelten Frauen, den verwaisten Kindern, den Arbeitslosen, den Kranken und Leidenden mit Rat und Tat beizustehen. Die Genossinnen sollen persönlich Fühlung nehmen mit den Hilfesuchenden und in kameradschaftlicher Weise ihnen beistehen.

Als wichtigste Arbeitsgebiete dieser Hilfsaktion kämen etwa die folgenden in Betracht, die am besten allerorts bestimmten Frauengruppen zugewiesen werden:

1. Auskunftserteilung;
2. Kommunale Arbeit;
3. Kinderfürsorge;
4. Kranken- und Wöchnerinnenhilfe.

Die Auskunftserteilung wird als Mitarbeit in Arbeiter- und Parteisekretariaten gedacht.

Die Auskunft und die Anfertigung von Schriftstücken wird eine mannigfaltige sein: über die Erlangung der Unterstützungen, über Stundung von Zahlungsverpflichtungen und viel anderes mehr, was die Praxis ergeben wird.

Dabei wird es noch eine spezielle Aufgabe unserer Genossinnen sein, durch warmherzigen Zuspruch die Gebeugten aufzurichten, ihnen Trost zu spenden, ihren Mut zu heben, sie vor verzweifelten Schritten zu bewahren.

Die kommunale Arbeit ist gedacht als Mitwirkung in den kommunalen Unterstützungskommissionen, die entscheiden über die Bewilligung der Hilfe aus den von privater Seite gesammelten und den Kammern zur Verfügung gestellten Geldern, deren Auszahlung nach erfolgter Prüfung der Bedürftigkeit erfolgt; als Mitwirkung bei den nötigen Recherchen für die Zubilligung der staatlichen und kommunalen Unterstützung an die Familien der Kriegsteilnehmer; als Mitwirkung bei der Armenpflege, deren Hilfe für die durch den Krieg arbeitslos Gewordenen in Frage kommt; bei der Waisenpflege, in den Volksküchen; bei der Kalkulierung der Maximalpreise für Nahrungsmittel und bei der Kontrolle, ob diese von den Händlern beachtet oder die Vorschriften übertreten werden.

Die Kinderfürsorge ist gedacht als Beaufsichtigung der schulpflichtigen und vorschulpflichtigen Kinder, deren Eltern arbeitslos, deren Väter im Feld stehen, deren Mütter der Erwerbsarbeit nachgehen oder deren Mütter bei unserer Hilfsaktion helfen wollen, um der furchtbar lastenden Einsamkeit des Hauses zu entrinnen.

Die Erfüllung dieser Aufgaben fällt unseren Kinderschutzkommissionen zu, die ihre Tätigkeit bedeutend erweitern müssen.

Die Kranken- und Wöchnerinnenhilfe ist gedacht als Pflege Kranker und Wöchnerinnen, als Hebammen- und Arzthilfe, soweit die Kräfte reichen, die sich freiwillig dazu melden; als Leistung der notwendigsten Hausarbeit und als Bereitung der Speisen für die Kranken, soweit deren Lieferung nicht durch private oder kommunale Hilfe erfolgt.

Durch diese Tätigkeit leisten die Genossinnen direkte Hilfe und schaffen reiche moralische Werte. Ihre liebevolle Anteilnahme an den Sorgen und dem Leid der Hilfesuchenden, ihr trostreicher Zuspruch wird das Zusammengehörigkeitsgefühl unserer Arbeitsbrüder und -schwestern stark entfachen und heben. Ihr Vorgehen wird reicher Trost für die im Felde stehenden Arbeitsbrüder sein, und den Hilfeleistenden selbst wird ihre segensreiche Tätigkeit eine wohltuende Ablenkung bringen und die hohe innere Befriedigung, nach besten Kräften bei der Milderung seelischer und körperlicher Not mitgewirkt zu haben. Das Werk der Hilfeleistung wird ein Werk der Sammlung, des gegenseitigen Sichstützens und Aufrichtens, der Ausdruck schöner Solidarität sein.

Deshalb, Genossinnen, überall ans Werk! Schnelle umfassende Hilfe ist notwendig.

(Dieser Aufruf, der einvernehmlich auch vom Parteivorstand und der Generalkommission der Gewerkschaften verlautbart worden ist, wurde bei seinem Abdruck in der »Gleichheit« von Clara Zetkin u. a. mit dem Satz kommentiert: »Hier ist das weite Blachfeld, auf dem die sozialistischen Frauen Schlachten schlagen.«)

Resolution über die Mitwirkung der Frauen im Staate auf dem Parteitag im Würzburg (1917)

Die praktische, soziale und politische Tätigkeit der Frauen ist durch den Krieg noch umfangreicher geworden im Erwerb, in der Sorge für die Ernährung, bei der Erziehung der Kinder und in der Gemeinde.

Die vermehrte Anspannung wird auch nach dem Kriege weiter zu leisten sein. Weitere Zweige der Fürsorgetätigkeit werden nötig werden. Wir erinnern nur an die vielen Witwen und Waisen und an die Frauen der Kriegsinvaliden, denen die Last der Ernährung der Familie aufgeladen wird, desgleichen an die zahlreichen verheirateten Frauen, die durch das ungenügende Einkommen des Mannes auch weiterhin zur verstärkten Erwerbsarbeit gezwungen werden.

Die daraus erwachsenden Aufgaben können nur erfüllt werden unter Mitwirkung der Gemeinden und des Staates, wobei die Frau ein Mitbestimmungsrecht haben muß. Da sie bis heute auf diesem Gebiete noch rechtlos blieb, ist es erste und vornehmste Aufgabe, dahin zu wirken, daß sie in ihren wirtschaftlichen und politischen Rechten dem Manne gleichgestellt wird. Gleiches Recht für alle – für Mann und Frau! Wollen sie dieses gleiche Recht erreichen, so müssen alle Frauen sich den sozialdemokratischen Organisationen anschließen.

Der Parteitag fordert die Genossen und Genossinnen in Stadt und Land auf, ihre ganze Kraft für die Erringung des Frauenwahlrechts für alle sozialen und politischen Körperschaften einzusetzen und nach Möglichkeit für die Gewinnung und Schulung der Frauen zu wirken, ebenso verlangt er, daß die Frauen weit mehr als bisher zur praktischen, sozialen und politischen Arbeit heranzuziehen sind.

Resolution der Wiener sozialdemokratischen Frauenorganisation über Friedensbemühungen (1917)

An die sozialdemokratische Fraktion des Deutschen Reichstages.

Werte Genossen!

Die Plenarversammlung der Wiener sozialdemokratischen Frauenorganisation erlaubt sich im Vollgefühl der Freundschaft und innigen Solidarität, die zwischen unseren beiden Bruderparteien herrschen, eine Bitte an Sie, werte Genossen, zu richten.

Wie Ihnen wohl bekannt ist, hat das österreichische Parlament schon lange vor Ausbruch des Krieges aufgehört zu funktionieren, so daß unsere Abgeordneten nicht wie Sie die Möglichkeit besitzen, trotz Belagerungszustand und Zensur von einer unangreifbaren Tribüne aus zu der Öffentlichkeit zu sprechen. Darum können wir uns jetzt nicht darauf beschränken, uns, wie wir es stets gewohnt waren und noch niemals vergeblich getan haben, mit unserem Anliegen an die Genossen der österreichischen Reichsratsfraktion zu wenden. Vielmehr sehen wir uns diesmal gezwungen, gleichzeitig auch an Sie, werte Genossen, mit dem Ersuchen heranzutreten, daß Sie unserem Sehnen und Fordern eine Stimme verleihen mögen, und zwar gemeinsam und gleichzeitig mit der österreichischen Partei, falls es außerhalb der Parlamente und noch vor dem Zusammentreten des Reichstages geschehen kann; im deutschen Reichstag aber, wenn jeder andere schon früher betretene Weg sich als ungangbar erweisen sollte.

Wir Vertreterinnen der Parteigenossinnen Wiens sind der Überzeugung, daß der Zeitpunkt nun gekommen sei, an welchem die Zentralmächte ohne Gefährdung berechtigter Interessen die Initiative zum Friedensschluß ergreifen könnten und an welchem es darum für die Sozialdemokratie zur unabweislichen Pflicht geworden ist, eine solche Initiative von den verbündeten Regierungen zu fordern.

Jeder Vorstoß unserer Partei nach dieser Richtung hin müßte die lebhafteste Zustimmung und die glühendste Begeisterung in den weitesten Kreisen der Arbeiterschaft auslösen.

Auf dem Boden Deutschlands stehen nirgends mehr feindliche Truppen und die gänzliche Verdrängung der Russen von österreichischem Boden ist nur eine Frage der Zeit. Andererseits aber halten deutsche Truppen große feindliche Gebiete besetzt. Es ist darum an den Zentralmächten, die Hand zum Frieden zu bieten.

Deshalb scheint es uns jetzt an der Zeit zu sein, die beiden Regierungen der Zentralmächte mit allem Nachdruck daran zu erinnern, daß sie bei Ausbruch des Krieges ausdrücklich erklärt haben, keinen Eroberungskrieg führen zu wollen.

Wir bitten Sie darum, dringend an die deutsche Regierung die Forderung zu richten, daß sie die Initiative zur Einleitung von Friedensverhandlungen ergreifen möge. Wir sind überzeugt, daß die klare Erklärung Deutschlands, auf jede Annexion, insbesondere auf die Belgiens, zu verzichten, wenn die Integrität Deutschlands und Österreichs gewahrt bleibt, den Frieden im stärksten Maße fördern könnte.

Dann wird es die Sache der sozialdemokratischen Vertrauenspersonen in Deutschland und Österreich sein, die Bewegung, die durch das Vorgehen der beiden Parlamentsfraktionen ins Rollen gebracht worden ist, unter der Arbeiterschaft lebendig zu erhalten und anwachsen zu machen.

Wir vertrauen fest darauf, daß Sie, werte Genossen, die Schwierigkeiten unserer Lage voll verstehen, unseren Schritt gutheißen und unser Ersuchen einer ebenso eingehenden Würdigung unterziehen werden, als wenn es aus den Reihen der reichsdeutschen Parteiorganisationen käme.

Mit schwesterlichem Gruß
für die Wiener sozialdemokratischen Frauenorganisationen

Die Frauen und der Friede
Aufruf der weiblichen Parteifunktionäre Groß-Berlins (1918)

Angesichts der bangen Frage, die jetzt alle Köpfe und Herzen bewegt: Bringt uns die nächste Zeit das Ende des schrecklichen Mordens?, halten es die sozialdemokratischen Frauen Groß-Berlins für ihre Pflicht, den Reichstag und die Regierung nicht im Zweifel über die Stimmung der Frauen in der Arbeiterschaft zu lassen.

Wohl wissen wir alle, daß die neue Mehrheitsregierung und besonders ihre sozialdemokratischen Mitglieder es als ihre ernsteste Aufgabe ansehen, dem Lande den Frieden zu bringen. Noch aber gibt es eine starke Richtung im Lande, die in Furcht vor harten Forderungen gegnerischer Machtpolitiker die letzten Menschenkräfte einsetzen, dem Volke die letzten schwersten Entbehrungen zumuten möchte, um den Zusammenbruch aufzuhalten. Bei dem Umfang dieser Propaganda könnte die Meinung entstehen, als ob auch die Arbeiterschaft auf diesem Boden stände.

Die Arbeiterschaft wird heute zum großen Teil durch Frauen repräsentiert.

Diese Arbeiterfrauen haben einen ungeheuren Teil der Kriegslasten getragen, sie haben es durch ihre Arbeit überhaupt erst möglich gemacht, das Wirtschaftsleben aufrechtzuerhalten und den Krieg zu führen.

Sie betrachten es nicht als eine Ehrlosigkeit, wenn das deutsche Volk nach vier Jahren heldenmütigen Kampfes jetzt offen und frei erklärt: »Wir sind besiegt«. Sie würden es aber nie und nimmer verstehen, wenn um des Scheines willen noch mehr kostbares Blut vergossen werden sollte.

In Berücksichtigung der Tatsache, daß die Kriegslage in der Zukunft für uns nicht mehr günstiger werden kann, daß der Kampf nur noch unmenschlicher und furchtbarer würde, um schließlich zu noch schlimmerem Ende zu führen, halten es die deutschen Arbeiterfrauen im Interesse des Vaterlandes für geboten, den sofortigen Frieden zu schließen.

Sie halten es für die Ehrenpflicht des deutschen Volkes, seine inneren Verhältnisse so zu gestalten, daß der deutsche Name die Achtung in der Welt genießt, die einem freien tüchtigen Volke gebührt.

Wie die männlichen Arbeiter, so begreifen auch die denkenden Frauen im Proletariat, daß uns der Friede jetzt trotz aller notwendigen Opfer eine *bessere* Zukunft brächte, daß er uns ein demokratischeres Land bewahrte, ein Land, in dem wir alle in Freiheit weiterschaffen können, bis wir für unsere Kinder ein menschenwürdiges Dasein errungen haben.

Dazu brauchen wir den Frieden!

Und deshalb fordern wir den Frieden und werden uns jedem Versuch entgegensetzen, ihn hinauszuzögern.

Im Auftrage der weiblichen Parteifunktionäre Groß-Berlins:

Elfriede Rynek   Clara Bohm-Schuch   Wally Zepler

(*»Vorwärts«. Berlin, 26. 10. 1918*)

Karl Renner: Der Staatsrat beschließt das Frauenstimmrecht (1918)

Aus der Geschichte der Revolutionen wissen wir, daß in den Umsturztagen ein Wohlfahrtsausschuß oder eine diktatorische Persönlichkeit die Funktion übernommen hat, das Staatswesen auf neue Grundlagen zu stellen und durch Dekrete die Grundlinien der neuen Ordnung zu ziehen. Als in Österreich nach dem Zusammenbruch 1918 die revolutionäre Macht der Massen die alten Mächte stürzte und neue Gewalten aufrichtete, war es weder ein Wohlfahrtsausschuß noch ein Diktator, der unsere Republik aufbaute. Ein aus der Gesamtheit der deutschen Abgeordneten des alten Parlaments nach dem Proporzsystem gewählter Staatsrat übernahm die oberste Leitung unserer Geschicke. In ihm waren die Sozialdemokraten der Zahl nach eine Minderheit, ein schwaches Viertel; der Staatsrat vereinigte eben Vertreter aller Parteien in der Stärke, in der sie im Jahre 1911, also sieben Jahre früher, gewählt worden waren. Er war zwar der Form nach eine demokratische Einrichtung, der Sache nach jedoch in seinem Aufbau veraltet. Nichtsdestoweniger aber schrien die tatsächlichen Machtverhältnisse außerhalb der Provisorischen Nationalversammlung laut genug, die Abstimmungen im Staatsrat so zu beeinflussen, daß unsere wenigen Stimmen in den meisten Fällen die bürgerlichen Stimmen zur Gefolgschaft veranlaßten. So kam es, daß eine in der Mehrheit rückständige Vertretung fortschrittliche, ja revolutionäre Beschlüsse faßte.

Als Leiter der Staatskanzlei, als solcher später mit dem Titel eines Staatskanzlers ausgezeichnet, betrachtete ich als selbstverständlich die Einführung des Proporzes, für den ich schon zwei Jahrzehnte früher Propaganda gemacht hatte, und der sich in vereinzelten Fällen auch in Österreich bewährt hatte. Nicht so selbstverständlich war die Einführung des gleichen Stimmrechtes der Frauen. Hatten doch in Parteikreisen selbst viele Genossen das ernste Bedenken, daß die Frauen zu sehr unter dem Einfluß überlieferter Denkweise und insbesondere des Klerus stünden und der Erfolg der Revolution durch ihre Teilnahme am politischen Leben in Frage gestellt werden könnte. Wir Sozialdemokraten aber entschlossen uns, trotz allen Bedenken, unserer grundsätzlichen Haltung treu zu bleiben und sie in dem Augenblick, wo wir zum erstenmal gestaltend eingreifen konnten, auch in die Tat umzusetzen. Mein Entwurf, in wenigen Nächten niedergeschrieben und im Drange der Geschäfte weiteren Parteiberatungen nicht unterworfen, kam an den Staatsrat. Er enthielt das gleiche Stimmrecht beider Geschlechter, anfänglich zum nicht geringen Schrecken der bürgerlichen Abgeordneten, deren Parteien sich bis dorthin ohne Ausnahme gegen das Frauenstimmrecht ausgesprochen hatten. Wir waren im höchsten Grade gespannt, wie sie sich nunmehr verhalten würden. Wir übten dabei die Klugheit, von der Sache wenig Aufhebens zu machen und sie als Selbstverständlichkeit, als einfaches Ergebnis unserer grundsätzlichen Auffassung hinzustellen.

Zuerst waren es die *Christlichsozialen,* welche sich mit den Gedanken befreundeten. Begreiflicherweise: Das, was einzelnen unserer Parteigenossen Bedenken machte, war ihnen eine erwünschte Nebenwirkung. In allen Ländern hat ja die Reaktion in ihren späteren Kämpfen gegen den Sozialismus die Frauen als letzte Zuflucht der Reaktion mobil gemacht. Soweit die *nationalen Gruppen* des Staatsrates rein kapitalistische Interessen vertraten, näherten sie sich dem christlichsozialen Standpunkt bald. Soweit sie jedoch ganz im Banne ihrer überlieferten Herrenideologie – das ist in diesem Falle Männervorurteile – standen, konnten sie es nicht über sich gewinnen, die Ausdehnung des Wahlrechtes auf die Frauen gutzuheißen. Unter normalen Umständen hätte der Streit um diese Frage sich durch Monate hingezogen. Es war das Glück der Frauen, daß rasch entschieden werden mußte. Es stand fest, daß die provisorische Verfassung bis zu Weihnachten fertiggestellt und die Wahl der neuen Volksvertretung in den allerersten Monaten des Jahres 1919 durchgeführt werden müsse. Der Staatsrat hatte abzustimmen und die Mehrheit entschied sich für das Frauenstimmrecht. Es war kein Zweifel, daß die Konstituierende den Entschlüssen des Staatsrates beitreten würde.

Beim Ausarbeiten des Entwurfes war ich mir der großen Verantwortung dieses Schrittes wohl bewußt. In der Hast revolutionärer Entscheidungen ist derjenige, der zum Handeln berufen ist, nur zu sehr geneigt, an das zu denken, was im Augenblick hilft, jenen

Schritt zu wählen, der dem geringsten Widerstand begegnet und die grundsätzliche Lösung des Problems selbst späteren Zeiten vorzubehalten. Die augenblickliche Lage sprach unzweideutig dafür, daß das Hereinziehen dieser Forderung keine Nützlichkeit bedeute. Hätten wir diesen Erwägungen Raum gegeben, ich weiß nicht, ob die Frauen in Österreich heute schon das Wahlrecht hätten, vielmehr ich weiß, daß sie es nicht hätten!

Ich fühlte die dreifache Verantwortung genau: Die Verantwortung für die Zukunft der Partei, für die revolutionäre Entwicklung und für dieses Staatswesen.

Für die *Partei* und ihre innere Entwicklung schien mir das Frauenwahlrecht absolut geboten. Überzeugt davon, daß keine Klasse und kein Mensch sich zum politischen Rechte erziehen könne, außer durch die praktische Ausübung dieses Rechtes selbst, sagte ich mir, daß der Sozialismus nicht verwirklicht werden könne, wenn die der Zahl nach größere Hälfte der Menschheit teils abseits steht, teils mit den Rechten und mit der Mentalität politisch Halbmündiger am öffentlichen Leben teilnimmt. Wäre die Partei an der weiteren Rechtlosigkeit der Frauen mitschuldig geworden, so wäre das für die Partei nicht ungefährlich geworden, denn die Frauen und Mädchen, die im Kriege wirtschaftlich und gesellschaftlich einen so hohen Grad der Selbständigkeit errungen hatten, die den Mann als Bürger, als Arbeiter und selbst als Verteidiger des Landes unterstützt, vertreten oder ersetzt hatten, diese Frauen waren die kritiklose Masse nicht mehr, die sie vor dem Krieg gewesen. Und ich sagte mir, daß nur wenige Jahre ins Land gehen müßten und diese Frauen würden selbst in unsere Reihen kommen. Als Parteimann also hegte ich keine Bedenken. Im Gegenteil war ich, wie von Anfang an, ein begeisterter Vorkämpfer des Frauenstimmrechts.

Nicht so eindeutig war die Antwort, die sich der *Revolutionär* zu geben hatte. Hieß es nicht die Revolution gefährden, indem man solche Macht in die Hände ungeschulter und reaktionärer Schichten gab? Ich bezweifelte nicht, daß das Frauenstimmrecht in diesem Punkte ein Hemmnis bedeute. Hier nun gab mir die Geschichte die Antwort, die bekanntlich an jede revolutionäre Erhebung eine Epoche der Konterrevolution reiht, eine Konterrevolution, deren verheerende Wirkung nicht zum wenigsten bestimmt ist durch Fehler und Übertreibung der Revolution. Von vornherein betrachtete ich Revolution und Gegenrevolution als zwei Phasen eines geschichtlichen Umschlages und fragte mich vor allem und im vorhinein danach, wie die Errungenschaft von heute so gesichert werden kann, daß sie auch das Morgen überdauert. Und daraus leite ich zwei Klugheitsregeln ab: Erstens ergreife nichts, was du nicht imstande sein wirst festzuhalten – denn das ist verlorene Energie. Zweitens: das, was du ergreifst, sichere dir heute so, daß es dir morgen nicht genommen werden kann. Nach den Erschütterungen einer Revolution kommt eine Zeit der Erschöpfung, des Zweifels, der Enttäuschung und vor allem des Bedürfnisses nach wirtschaftlicher Ständigkeit und Stetigkeit. Hier setzt die Reaktion ein. Wie dann, wenn die Konterrevolution auf die größere Hälfte der Menschheit stößt, die politisch nicht mitgestimmt hat, nicht mitverantwortlich ist? Es sind gerade die Frauen, welche nach Perioden der Unruhe sich sagen: Vorallererst will ich wieder mein Haus, meine Familie in Ordnung bringen! Diese Stimmung der Frauen zermürbt einen großen Teil der Männer, die an sich revolutionär gesinnt sind und macht sie zum mindesten indifferent. Daher kam ich zu dem Schluß: Mögen wir in der Revolution auch nicht alles erringen, das wenige aber, das wir erringen können, das soll behauptet werden, indem die Frauenwelt daran teil hat, und ich meine, daß wir auch darin recht behalten haben. Die Reaktion ist gekommen, sie hat eine Mehrheit errungen, aber sie hat jene gewaltige, ausschreitende, zerstörende Macht nicht erlangt wie in anderen Ländern und zum großen Teile schreibe ich das dem Frauenstimmrecht zu.

Drittens: Die Verantwortung für *unseren Staat* im besonderen forderte wieder eine eindeutige Antwort. Mitten in den Verfassungsarbeiten des Staatsrates waren wir geplagt von der Sorge um das tägliche Brot, um ein paar Waggon Kohlen, von der Sorge um den Haushalt der Massen. Diese Sorge empfindet am allerdeutlichsten die Hausfrau und Hausmutter und mit diesen Müttern hatten wir gerade in Österreich in dem Lande ohne Kohlen und ohne Getreide und ohne Fleisch damals zu rechnen. Der Sturm auf die Bäckerläden, der die Französische Revolution in den Straßen von Paris einleitete, war mir eine tägliche Mahnung und Warnung. Gerade in diesem Österreich mußten wir die Frauen für den Staat haben, um die Monate und Jahre des Entbehrens, die vor uns standen, durch das Verständnis des Volkes zu überwinden.

Ich kann mich heute nicht erinnern, mit welchen Worten ich das Frauenstimmrecht im Staatsrat begründet habe und die Protokolle sind noch nicht veröffentlicht. Indessen kam es damals nicht auf Worte an. Die Tatsachen selber sprachen ja zu deutlich und diese Tatsachen waren, einerlei ob über oder unter der Schwelle des Bewußtseins, bestimmend dafür, daß der Staatsrat und die Konstituierende das Frauenstimmrecht annahmen. Und ich habe die feste Überzeugung, wir haben es bisher nicht zu bedauern gehabt und wir werden in aller Zukunft daraus, daß unser gesamtes erwachsenes Volk politisch mitarbeitet, noch die größte und heilsamste Stärkung unseres politischen Gemeinschaftslebens erfahren.

(In: »Frauentag 1929«, Festschrift des Frauenreichskomitees. Wien, 1929)

Adele Schreiber: Die bürgerlichen Parteien in Deutschland und das Frauenwahlrecht (1918/1919)

Unmittelbar nach der Revolution hatten sich alle Parteien mit kaum zu übertreffender Schnelligkeit »auf den Boden der Tatsachen« gestellt, wie in allen anderen Punkten auch hinsichtlich des Frauenwahlrechts. Durch den Erlaß der Volksbeauftragten war die politische Mündigkeit der Frau vorläufig unabänderlich geworden. Rasch erkannten auch die Reaktionäre die Bedeutung der Wählerin, es galt, sie nur vor den eigenen Wagen zu spannen. Die rückständigsten Parteien, Vertreter feudaler, großagrarischer, großkapitalistischer Interessen, erscheinen zum Wahlkampf für die Nationalversammlung wie zum Mummenschanz im roten oder mindestens rosa Domino, mit dem zugkräftigen Beiwort: *Volks*partei. Sie hatten auch alle die frauenfreundliche Maske umgebunden.

Die neugegründete »*Deutschnationale Volkspartei*« faßte verschiedenste Elemente zu einer militaristischen, nationalistischen, antisemitischen Mixtur zusammen – als Einzelbestandteile fanden sich alte Konservative, Alldeutsche, Agrarier, Anhänger der Vaterlandspartei, erledigte Annexionisten aller Schattierungen.

Aus diesen Reihen hatten sich stets die wütendsten, uneinsichtigsten Gegner jedes Fortschritts rekrutiert. Sie nannten sich mit Vorliebe »Teutsche Männer«, schworen im doppelten Sinne auf den »Herr-im-Hause-Standpunkt«. Sie hatten den berüchtigten »Bund zur Bekämpfung der Frauenemanzipation« begründet, der ständige Angriffe gegen die Frauen richtete. Proteste ergingen noch während des Krieges gegen jede höhere Frauentätigkeit, niemals dürfe ein Mann unter einem weiblichen Vorgesetzten arbeiten, und da der Krieg doch vielfach derartige Fälle unumgänglich machte, wurde die Höflichkeit so weit getrieben, daß der Gruß der vorgesetzten Frau verweigert werden sollte.

Eine Parteikorrespondenz dieser Richtung veröffentlichte wörtlich folgendes: »Es ist in Philologenkreisen Sitte, Kollegen nicht anzunehmen, die unter einer Direktorin weiterarbeiten. Schlechterdings unmöglich sollte es in unserem Vaterlande, bei unserem männlichen

Volke sein, daß Staatsbeamte höheren oder niederen Grades, mögen es nun Oberlehrer oder Briefträger sein, einer Frau gehorchen.« Jetzt auf einmal erklärt der deutschnationale Wahlaufruf: »Wir heißen die Frauen als gleichberechtigte Mitarbeiter herzlich willkommen!« Deutschnationale Flugblätter, mit den Worten beginnend: »Das Schicksal Deutschlands liegt in der Hand der Wählerinnen«, überhäufen die Sozialdemokratie mit Schmähungen, konstatieren eine »Massenflucht der Frauen aus der Sozialdemokratie«, behaupten, die Partei werde von Rosa Luxemburg, einer »polnischen Jüdin« geführt, bemühen sich, die Frauen zu verängstigen, indem sie aus Bebelschen Zitaten folgern, die »Würde des Weibes werde durch den Sozialismus in den Staub getreten«, Sozialismus sei gleichbedeutend mit Zerstörung der Ehe und der Familie, im sozialistischen Gemeinwesen sollen »die Kinder möglichst nach der Geburt den Müttern weggenommen und großen Schulkasernen zu fabrikmäßiger Massenerziehung übergeben werden«. Zugleich wird erklärt: »Die Herrschaft der Sozialdemokratie bedeutet unglaubliche Mißwirtschaft, gefährdet unsere Ernährung, zerstört unser Wirtschaftsleben, führt zur Arbeitslosigkeit und Verelendung des Volkes ... Darum, deutsche Frauen und Jungfrauen, wählet keinen Sozialdemokraten!«

Die »Deutsche Volkspartei«, früher Nationalliberale Partei, bekannte sich in einigen Flugblättern »rückhaltlos zur deutschen Republik, als der nach den letzten Ereignissen allein möglichen Staatsform«. Sie erwartete von der Nationalversammlung »ein wahrhaft demokratisches Staatswesen, das keinerlei Vorrechte des Standes oder des Vermögens zuläßt, allen Staatsbürgern ohne Unterschied des Geschlechts gleiche politische Rechte, volle Vereins-, Sprach- und Preßfreiheit gewährleistet, keine Gewaltherrschaft irgendwelcher Personen oder Klassen duldet. Die deutsche Frau soll ihre Mitarbeit im öffentlichen Leben auch an leitende und verantwortungsvolle Stellen führen, und die bisherigen Schranken der Berufsausbildung sollen fallen.« Auch diese Kreise hatten noch kurz vor der Revolution den Gedanken des Frauenwahlrechts weit von sich gewiesen.

Auch die weiblichen Gegner des Frauenstimmrechts erkannten nun die Notwendigkeit, sich mit den Tatsachen abzufinden. In der »Täglichen Rundschau« veröffentlichte der »Deutsch-Evangelische

Frauenbund« einen Aufruf an die evangelischen Frauen, der mit den Worten beginnt: »Evangelische Frauen haben in ihrer großen Mehrheit das Frauenstimmrecht nicht erstrebt. Nun es ihnen aber zugewiesen wird, haben sie es auszuüben als eine Pflicht, die ihnen auferlegt ist...« Sie sollen ferner dem Deutsch-Evangelischen Frauenbund beitreten.

Ein Aufruf im »Reichsboten« wendet sich an die *konservativen Frauen* und beginnt: »Liebe Schwestern! Wir waren wohl der großen Mehrzahl nach Gegnerinnen des Frauenstimmrechts. Nun uns aber diese unerwünschte Last einmal aufgebürdet ist, gilt es nicht allein, sie geduldig aufzunehmen, sondern aus ihr herauszuholen, was unserem tief gedemütigten Vaterlande irgend von Nutzen werden kann. Gewiß entspräche es unserer Stimmung besser, in der Stille des heimischen Herdes die Heiligtümer zu heben, die uns draußen in Trümmer geschlagen sind, aber das darf nicht sein... Sozialdemokratie und Zentrum sind bereits scharf an der Arbeit. Erstere hat die Frauen durch die Organisationen, letztere durch den Beichtstuhl in der Hand. Wir kennen solche Zwangsmittel nicht, freiwillig wollen wir unseren Männern als treue Gehilfinnen zur Seite stehen. Ihr deutschen Konservativen, helft uns, belehrt uns, erzieht uns zu unserer neuen Aufgabe! Ihr Schwestern, laßt euch in die Schule nehmen... Eile tut not! Gott weiß alle tückische Bosheit der Menschen zu lenken..., er wird auch in diesem finsteren Tal uns mit seinem Hirtenstab leiten!... Für deutschen Glauben, deutsche Treue, deutsche Wahrhaftigkeit gilt es zu kämpfen! Auf, deutsche Frauen, tragt unseren Männern die Waffen herbei zum Streit und Sieg!«

Das *Zentrum* verkündet seine Erneuerung als »christlich-demokratische Volkspartei«. Es drückt sich allerdings hinsichtlich der Frauen etwas vorsichtig aus, wohl sagen seine Richtlinien für die Verfassung »gleiches Wahlrecht mit Verhältniswahl und Frauenwahlrecht im Reich, in den Bundesstaaten und in den Gemeinden«, aber diese Forderung war nur Wiederholung einer nicht mehr umzustoßenden Tatsache. Hingegen heißt es in den Richtlinien zur Kulturpolitik nur: »Heranziehung der Frauen auf allen Gebieten, unter Auswertung der weiblichen Eigenart.« Es zeigt sich später in den Auseinandersetzungen zur Weimarer Verfassung, wie auch z. B. anläßlich des Kampfes um die Frauen im Justizdienst, daß derartige Vorbehalte die weibliche Gleichberechtigung ungünstig beeinflußt haben und geeignet sind, zu höchst unklaren Formulierungen von Gesetzen und Bestimmungen zu führen.

Die »Deutsche Demokratische Partei« läßt ihre Wahlaufrufe sofort von bekannten Frauen mitunterzeichnen und entfaltet eine große Werbetätigkeit, unterstützt von Führerinnen der Frauenbewegung, die auf demokratischem Boden stehen. Auch sie verschmäht jedoch gegenüber den Frauen nicht das Schreckmittel, »die Sozialdemokratie will die bisherige Zwangs- und Kartenwirtschaft beibehalten«, darum soll man sie nicht wählen. Die Partei wendet sich in zahlreichen verschiedenen Flugblättern an die Angestellten, die Hausfrauen, die Familienväter, und die Fassung ist nicht immer sehr glücklich. In beweglichen Worten wird zwar die Hausfrau ermahnt, der Urne nicht fernzubleiben, für ihre Interessen, ihrer Kinder Wohl selbst zu entscheiden: »Ordnung schaff' im deutschen Haus! Hausfrau, üb' dein Wahlrecht aus!« Aber zugleich geht ein anderes demokratisches Flugblatt an den Familienvater, das seinem Herr-im-Haus-Standpunkt weit entgegenkommt, da heißt es: »Ob du, dessen Wort in deiner Familie gilt, einverstanden bist mit diesem neuen Wahlrecht? Nun, man hat dich nicht gefragt! ... Deutscher Familienvater! du brauchst deine Stellung im häuslichen Kreis nicht zu ändern! Bleibe nur, der du warst und der du bist, aber hole deine Frau und deine Töchter heran, so ungewohnt es dir auch ist, Politik mit ihnen zu verhandeln!«

Man sieht, auch in der neuen deutschen Republik hat die phrygische Freiheitsmütze die gute alte Zipfelmütze des deutschen Spießbürgers noch nicht verdrängt.

(Adele Schreiber: »Die ersten Wahlen in der Republik«. In: Anna Blos (Hrsg.): »Die Frauenfrage im Lichte des Sozialismus«. Dresden, 1930)

Resolution über »Erziehung zur Friedensgesinnung« der Internationalen Sozialistischen Frauenkonferenz 1923 in Hamburg

Berichterstatterin: Martha Tausk (Österreich)

Die Konferenz ruft die ganzen Frauen der Welt auf, durch ihre Mitarbeit die sozialistische Umgestaltung der Welt und die Befestigung des Friedens zu fördern.

Durch die begeisterte Schilderung kriegerischer Handlungen der Vergangenheit, durch die Verhimmelung der Heerführer und die Übertreibungen früherer Waffenerfolge suchte bisher die Schule systematisch zu verhindern, daß in den Herzen der Kinder und der Jugend die Friedensliebe und menschliche Solidarität großgezogen werden konnte. Sie war bestrebt, ihnen nationale Selbstüberhebung und Haß gegen andere Völker einzupflanzen. Die von der bürgerlichen Klasse beherrschte Presse setzt an den Erwachsenen die in der Schule begonnene Erziehung zum Völkerhaß fort. Es ist in erster Linie Aufgabe der sozialistischen Frauen, darauf hinzuwirken, daß alle Verherrlichung der Kriege in der Schule und der Jugendlektüre sowie alles Soldatenspielzeug und alle Kriegsspiele aus der Kindererziehung verschwinden.

Unsere Kinder sollen als erwachsene Menschen die Anwendung der rohen Gewalt aus Abscheu ablehnen, aus der klaren Erkenntnis, daß ein Aufstieg der Völker und der gesamten Menschheit nur in friedlicher Entwicklung möglich ist. Bei dem großen bestimmenden Einfluß in ihren Familien und durch die ermutigende Mitarbeit in den Jugendorganisationen können die Arbeiterfrauen die Jugend vor den Gefahren des Krieges bewahren helfen. Geführt von dieser Erkenntnis, begrüßt die Konferenz die Vorschläge des Internationalen Arbeiterinnenbundes auf dem Kongreß im Haag 1922, eine Allianz der Frauen, Jugendlichen und Lehrer, um dieses Ziel zu erreichen, zu gründen, um die Arbeiterfrauen zur gemeinsamen Arbeit mit den Gewerkschaften, sozialistischen Parteien und den Genossenschaften in eine Einheitsfront zusammenzuführen, um gegen die Schrecken des Krieges und für Völkerversöhnung und Völkerfrieden, für Freiheit und Gerechtigkeit auf Erden zu kämpfen.

Resolution über »Mutter- und Kinderschutz«
der Internationalen Sozialistischen Frauenkonferenz
1923 in Hamburg
Berichterstatterin: Louise Schroeder (Deutschland)

Die Konferenz steht einmütig auf dem Standpunkt, daß nach dem entsetzlichen Verlust an Menschenleben und Gesundheit der letzten zehn Jahre eine der wichtigsten Fragen der Aufbau einer gesunden Generation in der ganzen Welt ist. Aus diesem Grunde fordert die Konferenz die Genossinnen aller Länder auf, mit aller Energie für die Erfüllung der folgenden Grundsätze durch die Gesetzgebung der einzelnen Länder einzutreten:

1. Die Schaffung von Arbeitsverhältnissen für die Frauen, die die Geburt gesunder Kinder sicherstellen.

2. Unterstützung der Schwangeren und der Mütter sechs Wochen vor und acht Wochen nach der Entbindung.

3. Bereitstellung einer unentgeltlichen ärztlichen und Hebammen-behandlung sowie freie Plätze im Krankenhaus oder im Hause im Falle einer Entbindung.

4. Sicherung von körperlich und moralisch gesunden Lebensbedingungen für die Kinder durch öffentlich organisierte Hilfe, das heißt Pensionen für Waisen, Halbwaisen und Kinder alleinstehender Frauen oder Invaliden; Kinderversicherung, gesetzlich festgelegte Kinderzuschüsse oder andere Formen der materiellen Unterstützung.

5. Unentgeltliche ärztliche Kontrolle und Hilfe für die Mütter, der Kleinkinder wie des Schulkindes, sowie Errichtung von Krippen, Kinderheimen, Erholungsheimen und Heimen für gebrechliche Kinder.

6. Vollkommene gesetzliche Gleichberechtigung des unehelichen Kindes mit dem ehelichen.

7. Verbot der Kinderarbeit mindestens bis zum 14. Lebensjahr und Schutz der jugendlichen Arbeiter und Arbeiterinnen sowie Gewährung der geistigen Fortbildung der Jugend.

Therese Schlesinger: Die Frau im sozialdemokratischen Parteiprogramm (1926)

Als die Vorkämpferin aller Unterdrückten und Entrechteten trat die Sozialdemokratie auch vom Beginn der Bewegung an für die Befreiung der Frauen ein. Es konnte ihr niemals gleichgültig sein, daß die Hälfte aller Menschen und die Erzieherinnen der neuen Arbeitergeneration in Abhängigkeit und Unwissenheit erhalten wurden, ja, daß ein großer Teil des weiblichen Geschlechtes überbürdeter und gequälter war als Lasttiere. Jedes der drei Parteiprogramme, welche im Abstand von zehn bis fünfzehn Jahren von der österreichischen Sozialdemokratie beschlossen worden sind, enthält die Forderung nach voller Gleichberechtigung von Mann und Frau sowie die nach erhöhtem Frauen- und Mutterschutz.

Die bürgerlichen Parteien hatten für die Forderung der Sozialdemokratie nach dem Frauenwahlrecht nur Spott und Hohn so lange, bis ihnen die Arbeiterschaft nach dem Zusammenbruch der Monarchie die politische Gleichberechtigung der Frauen aufgezwungen hat. Alle Gesetzesanträge der sozialdemokratischen Abgeordneten, die schon in der Vorkriegszeit dahin gingen, das Los der Arbeiterinnen zu erleichtern, wurden von sämtlichen bürgerlichen Parteien bekämpft. Der Unternehmerprofit galt ihnen zu allen Zeiten unendlich mehr als das Leben und die Gesundheit noch so vieler proletarischer Mütter und Kinder. Erst nach dem Ende des Krieges konnte die Arbeiterschaft das wirklich allgemeine und gleiche Wahlrecht durchsetzen, an welchem die Frauen ebensoviel Anteil haben als die Männer, und konnte sie Gesetze erzwingen, die das Los der ganzen Arbeiterschaft erleichtern und am allermeisten den Frauen des Proletariats zugute kommen. So zum Beispiel die, durch welche der Achtstundentag, der Mieterschutz, die Arbeitslosenversicherung, die Arbeiterurlaube und die Betriebsräte eingeführt wurden. Zu gleicher Zeit wurde auch die Schutzfrist der Wöchnerinnen von vier Wochen auf sechs Wochen ausgedehnt und der Schwangerenschutz eingeführt, wurden Gesetze zum Schutze der Heimarbeiterinnen und der Hausgehilfinnen durchgesetzt.

Durch alle diese und noch manche andere Errungenschaften der Arbeiter in den ersten zwei Jahren nach dem Kriege ist ein erheblicher Teil des Programmes der österreichischen Sozialdemokratie erfüllt worden.

Das neue *Linzer Parteiprogramm* enthält manche von den Frauenforderungen nicht mehr, die in den früheren gestanden, weil sie bereits in Erfüllung gegangen sind. Dafür werden darin weitgehende Forderungen zugunsten der Frauen und Mütter erhoben, die in den früheren Programmen noch nicht enthalten waren und deren Durchführung die Proletarierinnen zu freien Persönlichkeiten und glücklichen Menschen machen wird:

Gleicher Lohn für gleiche Arbeit.

Verbot der Frauenarbeit in allen dem weiblichen Organismus besonders schädlichen Berufen.

Freier Zutritt der Frauen zu allen anderen Berufen und zu allen Verwendungen innerhalb der Berufe.

Gleiche Möglichkeit der beruflichen Ausbildung.

Höhere Würdigung der gesellschaftlichen Funktion der Frau als Mutter und als Hausfrau und Schutz gegen die Überbürdung der Frauen durch die doppelte Arbeit in Erwerb und Haushalt.

Aufhebung aller Gesetze, durch die Frauen rechtlich benachteiligt werden.

Errichtung öffentlicher Beratungsstellen zur Belehrung über die Verwendung gesundheitsunschädlicher Mittel zur Verhütung der Empfängnis, Beistellung solcher Mittel durch die Krankenkassen.

Die Unterbrechung der Schwangerschaft ist nicht durch Strafdrohungen, sondern durch Beratung und soziale Befürsorgung zu bekämpfen.

Ausbau der Schutzbestimmungen für Schwangere, Wöchnerinnen und stillende Mütter in der Arbeiter- und Angestelltenschutzgesetzgebung.

Erleichterung der Arbeitslast der Mütter durch Errichtung öffentlicher Tagesheimstätten für Schulpflichtige, Vorschulpflichtige und Krippenkinder.

Rechtliche Gleichstellung der unehelichen Kinder mit den ehelichen.

Sicherung eines Erziehungsbeitrages aus öffentlichen Mitteln für jedes Kind, eines Erhaltungsbeitrages aus öffentlichen Mitteln für jede Mutter, die einen Säugling ernährt (Mutterschaftsversicherung).

Aufhebung des Bildungsmonopols der Bourgeoisie.

Unentgeltlichkeit des Unterrichts, der Lehr-, Lern- und Arbeitsmittel auf allen Unterrichtsstufen.

Gemeinsamer Unterricht beider Geschlechter durch beide Geschlechter im öffentlichen Erziehungswesen.

Planmäßige Erziehung der Jugend zum Völkerfrieden und zur Achtung vor den Rechten und der Würde fremder Völker.

(Aus: Therese Schlesinger: »Die Frau im sozialdemokratischen Parteiprogramm«. Wien, 1928)

Zusatzantrag zur Resolution »Mutter und Kind« auf der Internationalen Sozialistischen Frauenkonferenz in Brüssel am 4. August 1928

Antragstellerin: Gabriele Proft (Österreich)

Die unterzeichneten Delegationen sehen es als ein schweres Übel an, daß gegenwärtig die Kleinhaltung der Familie nicht immer durch empfängnisverhütende Mittel, sondern sehr oft durch die künstliche Unterbrechung der Schwangerschaft bewirkt wird. Dennoch halten wir die Strafandrohung gegen den künstlichen Abortus für verwerflich. Sie hat sich als ganz ungeeignet erwiesen, den Schwangerschaftsunterbrechungen entgegenzuwirken. In der Regel wirkt die Verzweiflung, welche die schwangere Proletarierin veranlaßt, sich ihrer Leibesfrucht zu entledigen, viel zwingender, als die Gefahr der Entdeckung des Deliktes durch die Behörden. Die Strafandrohungen haben zumeist nichts anderes zur Folge, als daß der Abortus auch in solchen Fällen, wo ihm volle Berechtigung nicht abgesprochen werden kann, nicht von einem Arzt in kunstgerechter und darum fast immer ungefährlicher Weise, sondern von hierzu Unberufenen vorgenommen wird. Diese verfügen weder über die in einem Krankenhaus vorhandenen Einrichtungen, noch über die zur Durchführung der Operationen unentbehrlichen medizinischen Kenntnisse. Schwere Erkankungen oder Tod der Schwangeren sind nur zu oft die Folge des unsachgemäßen Eingriffes.

Als Fälle, in denen der künstliche Abortus nicht nur als berechtigt, sondern auch als geboten erscheint, sehen wir diejenigen an, bei denen Leben oder Gesundheit der Schwangeren durch eine Entbindung schwer bedroht ist. Ferner diejenigen, in welchen ein lebensuntüchtiges Kind zu erwarten wäre, und solche, in denen die wirtschaftliche Existenz der Schwangeren, ihr berufliches Fortkommen oder die Erziehung ihrer bereits lebenden Kinder durch Vergrößerung der Familie gefährdet würde.

Es hat sich im Laufe der Beratungen gezeigt, daß die Verschiedenheiten der Verhältnisse und der Auffassungen in den einzelnen Ländern einer einheitlichen Formulierung im Wege gestanden sind. Die unterzeichneten Organisationen sind aber der Ansicht, daß die Internationale Frauenkonferenz der Entscheidung über eine für das gesamte Proletariat so schwerwiegende Schicksalsfrage nicht aus dem Wege gehen kann. Viel zu stark ist schon in den einzelnen Ländern die Bewegung gegen dieses Unrecht, viel zu sehr ist in zahlreichen Ländern die Öffentlichkeit seit Jahren mit der Reform dieser Gesetzesbestimmungen beschäftigt. Einige Länder stehen unmittelbar vor der Durchsetzung dieser Reformen.

Aus allen diesen Gründen, aber vor allem, weil wir als Sozialistinnen der Meinung sind, daß eine Gesellschaft, die es ablehnt, für Mutter und Kind zu sorgen, kein Recht hat, den Frauen das Gebären zahlreicher Kinder zur Pflicht zu machen, halten wir die Behandlung dieser Frage durch die sozialistischen Frauen aller Länder für unerläßlich. Wir erklären, daß wir in unseren Ländern unsere ganze Kraft einsetzen werden, um eine Zukunft herbeizuführen, in der gesunde Mütter ohne Zwang gesunde und lebenstüchtige Kinder gebären können. Wir geben der Erwartung Ausdruck, daß es gelingen wird, mit Unterstützung der sozialistischen Frauen aller Länder dieses Ziel zu erreichen.

(Beschlossen und unterfertigt von den Delegierten der Frauenorganisationen von Österreich, Deutschland, Belgien, Unabhängige Arbeiterpartei Englands, Lettland, Schweiz, Polen, Rußland, Tschechoslowakei [deutsche und tschechische SP], Palästina, Ungarn und Jugoslawien sowie im eigenen Namen und nicht für die Organisationen die Delegierten Hollands, Schwedens und Frankreichs)

Resolution über »Frau und Demokratie« auf der Frauenreichskonferenz in Wien (1929)

Die zur Reichskonferenz versammelten Vertreterinnen von 240 000 politisch organisierten Sozialdemokratinnen erneuern in ernster Zeit ihr so oft in feierlicher Weise abgelegtes Bekenntnis zum Weltfrieden. Sie begrüßen daher lebhaft die von der englischen Arbeiterregierung mit so viel Erfolg begonnene Arbeit für die internationale Abrüstung und die endlich herbeigeführte Räumung der besetzten Gebiete.

In diesem Augenblick will sich in unserem Lande die Reaktion erheben. In unverantwortlicher Weise strecken ihre Sendboten – die Heimwehrbataillone – den bewaffneten Arm nach unserer demokratischen Verfassung und allen unseren so schwer erkämpften sozialen und kulturellen Errungenschaften aus.

In entschiedener Weise protestieren die proletarischen Frauen gegen das wahnwitzige Unterfangen, den so notwendigen inneren Frieden zu stören und die vor 11 Jahren ohne blutige Kämpfe errichtete demokratische Republik in Gefahr zu bringen. Wir erinnern die neugewählte Regierung vielmehr, daß es zahlreiche wichtige Aufgaben endlich zu lösen gibt, die den Frauen und Müttern in Stadt und Land ihre Arbeit im Beruf, im Hause und als Erzieherin ihrer Kinder erleichtern sollen.

Als die wichtigsten und dringendsten bringen wir in Erinnerung: Die Ratifizierung des Washingtoner Abkommens von 1919, die Reform des Familienrechtes, des Strafgesetzbuches, die Eherechtsreform, den Schutz des unehelichen Kindes, die Anerkennung der Rechte der Lebensgefährtin. Besonders dringend fordern wir die Inkraftsetzung der Altersversicherung, die zugleich die Witwen- und Waisenfürsorge der Arbeiterschaft bedeutet. Nicht in blutigen Kämpfen wollen wir uns unsere Rechte holen, sondern durch den Stimmzettel soll entschieden werden, in welcher Weise unser Land regiert und verwaltet werden soll, bis zu dem Zeitpunkt, da an Stelle der demokratischen die soziale Republik errichtet werden kann.

Resolution über »Die Arbeit verheirateter Frauen« des Allgemeinen Deutschen Gewerkschaftsbundes (1929)

Der Vorstand des Allgemeinen Deutschen Gewerkschaftsbundes vertritt den Standpunkt, daß es in Zeiten großer und langanhaltender Arbeitslosigkeit sich nicht umgehen läßt, das nach der Verfassung jedermann gewährleistete Recht auf Arbeit insofern einzuschränken, daß Arbeitsplätze, die von Personen besetzt sind, die nicht unbedingt auf eigenen Arbeitsverdienst angewiesen sind, freigemacht werden für solche Arbeitslose, die Erwerbsarbeit zur Deckung ihres Lebensunterhaltes brauchen.

Hierbei ist so zu verfahren, daß unbillige Härten vermieden werden. Es entspricht nicht der Auffassung des Vorstandes des Allgemeinen Deutschen Gewerkschaftsbundes, wenn grundsätzlich oder ausschließlich verheiratete Frauen von den Arbeitsplätzen entfernt werden. Ein solches Vorgehen würde gegen Gesetz und Recht verstoßen und nicht dem beabsichtigten Zweck dienen.

Die verheirateten Frauen haben, wie jeder andere Staatsbürger, nach der Verfassung und nach den in der Arbeiterbewegung geltenden Grundsätzen der Gleichberechtigung von Mann und Frau ein Recht auf Arbeit. Dieses grundsätzliches Recht darf besonders von den Mitgliedern der Gewerkschaften nicht angetastet werden. Machen außerordentliche Notlagen außerordentliche Mittel zur Abwehr notwendig, so müssen diese sich im Rahmen gleicher grundsätzlicher Anwendung für beide Geschlechter halten.

(Bei der Abfassung war Gertrud Hanna vom Frauensekretariat des Bundesvorstandes maßgeblich beteiligt)

Emmy Freundlich: Die Frauen auf der
Genfer Abrüstungskonferenz (1932)

Die Internationale Liga für Friede und Freiheit hat bereits 1930 beschlossen, alle Frauenorganisationen aufzufordern, bei Männern und Frauen Unterschriften zu sammeln, damit die Abrüstungskonferenz von Millionen Menschen hört, wie leidenschaftlich alle Nationen die Abrüstung fordern. Diesem Rufe sind viele internationale Frauenorganisationen gefolgt, und auch ein Teil der nationalen Gruppen der internationalen genossenschaftlichen Frauengilde hat eifrig an der Sammlung der Unterschriften mitgearbeitet, die namentlich in England und den überseeischen Staaten große Erfolge gebracht hat. Insgesamt wurden 8.300.000 Unterschriften gesammelt, gewiß eine gewaltige organisatorische Leistung, und in großen Kisten und Paketen der Abrüstungskonferenz übergeben. Ein internationales Frauenkomitee, dem 15 große internationale Organisationen angehören und das 40 Millionen Frauen aller Klassen, aller Konfessionen und aller Nationen umschließt, hat die Arbeit geleitet und die Zusammenarbeit der sämtlichen Organisationen und Nationen wirklich durchgesetzt. Die Petitionen, die in den einzelnen Ländern unterschrieben wurden, weichen in der Form etwas voneinander ab, aber sie haben alle ein Ziel: sie fordern die Gleichstellung der Nationen und die vollständige Abrüstung.

Die Frauen fordern, man solle endlich alle Versprechen erfüllen, die mit dem Kellogg-Pakt und in den Friedensverträgen gemacht worden sind. Sie sehen in der vollständigen Entwaffnung die beste Sicherheit für alle Nationen und glauben, es müsse zuerst die Entwaffnung kommen, dann kann die Sicherheit für alle Völker verwirklicht werden.

Seit Monaten stand nun die Frage: Wie sollen diese Petitionen überreicht werden, im Mittelpunkt der Verhandlungen. Man wollte nicht zulassen, daß die Völker reden; es sollten alle Petitionen einfach schriftlich überreicht werden, damit sie leichter im Orkus der Völkerbundarchive verschwinden können. Aber die amerikanische Delegierte Mrs. *Wolley* hat es in der besonderen Komission für die

Petitionen durchgesetzt, daß die Frauen die Erlaubnis erhielten, ihre gesammelten Unterschriften zu überreichen. Es war aber auch dann noch immer nicht leicht, die Vorbereitungen zu treffen. Täglich wurde das Datum gewechselt, immer neue Anordnungen wurden getroffen und endlich wurde nur 24 Stunden vorher festgestellt, den 6. Februar als Tag der Petitionen einzuschalten. Den Frauen und allen anderen Vertretern der internationalen Organisationen, den Kirchen, den Völkerbundligen, den Studenten, den Gewerkschaften und der sozialistischen Internationale wurde der Weg in den Sitzungssaal des Völkerbundes freigegeben. Es war eine wirkliche Demonstration der Frauen, als sie, an der Spitze die 15 Präsidentinnen, einzogen. Zweihundert Frauen aus allen Teilen der Welt! Im Namen von vierzig Millionen Frauen forderten sie Frieden und Abrüstung. Es ist eine Armee, deren Schützenhilfe im Kampf um den Frieden nicht unterschätzt werden soll. Während alle Redner nur zehn Minuten sprechen durften, konnten die Frauen nicht nur ihre Erklärung verlesen, sie konnten auch die Länder aufrufen und mitteilen, wie viele Unterschriften gesammelt wurden. Jedesmal kamen vier Frauen und legten einige Pakete von Unterschriften auf den Tisch der Konferenz. Fast eine Stunde dauerte der Aufmarsch der Frauen. Keine Nation fehlte, auch die Japanerinnen und Chinesinnen waren da. Die Galerien jubelten bei jeder neuen Nation, die sich dem Präsidium näherte, um ihre Pakete niederzulegen.

Die Demonstration war nicht nur wirkungsvoll für den Frieden. Es war auch eine Demonstration für die Gleichberechtigung der Frauen, die namentlich in den Ländern, die kein Frauenwahlrecht kennen, außerordentlich wirkungsvoll sein muß. Und darin liegt auch zum Teil die große Wirkung, die diese Demonstration ausgeübt hat: Die Frauen sind da, trotz allen Diplomaten und Regierungen, sie lassen sich ihr Recht nicht nehmen, sie wollen die Verantwortung mittragen und wollen mitentscheiden. Sie stoßen die Türen auf und nehmen sich ihr gleiches Recht, auch wenn man es ihnen nicht geben will. Sie nehmen das Recht, mitzuentscheiden, damit nicht die Diplomaten allein über Krieg und Frieden, über Abrüstung und Völkerbefreiung entscheiden.

(In: »Frauentag 1932«. Festschrift des Frauenreichskomitees. Wien, 1932)

Marianne Pollak: Internationale Kontakte sozialdemokratischer Frauen in der Zeit des Faschismus (1936–1944)

Schon auf der Wiener Internationalen Frauenkonferenz (1931) wurde die Anregung laut, internationale Studienwochen für die führenden Genossinnen der sozialistischen Parteien zu organisieren. Im Sommer 1936 ist der Plan verwirklicht worden. Das Haus der belgischen Arbeiterhochschule in Uccle, einem Villenvorort von Brüssel, nahm zwei Dutzend Frauen auf. Es wurde eine unvergeßliche Woche internationaler Gemeinschaft, mitten im todkranken, von Haß und Angst gequälten Europa.

Bei dieser Tagung wurde manchen Teilnehmerinnen zum ersten Male der klaffende Gegensatz zwischen Freiheit und Faschismus, zwischen parlamentarischer und illegaler Arbeit für den Sozialismus, zwischen öffentlichen Funktionen und Katakombenarbeit bewußt. Drei der Delgierten kamen aus jener anderen, unheimlichen, unbekannten Welt. Drei Österreicherinnen: Käthe *Leichter,* Helene *Potetz* und Lily *Fulda,* sie kamen aus dem Reich der völligen Rechtsverneinung, aus jener Welt, in der Sozialisten zuweilen mittags nicht wußten, wo sie abends schlafen würden, die unter falschen Namen in ihrer Heimat leben mußten.

Das enge Beisammensein brachte die Frauen einander auch menschlich näher. Da war Anna *Siemsen,* die revolutionäre deutsche Genossin, Universitätsprofessorin und Schriftstellerin, ein Mensch von edelster Gesinnung, die, aus Deutschland vertrieben, Redakteurin des Organs der Schweizer sozialdemokratischen Frauenorganisation, »Die Frau«, wurde. Neben Marthe Louise *Lévy* sah man Suzanne *Buisson,* die beiden Sekretärinnen der sozialistischen Frauen Frankreichs. Suzanne Buisson wuchs erst später, in der Illegalität, zu ihrer ganzen Größe. Als Mitglied des geheimen Zentralkomitees der Sozialistischen Partei, reiste sie im besetzten Land herum, wurde verraten, gefoltert, verschickt, und ist für immer versunken. Zum ersten Male tritt Mary *Sutherland* in größerem, internationalem Rahmen als die Sekretärin der englischen Frauenorganisation auf. Von allen verehrt, nimmt wieder Susan *Lawrence* an der Studienwoche teil. Als Käthe *Leichter* ihr großes Referat über »Die Frau in den Ländern des Faschismus« schloß, umarmte sie die Rednerin in tiefer Ergriffenheit und Anerkennung.

Im Spätsommer 1938 kamen die Frauen der Sozialistischen Arbeiter-Internationale zu einer zweiten Studienwoche zusammen, diesmal in der belgischen Bergarbeiterstadt Charleroi. Krieg oder nicht Krieg, das war damals die Frage, die jeden Menschen Europas beherrschte. Im Mittelpunkt der Aussprache stand denn auch hier die Kriegsgefahr. Und es war Anna *Siemsen,* die Frau aus jenem »anderen Deutschland«, die die Vertreterinnen der damals noch vom Faschismus verschont gebliebenen Länder zu überzeugen suchte: Hitler muß geschlagen werden!
Aus Frankreich waren zwei Delegierte gekommen, von jeder der beiden Richtungen eine. Für Suzanne *Buisson* gab es kein Zögern. Sie, die Französin, und Anna Siemsen, die Deutsche, waren ein Herz und eine Seele: Hitler muß geschlagen werden! Dies war die Erkenntnis der zweiten Internationalen Studienwoche.

Im März 1941 wurde eine große internationale Veranstaltung von der englischen Frauensekretärin einberufen: ein Internationaler Frauentag der tragischen Gegenwart und der hoffnungsvollen Zukunft. Ein Frauentag mitten im Krieg! Im großen Festsaal des Hauses der Quäker sammelten sich die Schatten der sozialistischen Frauenorganisationen aus allen Windrichtungen Europas. Daheim waren ihre Schwestern zur Stummheit gepreßt. Dort, in London, sollte ihre Anklage laut in die Welt gerufen werden. Den Vorsitz führte Mary *Sutherland* für das Gastland. Eine Rednerin nach der anderen ruft sie auf. Jede spricht ein paar Minuten in ihrer Muttersprache, dann auf englisch. Jede Rede klingt aus mit leiser Klavierbegleitung des schönsten Kampfliedes aus ihrer Heimat.
Fanny *Blatny* sprach für die deutschen Sozialdemokratinnen der Tschechoslowakei, Ragna *Hagen* für die Norwegerinnen, Isabelle *Blume* im Namen der Belgierinnen, Marthe Louise *Lévy* für das Land der Marseillaise, Lydia *Ciolkocz* für die Polinnen, Herta *Gotthelf* für die Deutschen, Marie *Jurneckova* für die tschechischen Sozialdemokratinnen, Olga *Treves* für Italiens Sozialistinnen, Marianne *Pollak* für die österreichischen Genossinnen. Als sie endete,

erklang die Weise im Saal: »So flieg, du flammende, du rote Fahne . . .«

In dieser Epoche haben die Frauen Außerordentliches geleistet. Niemals dürfte die um ihre Freiheit kämpfende Menschheit vergessen, welchen Anteil die Frauen am unterirdischen Krieg gegen den Faschismus, am Widerstand gegen Hitler, für sich in Anspruch nehmen können. In den Katakomben der Illegalität wie in den Bombenkellern hat es kein »schwaches« Geschlecht, keine Nerven und keine Unterernährung – und auch keine Schüchternheit gegeben. In der Zeit des Kampfes für die verbotene Freiheit und die zertrampelte Menschenwürde, in der Zeit der Konzentrationslager, in der niemand Würden erwerben konnte, als es nur galt, Mut zu haben und leiden zu können – da war die Frau zur Stelle. Zahllos jene, die sich selbst zum Opfer brachten, die in Folterkammern, in Bunkern, in Steinbrüchen, »auf der Flucht« um ihr Leben kamen. Kein Heldenbuch hält ihre Namen fest, damit künftige Geschlechter von ihren Taten und ihrer Treue erfahren. Wir dürfen sie nicht vergessen: die unbekannte Heldin des Freiheitskampfes!

(Aus: »Frauenmehrheit verpflichtet«. Eine internationale Übersicht von Marianne Pollak. Wien, o. J.)

August Bebel: Rückschau und Ausblick oder Von der Gewißheit von einer neuen, höheren Gesellschaftsordnung (1910)

Deutsche Sozialisten waren es, welche die Bewegungsgesetze der modernen Gesellschaft entdeckten und den Sozialismus als die Gesellschaftsform der Zukunft wissenschaftlich begründeten. In erster Linie Karl Marx und Friedrich Engels, ihnen folgend und durch seine Agitation das Feuer in die Massen werfend, Ferdinand Lassalle. Auch sind vielfach deutsche Sozialisten die Pioniere, welche unter die Arbeiter der verschiedensten Völker die sozialistischen Gedanken verbreiten.

Vor einem halben Jahrhundert konnte Buckle auf Grund seines Studiums deutscher Geistes- und Bildungsverhältnisse schreiben, Deutschland habe zwar eine große Zahl der größten Denker, aber es gebe kein Land, in dem der Abstand zwischen der Klasse der Gelehrten und der Masse des Volkes so groß sei als in ihm. Das ist heute *nicht* mehr richtig. Dieses galt so lange, als in Deutschland sich die Wissenschaft auf die dem praktischen Leben fernstehenden Gelehrtenkreise beschränkte. Seitdem Deutschland ökonomisch revolutioniert worden ist, wurde die Wissenschaft genötigt, sich dem praktischen Leben dienstbar zu machen. Die Wissenschaft selbst wurde praktisch. Man begriff, daß sie erst vollen Wert habe, wenn sie Mittel für das Leben werde, wozu die Entwicklung der großkapitalistischen Produktion zwang. Dadurch sind in Deutschland alle Wissensfächer stark demokratisiert worden. Einmal hat die große Zahl für höhere Berufe ausgebildeter junger Männer dazu beigetragen, die Wissenschaft in das Volk zu tragen; sodann hat die allgemeine Schulbildung, die in Deutschland höher ist als in den meisten anderen Ländern, den Massen die Aufnahme einer Menge Geisteserzeugnisse erleichtert. Insbesondere aber hat die sozialistische Bewegung mit ihrer Literatur, ihrer Journalistik, ihren Vereinen und Versammlungen, ihrer parlamentarischen Vertretung und der durch alle diese Faktoren unablässig geübten Kritik auf allen Gebieten des öffentlichen Lebens das geistige Niveau der Massen bedeutend erhöht.

Auch das Ausnahmegesetz gegen die Sozialdemokratie (von 1878 bis 1890) hat hieran nichts geändert. Es engte die Bewegung etwas ein und dämpfte ein wenig ihr Tempo. Andererseits half es aber die Bewegung zu vertiefen und schuf eine große Erbitterung gegen die herrschenden Klassen und die Staatsgewalten. Der schließliche Fall des Ausnahmegesetzes war nur die Konsequenz der Entwicklung der sozialdemokratischen Partei, und so marschiert die Bewegung, wie sie unter den gegebenen Verhältnissen marschieren muß.

Und wie in Deutschland, so hat in den letzten Jahrzehnten die sozialistische Bewegung in allen Kulturstaaten ungeahnte Fortschritte gemacht, wofür ein sprechendes Zeugnis die internationalen Arbeiterkongresse sind, die eine immer stärkere Beteiligung finden.

So ist der große Kampf der Geister in allen Kulturstaaten entbrannt und wird mit dem größten Feuereifer geführt. Neben der Sozialwissenschaft bilden das weite Gebiet der Naturwissenschaften, die Gesundheitslehre, die Kulturgeschichte und die Philosophie das Arsenal, dem die Waffen entnommen werden. Die Grundlagen des Bestehenden werden von *allen* Seiten angegriffen und die wuchtigsten Hiebe werden gegen die Stützen der alten Gesellschaft geführt. Die revolutionären Gedanken dringen in die konservativsten Kreise und bringen die Reihen unserer Feinde in vollste Verwirrung. Handwerker und Gelehrte, Ackerbauer und Künstler, Kaufleute und Beamte, sogar Fabrikanten und Bankiers, kurz Männer jeder Stellung schließen sich den Arbeitern an, die das Gros der Armee bilden, die um den Sieg kämpft und ihn erringen wird. Alle unterstützen und ergänzen sich gegenseitig.

Auch an die Frau im allgemeinen und an die Proletarierin im besonderen tritt die Aufforderung, in diesem Kampfe nicht zurückzubleiben, in dem auch für ihre Befreiung und Erlösung gekämpft wird. Es ist an ihr, zu beweisen, daß sie ihre wahre Stellung in der Bewegung und in den Kämpfen der Gegenwart für eine bessere Zukunft begriffen hat und entschlossen ist, daran Teil zu nehmen. Sache der Männer ist es, sie in der Abstreifung aller Vorurteile und in der Teilnahme am Kampf zu unterstützen. Niemand unterschätze seine Kraft und glaube, daß es auf seine Person nicht ankomme. Für den Kampf um den Fortschritt der Menschheit kann keine Kraft, und sei sie noch so schwach, entbehrt werden. Das ununterbrochene Fallen der Tropfen höhlt schließlich den härtesten

Stein aus. Und aus vielen Tropfen entsteht der Bach, aus Bächen der Fluß, aus einer Anzahl Flüssen der Strom. Schließlich ist kein Hindernis stark genug, ihn in seinem majestätischen Lauf zu hemmen. Genau so geht's im Kulturleben der Menschheit. Handeln alle, die sich berufen fühlen, mit ganzer Kraft in diesem Kampfe, so kann der endliche Sieg nicht fehlen.

Dieser wird einst um so größer sein, je eifriger und aufopferungsvoller jeder einzelne die vorgezeichnete Bahn verfolgt. Bedenken, ob der einzelne ungeachtet aller Opfer, Arbeit und Mühe den Beginn einer neuen, schöneren Kulturepoche noch erlebe, des Sieges Früchte noch genieße, dürfen keinem aufstoßen, noch weniger dürfen sie ihn von dem betretenen Wege abhalten. Wohl können wir weder die Dauer noch die Art der Entwicklungsphasen bestimmen, die dieser Kampf um die höchsten Ziele zu durchlaufen hat, wir können dies ebensowenig, wie wir über die Dauer unseres Lebens eine Gewißheit haben. Aber wie die Lust zum Leben uns beherrscht, so können wir auch die *Hoffnung* hegen, diesen Sieg zu erleben. Stehen wir doch in einem Zeitalter, das sozusagen mit Siebenmeilenstiefeln vorwärts stürmt und deshalb alle Feinde einer *neuen, höheren* Gesellschaftsordnung erzittern macht.

Von dem raschen Wachstum und der immer gewaltiger werdenden Ausbreitung der sozialistischen Ideen liefert jeder Tag neue Beispiele. Auf allen Gebieten regt sich's und drängt nach vorwärts. Die Morgendämmerung zu einem schönen Tage zieht mit Macht herauf. Kämpfen und streben wir also immer voran, unbekümmert darum, »wo« und »wann« die Grenzpfähle für eine neue, bessere Zeit für die Menschheit eingeschlagen werden. Und fallen wir im Laufe dieses großen, die Menschheit befreienden Kampfes, so treten die uns Nachstrebenden für uns ein. Wir fallen in dem Bewußtsein, unsere Schuldigkeit als Mensch getan zu haben, *und in der Überzeugung, daß das Ziel erreicht wird, wie immer die dem Fortschritt der Menschheit feindlichen Mächte sich dagegen wehren und sträuben mögen.*

»Dem Sozialismus gehört die Zukunft, das heißt in erster Linie dem Arbeiter und der Frau.«

(August Bebel: »Die Frau und der Sozialismus«. Schlußabschnitt. 50. Auflage. Stuttgart, 1910)

Teil 3: Anhang

Eingesehene Literatur

Die hier angeführten Titel ergeben keine Bibliographie zur bürgerlichen und proletarischen Frauenemanzipation; sie haben – neben Zeitungen, Broschüren, Zeit- und Festschriften der sozialdemokratischen Arbeiterbewegung sowie der bürgerlichen Frauenbewegung, auf die bei den Texten verwiesen wird – wertvolle Arbeitshilfe geboten.

Die im Teil A und B im Anschluß an Texten und Beiträgen angegebenen Quellen scheinen hier – ausgenommen jene, deren Bedeutung einen Nachweis auch an dieser Stelle rechtfertigt – nicht auf.

Abendroth, W.: Sozialgeschichte der europäischen Arbeiterbewegung. Frankfurt a. M. 1968

(Adler, V.): Victor Adlers Aufsätze, Reden und Briefe. 11 Hefte. Wien 1922/1929.

Arbeiterdichtung. Analysen – Bekenntnisse – Dokumentationen. Hrsg. von Österreichische Gesellschaft für Kulturpolitik. Wuppertal 1973

Aus dem Schaffen früher sozialistischer Schriftstellerinnen. In: Textausgaben zur frühen sozialistischen Literatur in Deutschland. Band VIII. Hrsg. von Cäcilia Friedrich. Berlin 1966 (darinnen Frauen: Ottilie Baader, Wilhelmine Kähler, Anna Mosegaard, Adelheid Popp, Aurelia Roth, Amalie Seidel)

Balser, F.: Sozialdemokratie 1848/49–1863, 2 Bände. Stuttgart 1963

Bebel, A.: Die Frau und der Sozialismus. 50. Auflage. Stuttgart 1910

Bebel, A.: Aus meinem Leben. 3 Bände. Stuttgart 1911/1914

Beier, G.: Schwarze Kunst und Klassenkampf. Frankfurt a. M. o. J.

Bertlein, H.: Jugendleben und soziales Bildungsschicksal. Reifungsstil und Bildungserfahrung werktätiger Jugendlicher 1860–1910. Hannover 1966 (darinnen Frauen im Textanhang: Ottilie Baader, Adelheid Popp, Annelise Rüegg)

Blos, A.: Frauen der deutschen Revolution. Zehn Lebensbilder. Dresden 1928

Bottomore, T. B.: Die sozialen Klassen in der modernen Gesellschaft. München 1967

Braun, L.: Die Frauenfrage. Leipzig 1901

Die Frauenfrage im Lichte des Sozialismus, Hrsg. von Anna Blos. Dresden 1930

Duhet, P.-M.: Les femmes et la Révolution 1789–1794. Paris 1971

Eckert, G.: Aus den Lebensberichten deutscher Fabrikarbeiter. Zur Sozial-geschichte des ausgehenden 19. Jahrhunderts. 3. Auflage. Braunschweig 1963
(darinnen Frauen: Adelheid Popp)

Engels, F.: Die Lage der Arbeitenden Klasse in England. 2. Auflage. Stutt-gart 1892

Engels, F.: Der Ursprung der Familie, des Privateigentums und des Staa-tes. In: MEW, Band 21. Berlin 1962

Feidel-Mertz, H. (Hrsg.): Bildungsprobleme in der Arbeiterbewegung. Bad Heilbrunn 1968

Firnberg, H.: Die Frau in der Zeit von heute. Referat, gehalten auf der Bundesfrauenkonferenz in Villach am 16. April 1972. Wien 1972

Freundlich, E.: Frau und Politik. Prag 1924

Friedan, B.: Der Weiblichkeitswahn oder die Mystifizierung der Frau. Reinbek 1966

Gedenkbuch. 20 Jahre österreichische Arbeiterinnenbewegung. Hrsg. von Adelheid Popp. Wien (1912)

Genth, R.: Literarische Zeugnisse aus der frühen sozialdemokratischen Arbeiterinnenbewegung. In: Arbeiterdichtung. Wuppertal 1973 (S. 47 bis 64)

Grebing, H.: Geschichte der deutschen Arbeiterbewegung. Ein Überblick. München 1966

Guillois, A.: Etude medico-psyhologique sur Olympe de Gouges. Considé-rations Générales sur la mentalité des Femmes pendant la Révolution Française. Lyon 1904

Hannak, J.: Vom Untertan zum Mitbürger. 100 Jahre Staatsgrundgesetze. Wien 1967

Hautmann, H. / Kropf, R.: Die österreichische Arbeiterbewegung vom Vormärz bis 1945. Sozialökonomische Ursprünge ihrer Ideologie und Politik. Wien 1974

Ihrer, E.: Die Arbeiterin im Klassenkampf. Hamburg 1898

Juchacz, M.: Sie lebten für eine bessere Welt. Lebensbilder führender Frauen des 19. und 20. Jahrhunderts. Hannover 1971

Klenner, F.: Die österreichischen Gewerkschaften. 2 Bände. Wien 1951/ 1953

Klose, E.: Zeittafel der österreichischen Arbeiterbewegung von 1867–1934. Wien 1962

Konecny, A. K.: Die verzögerte Revolution. 50 Jahre Frauenwahlrecht: 50 Jahre Kampf um die Gleichberechtigung. Wien 1969

Krukenberg, E.: Die Frauenbewegung, ihre Ziele und ihre Bedeutung. Tübingen 1905

Kuczynski, J.: Die Geschichte der Lage der Arbeiter unter dem Kapitalismus. Band 18. Berlin 1963

Kunstmann, A.: Frauenemanzipation und Erziehung. 3. Auflage. Starnberg 1973

Lukacs, G.: Geschichte und Klassenbewußtsein. Studien über marxistische Dialektik. Neuwied 1970

Marx, K.: Das Kapital. Bände I, II, III/1 u. 2. Volksausgabe. Berlin 1928/1926/1929

Marx, K. / Engels, F.: Das Kommunistische Manifest. In: Politische Schriftenreihe der Sozialistischen Jugend Österreichs. Wien o. J.

Marx, K. / Engels, F.: Die Deutsche Ideologie. In: MEW, Band 3. Berlin 1962

Mehring, F.: Die deutsche Sozialdemokratie, ihre Geschichte und ihre Lehre. 3. Auflage. Berlin 1879

Mehring, F.: Aufsätze zur deutschen Literaturgeschichte. Leipzig (1961)

Menschik, J.: Gleichberechtigung oder Emanzipation? Die Frau im Erwerbsleben der Bundesrepublik. Frankfurt a. M. 1971

Motzko, A.: Weg der Frau zu Recht und Geltung. Wien 1959

Münchow, U.: Frühe deutsche Arbeiterautobiographien. Berlin 1973

Osterroth, F.: Biographisches Lexikon des Sozialismus. Band 1: Verstorbene Persönlichkeiten. Hannover 1960

Osterroth, F. / Schuster, D.: Chronik der deutschen Sozialdemokratie, Band I. Bonn-Bad Godesberg 1975

Popp, A.: Frauenarbeit in der kapitalistischen Gesellschaft. Wien 1922

Proletarische Lebensläufe. Autobiographische Dokumente zur Entstehung der Zweiten Kultur in Deutschland. Band 1: Anfänge bis 1914. Hrsg. von Wolfgang Emmerich. Reinbek 1974
(darinnen Frauen: Anna Altmann, Ottilie Baader, Das Mädchen Kathrin, Adelheid Popp, Amalie Seidel, Berta Selinger, Luise Zietz)

Reiche, R.: Sexualität und Klassenkampf. Zur Abwehr repressiver Entsublimierung. Frankfurt a. M. 1971

Reicke, I.: Frauenbewegung und -erziehung. München 1921

Scheu-Rieß, H.: Wege zur Menschenerziehung. Wien (1921)

Sombart, W.: Sozialismus und Soziale Bewegung. 6. Auflage. Jena 1908

Stegmann, C. / Hugo, C.: Handbuch des Sozialismus. Zürich 1897

Steinberg, H.-J.: Sozialismus und deutsche Sozialdemokratie. Zur Ideologie der Partei. Hannover 1967

Steiner, H.: Bibliographie zur Geschichte der österreichischen Arbeiterbewegung. 3 Bände. Wien 1962/1967/1970

Stieg, G. / Witte, B.: Abriß einer Geschichte der deutschen Arbeiterliteratur. Stuttgart 1973

Thönessen, W.: Frauenemanzipation. Politik und Literatur der deutschen

Sozialdemokratie zur Frauenbewegung 1863–1933. Frankfurt a. M. 1969

Tremel, F.: Wirtschafts- und Sozialgeschichte Österreichs. Wien 1969

Treue, W.: Deutsche Parteiprogramme 1861–1954. Göttingen 1954

Tristan, F.: Œuvres et vie mêlées. Par Dominique Desanti. Paris 1973

Trunz, C. A.: Die Autobiographien von deutschen Industriearbeitern. Diss. Freiburg/Breisgau 1934

Vester, M.· Die Entstehung des Proletariats als Lernprozeß. Frankfurt a. M. 1970

von Troll-Borostyáni, I.: Das Recht der Frau. Eine soziale Studie. Berlin 1894

Werk und Widerhall. Große Gestalten des österreichischen Sozialismus. Hrsg. von Norbert Leser. Wien 1964

Witte, B.: Arbeiterautobiographien. In: Arbeiterdichtung. Wuppertal 1973 (S. 37–46)

Zetkin, C.: Zur Frage des Frauenwahlrechts, Berlin 1907

Zetkin, C.: Ausgewählte Reden und Schriften. Band I (1889–1917). Berlin 1957

Zetkin, C.: Zur Geschichte der proletarischen Frauenbewegung Deutschlands. Berlin 1958

Zur Tradition der sozialistischen Literatur in Deutschland. Eine Auswahl von Dokumenten. Hrsg. von der Deutschen Akademie der Künste zu Berlin. Berlin-Weimar 1967

Kurzbiografien der Autorinnen

ALTMANN, Anna (geb. Urbantschky)
* 17. 11. 1851 in Böhmisch-Leipa; † Frühjahr 1937 in Schönfeld bei Aussig
Sechsjährig mit dem Vater in Textilfabrik; organisiert 1866 Lohnstreik, als Rädelsführerin entlassen; durch Schiller-Seff aktiviert und nach Selbstbildung fähigste Agitatorin Alt-Österreichs für Partei, Gewerkschaft und Frauen; 1876 erstmals Versammlungsrednerin in Franzenstal bei Bensen; politische Verfolgungen erzwingen ständigen Arbeitsplatz- und Ortswechsel; Hauptrednerin 1890 bei Gründung des Arbeiterinnen-Bildungsvereines in Wien; enge Zusammenarbeit mit A. Popp und A. Boschek, die bei der Parteifeier zu ihrem 80. Geburtstag 1931 den Dank der sozialdemokratischen Frauen Österreichs überbringt.

BAADER, Ottilie
* 30. 5. 1847 in Frankfurt (Oder); † 24. 7. 1925 in Berlin
Ab 7. Lebensjahr Führung des mutterlosen Haushaltes; ab 13. Lebensjahr Näherin in Berlin, nach Lohnstreit 1870 entlassen; Heimarbeiterin; gründliche Selbstbildung in marxistischer Literatur; ab 1879 aktiv in der Agitation, öfters polizeilich verfolgt und abgestraft; 1900–1908 Zentralvertrauensperson der sozialdemokratischen Frauen Deutschlands; bahnbrechend im Frauenstimmrechtskampf und für Arbeiterinnen- und Kinderschutz; bis 1917 im Frauenbüro der SPD tätig.

BEUTELMAYR, Marie (geb. Stadler)
* 26. 2. 1870 in Linz (Donau); † 6. 5. 1948 in Linz (Donau)
Mit 13 Jahren Fabrikarbeiterin; 1890 als Dienstmädchen in Wien; ab 1891 Arbeiterin in einer Dampfsäge; 1892 Eintritt in den Arbeiter-Bildungsverein Linz; erfolgreiche Agitatorin; 1895 gemaßregelt, im gleichen Jahr in den Landesparteivorstand gewählt; Aufbau der politischen Frauenorganisation, ab 1910 Vorsitzende des Frauenlandeskomitees für Oberösterreich; 1918 Mitglied des Linzer Gemeinderates und des o. ö. Landtages; 1930 in den Bundesrat entsendet.

BOSCHEK, Anna
* 14. 5. 1874 in Wien; † 19. 11. 1957 in Wien
Textilarbeiterin; 1891 Eintritt in den Arbeiterinnen-Bildungsverein; durch-

schlagkräftige Agitatorin der Gewerkschafts- und Arbeiterinnenbewegung; ab 1894 Angestellte der Gewerkschaftskommission; 1919–1934 Abgeordnete zum Nationalrat.

CONZETT, Verena (geb. Knecht)
* 28. 11. 1861 in Zürich; † 14. 11. 1947 in Kilchberg bei Zürich
Mit 12 Jahren Arbeiterin in Textilindustrie, später Angestellte; 1883 Heirat mit »Arbeiterstimme«-Redakteur Conrad Conzett; ab nun ebenfalls aktiv im sozialdemokratischen Arbeiterbund als Vortragende, als Parteidelegierte 1893–1908 und als Vorkämpferin für ein soziales Arbeitsrecht; 1898 Witwe: Beginn des Aufbaues des Großverlages Conzett & Huber; wegen ihrer Aktivität im Verein »Mütter- und Säuglingsschutz« weithin als Wohltäterin geehrt.

GÜNZL, Marie (geb. Franke)
* 23. 3. 1896 in Zwodau bei Falkenau (Böhmen)
Älteste von 8 Kindern einer sozialdemokratischen Arbeiterfamilie; nach Schulbesuch Porzellanarbeiterin, später in einem Strickereibetrieb; 1910 Eintritt in den Verband jugendlicher Arbeiter; wegen Teilnahme an der 1.-Mai-Feier 1911 entlassen; Verkäuferin der Konsumgenossenschaft; politisch-theoretisch exzellent gebildet und kulturschöpferisch; 1911 in der von ihrer Mutter begründeten Frauenorganisation in Graslitz als Schriftführerin tätig; 1927 bis zur Besetzung des Sudetenlandes Frauensekretärin der sozialdemokratischen Partei in Karlsbad; 1938–1941 im KZ Ravensbrück; nach Entlassung trotz Gestapoaufsicht aktiv im Widerstand gegen NS-Regime; nach Vertreibung aus dem Sudetenland durch 12 Jahre SPD-Abgeordnete in Bayern, dritte Vorsitzende des Landesausschusses der Partei und verdienstvoll tätig für die Seliger-Gemeinde.

HABERZETTL, Erna
* 19. 4. 1901 in Bischofteinitz (Böhmerwald); † 3. 3. 1945 in Wien (Freitod vor drohender Verhaftung durch Gestapo)
Krankenpflegeausbildung und -dienst; Erzieherin; Arbeiterin in einer Wollfabrik in Neudek (Erzgebirge); 1921 Eintritt in die sozialdemokratische Partei; unter Kalmar in der Redaktion der »Volksstimme« in Preßburg; organisatorisch und als Vortragende für die Partei tätig; ab 1929 Frauensekretärin in Trautenau; ab 1938 als medizinische Assistentin bei deutscher Wehrmachtsdienststelle zuerst in Prag, ab 1944 in Wien; aktiv im Widerstand gegen NS-Regime.

JOBST, Sophie
(keine weiteren Daten eruierbar)
Nach 1891 Lehre, dann Näherin; 1892 Eintritt in den Fachverein für Textilarbeiter in Asch, 1893 in den Arbeiter-Bildungsverein Forst bei Asch; wirkungsvolle Agitatorin für die Organisation der Frauen in Böhmen; nach polizeilicher Maßregelung Verlust des Arbeitsplatzes; ab 1898 Leiterin des Arbeiterinnenvereins für Böhmen; 1900 Angestellte der Wahlkreisleitung Falkenau/Eger; 1903 zum Aufbau der Frauenorganisation in Graz (Steiermark); 1904 nach Wien berufen.

JOKSCH, Josefine
(keine Daten eruierbar)

KÄHLER, Wilhelmine
(keine weiteren Daten eruierbar)
Fabrikarbeiterin; 1870 Anschluß an die sozialdemokratische Arbeiterbewegung; als Vertrauensperson der Arbeiterinnen in Hamburg und Dresden politisch und gewerkschaftlich tätig; zahlreiche Lyrik-, Reportagen- und theoretische Veröffentlichungen in der Arbeiterinnenpresse.

KAHLE, Marie
* 3. 8. 1891 in Wesel (Schleswig-Holstein)
1913 nach Brasilien ausgewandert; nach Rückkehr nach Deutschland 1920 Redakteurin, aus Studiengründen Fabrikarbeiterin, freie Schriftstellerin. (Erscheint in diesem Buche als Vermittlerin der Aussagen der sozialdemokratischen Arbeiterin Berta.)

KOCH, Marie
(keine weiteren Daten eruierbar)
Drittälteste von 6 Kindern einer Kleinbeamtenfamilie in Wien; nach Schulbesuch Heimarbeiterin; ab 1893 Vorarbeiterin in einer Schneiderei; Verlust der Stelle wegen Teilnahme an der Wahlrechtsdemonstration 1905; Comptoiristin bis 1908; Eintritt in den Arbeiter-Bildungsverein Wien II im Jahre 1897, Mitglied des Lese- und Diskutierklubs »Libertas«; agitatorisch in der Organisation der Heimarbeiterinnen tätig; mehrmals Delegierte zum Parteitag; ab 1909 als 1. Frauensekretärin in Graz, in dieser Funktion bis 1917 nachweisbar.

KÜNAST, Erna
* 15. 2. 1912 in Schnauhübel bei Schönlinde; † 12. 8. 1972 in Söderby bei Stockholm
Nach Volks- und Bürgerschule Textilarbeiterin; Eintritt in die sozialisti-

sche Arbeiterjugend; nach Besetzung des Sudetenlandes 1938 durch Hitler Emigration nach Schweden; dort zuerst Fabrikarbeiterin, dann Angestellte.

LEICHTER, Käthe (geb. Pick)
* 20. 8. 1895 in Wien; † Februar 1942 (mit 1 500 jüdischen Leidensgenossinnen nach Abtransport aus KZ Ravensbrück bei Magdeburg vergast)
Aus bürgerlich-liberalem Haus; 1914 Hochschulstudium in Wien, Schülerin von Carl Grünberg; Doktorat der Nationalökonomie »magna cum laude« 1918 in Heidelberg; ab 1916 Hinwendung zum Marxismus; als Politologin und Soziologin der fähigste Kopf der sozialdemokratischen Arbeiterinnenbewegung; Referentin für Frauenfragen in Wiener Arbeiterkammer; nach 1934 aktiv im Widerstand; 31. 5. 1938 von Gestapo verhaftet, gerichtlich abgeurteilt und 1939 ins KZ Ravensbrück gebracht.
(Ihre »Lebenserinnerungen«, während der Haftzeit im Landesgericht Wien geschrieben, beinhalten eine wichtige Analyse der Situation in Österreich bei Kriegsausbruch 1914.)

MAIER, Anna
(keine weiteren Daten eruierbar)
Jüngste von 12 Kindern einer Weberfamilie; neben Schulbesuch Heimarbeit; ab 13. Lebensjahr Tabakarbeiterin; Eintritt in den Arbeiter-Bildungsverein Sternberg (Mähren); organisiert nach 1899 Tabakarbeiterorganisation; ab 1903 ständige Delegierte für Sternberg bei Parteitagen; Mitglied des Frauen-Landeskomitees für Mähren; zeitlich letzte Feststellung: Teilnahme am Parteitag 1928.

MOSEGAARD, Anna (geb. Sachse)
* 2. 1. 1881 in Nordhausen (Harz); † 26. 3. 1954 in Hadersleben
Aufgewachsen in einem Waisenhaus; mit 14 Jahren Dienstmädchen, dann Tabakarbeiterin; nach Heirat 1901 Hausfrau, weiterhin tätig für die SPD; freie Schriftstellerin.

OPITZ, Else
* 25. 6. 1909 in Schwabach
Arbeiterkind; nach Schulbesuch 33 Jahre in einer Nähnadelfabrik und 12 Jahre in der Papierindustrie; durch Selbstbildung Entwicklung zur Lyrikerin von Rang (auch in Mundart) und Malerin; über Parteibindung nichts bekannt.

PERTHEN, Anna
(keine weiteren Daten eruierbar)
Aus sozialdemokratischer Arbeiterfamilie; als Schulkind Heimarbeit, mit

12 in Textilfabrik; ab 1896 als Agitatorin im Raum Bodenbach tätig; 1897 Eintritt in den Arbeiter-Bildungsverein; gründet 1900 in Bodenbach den Arbeiterinnenverein »Vorwärts« und 1910 die Freie politische Frauenorganisation; ab 1901 ständig als Delegierte auf Parteitagen; Vorsitzende des Frauenkomitees für Böhmen; 1920 sozialdemokratische Senatorin der 1. Wahlperiode im tschechischen Parlament; 1932 Ehrenvorsitzende des Frauenkomitees; soll nach 1945 in Bayern gestorben sein.

POPP, Adelheid (geb. Dworschak)
* 11. 2. 1869 in Inzersdorf bei Wien; † 7. 3. 1939 in Wien
15. Kind einer Arbeiterfamilie; vor und während dreier Jahre Schulzeit zum Mitverdienen angehalten; 1882–1891 Hilfsarbeiterin in verschiedenen Betrieben und Fabriken; durch Selbstbildung umfassende politische und allgemeine Kenntnisse; Schöpferin der sozialdemokratischen Frauenorganisation in Österreich; gründet 1890 den Arbeiterinnen-Bildungsverein und 1891 die »Arbeiterinnen-Zeitung«, von ihr bis 1934 geleitet; Mitglied der Frauen-Internationale, ab 1917 deren Vorsitzende; Mitglied des Wiener Gemeinderates 1918, des Nationalrates 1919–1934, seit 1918 Mitglied des Parteivorstandes.
(Ihre »Jugendgeschichte einer Arbeiterin«, 1909 anonym erschienen, innerhalb eines Jahres 2 Auflagen mit zusammen 15 000 Stück, wird 1922, 1927 und 1964 neu aufgelegt und ist in 11 Sprachen übersetzt und verbreitet.)

PROFT, Gabriele
* 20. 2. 1879 in Troppau; † 6. 4. 1971 in Wien
Tochter eines Kleingewerbetreibenden; 1896 nach Wien: Dienstmädchen und Heimarbeiterin; Mitglied des sozialdemokratischen Bildungsvereines »Appollo«; 1897 aktiv in der Wahlagitation; 1902 Eintritt in die Ortsgruppe der Heimarbeiterinnen; ab 1909 Vorsitzende des Frauenzentralkomitees, später stellvertretende Parteivorsitzende; Mitglied des Wiener Gemeinderates 1918–1923, des Nationalrates 1919–1934 und 1945–1953.

ROTH, Aurelia
(keine weiteren Daten eruierbar)
Aus einer Glasarbeiterfamilie aus Dessenbach (Isergebirge); neben Schule Heimarbeit, dann Glasschleiferin; Agitatorin und Organisatorin der Glas- und Heimarbeiter im Isergebirge ab 1898; nach dem Ersten Weltkrieg hauptsächlich in der Fürsorgearbeit; soll um 1935 verstorben sein.

RÜEGG, Annelise
* 1879 in Uster (Schweiz); † 1934 in Lausanne
Nach Schulbesuch Fabrikarbeiterin, dann Erzieherin und Saaltochter (Kell-

nerin); aus Kindheits- und Arbeitserfahrung Annäherung an Sozialdemokratie; kein politisches Engagement feststellbar; etwa ab Weltkrieg in gehobenen bürgerlichen Verhältnissen lebend.

SCHNITZINGER, Rosalie
(genauere Daten nicht eruierbar)
Die 1841 geborene Tabakarbeiterin aus Hainfeld (Niederösterreich) bekannte sich früh zur Arbeiterbewegung und betätigte sich agitatorisch im Tabakarbeiterverein.

SCHRÖDER, Sofie
(keine Daten eruierbar)

SEIDEL, Amalie (geb. Ryba)
* 21. 2. 1876 in Wien; † 11. 5. 1952 in Wien
Eine der 16 Kinder eines Schlossers; nach Schulbesuch Dienstmädchen, Hilfs- und Textilarbeiterin; organisiert 1892 den ersten Frauenstreik in Wien; 1892 Eintritt in den Arbeiterinnen-Bildungsverein; aktiv als Agitatorin im Wahlrechtskampf, in der politischen und gewerkschaftlichen Erfassung der Arbeiterinnen, im Genossenschaftswesen und in der Kinderfreunde-Bewegung; politisch gemaßregelt 1894, 1934 und 1944; Mitglied des Wiener Gemeinderates 1918 und des Nationalrates 1919–1934.

SELINGER, Berta
(genauere Daten nicht eruierbar)
Geboren um 1880 in Niemes (Böhmen) als Tochter eines Arbeiters in der Holzindustrie und einer Heimarbeiterin; als Kind Heimarbeit; Hilfskraft im Kleingewerbe und Haushalt, Druckereiarbeiterin; bekennt sich früh zur Sozialdemokratie, Agitatorin, nach Besuch der Berliner Parteischule (Freundschaft mit Rosa Luxemburg) im Berliner Frauenbüro unter Luise Zietz und in der Redaktion der »Gleichheit« unter Clara Zetkin.

SPONER, Marie
(genauere Daten nicht eruierbar)
Aus Textilarbeiterfamilie; als Schulkind im Broterwerb, mit 13 Jahren in Textilfabrik; Mitbegründerin der sozialdemokratischen Frauenorganisation in Reichenberg; als Funktionärin der Frauenbewegung 1894–1919 für Reichenberg delegiert zu den Parteitagen und zu Frauenkonferenzen.

VIERSBECK, Doris
(keine Daten eruierbar)

WALLISCH, Paula (geb. Pinter)
*7. 6. 1893 in St. Johann am Pressen (Kärnten)
Tochter eines Bergwerksschlossers; Kindergärtnerin und Erzieherin; 1915 Heirat mit Koloman Wallisch; sozialdemokratische Agitation in Ungarn, in der Untersteiermark und ab 1919 in der Steiermark; 1934 wegen Hochverrates vom Dollfußregime zu 1 Jahr Kerker verurteilt; in die Tschechoslowakei emigriert; 1939 in Prag in Gestapohaft; Krankenhausangestellte; aktiv im Widerstand gegen NS-Regime; Vorsitzende des Frauenkomitees; Mitglied des Nationalrates 1945–1956.

WEGSCHEIDER, Hildegard (geb. Ziegler)
*2. 9. 1871 in Berlin; † 9. 4. 1953 in Berlin
Pastorentochter; während Studiums in Zürich Beitritt zur Sozialdemokratischen Partei der Schweiz; 1898 als erste Frau Dr. phil. an der Universität in Halle; Schuldienst; ab 1904 Referentin für Alkoholbekämpfung in der SPD; aktiver Widerstand gegen NS-Regime und gegen Schaffung einer Einheitspartei nach 1945.
(Ihre Lebenserinnerungen als Seitenstück zu denen Käthe Leichters zur Kennzeichnung der Lage in Deutschland bei Kriegsausbruch 1914 herangezogen.)

ZIETZ, Luise (geb. Körner)
*25. 3. 1865 in Bargteheide (Schleswig-Holstein); † 26. 1. 1922 in Berlin
Als Schulkind Mitarbeit in der väterlichen Wollwirkerei; mit 13 Jahren Dienstmädchen in Hamburg; neben Fabrikarbeit Ausbildung zur Kindergärtnerin; 1892 Eintritt in die SPD; theoretisch gut geschulte Agitatorin und Funktionärin der Arbeiterbewegung; ab 1897 Delegierte für Hamburg bei allen Parteitagen; 1900 Mitglied des Frauenpräsidiums; 1909 in den Parteivorstand gewählt; als Gegnerin der Kriegskredite 1917 Bruch mit der Sozialdemokratie; Funktionärin der USPD, die sie im Reichstag 1920–1922 vertritt.

Personenregister

David Bleakley

Arbeit, Lohn und Liebe

Die Geschichte der Saidie Patterson im Kampf um Frieden in Nordirland /
ca. 118 Seiten, mit zahlreichen Abbildungen, Taschenbuch,
ca. DM 9,80

Saidie Patterson ist heute 74 Jahre alt. Sie entstammt einer Belfaster Arbeiterfamilie, kennt aus ihrer Jugend Not und Hunger und arbeitete selbst als junges Mädchen in einer Fabrik. Sie ist die große Gestalt der irischen Friedensbewegung, zeitlebens aktiv für die Interessen ihrer Kolleginnen, mit Herz und Ellbogen. 1940 gründete sie die erste Gewerkschaft für Textilarbeiterinnen in Nordirland, weil sie sich und ihre Kolleginnen in den Männergewerkschaften schlecht vertreten fühlte.

Seit den 60er Jahren ist sie aktiv in der irischen Frauen-Friedensbewegung. Sie ist Christin, schreibt ihren Glauben aber nicht auf die Bürgerkriegsfahnen.

Die Lebensgeschichte der Saidie Patterson, ihre klare politische Haltung als Arbeiterin und Frau, als Christin in der Friedens- und Arbeiterbewegung, ist ein Lehrstück für alle Frauen und jungen Mädchen bei uns. Und für Männer, die bereit sind, die Frauenbewegung als Teil des Befreiungskampfes aller zur Kenntnis zu nehmen.

Fordern Sie bitte unser Gesamtverzeichnis an

Laetare Verlag 6460 Gelnhausen · Postfach 1440